KB196971

중국어 삼차원문법론

중국어 삼차원문법론

范晓 저

김난미·김정은·서희명 역

제이앤씨
Publishing Company

머리말

　한국에서 필자의 네 번째 저서를 출판하게 되어 매우 기쁩니다. 필자는 상해 복단대학교 중문과 교수로 재직하여 수십 년간 교육에 종사하면서 오랜 기간 중국어연구에 힘써 왔습니다. 발표한 학술논문이 300여 편에 달하며 주요 저서로는 《语法述要》, 《汉语动词概述》, 《动词研究》, 《动词研究综述》, 《汉语的短语》, 《汉语的句子类型》, 《三个平面的语法观》, 《语法理论纲要》, 《汉语句子的多角度研究》, 《现代汉语存在句研究》, 《汉语句式在篇章中的适用性研究》, 《汉语句子及其句式研究》, 《范晓语法论文选集》, 《语言和言语问题研究》, 《上海语》, 《新编古今汉语大词典》, 《吴方言词典》, 《同义小词典》, 《反义小词典》 등 공저를 포함하여 20여 권이 있습니다. 이 가운데 《三个平面的语法观》, 《动词研究》, 《汉语的短语》는 이미 한국어판이 출판되었습니다.

　필자는 중국어문법학자로서 언어이론, 문법이론, 수사, 방언, 어휘, 사전 등 광범위하게 연구하여 왔으며 문법에 대한 연구성과가 가장 두드러집니다. 또한 필자가 주창한 삼차원문법은 중국 내외 언어학계에서 주목을 받았습니다. 본 이론은 '삼개평면三個平面, 사개원칙四個原則'으로 개괄할 수 있습니다. '삼개평면'은 '통사평면, 의미평면, 화용평면'을 의미하며 이는 바로 문법의 본체론입니다. '사개원칙'은 '형식과 의미 결합원칙', '구조와 기능 결합원칙', '정태와 동태 결합원칙', '묘사와 해석 결합원칙'이며 이는 문법연구의 방법론입니다. 이 이론은 문법과 문법연구방법에 대한 인식을 심화하였고 전통문법과 구조주의문법이 설정한 통사 중심의 연구범위를 넘어섰으며, '통사=문법'이라는 관념을 벗어나 문법연구의 시야를 확장함으로써 문법연구를 위한 새로운 시각과 방법을 개척하였습니다. 삼차원문법이론을 적용하여 중국어를 연구하면 중국어의 문법현상을 전면적으로 이해할 수 있어서 과학적인 중국어체계를 구축하는 데 도움이 됩니다. 이 이론은 중국언어학계에서 광범위한 반향을 불러일으켜 학자들의 보편적인 인정과 지지를 얻었습니다. 삼차원문법을 인정하는 학자들과 필자는 이 이론을 중국어의 품사 연구, 구 연구, 문장 연구 및 기타 각종 문법현상 연구에 운용하였고, 그 결과 중국어문법을 새롭게 연구하는 성과를 거두었습니다. 또한 많은 학자들은 이 이론을 중국어교육에 운용하고 있으며, 교사들이 중국어문법 지식을 더욱 체계적으로 교육하고 학생들의 문법응용능력을 향상시키는 데 도움을 주고 있습니다. 언어처리, 기계번역 등의 영역에서도 이 이론은 충분한 응용가치가 있습니다.

《중국어 삼차원문법론》은 역자가 필자의 문법논문들 중에서 일부 논문을 엄선하여 체계적으로 집성한 전문학술서입니다. 본 저서는 총 16장으로 구성되어 있으며 네 부분으로 나뉩니다. 첫 번째 부분은 삼차원문법에 관한 일반이론이고, 두 번째 부분은 삼차원문법론을 기초로 중국어 품사문제를 설명하고 해석하는 데 중점을 두었습니다. 세 번째 부분은 삼차원문법론을 기초로 중국어 문법구조문제를 설명하고 해석하는 데 중점을 두었고, 네 번째 부분은 삼차원문법론을 기초로 중국어 문장에 관한 문제를 설명하고 해석하는 데 중점을 두었습니다. 한국의 중국어연구자들이 삼차원문법을 보다 포괄적이고 상세하게 이해하려면 필자의 저서인 《语法理论纲要》, 《汉语句子的多角度研究》, 《范晓语法论文选集》 등을 참고하시기 바랍니다.

《중국어 삼차원문법론》의 한국 출판을 통해 중국언어학계의 문법학설이나 유파를 한국의 중국어학계에 전달할 수 있게 되었습니다. 언어와 그 문법은 공통성이 있기 때문에 삼차원문법은 보편적 가치를 지니며 중국어뿐만 아니라 한국어, 영어, 일본어, 러시아어 등에도 적용할 수 있습니다. 필자는 한국의 연구자들이 이 책을 통해 중국어문법학이론에 대해 더 깊이 이해하고 삼차원문법이론과 중국어문법의 새로운 지식을 심화하여 중국어연구에 대한 흥미를 고취시키길 기대합니다. 필자는 한국어 번역본 출판이 한중 양국의 중국어문법연구에서 교류와 협력을 더욱 촉진할 것이라고 믿습니다. 한국의 중국어연구자들과 관심 있는 독자들의 비평과 질정을 바랍니다.

한국 대학의 교수이자 중국어 전문가인 역자들은 평소 교육과 연구로 매우 바쁜 가운데 시간을 쪼개어 여러 해에 걸쳐 번역을 진행했습니다. 번역 과정에서 여러 문제에 직면했고 공동 토론과 반복 수정 끝에 최종 원고를 완성했습니다. 이 자리를 빌어 역자들에게 깊은 감사를 표합니다.

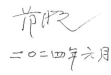

二〇二四年六月

차례

제1부
삼차원문법의 일반이론

제1장

삼차원문법 개론

1. 서론

1.1 삼차원문법의 형성

삼차원문법은 삼개평면이론에서 왔다. 삼개평면이론은 미국 철학자 모리스(Charles W. Morris)가 1938년에 출판한 《기호이론의 기초(Foundations of Theory of Signs)》에서 제시한 것이다. 그는 기호학(semiotics)의 주된 연구분야로 통사론(syntactics), 의미론(semantics), 화용론(pragmatics)을 구축하였다. 학계는 이 세 가지를 통상적으로 '삼개평면(three dimensions)'이라고 부른다. 국외 기능언어학파의 일부 언어학자들도 삼개평면을 언급한 적이 있다. 예컨대, 네덜란드 언어학자인 딕(Simon C. Dik)은 《기능문법론》(1978)에서 단어의 통사기능, 의미기능, 화용기능을 구분하였다. 그러나 국외 언어학계에는 아직 체계적이고 완전한 삼개평면 이론체계가 형성되지 않았다.

1980년대 중국 언어학계는 《기호학》이론을 참고하여 국내외 각종 문법이론을 받아들인 후 중국어문법을 결합하여 발전시킴으로써 독창적이며 완전한 삼개평면 이론체계를 이루었다. 삼차원문법은 문법에 삼개평면 또는 세 개의 분야, 세 개의 각도, 세 개의 측면이 있으며 문법체계에 세 개의 하위체계인 통사체계, 의미체계, 화용체계가 있다고 보는 것이다. 삼개평면은 일렬로 배열된 것이 아니라 文炼이 지적한 것처럼 삼차원으로 이해해야 하며 마치 입체에서의 길이, 넓이, 높이와 같은 것이다[1]. 필자는 그동안 삼개평면이론으로 구축한 문법 학설을 삼차원문법[2]이라고 부르고자 한다. 삼차원문법이라는 용어는 부르기도 쉽고 이해하기도 쉬우며 또 다른 문법학설의 명칭과도 잘 어울린다는 장점이 있다. 예컨대 전통문법, 구조주의문법, 변형생성 문법, 기능문법, 삼차원문법 등이 그러하다. 삼차원문법은 통사, 의미, 화용 삼개평면으로 다각적이고 전방위적으로 문법을 연구하는 것이다.

중국에서 삼개평면이론이 시작부터 형성, 발달, 나아가 체계적인 학설로 자리매김하기까지는 삼개평면이론을 명확하게 제창하고 주도한 학자들뿐 아니라 통사, 의미, 화용을 명확하게 언급하지는 않았지만 '삼개평면' 개념을 갖고 있는 일부 학자들의 노력도 있었다. 예를 들면, 朱德熙는 《语法答问》에서 중국어의 주어, 목적어를 언급하면서 "문법을 분석할 때는 반드시 구조, 의미, 표현 세 가지 평면을 분명하게 구분해야 한다. 구조평면은 문장 속 각 부분의 형식적인 관계를 연구하는 것이고 의미평면은 이러한 부분들의 의미관계를 연구하는 것이며 표현평면은 동일한 의미관계의 다른 표현 형식들을 연구하는 것이다. 이 세 가지 평면은 연관성을 갖고 있는 동시에 차이점도 있기

---

1 文炼(1991)《与语言有关的问题》,《中国语文》第2期 pp.83-87.
2 필자는 1990년대에 이미 '삼차원문법'을 언급하였고, 范晓 · 张豫峯(2003)《语法理论纲要》에서 '삼개평면'문법을 '삼차원문법'으로 명명하였다. 陈昌来(2004)《现代汉语三维语法论》 참조.

때문에 같이 논할 수는 없다."³라고 하였다. 朱德熙의 기본적인 생각은
필자가 말하는 '삼개평면'과 일치하며 단지 사용하는 용어만 다를 뿐
이다. 사실 朱德熙가 말하는 구조는 통사를 의미하고 표현은 화용을
의미한다. 또 刑福义(1994)는 소삼각小三角이론, 즉 어표語表, 어리語
裏, 어치語值를 제시했는데 사용한 용어와 일부 설명이 '삼개평면'과 같
지는 않지만 본질적으로는 대동소이한 삼차원이론이다⁴. 그 외에도
많은 학자들이 삼개평면을 연구하였다.

1.2 문법은 왜 삼차원으로 봐야 하는가?

삼차원문법은 문법에 '삼개평면' 즉 통사, 의미, 화용평면이 있어서
한 평면에서만 문법을 연구하면 문법의 전모를 제대로 볼 수 없다고
여긴다. 왜냐하면 문법 자체에 삼개평면이 존재하기 때문이다.

① 我们打败了敌人。/ 老王喝干了酒。 우리는 적을 물리쳤다. / 노왕
   은 술을 다 마셨다.
② 我们打胜了敌人。/ 老王喝醉了酒。 우리는 적을 이겼다. / 노왕은
   술에 취했다.

위 예의 품사 나열형식은 모두 'N1+Vt+Vi+N2'(명사1+타동동작동
사+자동상태동사+명사2)이다. 기존의 문법연구는 주로 통사평면에
중점을 두었으나 문법연구와 문법교육의 실제를 통해서 단순히 통사

---

3 朱德熙(1987)《语法答问》p.37, 商务印书馆.
4 刑福义(1990)《现代汉语语法研究的两个"三角"》,《云梦学刊》第1期.

평면으로만 문법을 연구하면 한계에 부딪히게 되는 것을 알게 되었다. 위의 예에서 보듯이 통사평면만을 분석하는 것은 전면적이지 않고 부족한 점이 매우 많다. 왜냐하면 예①과 예②의 통사구조는 모두 '주어+술어(동사)+보어+목적어'문형이지만, 의미평면의 의미구조는 달라서 예①의 '我们打败了敌人'은 '我们打敌人+敌人败'이고 예②의 '我们打胜了敌人'은 '我们打敌人+我们胜'이다. 이 둘의 의미구조가 다르기 때문에 그 변환형식도 달라서 예①은 a. 我们打败了敌人 → b. 我们把敌人打败了 → c. 敌人被我们打败了 가 가능하나 예②는 b와 c로 변환할 수 없다.

통사평면과 의미평면을 함께 분석한다 하더라도 여전히 부족하다. 왜냐하면 문식文式[5]이 달라지면 화용평면의 화용의미도 달라지기 때문이다. 예컨대, '我们打败了敌人', '我们把敌人打败了', '敌人被我们打败了'가 나타내는 문식의 기본의미는 같고 기본구조는 모두 '我们打敌人+敌人败'('시사동핵수사 + 계사동핵'문모[6]에 속함)이다. 그러나 문식의 화용의미는 서로 달라서 a는 'N+Vt+Vi+N'문식이며 화용의미는 '시사의 동작이 수사에게 미쳐서 수사로 하여금 어떤 결과를 발생하게 함'이다. b는 把자 문식이며 그 화용의미는 '시사가 수사를 어떤 상황에 처하게 함으로써 수사로 하여금 어떤 결과를 발생하게 함'이다. c는 被자 문식이며 그 화용의미는 '수사가 어떤 동작을 피동적으로 받

---

[5] 역주: 중국어 원문은 句式라고 함. 范晓(2010) 《关于句式问题》, 《语文研究》第4期 참조.

[6] 역주: 원문에서는 句模라고 함. 문모는 의미평면의 특징에 따라 분류해낸 문장의 미유형을 말한다. 김난미 등 역(2007) 《중국어문법의 삼개평면이론과 응용》 p.479, 차이나하우스 참조.

아서 자신으로 하여금 어떤 결과를 발생하게 함'이다. 이로써 알 수 있
듯이, 한 가지 평면으로만 문장이나 문식을 연구하는 것은 단편적이고
불완전하다. 중국 송나라의 유명한 시인인 苏轼의 《题西林壁》에 다
음과 같은 시구가 있다.

> 横看成岭侧成峰, 가로로 보면 산맥이요, 옆으로 보면 봉우리인데
>
> 远近高低各不同。 멀고 가까이서, 높고 낮은 곳에서 보는 것이 다 다르구나.
>
> 不识庐山真面目, 여산의 진면목을 알지 못하는 것은
>
> 只缘身在此山中。 이 몸이 그 산속에 있기 때문이구나.

이 시구가 형용하듯이 여산의 진면목을 제대로 보려면 다각도로 관
찰해야만 알 수가 있다. 만약 한 곳에서만 관찰한다면 그건 마치 장님
코끼리 만지는 격이 될 것이다. 문법연구도 마찬가지로 문법에는 삼개
평면이 객관적으로 존재하기 때문에 한 평면만을 연구해서는 안 된다.
만약 통사평면만 연구한다면, 또는 통사와 의미평면만 연구한다면 문
법의 진면목을 알 수 없다. 통사, 의미, 화용은 문법 본체의 세 가지 측
면이자 세 가지 요소이기 때문에 문법연구는 삼개평면을 분리 결합하
여 종합적으로 연구해야만 그 진실된 면모를 알 수 있다.

1.3 기존의 문법학설을 뛰어넘은 삼차원문법

문법의 삼개평면을 체계적으로 연구하는 삼차원문법은 전통문법
과 구조주의문법의 틀을 바꾸었으며 변형생성문법, 기능문법, 인지문
법 및 기타 문법학설의 틀과는 다르다. 많은 문법책이 문법과 통사를

동등시하고 있다. 예컨대, 일반적으로 말하는 '문법구조, 문법성분, 문법구조의 중심, 문법의미, 문법구조의 유형, 문법분석방법' 등은 사실상 '통사구조, 통사성분, 통사구조의 중심, 통사의미, 통사구조의 유형, 통사분석방법'을 말하는 것이다. 그러나 삼차원문법은 문법에 삼개평면이 있음을 인정하고 '문법구조' 안에 '통사구조, 의미구조, 화용구조'가 있고 '문법성분' 안에 '통사성분, 의미성분, 화용성분'이 있으며 '문법구조의 중심' 안에 '통사구조중심, 의미구조중심, 화용구조중심'이 있다고 여긴다. 또한 '문법의미' 안에 '통사의미, 의미의 의미, 화용의미'가 있고 '문법구조의 유형' 안에 '문형(통사격식 유형)', '문모(의미모식 유형)', '문류(화용기능 유형)'가 있고 '문법분석방법' 안에 '통사분석법', '의미분석법', '화용분석법'이 있다고 여긴다.

일부 학자들은 '문법, 의미, 화용'을 '삼개평면'이라고 말하는데 이처럼 '의미와 화용'을 '문법'과 동일선상에 놓는 것은 '의미'와 '화용'을 '문법'에 속하지 않는 것으로 보는 것이다. 그러나 그들의 연구를 보면 실제로는 통사를 말하고 있다. 이러한 견해는 논리적으로 확실히 문제가 있다. 각종 문법이론들의 핵심을 받아들인 삼차원문법은 커다란 용광로와 같이 포용성이 매우 큰 문법이론으로서 여러 학설들을 더욱 발전시키고 보완해준다.

1.4 삼차원문법론의 기본틀

삼차원문법은 문장을 '문간文干'[7]과 '어기' 두 부분으로 나눈다. 문간이 없으면 의사소통 기능을 하는 어기가 존재할 수 없고, 어기가 없으

---

7   역주: 중국어 원문은 句干이라고 함.

면 생각을 표현하는 문간만으로는 의사소통을 할 수 없다. 그래서 문간과 어기는 문장의 필수불가결한 부분이다.

① 他走了。 / 他喝酒了。 그는 갔다. /그는 술을 마셨다.

② 他走吗? / 他喝酒吗? 그는 갑니까? /그는 술을 마십니까?

③ 你走吧! / 他喝了这杯酒吧! 너 가라! /그가 이 술을 마셨지!

④ 这杯酒真香啊! / 祖国的山河好美啊! 이 술은 정말 향이 좋다!/ 조국의 산하는 참으로 아름답다!

위의 예문에서 밑줄 친 부분이 문간이고, 문간 뒤의 어기사가 어기를 나타내고 있다. 문장의 기본적인 내용을 나타내는 부분인 문간은 두 개 이상의 실사가 결합한 것으로 통사구조, 의미구조, 화용구조를 분석해낼 수 있다. 문간에 부가되어 있는 어기는 의사소통을 나타내는 부분으로 화용평면에 속한다.

본체론이며 방법론이기도 한 삼차원문법론은 세 가지 차원과 네 가지 원칙으로 개괄할 수 있다. 세 가지 차원은 '통사평면, 의미평면, 화용평면'을 가리키며, 네 가지 원칙은 '형식과 의미 결합원칙', '정태와 동태 결합원칙', '구조와 기능 결합원칙', '묘사와 해석 결합원칙'을 가리킨다. 지면의 제한으로 상세한 설명보다는 세 가지 차원과 네 가지 원칙의 요점[8]만을 간단명료하게 설명하면 다음과 같다.

---

8 范晓(1996)《三个平面的语法观》, 北京语言学院出版社. 范晓·张豫峯(2003)《语法理论纲要》, 上海译文出版社. 陈昌来(2005)《现代汉语三维语法论》, 学林出版社 참조.

2. 통사평면

2.1 통사평면의 성질

문법연구에서 단어와 단어 간의 표층적 결합관계는 통사평면에 속한다. 단어는 단어와 결합하여 일정한 통사구조의 구나 문장을 구성할수 있다. 일정한 결합방식에 따라 단어들이 형성한 통사관계를 가진구조가 바로 통사구조로 문법구조의 일종이다. 통사구조 내부의 성분을 통사성분이라고 한다. 문법연구는 구와 문장의 통사구조와 통사성분에 대한 연구가 필요하다.

삼차원문법에서 말하는 통사는 전통문법에서 말하는 통사와 완전히 같지는 않다. 같은 점은 문법을 분석할 때 구의 통사구조와 통사성분을 구별해야 하고, 또 문장에서 실사(명사, 동사, 형용사, 수사, 대사, 부사 등)가 담당하는 통사성분과 이 통사성분이 형성하는 문형을 분석하는 것이다. 다른 점은 전통문법은 문법을 형태론과 통사로 나누지만, 삼차원문법은 형태론을 통사의 일부로 여겨 전통문법에서 말하는 형태론 관련 연구를 모두 통사에 포함시키고 있다는 것이다. 예를 들면, 실사를 명사, 동사, 형용사, 부사 등의 품사로 분류하는 것은 실사의 통사기능에 근거하여 분류해낸 것이며 실사의 이러한 분류는 통사를 설명하기 위해서이다. 단어의 형태변화는 보통 통사와 관련이 있는데 형태변화가 풍부한 언어에서 보면, 동일한 단어가 통사에서 서로다른 통사기능을 가질 경우 형태상으로도 종종 상응하는 형태변화를한다. 이 점에서 삼차원문법은 전통문법의 통사범위보다 크다. 또한전통문법은 통사에서 '시사, 수사'를 언급하고 '어기, 말투, 문장변화

(생략, 도치 등)'에 대한 분석도 하고 있다[9]. 그러나 삼차원문법은 '시사, 수사'를 의미평면에서 연구하고 '어기, 말투, 문장변화'는 화용평면에서 연구한다. 이 점에서는 삼차원문법의 통사는 전통문법의 통사범위보다 작다.

2.2 삼차원문법 통사평면의 주요 내용

삼차원문법에서 말하는 통사평면 연구의 주요 내용은 다음과 같다.

2.2.1 통사구조와 통사성분

통사구조는 통사평면의 통사성분을 일정한 방식에 따라 만든 문법구조이다. 통사성분은 실사로 충당한 것이고 통사구조는 모두 상응하는 통사성분을 가지고 있다.

① 张三笑 / 雪花飞舞 장삼은 웃는다/눈꽃이 휘날린다 ('주어+술어'로 이루어진 주술구조)

② 喝酒 / 打扫庭院 술을 마신다/정원을 청소한다 ('술어+목적어'로 이루어진 술목구조)

③ 吃饱 / 玩得很好 배불리 먹다/잘 논다 ('술어+보어'로 이루어진 술보구조)

④ 新衣服 / 木头桌子 새 옷/나무 탁자 ('관형어+중심어'로 이루어진 관형어중심어구조)

---

[9] 전통문법학의 문법현상분석은 어느 정도 의미와 화용에 관련되어 있지만, 그것은 비자각적이고 체계적이지 않다. 삼차원문법은 자각적이고 체계적으로 문법의 삼개평면을 구분하면서 삼자를 결합시켜 종합적으로 분석하였다.

⑤ 马上去 / 非常美丽 곧 간다/아주 아름답다 ('부사어+중심어'로
이루어진 부사어중심어구조)

위의 다섯 가지 통사구조는 실사가 결합하여 어떤 통사성분(주어,
술어, 목적어, 보어, 관형어, 부사어, 중심어 등)을 담당한다. 어떤 구는
단어가 같더라도 통사성분의 순서가 다르면 통사구조도 달라진다. 예
컨대, '好天气 좋은 날씨'와 '天气好 날씨가 좋다'는 통사성분의 순서가 달
라져서 통사구조도 달라진 것이다. 전자는 관형어중심어구조이고 후
자는 주술구조이다. 어떤 허사는 통사구조의 표지가 될 수 있다. 예컨
대, 조사 '的'는 명사 앞에서는 관형어중심어구조의 표지(伟大的祖国
위대한 조국)이고 조사 '地'는 술어 앞에서는 부사어중심어구조의 표지
(轻轻地说 소곤거리며 말하다)이며 '得'는 술어 뒤에 쓰여 술보구조의 표
지(说得很快 말이 빠르다)이다.

두 개 이상의 실사성 단어로 이루어진 구나 문장에는 모두 통사구조
와 통사성분이 존재한다. 구와 문장의 통사성분에 대한 분석을 통해서
통사구조와 통사성분의 체계를 구축할 수 있다.

2.2.2 통사의미

통사구조는 의미구조와 상대적으로 형식에 속하지만 그 자체는 형
식과 의미의 결합체이다. 통사구조의 형식은 품사의 배열과 일부 허사
로 나타나며 그 통사의미는 통사평면의 통사구조에 나타나는 문법의
미를 가리킨다. 예컨대, 주술구조는 '진술-피진술'의 관계의미를 가지
고 술목구조는 '지배-피지배'의 관계의미를 가지며 관형어중심어구

조와 부사어중심어구조는 '수식-피수식'의 관계의미를 가진다.

2.2.3 단어와 구의 통사기능과 분류

통사기능은 실사나 구가 통사구조체(구와 문간 포함) 안에서 통사
성분을 담당하는 능력을 말한다. '张三的弟弟买了三本书了 장삼의 남
동생이 책 세 권을 샀다'를 분석하면 '张三的弟弟', '三本书'는 각기 주어와
목적어를 담당하는 통사기능, '买'는 술어를 담당하는 통사기능, '张三'
은 관형어를 담당하는 통사기능, '弟弟'는 중심어를 담당하는 통사기
능이 있다.

단어의 통사기능에 근거하여 통사상의 분류를 할 수 있다. 중국어
에서 통사성분을 담당할 수 있는 것을 실사라고 한다. 예컨대 명사, 동
사, 형용사, 수사, 구별사(비술어형용사), 부사 등이다. 통사성분을 담
당할 수 없는 것을 허사라고 한다. 예컨대 개사, 접속사, 조사, 어기사
등이다. 구도 통사기능에 근거하여 분류할 수 있으며 예컨대 명사성
구, 동사성 구, 형용사성 구, 부사성 구 등이다.

2.2.4 구형과 문형[10]

구 또는 문간은 모두 그 내부의 통사성분 간의 조합관계와 구성방식
(구조방식)을 분석해야 한다. 구 또는 기본문간의 통사성분 및 그 조합
관계와 구성방식을 분석함으로써 통사구조유형을 구축할 수 있다. 중
국어의 통사구조유형으로는 주술형(他休息 그는 쉰다), 주술목형(他
喝酒 그는 술을 마신다), 주술목목형(我给他礼物 나는 그에게 선물을 준다),

10　역주: 중국어 원문에서 구형은 语型, 문형은 句型이라고 함.

25

술목형(割草 풀을 벤다), 술보형(说清楚 분명하게 말한다), 관형어중심어형(新鲜蔬菜 신선한 채소), 부사어중심어형(快速前进 빠르게 전진한다)이 있다. 구의 통사구조유형을 '구형'이라고 부르고, 문장의 기본문간 통사구조유형을 '문형'이라고 부른다. 하나의 언어를 통사연구하는 주요 목적은 해당 언어의 기본적인 구형체계와 문형체계를 확정하고 구축하는 것이다.

2.2.5 통사구조의 중심

통사구조의 중심을 '중심성분, 주요성분'이라고도 한다. 학파가 다르면 통사중심에 대한 해석도 다르다. 삼차원문법은 통사구조체와 이를 구성하는 직접성분의 통사기능유형에 근거하여 통사구조를 세 가지로 나눈다. (1) 단일중심구조. 이것은 이중성분의 폐쇄적 구조이다. 이 통사구조체의 통사기능유형과 내부 직접성분의 통사기능이 같으면 통사기능이 같은 것이 통사중심이 된다. 이러한 통사구조에는 관형어중심어구조, 부사어중심어구조, 술목구조, 술보구조가 있다. 단일중심 통사구조 내의 관형어, 부사어, 목적어, 보어는 통사중심이 아니다. 관형어나 부사어와 호응되는 중심어, 목적어나 보어와 호응되는 술어가 바로 통사중심이 된다. (2) 이중중심구조. 이것도 이중성분의 폐쇄적 구조이다. 이러한 통사구조체의 통사기능유형은 이를 구성하는 두 직접성분의 통사기능과 다르다. 예를 들면, 주술구조는 명사성도 술어성도 아니고 서로 대등한 두 개의 중심을 갖는다. (3) 다중심구조. 이것은 두 개 이상의 핵심성분이 서로 병렬적으로 이루어진 비폐쇄적 통사구조이다. 이러한 구조체는 이를 구성하는 모든 직접성분의 통사기능과 같으며 병렬구조, 연동구조, 재귀구조 등이 있다.

2.2.6 통사분석 방법

구조주의문법학의 통사분석은 직접성분분석법을 채택하고 있으며 층차분석법(또는 이분법)이라고도 한다. 이는 층차구조를 가진 통사구조의 특징에 근거한 것이다. '小王的弟弟已经回来 소왕의 남동생은 이미 돌아왔다'를 분석하면 다음과 같다.

小 王 的 弟 弟		已 经 回 来	
주어		술어	
관형어	중심어	부사어	중심어

전통문법학의 통사분석은 성분분석법을 채택하고 있으며 성분확정법이라고도 부른다. 이는 통사구조의 선형 특징과 실사는 모두 통사기능을 가지고 있다는 특징에 근거한 것이다. 이러한 분석법은 문간통사구조 내의 모든 실사에 통사 신분을 부여하는 것이다. 즉 어떤 문장 내의 실사들이 각자 어떤 통사성분을 담당하고 있는지를 분석하는 것이지, 성분 간의 층차관계(구도 통사성분을 담당하지 않는다고 여김)를 분석하는 것이 아니다. 같은 문장인 '小王的弟弟已经回来'를 분석하면 다음과 같다.

小 王 <u>的</u> 弟 弟 已 经 回 来

관형어　　　주어　부사어　술어

27

상술한 두 가지 통사분석 방법은 각각 장단점이 있다. 직접성분분석법의 장점은 구도 통사성분을 담당할 수 있기 때문에, 분석한 결과 그 층차가 매우 명확해진다는 것이다. 단점은 성분을 분석하지 않고 층차만 논하기 때문에 통사성분 간의 관계를 설명할 수 없고, 구조가 달라지면서 발생하는 중의구조(母亲的回忆 어머니의 기억)에 대해서는 해석할 방법이 없다는 것이다. 더욱이 어떤 통사구조(笔墨纸砚 필묵지연)는 아예 층차분석을 할 수가 없다. 전통문법의 장점은 중심단어에 대한 분석을 중시하여 통사구조의 성질과 그 구성방식을 설명하는 데 유리하다. 단점은 층차가 달라서 발생하는 중의구조(咬死了猎人的狗 사냥꾼을 물어 죽인 개/사냥꾼의 개를 물어 죽이다)에 대해서 역시 설명하기 어렵다는 것이다. 구도 문장성분을 담당할 수 있다는 것을 인정하지 않으면, 통사구조의 층차를 제대로 볼 수 없으며 문장의 의미를 명확하게 이해하는 데 불리하다.

위 두 가지 방법은 각자 다른 측면에서 문장의 통사구조만을 분석하고 설명하기 때문에, 삼차원문법은 둘의 장단점을 취합하고 보완하기 위해서 성분분석과 층차분석을 하나로 융합한 '성분층차분석법'이 합리적인 통사구조분석법이라고 여긴다. 성분층차분석법에는 다음과 같은 원칙이 있다.

첫째, 문장의 분석과 구의 통사분석을 구별해야 한다. 문장과 구의 통사성분을 분석할 때 같은 명칭, 즉 주어, 술어, 목적어, 관형어, 부사어, 중심어 등을 사용한다. 구체적인 통사구조에서 어떤 때는 문장성분(문장의 직접성분)을 가리키기도 하고 어떤 때는 구성분(구의 직접성분)을 가리키기도 한다. 예컨대 '他来 그는 온다'는 통사성분이 주어와 술어로 구성된 주술구조이다. '小李来了 소리가 왔다'와 '我知道小李来了 나는 소리가 왔다는 것을 안다'에서 전자의 '小李来'는 주술문형으로 문장분석에 속하고, 후자의 '小李来'는 주술구형으로 구분석에 속한다.

둘째, 성분의 대등관계와 층차관계를 결합해야 한다. 성분층차분석법은 통사구조의 두 가지 관계를 중시한다. 하나는 통사성분 간의 대등관계이다. 예컨대 '身体好 몸이 좋다'는 주어와 술어 관계로 진술과 피진술 관계를 나타낸다. '好身体 좋은 몸'는 관형어와 중심어 관계로 수식과 피수식 관계를 나타낸다. 다른 하나는 통사성분 간의 층차관계이다. 이러한 관계는 직접관계와 간접관계로 나뉜다. 예컨대, '身体很好'에서 성분 간의 층차관계는 '身体'와 '很好', '很'과 '好'는 직접관계이고 '身体'와 '很'은 간접관계이다. 대등관계와 층차관계를 잘 분석해야만 통사구조를 정확하게 이해할 수 있다.

3. 의미평면

3.1 의미평면의 성질

문법연구에서 단어와 단어 간의 심층적 결합관계는 의미평면에 속한다. 단어와 단어의 결합은 일정한 통사구조의 구나 문장을 구성할 수 있다. 단어가 일정한 결합방식에 따라 형성한 의미관계구조가 바로 의미구조이다. 의미구조도 문법구조의 일종이다. 의미구조 내부의 성분을 의미성분이라고 부른다. 문법구조에서 의미구조와 통사구조는 마치 서로 붙어 있는 안과 겉처럼 매우 긴밀히 결합되어 있다. 그래서 문법학은 구와 문장의 통사구조와 그것으로 구성된 통사성분에 대하여 연구해야 할 뿐만 아니라, 구와 문장의 의미구조와 그것으로 구성된 의미성분에 대해서도 연구해야 한다.

단어는 임의로 조합하여 의미구조를 구성할 수 없고 단어와 단어가 조합하여 이루어진 의미구조는 선택적인 것이다. 만약 단어가 의미상으로 맞지 않으면 설령 통사의 결합원칙에 부합한다 하더라도 합리적인 의미구조가 아니다. 예컨대, '吃电影 영화를 먹다'은 단어의 통사결합측면에서 보면 '동사+명사'술목구조의 규칙에 부합하지만 단어의 의미조합에서 그 선택규칙을 어겼다. 왜냐하면 동사 '吃'는 먹을 수 있는 음식물과 조합해야만 하기 때문이다.

삼차원문법이 말하는 의미는 어휘의미(단어의 개념의미)와 관련도 있지만 차이도 있다. 단어의 사전적 의미인 어휘의미는 의미구조 안에서 의미의 기초가 된다. 그래서 의미와 어휘의미는 종종 같을 때가 있다. 예컨대, '刀칼'의 어휘의미는 '切썰다, 割자르다, 削깎다, 砍(도끼 따위로)패다, 铡작두로 썰다'의 도구이다. '刀'를 의미구조에서 분석하면 어휘의미와 같을 때('我用刀切肉 나는 칼로 고기를 썰다'에서 '刀'는 동작의 도구)도 있고 다를 때('我买了一把刀 나는 칼 한 자루를 샀다'에서 '刀'는 동작의 수사, '那把刀很钝 그 칼은 무디다'에서 '刀'는 성상의 계사)도 있다. 다른 이유는 구체적인 개념의미는 의미구조를 벗어난 사전에서 얻었지만 의미는 일정한 의미구조 속에서만 얻어지기 때문이다.

삼차원문법이 말하는 문장의 의미와 문장이 표현하는 내용 역시 관련이 있기도 하고 없기도 하다. 관련이 있다고 하는 것은 문장의 의미나 의미구조가 문장의 내용을 형성하는 기초이기 때문이다. 예컨대, '他睡了 그는 잤다'의 내용은 '他睡', 즉 '시사+동작'이 구성하는 의미구조를 기초로 하여 형성된 것이다. 관련이 없다고 하는 것은 문장의 내용이 구체적이고 문장이 다르면 내용도 달라진다. 예컨대, '他睡了', '鸟儿飞了 새가 날았다', '小王笑了 소왕이 웃었다', 이 세 문장의 내용은 완전히 다르다. 그러나 문장의 의미평면이 말하는 의미는 개괄적이고 추상적인 것으로, 서로 다른 내용을 가진 세 문장의 의미구조는 모두 같은 '시사+동작'구조이다.

3.2 삼차원문법 의미평면의 주요 내용

3.2.1 의미구조와 의미성분

의미구조란 의미성분이 일정한 방식에 따라 이루어진 문법구조를 말한다. 의미구조는 두 개 이상의 서로 상응하는 의미성분으로 이루어진다. 의미성분은 아주 많으며 실사성 단어로 충당하기도 한다. 문법에서 가장 기본적인 의미구조에는 '동핵구조'와 '명핵구조'가 있다.

(1) 동핵구조와 그 의미성분

동핵구조는 '광의의 동사'[11](동사와 형용사를 포함하며, 일반적으로 '위사謂詞'라고 지칭)가 핵심인 의미구조이며 광의의 동사를 중심으로 그와 연계된 의미성분으로 이루어진다. 동핵구조에서 동작, 행위, 변화, 성상, 관계 등을 나타내는 핵심적인 의미성분을 동핵구조의 핵심

---

11 '광의의 동사'는 1968년 趙元任이 언급한 것으로, 趙元任(1979) 《汉语口语语法 (吕叔湘译本)》 pp.292-293, 商务印书馆 참조.

인 '동핵'이라고 하며 동핵과 연계된 의미성분을 개괄하여 '논원論元'이라고 하고, 이를 다시 '동원動元'과 '상원狀元'으로 구분한다.[12] 동원은 동핵 내부의 의미성분으로 동핵과 긴밀하게 연계되어 있는 강제성 성분이며 상원은 동핵 외부의 의미성분으로 동핵과는 덜 긴밀한 비강제성 성분이다. 동핵은 동원, 상원과 연계되어 있으며 동원, 상원은 동핵에 종속되어 있다. 동원은 동핵과 연계된 주체, 객체, 여체與體 등을 나타내며 상원은 동작 발생의 시간, 장소, 도구, 방식 등을 나타낸다. 동핵이 없으면 동핵구조는 성립될 수 없고 동원이 없어도 동핵구조는 성립될 수 없다. 따라서 동핵과 동원은 동핵구조의 필수성분이자 기본 구성요소이다. 상원은 동핵구조에서 생략 가능한 '비필수성분'이다. 동핵구조에서 동원은 주로 주사主事(동핵과 연계된 주체이며 '시사施事, 계사係事, 기사起事' 등 포함), 객사客事(동핵과 연계된 객체이며 '수사受事, 성사成事, 시사施事, 지사止事' 등 포함), 여사與事(주사의 동핵과 연계된 참여체) 등이며 상원은 주로 시간, 장소, 도구 등이다. 예를 들면, 동핵구조 '昨天张三在会上批评李四 어제 장삼은 회의에서 이사를 비판했다'에서 '批评'은 동핵이고 이와 연계된 네 개의 의미성분인 주사(张三), 객사(李四), 시간(昨天), 장소(会上)가 있다. 이 중에서 동핵 '批评'과 동원 '张三', '李四'는 필수성분이고 상원 '昨天'과 '会上'은 필수성분이 아니다.

---

12 만약 광의의 동사(동사와 형용사)를 '위사謂詞'라고 한다면, '동핵動核'은 '위핵謂核'으로, '동원動元'은 '동원動元'으로, '동핵구조'는 '위핵구조'로 부를 수 있다. 위핵구조는 다시 동핵구조(동사가 위핵인 경우)와 형핵구조(형용사가 위핵인 경우)로 구분할 수 있다. 본문에서는 경우에 따라 위사라는 용어를 사용하며 이는 광의의 동사를 가리킨다.

동핵구조는 두 가지로 구분할 수 있다. 첫째, 기본동핵구조로 동핵
과 동원으로 이루어진 가장 기본이 되는 최소의 동핵구조를 가리킨다.
동핵의 성질 및 동핵과 연계된 동원이 맡은 의미성분의 역할에 따라
기본동핵구조는 다음과 같이 하위분류할 수 있다.[13]

① 张三休息 장삼은 쉰다 / 鸟儿飞翔 새가 난다 (의미성분 '시사+
동핵'으로 구성된 '시동施動'구조)

② 我看书 나는 책을 본다 / 他喝茶 그는 차를 마신다 (의미성분 '시
사+동핵+수사'로 구성된 '시동수施動受'구조)

③ 他是学生 그는 학생이다 / 我属马 나는 말띠이다 (의미성분 '기
사+동핵+지사'로 구성된 '기동지起動止'구조)

④ 墙壁雪白 벽이 새하얗다 / 房子倒塌 집이 무너지다 (의미성분 '계
사+동핵'으로 구성된 '계동係動'구조)

둘째, 확장동핵구조로 기본동핵구조에서 '동핵+동원+상원'으로 확
장된 것이다. 예를 들면, '昨天在宴会上我送她礼物 어제 연회에서 나는 그
녀에게 선물을 주었다'는 기본동핵구조 '我送她礼物 나는 그녀에게 선물을
주었다'(동핵, 주사, 수사, 여사 포함)에 상원(시간, 장소)을 추가하여
확장동핵구조가 된다.

동핵구조는 의미평면에서 문장의 기초구조이며 문장 생성의 근간
이 된다. 하나의 동핵구조는 하나의 사건이나 명제를 나타내며 동핵구

---

13 동핵구조의 하위유형은 동사의 의미 성질 및 동사의 결합가와 밀접한 관련이 있
으며, 이는 동핵구조의 유형을 결정하는 데 영향을 미친다.

조가 없으면 문장도 생성될 수 없다. 모든 문장은 일정한 문법을 통해서 사건 혹은 명제를 나타내는 동핵구조와 표층의 통사구조가 서로 결합하여 구현되고, 표현의 필요에 따라 화용적 의미를 부여하여 생성된다. 하나의 구체적인 문장은 기본동핵구조(她在看书 그녀는 책을 보고 있다)로도 이루어질 수 있고 확장동핵구조(她上午在图书馆看书 그녀는 오전에 도서관에서 책을 본다)로도 이루어질 수 있으며, 하나의 동핵구조(他喝酒 그는 술을 마신다)로도 이루어질 수 있고 두 개 이상의 동핵구조('他喝醉了酒 그는 술에 취했다'는 '他喝酒'와 '他醉' 두 개의 동핵구조로 이루어짐)로도 이루어질 수 있다.

(2) 명핵구조와 의미성분

명핵구조는 명핵이 핵심인 의미구조를 가리킨다. 명핵구조에는 사물을 가리키는 핵심적 의미성분인 '명핵'이 있고 명핵과 연계되어 강제성을 띠는 의미성분인 '명원名元'이 있으며, 명핵과 연계된 비강제성 의미성분인 '정원定元'('속성원屬性元'이라고도 함)이 있다. 명핵과 명원은 명핵구조의 필수성분이며 정원은 필수성분이 아니다. 예를 들면, 명핵구조 '大象的鼻子 코끼리의 코'에서 '鼻子'는 명핵이고 '大象'은 명원이다. 명핵구조 '晴朗的天气 쾌청한 날씨'에서 '天气'는 명핵이고 '晴朗'은 정원이다. 명핵은 명핵구조의 핵심성분이고 명원과 정원은 모두 명핵과 연계되어 있는 성분이다.

명핵구조 역시 두 가지로 구분할 수 있다. 첫째, 기본명핵구조이며 가장 기본적인 최소의 명핵구조이다. 이 명핵구조는 '大象的鼻子 코끼리의 코, 张三的弟弟 장삼의 남동생'와 같이 명핵과 명원으로 이루어진다. 둘째, 확장명핵구조이며 기본명핵구조가 확장한 것으로 '可爱的 大象的鼻子 귀여운 코끼리의 코'와 같이 '명핵+명원+정원'으로 이루어 진다.

하나의 문장에 동핵구조는 반드시 있어야 하지만 명핵구조는 반드 시 있어야 하는 것은 아니다. 그렇다고 명핵구조가 문장 생성과 무관 한 것은 아니다. 명핵구조는 주로 문장에서 동핵과 연계된 동원을 담 당한다. 예를 들면, '王冕的父亲死了 왕면의 아버지가 돌아가셨다'에서 명 핵구조 '王冕的父亲'은 동핵 '死'와 연계된 동원이다. 만약 '父亲死了' 혹은 '死了父亲'이라고 말한다면 문장의 의미는 불분명해진다. 영속 성의 명원을 이끄는 명핵구조가 동원으로 올 때 이 명원은 명핵에 강제 성을 띠는 의미성분이기 때문에 생략할 수 없다. 예를 들면 '于福的老 婆是小芹的娘 우복의 부인은 소근의 엄마이다'에서 동원을 담당하는 명핵 구조 '于福的老婆'와 '小芹的娘'에서 명원 '于福'와 '小芹'은 생략할 수 없다. 만약 생략하게 되면 '老婆是娘'이 되어 의미가 맞지 않게 되므로 문장이 성립하지 않는다.

3.2.2 의미의 의미

의미의 의미란 의미평면의 의미구조에서 표현된 문법의미로 심층 적 관계의미를 가리킨다. 이를테면 명사와 동사로 이루어진 의미구조 에서 명사와 동사는 일정한 의미의 의미를 갖게 된다. 예를 들면, '张三 批评了李四 장삼이 이사를 비판했다'는 '시동수'의미구조에 속한다('批 评'은 동작, '张三'은 동작의 시사, '李四'는 동작의 수사). 동핵구조에서 '시동'구조는 '시사'와 '동핵'의 관계의미가 있고 '시동여수'구조는 '동

핵'과 연계된 '시사, 수사, 여사'의 관계의미가 있으며 '계동'구조는 '계
사'와 '동핵'의 관계의미가 있다. 또한 명핵구조에는 '명핵'과 '명원' 간
의 관계의미가 있다.

3.2.3 단어와 구의 의미기능과 분류

의미기능은 단어(실사 혹은 구)가 의미구조에서 어떤 의미성분(동
핵, 동원, 명핵, 명원 등)을 충당하는 능력이다. '张三的弟弟买了三本
书 장삼의 남동생은 책을 세 권 샀다'로 예를 들면, 명사성구 '张三的弟弟'와
'三本书'는 동원(전자는 시사동원, 후자는 수사동원)으로 쓰였으며 동
사 '买'는 동핵, 명사 '张三'은 명원, 명사 '弟弟'는 명핵으로 쓰였다.

동사와 연계된 동원의 의미기능에 따라 실사나 구를 의미분류할 수
있다. 이를테면, 통사상 명사성 성분은 의미상에서 '동원성 단어'로, 위
사성 단어는 '동핵성 단어'로 될 수 있다. 동사의 결합가 분류도 의미분
류이며 하나의 동원과 연계된 동사는 일가동사, 두 개의 동원과 연계
된 동사는 이가동사, 세 개의 동원과 연계된 동사는 삼가동사이다.

3.2.4 구모와 문모

구나 문장 모두 내부 의미성분과 그 조합관계, 구성방식을 분석할
수 있으며 구나 문장의 기본문간에 대한 분석을 통해서 한 언어의 의미
구조모식을 구축할 수 있다.

중국어 구의 의미구조모식을 '구모'라고 하며 '시동'구모('시사+동
핵'으로 구성, '他睡觉 그는 잠을 잔다'), '계동'구모('계사+동핵'으로 구
성, '天气晴朗 날씨가 쾌청하다'), '시동수'구모('시사+동핵+수사'로 구

성, '他喝茶 그는 차를 마신다'), '시동여수'구모('시사+동핵+여사+수사'로 구성, '我给他礼物 나는 그에게 선물을 준다'), '동수'구모('동핵+수사'로 구성, '割草 풀을 베다'), '영속'구모('영사+속사'로 구성, '她的妹妹 그녀의 동생') 등이 있다.

문장의 의미구조모식을 '문모'라고 하며 기본동핵구조로 이루어진 문모를 기본문모('他在喝酒 그는 술을 마시고 있다'는 '시동수施动受' 기본문모)라고 하고 확장동핵구조로 이루어진 문모를 확장문모('他昨天在杏花楼喝酒 그는 어제 행화루에서 술을 마셨다'는 '시시처동수 施時處動受' 확장문모)라고 한다. 그밖에 문장 내 동핵구조의 수량에 따라 간단문모와 복잡문모로 구분할 수 있다. 간단문모는 하나의 동핵구조로 이루어진 문모('他在喝酒 그는 술을 마시고 있다'는 '시동수' 하나의 동핵구조로 이루어짐)이고, 복잡문모는 두 개 이상의 동핵구조로 이루어진 문모('他喝酒喝醉了 그는 술에 취했다'는 '他喝酒'와 '他喝醉' 두 개의 동핵구조로 이루어짐)이다. 하나의 언어를 대상으로 의미연구를 하는 주요 목적은 그 언어의 기본적인 문모체계를 확정하고 구축하는 데 있다.

3.2.5 의미구조중심

동핵구조의 '동핵'과 명핵구조의 '명핵'은 모두 '핵심성분'으로 의미구조의 중심이고 동핵과 명핵을 둘러싸고 있는 의미성분은 모두 '비핵심성분'이다. 핵심성분을 확정하는 것이 매우 중요한데, 단독의 위사나 명사만으로는 의미구조에서 핵심성분인지 비핵심성분인지 판별하기 어렵고 다른 성분들과의 조합을 통해서만 판단할 수 있다. 예를 들어, 단독의 동사 '学习'를 보면 핵심성분인지 비핵심성분인지 판별하기 어렵지만 의미구조에 들어가게 되면 판별할 수 있다. 즉, 동핵구조 '他学习数学 그는 수학을 공부한다'에서 '学习'는 명확하게 동핵이 되고 '她喜爱学习 그녀는 공부하는 것을 좋아한다'에서 동핵은 '喜爱'이고 '学习'는 비핵심성분이 된다. 또한 단독의 명사 '弟弟'만으로는 명핵인지 명원인지 판별하기가 어렵지만, 의미구조에 들어가게 되면 명핵구조 '她的弟弟 그녀의 남동생'에서 '弟弟'는 명핵, '她'는 명원이 되고, 명핵구조 '弟弟的朋友 남동생의 친구'에서 '朋友'는 명핵, '弟弟'는 명원으로 비핵심성분이 된다. 핵심성분과 비핵심성분은 일정한 통사성분을 통해서 표현될 수 있어서 '관형어중심어'형 통사구조에서 관형어가 나타내는 의미성분은 비핵심성분이고 수식을 받는 중심어가 핵심성분이며, 술목구조에서는 위사가 나타내는 의미성분이 핵심성분이고 목적어가 나타내는 의미성분은 비핵심성분이다.

3.2.6 의미분석 방법

삼차원문법의 의미분석법에는 핵심성분분석법, 변환분석법, 의미지향분석법, 의미특징분석법 등이 있다.

(1) 핵심성분분석법

삼차원문법은 의미구조 및 그 의미성분에 대해서 핵심성분분석법을 사용한다. 이 분석법은 핵심에서 내부적 성분, 그리고 다시 외부적 성분을 층차에 따라 분석해 나가는 방법이다. 동핵구조분석법을 가지고 설명하자면 먼저 핵심적인 의미성분인 '동핵'을 찾은 후에 동원(시사, 계사, 수사, 여사 등)을 찾고 마지막으로 상원(시간, 장소, 도구 등)을 찾으면 그 의미구조의 성질을 분석해낼 수 있다. 예를 들면, '他昨晚在大剧院用望远镜观看芭蕾舞 그는 어제 대극장에서 망원경으로 발레를 관람했다'를 분석할 때는 먼저 동핵 '观看'을 찾아내고, 다시 '观看'과 연계된 시사동원 '他'와 수사동원 '芭蕾舞'를 분석한 후, 시간 '昨晚'과 장소 '大剧院', 그리고 도구 '望远镜'과 같은 상원을 분석한다. 명핵구조분석법도 이와 비슷해서 명핵구조 '她的白白的嫩嫩的手 그녀의 하얗고 부드러운 손'를 분석할 때 먼저 명핵 '手'를 찾은 후에 명핵과 연계된 영사명원領事名元 '她'를 분석하고 다시 외부적 성분인 성상정원性狀定元 '白白的'와 '嫩嫩的'를 분석한다.

(2) 변환분석법

변환분석법은 문식 간에 존재할 수 있는 변환관계를 이용하여 그 문식에 대해서 의미분석을 하는 방법이다. 객관적인 사건을 나타내는 사실의미가 같고 의미평면에서의 의미구조가 같은 서로 다른 문장을 '동의문同義文'이라고 한다. 동의문 문식의 변환분석법은 객관적으로 같은 사건이나 의미표현의 다양성을 이해하는 데 도움이 된다. 예를 들면, '他踢皮球 그는 공을 찬다'에서 '皮球破 공이 찢어지다'한 사건(모두 '시동수+계동'으로 구성)을 서로 다른 언어환경에서 세 가지 문식으로 표현된다.

① 他踢破了皮球。 그는 공을 차서 찢어뜨렸다.(N1+Vt+Vi+N2 문식)
② 他把皮球踢破了。 그는 공을 차서 찢어뜨렸다.(把자문 문식)

③ 皮球被他踢破了。 공은 그가 차서 찢어졌다.(被자문 문식)

이 세 가지 문식에는 변환관계가 존재하며 서로 변환할 수 있다.

他踢破了皮球 ⇌ 他把皮球踢破了 ⇌ 皮球被他踢破了

이와 같이 서로 변환이 가능한 문식이 나타내는 기본의미는 같으며 의미구조도 동일하다. 그러나 문식이 다르기 때문에 이 예문의 문식의미(전체 문식의 화용의미)에 차이가 있다. 예①은 '시사가 어떤 행동을 수사에게 가하여 수사가 결과적으로 어떤 상태에 이르게 됨'이고, 예②는 '시사가 수사로 하여금 어떤 동작에 처하게 하여 수사가 결과적으로 어떤 상태에 이르게 됨'이며, 예③은 '수사가 피동적으로 시사가 가한 동작을 받아서, 수사 자신으로 하여금 결과적으로 어떤 상태에 이르게 함'이다. 결과적으로 이러한 동의문은 엄격한 의미에서 완전히 같다고 할 수 없다.

(3) 의미지향분석법

의미지향이란 어떤 단어나 성분이 의미상에서 다른 단어나 성분 간에 내포된 직접적인 의미관계를 설명하는 것이며 의미지향의 방법을 연구하는 것이 의미지향분석법이다. 이 분석법은 표층의 통사구조에 내포된 심층의 의미관계를 밝히는 데 도움이 될 뿐 아니라, 문장 내부의 단어 간에 직접적인 의미관계와 간접적인 의미관계를 구별하여 문장 내 단어 간의 의미관계를 명확히 하는 데도 도움이 된다. 따라서 의미평면에서의 의미구조를 한층 더 깊이 분석하고 문장 혹은 문식의 의미를 정확하게 이해할 수 있다. 중국어의 술어동사와 부사어, 관형어, 보어 위치에 출현하는 단어들에 대해서 의미지향분석을 할 수 있다.

① 他七岁时死了母亲。 그는 일곱 살 때 어머니가 돌아가셨다.

② 他在纸上圆圆的画了一个圈。 그는 종이에 동그란 원을 그렸다.

③ a. 这些故事我都听过三遍了。 이 이야기들은 세 번이나 들었었다.

　　b. 我们都听过这个故事了。 우리는 이 이야기를 들었었다.

④ a. 甲队打败了乙队。 갑팀은 을팀을 물리쳤다.

　　b. 甲队打胜了乙队。 갑팀은 을팀을 이겼다.

예① 동사 '死'는 의미상 '母亲'을 지향(그가 죽은 것이 아니고 어머니가 죽은 것임)하고, 예② 관형어 '圆圆的'는 의미상 '圈'을 지향(동그랗게 그린 것이 아니고 동그란 원을 가리킴)한다. 또한 예③a 부사어 '都'는 의미상 수사 '这些故事'를 직접적으로 지향하고, 예③b 부사어 '都'는 시사 '我们'을 직접적으로 지향한다. 예④a 보어 '败'는 의미상 수사 '乙队'를 직접적으로 지향(을팀이 패함)하고, 예④b 보어 '胜'은 의미상 시사 '甲队'를 직접적으로 지향(을팀이 패함)한다.

(4) 의미특징분석법

의미특징분석은 단어 간의 조합관계에서 발생하는 의미 관련 단어에 대해서 그 성질을 분석하는 방법이다. 이는 분류와 대조를 기초로 하여 서로 다른 단어의 구별되는 의미특징을 찾아서 단어 조합에서 선택제한을 설명하거나, 문식이 서로 달라지는 원인을 설명하고 다의 및 중의의 원인을 설명하는 데 도움이 된다. 예를 들면, 동사의 결합가 특징분석은 의미특징분석법 중 하나이며, 동원의 수량에 따라 동사를 일가동사, 이가동사, 삼가동사로 구분할 수 있다. 이 세 가지 동사의 의미특징 차이는 이 동사들이 구성하는 문장의 의미구조와 통사구조의 차이를 결정한다. 또한 동사의 성질에 따라 동작동사, 성상동사, 관계동사, 평의동사 등으로 구분할 수 있으며 동사의 이러한 의미특징 차이 때문에 이 동사들은 서로 다른 성질의 동핵구조를 이루게 된다. 예를 들면, 이가동작동사는 두 개의 동원(시사와 수사)으로 동핵구조를 이루어 '주술목' 통사구조(他看书 그는 책을 본다, 我写文章 나는 글을 쓴다)를 구성한다. 다시 형용사를 예로 들면, 내포하는 '정도'에 따라서 성질형용사[-상태]와 상태형용사[+정도]로 구분할 수 있으며 이와 같은 의미특징 차이는 이 형용사의 통사기능을 결정한다. 성질형용사는 '很大, 很高'와 같이 직접적으로 정도부사의 수식을 받을 수 있는 반면 상태형용사는 '很雪白, 很绿油油'와 같이 쓸 수 없다.

4. 화용평면

4.1 화용평면의 성질

문법연구에서 단어, 문장, 청자와 화자의 관계가 화용평면에 속한다. 화용평면의 중요한 특징에는 다음 두 가지가 있다.

첫째, 문장은 '표술表述'이라는 화용기능을 갖고 있다. 표술기능은

문장의 의사소통 목적을 전달하는 기능인 어기뿐만 아니라 문간에도
존재하여 사유표현 및 인지를 나타내는 기능(구체적인 문장의 내용과
추상적인 문장의 '문식의미')을 한다. 단어의 표술기능은 현실과 연관
된 동태적인 문장을 통해서 나타난다.

둘째, 문장은 화자가 표현하고자 하는 '주관적 의도'를 담고 있다.
'주관적 의도'란 의사소통을 할 때 화자가 자신의 생각을 주관적으로
표현하는 것이다. 즉 어떤 단어나 문장을 사용할 때 화자 자신의 입장
과 정서, 자아의식 등의 지배를 받게 되며 이로써 화자의 주관성이 필
연적으로 표현된다. 주관적 의도는 문간과 어기에 모두 나타날 수 있
으며 어떤 어기를 선택하는가는 화자의 주관적인 전달의도가 결정한
다. 문간에서는 주관적 의도가 의미평면의 동핵구조나 문모, 명제나
사유내용에 표현될 수 없으며, 화자가 해당 사건이나 생각에 대해 부
여하는 자아의 주관적 상태(시점, 태도, 바람, 감정, 말투 등)이다. 주
관적 의도를 표현하는 형식이나 방식은 다양하며 문식의 선택, 단어의
선택, 구 및 문장의 어순, 어음 운율의 선택 등이 있다.

4.2 삼차원문법 화용평면의 주요 내용

4.2.1 화용구조와 화용성분

화용구조란 화용성분이 일정한 방식에 따라 이루어진 문법구조를
말한다. 화용구조에는 여러 가지 종류가 있는데, 여기서는 '주제어진
술어구조'를 중점적으로 다루고자 한다. '주제어진술어구조'는 화용
성분 '주제어(또는 화제)'와 '진술어(또는 설명)'로 이루어져 있으며 '주
제어+진술어'는 문간을 이루는 기본적인 화용구조이다. 주제어진술

어구조에서 '주제어'는 설명의 대상으로 옛 정보를 나타내며 진술어는 주제어에 대해 설명하는 부분으로 새 정보를 나타낸다. 주제어는 어떤 사물(사람, 물건, 사건 등)을 나타내며 보통 명사성 단어로 충당되고, 비명사성 단어가 주제어로 쓰일 때는 '명물화名物化' 경향을 갖는다. 중국어 문장의 문간은 대부분 주제어진술어구조로 이루어져 있으며 이러한 문장을 '주제어진술어문'이라고 한다.

옛 정보가 앞에 오고 새 정보가 뒤에 오는 것은 담화에서 정보를 전달하는 기본 원칙이며 이 원칙은 '주제어진술어구조'의 정상적 어순을 결정하여 주제어는 진술어 앞에 오고 진술어는 주제어 뒤에 오게 된다. 예를 들면, '他办事ㅣ我很放心그가 처리하면 나는 마음이 놓인다', '做生意ㅣ他很有经验사업하는 것은 그가 경험이 풍부하다'에서 부호 'ㅣ' 왼쪽은 주제어, 오른쪽은 진술어이다. 주제어와 진술어의 선택은 아주 중요하여 주관적 전달의도에 영향을 미칠 수 있다. 이를테면, 동일한 기본 사실이라 하더라도 다른 문식을 사용하여 다른 단어가 주제어가 되면, 결국 서로 다른 주제어진술어문을 이루게 되고 그 문식이 나타내는 화용의미도 달라지게 된다.

① 酒店门口ㅣ放着两只石狮子。호텔 입구에는 돌사자 두 마리가 놓여있다.(N장소+V着+N사물 문식)
② 两只石狮子ㅣ放在酒店门口。돌사자 두 마리가 호텔 입구에 놓여있다.(N사물+V在+N장소 문식)

예①은 '酒店门口'가 주제어이고 '放着两只石狮子'가 진술어이며 어

떤 곳에 어떤 방식으로 어떤 사물이 존재함을 나타낸다. 예②는 '两只
石狮子'가 주제어이고 '放在酒店门口'가 진술어이며 어떤 사물이 어떤
방식으로 어디에 위치함을 나타낸다.

주제어와 주어는 서로 관련이 있으면서도 구분이 되는데 관련된 점
은 통사평면의 주어는 보통 화용평면의 주제어이다. 예를 들면, '他们
爱祖国 그들은 조국을 사랑한다, 小李是大学生 소리는 대학생이다'에서 '他
们'과 '小李'는 주어이면서 화용상 주제어이다. 구분되는 점은 주어와
주제어는 서로 다른 평면에 속하는 개념으로 주어는 반드시 주제어가
되지만 주제어는 반드시 주어가 되는 것은 아니므로 완전히 일치한다
고 할 수 없다. 예를 들면, '鱼, 河豚鱼的味道最鲜美 생선은 복어가 가장
맛있다'에서 '鱼'는 주제어이지만 주어는 아니고 '关于经商, 他很有经验
장사에 관해서는 그가 경험이 풍부하다'에서 '经商'은 주제어이지만 주어는
아니다.

4.2.2 화용의미

화용의미는 화용평면에서의 문법의미를 가리키며 주로 다음 네 가
지 방식으로 표현된다. 첫째, 문장의 어기의미이다. 이는 의사소통 목
적이나 의도(의문, 진술, 명령, 감탄 등)를 나타낸다. 둘째, 문간문식의
문식의미이다. 이는 문식의 품사 배열순서로 이루어진 문법틀이 나타
내는 전체 의미이다('我们把敌人打得落花流水 우리는 적들을 모조리 쳐
부쉈다'가 나타내는 문식의미는 '시사가 수사에 동작을 가해서 수사로
하여금 어떤 상태에 이르게 함'). 셋째, '주제어진술어구조'에서 진술
어는 주제어에 대해서 서술하는 화용의미를 나타낸다. 이를테면 '서

술의미, 묘사의미, 기술의미, 해설의미, 평술의미' 등이 있다. 넷째, 정서의미이다. 이는 문장이 일정한 단어(특히 허사) 및 문법을 통해서 표현된 주관적 정서를 가리킨다. 이를테면 '문태文態'(피동태, 사동태 등), 말투의 강약(강조, 완곡 등), 태도와 평가, 감정, 포폄, 귀천(존중, 감탄, 멸시, 불만, 혐오 등) 등이 있다. 예를 들어, 다른 사람들에게 똑같이 담배를 피우지 말라고 할 때, 감정과 태도에 따라 말투도 달라지게 되므로 '不准吸烟! 담배 피우면 안돼!', '请别吸烟! 담배 피우지 마세요!', '可不吸烟吗? 담배를 안 피우면 안 되나요?' 등과 같이 다양한 방식으로 표현할 수 있다.

4.2.3 단어의 화용기능

단어나 구가 문장의 화용구조에서 갖는 기능을 화용기능이라고 한다. 중국어의 허사는 대부분 화용기능을 나타내며 예를 들면, 어기사 '的, 了, 吗, 呢' 등은 어기기능을 나타내고, 개사 '被'는 피동기능을, '把'는 처치기능을 나타낸다. 문간의 삽입어(담화표지어라고도 하며 '看样子, 依我看, 总之' 등이 있다)는 주관적 태도나 관점을 나타내는 화용기능 및 앞뒤 문맥을 서로 연결시키는 화용기능을 갖는다. 그 밖에 실사로 이루어진 단어는 주제어진술어구조에서 주제어나 진술어를 담당하는 기능을 하고 실사 중 대사는 '대체'의 화용기능을 가지며 일부 부사(大概, 也许)와 동사(应该, 可能)는 평의 및 추측의 화용기능을 갖는다.

4.2.4 문류

문류文類는 문장의 화용기능 유형이며 크게 두 가지로 구분할 수 있다. 첫째, 문장의 어기기능에 따른 분류이며 보통 진술문(他去北京了 그는 북경에 갔다), 의문문(他去北京了吗 그는 북경에 갔습니까), 명령문 (你别去北京 북경에 가지 마라), 감탄문(这里山水太美了 이곳의 산수가 정말 아름답구나)으로 구분한다. 둘째, 문간에서 주제어에 대한 진술어의 표현기능에 따른 분류이며 주제어진술어문을 서술문(서사문이라고도 함. 工人们在造桥 노동자들이 다리를 만든다), 묘술문(묘사문이라고도 함. 大桥很雄伟 대교가 아주 웅장하다), 기술문(门口站着许多人 입구에 많은 사람이 서있다), 해설문(해석문, 판단문이라고도 함. 他是大学生 그는 대학생이다), 평술문(평의문이라고도 함. 他应该参加会议 그는 회의에 참석해야 한다)으로 구분한다. 문장체재에서 기술문에는 서술문이나 묘술문, 논설문에는 해설문이나 평술문, 설명문에는 해설문을 사용한다.

4.2.5 화용표현중심

화용구조의 중심重心은 '표현중심表現重心'이라고도 한다. 동태문에서의 표현중심은 보통 문법강세로 나타낸다. 표현중심은 통사구조와 의미구조의 중심(통사중심과 의미핵심)과 구분해야 한다. 통사구조의 중심과 의미구조의 핵심은 고정적이다. 동태문에서의 표현중심은 문장에 따라 달라지며 일반적으로 통사구조 및 의미구조의 중심과 반드시 일치하는 것은 아니다. 예를 들면, '我们的祖国是伟大的祖国 우리의 조국은 위대한 조국이다'에서 '伟大的祖国'는 관형어중심어 명핵구조이며 '통사-의미'구조의 중심은 '祖国'이고 표현중심은 '伟大'이다. 그러나 표현중심은 때로 통사구조 및 의미구조의 중심과 일치하기도 하고 불일치하기도 한다. 예를 들면, 술보식에서 '동결식(동사+결과 보어)'의 표현중심은 종종 보어에 있다. 즉 '汽车撞上了行人, 把行人撞 伤了 차가 행인을 치어서, 행인을 다치게 했다'는 동작 '撞'의 결과인 '伤'을 강조하고 표현중심은 '伤'에 있다. 그러나 '伤'의 원인을 강조할 때는 표현중심이 동사에 있다. 즉 '王振华律师是被汽车撞伤的 왕진화 변호사는 차에 치어서 다쳤다'에서는 표현중심이 '撞'에 있다.

4.2.6 화용분석 방법

삼차원문법에서의 의미분석법은 어기분석법, 주제어진술어분석 법, 초점분석법, 언어환경분석법, 허사분석법, 삽입분석법, 첨가분석 법, 시태분석법 등으로 나뉜다.

(1) 어기분석법

어기는 매우 중요한 화용의미의 하나로, 언어소통에 있어서 의사소 통목적을 나타낸다. 어기분석의 목적은 각종 어기의 화용기능별 유형 (진술, 의문, 명령, 감탄)을 분석하고 그 표현하는 형식을 묘사하며 형 식과 결합하여 어기의미를 분석하기 위해서이다. 어기의 형식은 다양 하며 보통은 문장의 어조와 문미의 어기조사로 표현하지만 때로 문간 내의 어떤 단어나 형식을 사용해서 표현할 수도 있다. 예를 들면, 의문 의 어기는 의문대사(谁, 什么, 怎么样)로 나타낼 수도 있고 문간 내의 위사謂詞로 이루어진 'V不/没V'형식(去不去, 研究没研究, 美不美)으 로 나타낼 수도 있다. 어기를 표시하는 형식이 다르면 화용의미가 달 라질 수 있다.

① 你去北京吗? 당신은 북경에 가시나요?('吗'자문 형식)

② 你去哪里/哪儿? 당신은 어디 가시나요?(특지의문대사문 형식)

③ 你去不去北京? 당신은 북경에 가시나요 안 가시나요?('V不/没V'문식)

④ 你是去北京还是去天津? 당신은 북경에 가시나요 아니면 천진에 가시나요?('是A还是B'문식)

위의 문장은 모두 의문을 나타내지만 형식이 다르기 때문에 화용의미에 있어서 미세한 차이가 있다. 예①은 '시비의문문'이며 화용의미는 명제에 대해 '是' 또는 '否'로 대답을 요구한다. 예②는 '특지의문문'이며 화용의미는 의문대사가 제기하는 의문점에 대한 대답을 요구한다. 예③은 '정반의문문'이며 동작에 대해 긍정 또는 부정의 대답을 요구한다. 예④는 '선택의문문'이며 화용의미는 선택할 수 있도록 제공한 의문점 중 하나를 선택하여 대답하도록 요구한다.

어기분석 시, 어기를 전달할 때 드러나는 말투도 분석해야 한다. 예를 들면, 같은 '명령'을 나타낸다 하더라도 명령이나 금지의 명령문에서는 직설적인 말투(起来! 일어나, 别动! 움직이지 마), 건의나 권고의 명령문에서는 부드럽고 따뜻한 말투(请您让一下! 좀 비켜주세요, 不要动! 움직이지 마라), 부탁이나 사죄의 명령문에서는 공손하고 완곡한 말투(咱们一起走吧! 우리 같이 갑시다, 别生气啊! 화내지 마세요)를 사용한다.

(2) 주제어진술어분석법

주제어진술어분석법은 주제어진술어구조분석법을 가리키며 문장을 다음 두 가지로 나눌 수 있다. 하나는 문간이 '현성顯性주제어진술어구조[14](주제어가 생략된 주제어진술어구조 포함)'인 경우로, 예를 들면 '这本书我很喜欢 이 책은 내가 매우 좋아한다', '这里的山水真美 이곳의 산수는 정말 아름답다'가 있다. 다른 하나는 문간이 '잠성潛性주제어진술어구조[15](주제어 또는 진술어가 내포[16])'인 경우로, 예를 들면, '放学啦! 수업 끝났다', '立正! 차렷', '蛇! 뱀이다', '一个春天的晚上 어느 봄밤'이 있다.

'현성주제어진술어문'에 대해서는 이분법을 사용한다. 즉 주제어와 진술어 두 부분으로 나눈다. 주제어에 대한 진술어의 화용상 표현기능에 따라 서술류(사물의 동작, 변화 등에 대한 서사적 표현), 묘사류(사물의 성질이나 상태에 대한 묘사적 표현), 기술류(장소, 시간 등에 대한 기록적 표현), 해설류(사물에 대한 해석적 표현), 평술류(사물이나 사건에 대한 평의적 표현)로 구분할 수 있다.

주제어를 내포하고 있는 '잠성주제어진술어문'은 일반적으로 위사성 단어로 이루어져 있으며 표면적으로는 주제어 없이 진술어만 있는 것 같지만, 이는 주제어를 생략한 것이 아니라 중국어의 습관상 그렇게 말하는 것일 뿐이다. 이러한 문장에 내포된 주제어는 범칭泛稱(주제어를 확정하기가 어려워서 보충이 불가능함. '随手关门! 문 좀 닫아라', '禁止吸烟! 흡연 금지')'이거나 대상을 내포(주제어를 보충할 필요 없음. 滚! 꺼져, 立正! 차렷)하고 있다. 진술어를 내포하고 있는 '잠성주제

---

14 역주: 중국어 원문은 显性主述结构라고 함.

15 역주: 중국어 원문은 隐性主述结构라고 함.

16 내포는 생략과는 다르다. 생략은 표층통사구조에서 첨가하거나 보충할 수 있지만, 내포된 주제어나 진술어는 표층에서 첨가하거나 보충할 수 없다. 설령 어떤 단어를 보충한다 할지라도 그렇게 말하지는 않는다. 吕叔湘(1978)《汉语语法分析问题》p.68, 商务印书馆 참조.

어진술어문'은 일반적으로 명사성 단어로 이루어져 있다. '잠성주제어진술어문'의 진술어는 마음속으로 알고 있지만 보충할 필요가 없거나 보충이 불가능(蛇! 뱀이다, 一个春天的晚上 어느 봄날 저녁)하다.

(3) 언어환경분석법

화용은 언어환경과 밀접한 관계가 있다. 언어환경은 단어의 의미분석, 생략과 대체, 주제어 내포, 중의구조, 단어와 문장형식의 선택, 동태적으로 사용하는 단어의 화용의미 등에 영향을 미치거나 제약한다. 따라서 언어환경분석법은 화용평면에 있어서 매우 중요한 분석법이다.

'생략'은 반드시 일정한 언어환경에서 나타난다. 첫째, 대화에서의 생략. 예를 들면, 갑: '你看什么书? 너 무슨 책 봐, 을: '[   ]看《三国演义》([   ] 『삼국연의』봐)'(주어 생략). 둘째, 상하문에서의 생략. 예를 들면, '老栓看看灯笼, [ ]已经熄了。노전 등불 좀 봐봐, [   ] 이미 꺼졌어'(앞 문장에 이어서 주어 '灯笼'을 생략). 셋째, 독백이나 일기에서 일인칭을 기록할 때, 통상 일인칭 '我'를 생략. 예를 들면, '三十日晴。上午访友。下午大睡。30일 맑음. 오전 친구 방문. 오후 곯아 떨어짐'.

'대체'에도 언어환경이 필요하다. 예를 들면, '小王刚来, 他还没有吃饭呢 소왕은 방금 와서, 아직 밥을 먹지 못했어'에서 인칭대사 '他'는 앞 문장의 '小王'을 대체한 것이다. '的'자구 또한 일정한 언어환경에서 대체기능을 가지고 있다. 예를 들면, '千佛山盛开着朵朵鲜花, 红的火红, 白的雪白, 绿的碧绿, 煞是好看 천불산에 송이 송이 꽃이 만발하였는데, 빨간 것은 불꽃처럼 빨갛고, 흰 것은 눈처럼 하얗고, 푸른 것은 청옥처럼 파랗고, 정말 아름답다'에서 '红的, 白的, 绿的'는 앞 문장을 이어 받아서 각종 색깔의 '鲜花'를 대체한 것이다.

일부 '내포'도 언어환경을 봐야 한다. 어떤 성분을 내포하고 있는 문장은 대부분 특정한 언어환경에서 나타나기 때문에 구체적인 언어환경을 벗어나면 정확한 정보를 충분히 전달하지 못한다. 예를 들면, '严禁吸烟! 흡연 엄금'(언어환경: 창고 입구 안내판의 경고문), '一杯咖啡, 两块蛋糕 커피 한 잔, 케이크 두 조각이요'(언어환경: 카페에서 손님이 종업원에게 하는 말)이 있다.

중의문은 두 가지 서로 다른 의미를 나타내는 문장이며 중의를 없애려면 언어환경의 도움이 필요하다. 예를 들면, '鸡不吃了 닭은 먹지 않는다'는 서로 다른 언어환경에서 각기 다른 의미를 지닌다. '鸡'는 동작 '吃'의 시사가 될 수도 있고, '吃'의 수사가 될 수도 있다. 만약 식사할 때라면 '鸡'는 분명 수사('我不吃鸡了 나는 닭을 먹지 않는다'라는 의미)일 것이다. 만약 양계장에서 닭에게 옥수수를 먹일 때라면 '鸡'는 분명 시사('鸡不吃玉米了 닭이 옥수수를 먹지 않는다'라는 의미)일 것이다.

문식의 선택 또한 상하문에 맞게 해야 한다. 예를 들면, 어떤 문식은 함축하고 있는 의미가 기본적으로 같지만 서로 다른 통사구조 문식에 쓰일 수 있다. 다음 세 가지 문간문식이 그러하다.

① '(N施+Vt+Vi+N受)'문식(男人打伤了她的腿。 남자가 그녀의 다리를 때려서 다치게 했다)

② '(N施+把+N受+Vt+Vi)+了'문식('把자문', '男人把她的腿打伤了。 남자가 그녀의 다리를 때려서 다치게 했다')

③ '(N受+被+N施+Vt+Vi)+了'문식('被자문', '她的腿被男人打伤了。그녀의 다리는 남자가 때려서 다쳤다')

이 세 예문의 '문간문식'은 형식이 다를 뿐만 아니라, 문식의 화용의미 또한 다르다. 상하문이 없는 경우, 세 가지 형식 모두 성립하지만, 상하문이 있는 경우, 문맥에 맞는 형식을 써야 한다.

④ a. 他男人追打她,打伤了她的头, 打伤了她的手, <u>还打伤了她的腿</u>。남자가 그녀를 쫓아가 때려서, 그녀의 머리를 다치게 했고, 그녀의 손을 다치게 했으며, 또 그녀의 다리를 다치게 했다.

　b. 他男人追打她,打伤了她的头, 打伤了她的手, *<u>还把她的腿打伤了</u>。

　c. 他男人追打她,打伤了她的头, 打伤了她的手, *<u>她的腿被他男人打伤了</u>。

⑤ a. 他男人按着她狠狠地打, 把她的头打伤了, <u>还把她的腿打伤了</u>。남자가 그녀를 누르면서 심하게 구타해서, 그녀의 손을 다치게 했고, 또 그녀의 다리를 다치게 했다.

　b. 他男人按着她狠狠地打,　把她的头打伤了,　*<u>打伤了她的腿</u>。

　c. 他男人按着她狠狠地打, 把她的头打伤了, *<u>她的腿被他男人打伤了</u>。

⑥ a. <u>她的腿被他男人打伤了</u>, 伤得很厉害, 站也站不起来。그녀의 다리는 남자로 인해 다쳤는데, 많이 다쳐서 일어날 수도 없었다.

53

b.*<u>男人打伤了她的腿</u>, 伤得很厉害, 站也站不起来。

c.*<u>男人把她的腿打伤了</u>, 伤得很厉害, 站也站不起来。

상하문에서 보면, 예④a는 'N施+Vt+Vi+N受'문식, 예⑤a는 '把'자문식, 예⑥a는 '被'자문식을 써야 한다. 반면, 각 예의 b식은 상하문에 연결되지 않고 호응하지도 않으며 부자연스럽다. 즉 문식이 언어환경에 있어서의 호응원칙을 어겼기 때문에 부적절하다.

언어환경분석은 단어가 동태적으로 쓰일 때 화용의미를 이해하는 데도 도움이 된다. 예를 들면, '走'는 고어古語에서 본래 '뛰다'라는 의미로 쓰였으나 지금은 '在路上走 길을 걷다'의 '걷다'라는 의미로 쓰인다. 그러나 '应当走群众路线 대중을 위한 노선을 따라야 한다'에서는 '따르다'라는 의미를 나타내고, 추도사의 '某某抢救无效, 昨晚走了 XX는 응급처치를 했으나 효과가 없어, 어제 밤에 떠났다'에서는 '죽다'라는 의미를 나타낸다. 단어를 사용할 때의 감정적 색채 또한 언어환경을 통해 표현되며 긍정적인 의미의 단어가 부정적인 의미로 쓰이기도 한다. 예를 들면, '这个女人三角眼、塌鼻梁、歪嘴巴, 实在漂亮极了 이 여자는 세모꼴 눈, 낮은 콧날, 삐뚤어진 입, 정말 끝내주게 예쁘네'에서는 긍정적인 의미의 '漂亮'이 비웃음의 말투를 띠어 부정적인 의미로 쓰였다. 한편 부정적인 의미의 단어가 긍정적인 의미로 쓰이는 경우도 있다. 예를 들면, '女人日夜牵挂着在外的男人, 心里骂着自己的狠心贼 여자들은 밤낮으로 밖에 있는 남자를 걱정하면서, 마음속으로는 도둑놈이라고 욕을 한다'에서는 부정적인 의미의 단어 '狠心贼'가 남편에 대한 애칭으로 쓰여 애증 섞인 말투를 띠게 되어 긍정적인 의미를 나타낸다.

5. 삼차원 결합연구

5.1 문장분석

문장분석은 세 가지 평면에서 종합분석할 수 있다. 문장분석의 기본 방법은 각종 문법형식[17]을 취합하여 문형을 분석하고 그 문형에 따라서 동핵구조가 구성하는 문모, 문간문식의미 및 문장표현의 어기의미 등을 찾아내는 것이다. 이렇게 해야만 문장의 의미를 이해할 수 있다. 구체적인 문장이나 문식(형식과 의미의 결합체이자 삼차원의 결합체)을 종합적으로 분석할 때는 문간 부분의 통사구조, 의미구조, 화용구조(특히 주제어진술어구조), 문간의 화용의미(문식의미, 문간이 표현하는 주관적인 정태의미 포함)에 대해 분석하는 한편, 어기 부분의 화용의미(어기 유형과 말투 포함)에 대해서도 분석해야 한다. 예를 들면, '他吃过螃蟹吗? 그는 게를 먹어본 적이 있나요?'와 '他也许吃过螃蟹了。 그는 아마 게를 먹어봤을 것이다'의 문간은 통사상 '주술목'문형, 의미상 '시사동핵수사'문모, 화용상 '주제어진술어문'('他'는 주제어, '吃过螃蟹'는 진술어, 진술어의 표술은 '서술'류에 속한다. 진술어에서 '过'는 동작의 경험을 나타내고 '也许'는 추측의 말투를 나타냄), 문간문식의미는 '시사가 이전에 수사에게 동작을 가했음을 서술'하는 것이고, 어기는 '의문' 문류에 속한다.

---

[17] 중국어에서 어순과 허사는 중요한 문법형식이다. 따라서 문법분석을 할 때 통사 어순, 의미어순, 화용어순을 구분해야 하며, 허사의 기능 또한 의미, 통사, 화용적인 차이가 있다.

5.2 문장생성

문장생성은 단어를 어떻게 운용해서 문장을 조립하고 생성하느냐이다. 문장은 의미와 형식의 결합체이고 문장생성의 과정은 의미에서 형식에 이르기까지의 문법코드화 과정, 즉 의미에서 출발해서 상응하는 표현형식을 선택하는 과정이다. 삼차원문법에서는 삼개평면을 결합하고 종합해야만 문장을 만들어낼 수 있다고 생각한다.

문장생성의 기본원칙은 화용상의 필요에 근거하여 의미구조에 적당한 문형과 문류를 선택해서 특정한 문식의 문장을 만드는 것이다. 예를 들면, '武松打死了老虎 무송이 호랑이를 때려 죽였다'는 서로 연관된 두 개의 동핵구조 '시사동핵수사'(武松打虎 무송이 호랑이를 때렸다)와 '계사동핵'(老虎死 호랑이가 죽었다)으로 이루어져 있어서, 화용상 '시사'를 주제어로 삼으면 '武松打死老虎 무송이 호랑이를 때려 죽였다' 문간, '시사'를 주제어로 삼으면 '老虎被武松打死 호랑이는 무송이 때려 죽였다' 문간을 만들 수 있다. 어기상 '의문'을 선택하면 '武松打死老虎了吗? 무송이 호랑이를 때려 죽였습니까' 또는 '老虎被武松打死了吗? 호랑이는 무송이 때려 죽였습니까'를 만들 수 있고, 어기상 '진술'을 선택하면 '武松打死老虎了 무송이 호랑이를 때려 죽였다' 또는 '老虎被武松打死了 호랑이는 무송이 때려 죽였다'를 만들 수 있다.

5.3 문장의 문법 적합여부 판단

어떤 문장이 문법에 맞는지 안 맞는지를 판단할 때도 삼개평면으로 종합해서 분석할 수 있다. 어떤 문장은 통사상 문제가 있는데, 예를 들면 '我参加这次会议, 感到非常荣誉和高兴 나는 이번 회의에 참가해서, 매우 영광과 기쁨을 느꼈다'에서 '感到荣誉 영광을 느끼다'와 '非常荣誉 매우 영광'는 통사규칙에 부합되지 않는다. 왜냐하면 '非常荣誉'는 부사가 일반적으로 명사를 수식할 수 없다는 규칙을 위배했고, '感到荣誉'는 '感到'가 명사목적어를 대동할 수 없다는 규칙을 위배했기 때문이다. 어떤 문장은 의미상 문제가 있는데, 예를 들면 '人们尽情地呼吸着海水、阳光和新鲜空气 사람들이 마음껏 바닷물, 햇빛과 신선한 공기를 호흡한다'에서 '呼吸海水阳光 바닷물, 햇빛을 호흡한다'은 의미조합규칙에 부합되지 않는다. 왜냐하면 동사 '呼吸'는 기체를 나타내는 명사와 결합해야 하는데, '海水', '阳光'은 모두 기체명사가 아니고, 의미상으로도 '동핵-수사'구조를 이룰 수 없기 때문이다. 어떤 문장은 화용상 문제가 있는데, 예를 들면 '王老师对学生进行了尖刻的批评 왕선생님이 학생들에게 통렬한 비판을 했다'에서 '尖刻的批评 통렬한 비판'은 단독으로 보면 통사결합과 의미조합에 문제가 없다. 그러나 '尖刻'는 말을 신랄하고 매몰차게 하다는 뜻으로, 선생님이 학생에게 비평을 할 때는 '尖锐'는 사용 가능하지만 '尖刻'는 타당하지 않기 때문에 화용규칙에 부합되지 않는다.

5.4 해결해야 할 난제

삼개평면이론을 운용해서 중국어문법의 일부 난제를 분석할 수 있다. 예를 들면, 중국어의 'VP주어문(위사성 단어가 문장의 주어가 되는 경우)'에서 문두의 VP는 어떻게 분석해야 하는가? 어떤 이는 '명사화(이미 명사로 바뀜) 되었다고 생각하고, 어떤 이는 단어의 성질은 변하지 않고 여전히 위사라고 생각한다. 삼차원이론을 운용하면 다음과 같이 분석할 수 있다. VP주어문에서 VP는 통사평면에서는 주어, 의미평면에서는 동원, 화용평면에서는 주제어 역할을 한다. 주어 역할을 할 때는 여전히 위사이고, 의미구조에서는 '명물화(동원화)'된 것으로, 명사화와 명물화를 구분하면서도 연관된 두 개의 개념으로 간주한다.[18]

중국어의 주어는 오래된 난제이나 이 또한 삼개평면이론으로 해결할 수 있다. 주어는 통사성분이면서 의미상으로는 위사와 관련된 동원이고, 화용상으로는 주제어가 된다. 따라서 주어는 동원이면서 진술대상을 나타내는 통사성분이기도 하다. 중국어에서 주어는 동원을 나타내는 단어로 충당되고 술어동사 앞에 놓이며 주어 앞에는 개사가 올 수 없다. 만약 동사 앞의 동원 단어가 여러 개이면 주사를 나타내는 단어가 주어가 된다.

6. 네 가지 방법론 원칙

6.1 형식과 의미 결합원칙

모든 문법범주는 형식과 의미의 결합체이기 때문에 문법을 연구할 때 형식과 의미 결합원칙을 관철해야 한다. 해석과 부호화의 각도에서

---

[18] VP주어에 대한 토론은 동사와 명사의 겸품사문제와도 연결이 된다. 주어 위치의 VP는 VP주어와 NP주어 두 종류가 있다. 예를 들면, '翻译很重要번역은/번역가는 매우 중요하다'에서 '翻译'는 중의를 가지고 있다. 즉 '翻译'를 동작행위의 일종으로 볼 수도 있고, 번역가로 볼 수도 있다. 만약 언어환경에서 동작행위를 가리킨다면 '翻译'는 여전히 동사이므로, 명사화가 아니고 명물화이다. 만약 언어환경에서 번역가를 가리키면, '翻译'는 이미 '명사화'되었으므로, 명사로 볼 수 있다. 이것은 동사와 명사의 겸품사문제(심지어 서로 다른 단어로 보기도 함)와도 연결된다. 따라서 이러한 단어가 주어 위치에 출현하는 경우, 주어가 VP류인지 아니면 NP류인지에 대해서 구체적인 분석을 해야 한다.

보면 문법연구는 형식에서 출발하여 의미를 발견하는 과정으로 전체 분석과정은 '형식→의미→형식→의미……'이고, 생성과 부호화의 각도에서 보면 문법연구는 의미에서 출발하여 형식을 찾는 과정으로 전체 연구과정은 '의미→형식→의미→형식……'이다. 그러나 실제 분석을 할 때는 가능한 형식과 의미를 상호검증 해야 한다. 예를 들면, 중국어의 형용사 중 어떤 것은 형식적인 측면에서 정도부사와 결합할 수 있고 어떤 것은 정도부사와 결합할 수 없다('很红'은 가능하지만, '很血红, 很红彤彤'은 불가능함). 또한 의미적인 측면에서 보면 '红'의 의미특징은 [+성질]이고 '很血红, 很红彤彤'의 의미특징은 [+상태]이다. 따라서 형용사를 성질형용사('红, 白'류)와 상태형용사('血红, 雪白, 红彤彤'류) 두 가지로 나눌 수 있다. 또 문식연구를 예로 들면, 문식은 형식과 의미의 결합체로, '문식의 형식'을 가장 먼저 볼 수 있기 때문에 '문식의 형식'에서 출발하여 '문식의 의미'를 이해하고 설명할 수 있다. 예를 들면, ① '他喝干了酒 그는 술을 다 마셨다' ② '他喝醉了酒 그는 술에 취했다' ③ '他喝坏了身体 그는 술을 마셔서 몸이 상했다'는 모두 품사 배열순서는 'N1+Vt+Vi+N2'이고, 통사상으로는 '주어-술보-목적어'문형이며 의미상으로는 '시사동핵수사+계사동핵'문모이지만, 문식의 의미는 모두 다르다. ①의 문식의미는 '시사가 수사에 동작을 가해서 수사에 모종의 결과를 야기한 것'이고, ②는 '시사가 수사에 동작을 가해서 시사 자신에게 모종의 결과가 초래된 것'이며, ③은 '시사가 수사에 동작을 가해서 시사의 일부에 모종의 결과가 야기된 것'이다. 이와 반대로 '문식의 의미'에서 출발해서 상응하는 '문식의 형식'을 찾을 수도 있다. 예를 들면, 중국어에서 '존재'를 나타내는 문식의 의미는 다양한 문식의 형식(有자문식, 是자문식, V着문식 등)으로 나타낼 수 있다. 물론 분석의 결과를 서술하는 측면에서 보면 '형식→의미'도 가능하고 '의미→형식'도 가능하지만 이는 개인의 생각에 의해 결정된다. 그러나 어떻게 서술하든, 형식을 논할 때는 의미측면의 검증을 받아야 하고, 의미를 논할 때는 형식측면의 검증을 받아야 한다.

6.2 정태와 동태 결합원칙

모든 사물의 움직임은 정태(상대적 정지의 상태)와 동태(절대적 변화의 상태)의 두 가지 상태로 존재하는데 문법도 예외가 아니다. 따라서 문법을 연구할 때 정태와 동태 결합원칙을 관철해야 한다. 공시적인 문법규칙은 해당 종족어를 사용하는 사회 구성원들의 약정속성이자 일정 시기의 안정성과 상대적인 정지의 상태를 나타낸다. 따라서 정태적이고 규범적인 관점으로 종족어의 문법을 연구하고 묘사해야 효과적으로 의사소통 할 수 있다. 그러나 문법은 끊임없이 변화하고 발전하기 때문에 동태적인 변화의 관점에서도 문법을 연구해야 한다. 현대중국어문법을 연구하는 올바른 태도는 다음과 같다. 고금古今을 혼동하지 말고 고금의 연계에 주의(문법현상의 변천과 전환에 주의)를 기울여야 하며 규범을 중시하고 생명력이 있는 새로운 문법현상도 발견해야 한다. 정태문법의 규칙성 확인뿐만 아니라 동태적인 사용과정 속에서 문법형식의 융통성과 다양성을 제창해야 하며, 정태적인 고립문뿐만 아니라 동태적인 맥락문에 대해서도 논해야 한다. 예를 들면, 중국어에서 통사의 정태적인 규칙은 '주어는 술어 앞', '부사어는 동사 앞'이지만 화용상의 필요에 따라 맥락문에서는 '술어가 주어 앞'(多

美啊,黃山的雪景! 얼마나 아름다운가, 황산의 설경), '부사어가 동사 뒤'(她
走过来了, 轻轻地、轻轻地。 그녀가 걸어왔다, 살금살금, 살금살금)에 오
는 경우도 있다.

6.3 구조와 기능 결합원칙

구조와 기능은 상호연계가 되면서도 상호제약을 하기 때문에 문법
을 연구할 때는 구조와 기능 결합원칙을 관철해야 한다. 종족어의 문
법을 연구할 때 반드시 구조와 기능을 중심으로 하고 구조와 기능을
잘 파악해야만 과학적인 종족어 문법체계를 구축할 수 있다. 따라서
문법을 연구할 때는 반드시 구조와 기능을 결합시켜야 한다. 예를 들
면, 단어와 그것이 구성하는 구조에 대해 '기능-구조'분석을 할 때는 단
어와 단어가 구성하는 구조 사이에 상호의존, 상호제약 관계가 있는지
에 주의를 기울여야 한다. 단어의 문법기능이 없으면 문법구조가 있을
수 없고, 반대로 문법구조가 없으면 단어의 문법기능에 대해 논할 수
없다. 또한 '문간+어기'에 대해 '구조-기능' 분석을 할 때도 어기전달의
의사소통기능(진술, 의문, 명령, 감탄 등)에 대한 분석과 동시에 문간
내 주술구조 속 진술어의 표술기능(서술, 묘사, 기술, 평술 등)과 품사
배열순서구조(문식)가 나타내는 문식의 의미기능에 대해서도 분석해
야 한다. 문간 의미구조는 동일하지만 품사배열순서구조가 다른 문장
은 그 문식 의미기능이 다르다. 예를 들면, '墙上贴着许多标语 벽에는
많은 표어가 붙어 있다'와 '许多标语贴在墙上 많은 표어가 벽에 붙어있다'은
의미구조는 같지만('贴'는 동작, '标语'는 '贴'의 수사, '墙上'은 '贴'의 장
소), 문식이 나타내는 화용기능은 다르다. 전자는 '어떤 장소에 어떤

사물이 존재하고 있음'을 묘사하고 후자는 '어떤 사물이 정확히 어디에 위치하고 있는지'를 서술한다. 이밖에 텍스트에서의 단락생성기능 또한 연구해야 한다. 상이한 문식은 텍스트에서 서로 다른 단락생성기능, 즉 서로 다른 활용가치나 응용가치를 가진다.

6.4 묘사와 해석 결합원칙

묘사와 해석은 서로 연계되기 때문에 문법을 연구할 때 묘사와 해석 결합원칙을 관철해야 한다. 묘사는 해석의 기초이자 전제가 되기 때문에 해석은 반드시 묘사의 기초 위에서 이루어져야 한다. 묘사 없이는 해석을 논할 수 없다. 만약 묘사만 있고 해석이 없으면 그런 사실이 있다는 것은 알지만 왜 그러한 지는 모르기 때문에 겉모습만 알 뿐 진정한 이치를 모르게 된다. 효과적인 해석은 규칙적인 묘사에 도움이 된다. 따라서 문법현상을 연구할 때는 우선 충분한 묘사를 해야 하고 통사구조, 의미구조, 화용구조의 형식과 그들이 구성하는 기본규칙에 대해서도 묘사해야 한다.

문법교과서는 공시적인 규범문법을 중시하고 묘사에 치중하기 때문에 흔히 묘사문법이라고 한다. 그러나 실제로는 유한한 해석, 적절한 해석도 있다. 예를 들면, 생략과 도치현상을 해석할 때 일반적으로 생략의 원인은 대화나 맥락 속에서 말을 '간결'하게 전달하기 위해서라고 하고 도치의 원인은 특정성분을 '강조'하기 위해서라고 한다. 어떤 문법현상에 대해 전문적인 주제연구를 할 때 먼저 묘사를 하고 묘사의 기초 위에서 일반적인 규칙이나 특수한 현상에 대해 해석을 한다. 그러나 일부 이론문법(예, 인지문법)은 해석에 치중하는 경향도 있다.

  문법의 해석은 공통성도 있고 개별성도 있으며 외적 요인도 있고 내
적 요인도 있다. 문법현상을 제약하거나 문법현상에 영향을 미치는 요
인은 다양성을 지니고 있어서 어떤 것은 통사, 의미, 화용에서 그 원인
을 찾을 수 있고 또 어떤 것은 객관적인 이치, 인지, 논리, 역사, 언어접
촉, 사회, 문화, 어휘, 어음에서 그 원인을 찾을 수 있다.

[참고문헌]

陈昌来主编(2005)《现代汉语三维语法论》, 学林出版社
范晓(1996)《三个平面的语法观》, 北京语言学院出版社
范晓主编(1998)《汉语的句子类型》, 山西书海出版社
范晓·张豫峰等著(2003)《语法理论纲要》, 上海译文出版社
范晓(2004)《三维语法阐释》,《汉语学习》第6期
范晓(2009)《汉语句子的多角度研究》, 商务印书馆
范晓·陈昌来(2015)《句子及其句式研究》, 学林出版社
吕叔湘(1979)《汉语语法分析问题》, 商务印书馆
文炼(1991)《与语言符号有关的问题》,《中国语文》第2期
邢福义(1990)《现代汉语语法研究的两个"三角"》,《云梦学刊》第1期
袁晖·戴耀晶编(1998)《三个平面：汉语语法研究的多维视野》, 语文出版社
赵元任(1979)《汉语口语语法(吕叔湘译本)》, 商务印书馆
朱德熙(1987)《语法答问》, 商务印书馆

  ▌원문은《语言研究的新思路》上海教育出版社 1998年에 수록

제2장
문법연구에서 구조와 기능 결합원칙

문법학 관련 문헌에서 구조와 기능이 자주 언급되지만 이 두 용어에 대한 이해가 학자마다 다르다. 구조와 기능의 관계에 대한 견해가 다를 뿐 아니라 문법연구에서의 그 중요도에 대한 인식에도 차이가 있어서, 어떤 학자는 구조를 중요하게 다루지만 또 어떤 학자는 기능을 중요하게 다룬다.

구조와 기능은 모두 중요한 개념으로 문법연구에서 가장 기본적인 범주에 속한다. 구조와 기능은 서로 구별되면서 연관되어 있으므로 문법연구에서는 구조와 기능 결합원칙을 따라야 한다. 이 원칙은 '형식과 의미 결합원칙', '정태와 동태 결합원칙', '묘사와 해석 결합원칙'과 마찬가지로 문법학 방법론에서 가장 기본적인 원칙이다.

1. 문법연구에서 구조와 기능의 중요성

1.1 문법연구의 두 가지 경향

문법사에는 국내외를 막론하고 크게 두 가지 경향이 있다. 하나는 구조를 중시하는 경향이고 다른 하나는 기능을 중시하는 경향이다. 최근 20년 동안 이 두 가지 경향은 더욱 뚜렷해져서 '형식주의'와 '기능주의' 두 가지 연구방향으로 나타났다.

여기서 언급한 '형식주의'의 '형식'은 일반적으로 이해하는 의미의 상대적인 개념이 아니고 공식화, 수학화, 부호화 등의 형식수단으로 문법구조를 설명하는 개념이다. '형식주의'는 본질적으로 '구조주의'의 일종으로 '신구조주의(또는 '후기구조주의')'라고 해도 무방하다. 왜냐하면 '형식주의'는 구구조주의(전통적으로 말하는 소쉬르의 구조주의)에서 파생되었기 때문에 언어를 자립성을 띠는 구조체계로 보고 문법구조의 정태연구를 중시하였으며 화용기능의 동태연구는 소홀히 하였다. 신구조주의 유파는 매우 많으며 촘스키의 변환생성문법이 대표적이고 그 밖에 구확장문법(Extended syntax), 어휘기능문법(Lexical Functional Grammae), 관계문법(Relational Grammar), 몽태규문법(Montague Grammar) 등이 여기에 속한다.

'기능주의'에서 말하는 '기능'은 언어의 화용기능(표현기능, 의사소통기능, 인지기능 등)을 의미한다. 기능주의는 언어를 의사소통의 도구인 정보전달체계로 여겼으며 화용기능의 동태적 해석을 중시하였고 언어환경, 텍스트, 심리 등을 통해서 각종 문법현상을 설명하는 데 관심을 가졌다. 기능주의 유파 역시 매우 많으며 할리데이의 기능주의문법, 딕의 기능주의문법이 대표적이고 그 밖에 역할지시문법(Role and Reference Grammar), 텍스트문법, 인지문법 등이 여기에 속한다.

1.2 구조와 기능의 관계

문법연구의 주요 대상은 문장이고' 문법연구의 목적은 문장의 내부구조(통사구조, 의미구조 포함)규칙과 외부기능(화용표현기능, 정보전달기능 포함)규칙을 밝히는 데 있다. 이런 측면에서 봤을 때 문법학은 문장의 구조와 기능을 연구하는 학문이라고 할 수 있고, 이로써 구조와 기능은 문법연구에서 핵심적인 부분이며 문법연구 시 마땅히 중시해야 함을 알 수 있다.

구조와 기능은 긴밀하게 연계되어 있어서 문법구조체 내에서 하나의 통일체로 존재하며 그 중 하나라도 결여되면 안 된다. 문장은 구조와 기능 모두 있어야 한다. 예를 들면, '那幅画已被他卖了 그 그림은 벌써 그가 사버렸다'는 통사평면에서 '주어부사어중심어'구조이고 의미평면에서 '수사시사동핵'구조이며 화용평면에서 '진술'의 기능, '피동'의 기능, 옛 정보(주제어)와 새 정보(진술어)의 전달기능을 갖는다. 이 문장에서 구조와 기능 중 하나라도 결여되면 성립할 수 없기 때문에 문장의 구조연구는 기능을 떠날 수 없고 문장의 기능연구 역시 구조를 떠날 수 없다. 만약 한쪽만을 강조하고 다른 한쪽을 소홀히 하면 전면적인 결론에 이를 수 없게 된다. 이는 사람의 인체기관에 비유할 수 있는데 만약 인체의 어떤 기관 내부의 구조에 대해서만 연구하고 그 기관의 기능에 대해서는 연구하지 않거나 그 기능만 연구하고 그 내부구조에 대해서는 연구하지 않는다면 문제가 될 것이다.

구조와 기능은 서로 의존하기도 하고 서로 제약하기도 한다. 모든

---

1 문법학에서 단어나 구를 연구하는 목적은 문장을 설명하기 위해서이고, 단락이나 텍스트를 연구하는 목적 역시 문장을 설명하기 위해서이다.

문법구조는 일정한 기능을 갖고 있으며, 모든 기능은 일정한 구조를 통해서만 나타난다. 역사적 혹은 발생학적 측면에서 보면 한 언어의 문법이 변화 발전하는 데는 화용표현기능의 영향을 받으며 기능은 구조의 형성과 발전에 결정적인 작용을 한다. 이는 문법발전사에서 확인할 수 있다. 예를 들어, 중국어에서 '把'자문의 주요 화용기능은 '처치'이다. 이런 문장구조는 상고시대에는 없었으며 대략 7세기에서 8세기 사이에 생겨나서 만당晚唐 이후에 많이 쓰이기 시작했다.[2] 그렇다면 왜 이러한 문장격식이 생겼을까? 이는 기능, 즉 화용표현의 필요에 따라 생겨난 것이다. 반복적인 사용을 통해서 사람들은 '처치'를 나타내는 문장격식이 사유표현과 정보전달에 도움이 된다는 것을 알게 되어 이 문장격식이 점점 많이 사용되었으며 현대중국어에 와서는 아주 보편적으로 쓰이는 문식이 된 것이다. '把'자문과 마찬가지로 다른 문법구조 혹은 문법틀의 형성 및 발전 역시 비슷하다. 현대중국어에서 기본적이고 자주 사용되는 문법구조 및 그 규칙은 모두 화용기능의 제약을 받아 형성되어 점차 고정된 것이다. 한 구조가 일단 형성되어 고정되면 역으로 기능에 영향을 미칠 수 있다. 이를테면, '처치'의 화용기능을 나타내려면 '把'자문을 써야 하는 것이다.

1.3 문법연구에서 구조와 기능 결합원칙

구조와 기능이 문법에서 서로 연계하면서 제약한다면 문법에서 구조와 기능을 함께 연구하는 것이 당연하다. 최근 중국의 문법연구에서 삼개평면이론이 관심을 받고 있는데 이 이론은 문법에는 삼개평면 즉

---

2   王力(1958)《汉语史稿(中册)》p.413, 科学出版社.

통사평면, 의미평면, 화용평면이 있다고 여긴다. 삼개평면이론을 기초로 하는 문법학을 '삼차원문법'이라고 칭한다.[3] 삼차원문법은 한 종족어의 문법연구는 반드시 구조와 기능을 중심으로 삼아 정확하게 파악해야 세부적인 문법현상이 해결되어 과학적인 문법체계를 세울 수 있다고 여긴다. 문법현상을 분석할 때는 반드시 구조와 기능을 결합해야 하며 구조분석 시 기능해석을 잊어서는 안 되고 기능분석 시 구조를 소홀히 하거나 구조에 대한 묘사를 간과해서는 안 된다. 물론 특정한 목적을 위해 구조와 기능을 분리하여 각각 독립된 연구주제로 삼거나 혹은 과거에 구조연구를 중시했기 때문에 이제는 기능연구를 강조할 수는 있지만 기능과 구조를 대립시키거나 분리해서는 안 된다.

　신구조주의와 기능주의 두 유파는 각각 연구영역에서 상당한 성과를 거두어 문법학 발전에 공헌을 했다. 그러나 신구조주의는 지나치게 구조의 자립성을 강조하고 기능이 구조에 미치는 제약에 대해서는 소홀히 하였으며 기능주의는 지나치게 기능해석의 중요성을 강조하고 구조의 상대적 독립성이나 구조가 기능에 미치는 영향에 대해서는 소홀히 하였다. 양쪽이 각자의 관점만을 견지하고 서로 대립하고 있는데 이렇게 할 이유가 없다. 많은 학자들이 이 두 가지 연구방향 및 방법에 대해 '서로 대립해서는 안 되고', '서로 배척해서도 안 되며', '구조묘사와 기능해석은 서로 긴밀하게 연계되어 있어서', '본질적으로 서로 보완관계이다'[4]라고 지적하고 있다. 이로써 언어연구에서 "이 두 가지 연

3　'삼개평면'은 '삼차원'으로 이해할 수 있다. 文炼(1991) 《与符号有关的问题》, 《中国语文》第2期 참조.

4　戴浩一(1994) 《功能主义与汉语语法》导言》, 《功能主义与汉语语法》, 北京语言学院出版社. 廖秋忠(1991) 《也谈形式主义与功能主义》, 《国外语言学》第2期. 文

구방법을 어떻게 언어이론에 결합시킬 것인가 하는 문제는 상당히 오랜 시간 동안 중요한 과제였다."[5] 이는 매우 타당한 견해라고 할 수 있다. 사실 '구조주의'문법(구구조주의와 신구조주의 포함)과 '기능주의' 문법은 각각 장점과 단점이 있다. 장점을 취해 단점을 보완하고 구조와 기능의 결합원칙을 따른다면 더욱 수준 높은 분석을 할 수 있어서 문법연구에 새로운 발전을 가져올 수 있을 것이다.

2. 구조(문법구조)

2.1 구조연구의 중요성

여기에서 언급하는 구조는 '문법구조'를 가리킨다. 일반적으로 "언어에 대해서 문법분석을 하는 것은 각종 언어의 단편적인 구조를 분석하는 것이다"[6]라고 여긴다. 수많은 문법서에서 문법을 '언어의 구조규칙'이나 '언어구조의 규칙'이라고 정의하고 있다. 전통문법학과 구조주의문법은 모두 구조연구에 집중하는 경향이 있다. 어떤 종족어의 문법구조에 대해 연구를 하면 그 종족어의 정태적인 문법체계를 추상화하여 개괄할 수 있다. 즉, 문법구조의 연구가 없으면 그 언어의 공시적 문법체계를 세울 수 없고, 문법구조의 분석과 묘사가 없으면 문법학이 하나의 학문으로 자리매김할 수 없다고 여겼다. 물론 지금의 시각으로

炼(1996)《谈谈汉语语法结构的功能解释》,《中国语文》第6期 참조.

5 陆孝栋(1994)《形式主义、功能主义与汉语语法》,《功能主义与汉语语法》, 北京语言学院出版社 참조.

6 吕叔湘(1979)《汉语语法分析问题》p.4, 商务印书馆.

보면 문법학에서 구조만을 연구해서는 부족하고 문법학을 완성시키기 위해서는 기능을 연구해야 한다. 그러나 기능연구 역시 구조를 떠나서는 안 된다. 구조묘사는 기능분석이나 기능해석의 기초이자 전제조건이다. 구조를 떠난 기능은 뿌리가 없는 나무와 같이 기초가 없는 것이다. 이로써 문법구조의 연구는 매우 중요할 뿐 아니라 필수불가결함을 알 수 있다.

2.2 문법구조체

구조를 언급하려면 먼저 '구조체'를 언급해야 한다. 구조체는 그 내부에 두 개 이상의 요소(또는 성분)가 일정한 구조방식에 따라 조합된 실체를 가리킨다. 모든 사물은 내부구조만 있으면 바로 구조체가 된다. 문법에서 문법단위인 문장, 구, 복합어는 모두 문법구조체인데, 문장은 두 개 이상의 단어나 구가 일정한 구조방식에 따라 조합되었으며, 복합어는 두 개 이상의 형태소가 일정한 구조방식에 따라 조합되었기 때문이다. 그러나 문법단위인 형태소와 단일어는 문법구조체라고 할 수 없는데, 이들은 문법구조체의 요소나 성분이 되기 때문에 문법단위와 문법구조체는 같다고 할 수 없다. 문법구조연구는 문법구조체의 구조를 연구하는 것이며 이를 테면 '他走了 그는 갔다', '我睡了 나는 잤다' 이 두 문장은 통사상 '주어술어'구조, 의미상 '시사동핵'구조이고, '吃饭 밥을 먹다', '看书 책을 보다' 이 두 구는 통사상 '동사목적어'구조, 의미상 '동핵수사'구조이다. 단일어와 형태소는 비록 문법구조체는 아니지만 문법구조체의 구성성분이기 때문에 문법연구에서 반드시 언급해야 한다.

2.3 문법구조의 함의

구조란 무엇인가? 《现代汉语词典》에서는 구조란 '각각의 구성성분의 조합과 배열'이라고 언급하고 있다. 이 해석에 따라 유추하면 문법구조는 문법구조체 내부 각각의 구성성분의 조합과 배열을 가리킨다. 문법학의 구조연구는 각종 문법구조체 내부의 조합배열방식을 연구하는 것이고 작은 문법단위가 큰 문법단위를 구성하는 방식을 연구하는 것이다. 이와 같이 성분이 구조를 이루는 조합배열방식을 구조방식이라고 한다.

삼차원문법은 문법연구의 범위를 넓혀서 문법분석은 통사분석 뿐아니라 의미분석과 화용분석을 포함하며 삼개평면에는 통사구조(주어술어구조, 동사목적어구조, 동사보어구조, 관형어중심어구조 등), 의미구조(시사동핵구조, 동핵수사구조, 계사동핵구조 등), 화용구조(주제어진술어구조 등)가 있다고 여긴다. 그렇기 때문에 문법구조연구역시 통사구조만 연구해서는 안 되고 의미구조와 화용구조를 함께 연구해야 한다. 전통문법과 구구조주의문법은 통사구조연구에 편중되어 있었으나 신구조주의문법은 통사구조를 기초로 하면서 의미구조연구에 관심을 두기 시작하였다. 기능주의문법은 상대적으로 화용구조와 의미구조를 중요시한다. 삼차원문법은 통사구조, 의미구조, 화용구조를 모두 문법구조로 보기 때문에 이 세 가지 구조를 모두 중요하게 다루고 있고 이 세 가지 구조를 결합하여 연구하는 데 관심을 갖는다.

2.4 문법구조의 성분

문법구조의 성분은 '문법성분' 또는 '구조성분'이라고 약칭한다. 문법성분의 성질을 보면 문법의 서로 다른 평면은 서로 다른 성분을 가지고 있다. 즉, 통사평면의 통사구조에서는 통사성분(주어, 술어, 목적어, 관형어, 부사어, 보어, 중심어)을 분석해낼 수 있고, 의미평면의 의미구조에서는 의미성분(시사, 수사, 계사, 여사, 도구, 장소, 시간)을 분석해낼 수 있으며, 화용평면의 화용구조에서는 화용성분(주제어, 진술어, 초점, 어기)을 분석해낼 수 있다. 이로써 통사성분, 의미성분, 화용성분은 모두 문법성분임을 알 수 있다. 문법구조를 연구할 때는 성질이 다른 구조의 각종 문법성분을 분석해야 하고, 상응하는 문법성분 사이의 조합관계, 조합방식 및 조합규칙을 찾아야 한다.

문법구조의 성분은 모두 일정한 문법단위로 충당된다. 즉 문장의 구조에서 보면 문장의 문법구조 속 문법성분은 일반적으로 단어(구 포함)로 충당되며, 단어의 종류와 문법성분은 일정한 대응관계가 있기 때문에 규칙을 찾을 수 있다. 예를 들면, 중국어 통사성분에서 주어는 주로 명사성 단어로 충당되고 술어는 동사성 단어나 형용사성 단어로 충당되며, 중국어 품사에서 구별사는 관형어로 쓰이고 부사는 부사어로 쓰인다. 중국어의 의미성분인 '동핵'은 모두 동사성 단어나 형용사성 단어로 충당되고 동핵과 관련된 강제성 의미성분인 '동원'(시사, 수사, 여사 등 포함)[7]은 일반적으로 명사성 단어로 충당되며 중국어의 화용성분인 주제어는 일반적으로 명사성 단어, 진술어는 동사성 단어나 형용사성 단어로 충당된다.

---

7 '동핵'과 '동원'에 관해서는 范晓(1991)《动词的"价"分类》,《语法研究和探索(五)》, 语文出版社 참조.

2.5 문법구조의 특징

문법구조는 층차성, 확장성, 선택성, 변환성 네 가지 특징이 있다.

2.5.1 층차성

문법구조 내부의 각 성분이 층차에 따라 조합됨을 의미한다. 표면적으로는 같은 구조(단어가 동일하고 선형결합형식도 동일)이나 내부의 층차관계가 다르면 나타내는 의미도 다르다.

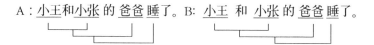

A의 '아빠'는 '소왕과 소장'의 아빠이고 '睡'라는 동작은 '소왕의 아빠'와 '소장의 아빠'가 행한 것이다. B의 '아빠'는 '소장의 아빠'이고 '睡'라는 동작은 '소왕'과 '소장의 아빠'가 행한 것이다. 이 두 문장은 통사구조와 의미구조에 있어서 모두 층차성이 있다.

2.5.2 확장성

문법구조에서의 단어는 의미와 통사상 그 단어가 핵심이 되어 다른 단어와 결합할 수 있고 결합한 후의 구는 계속해서 그 구가 핵심이 되어 또 다른 단어와 결합할 수 있으며 더 큰 문법구조를 생성한다. 예를 들면, '叔叔的钢笔 삼촌의 만년필'은 '叔叔的叔叔的钢笔 삼촌의 삼촌의 만년필'로 확장할 수 있고 '叔叔的叔叔的叔叔的钢笔 삼촌의 삼촌의 삼촌의 만년필'로도 확장할 수 있으며 만약 필요하다면 계속해서 더 확장할 수도 있다. 이러한 수식어중심어구조의 확장 외에, 병렬구조도 확장할 수 있다. 예를 들면, '小王和小李 소왕과 소리' → '小王、小李和小张 소왕, 소리 그리고 소장'→'小王、小李、小张和小赵 소왕, 소리, 소장 그리고 소조' 등과 같이 이론상 문법구조의 확장은 무한할 수 있으나 실제 운용에 있어서는 유한하다.

2.5.3 선택성

단어와 단어가 결합하여 문법구조가 될 때 임의적으로 결합하는 것이 아니라 선택적으로 결합한다. 이러한 선택성은 통사, 의미, 화용에서 드러난다. 예를 들면, '不去', '不大'라고는 할 수 있으나 '不桌子', '不电灯'이라고는 할 수 없으며 이는 통사상의 선택이다. 또한 '大桌子', '长头发'라고는 할 수 있으나 '甜桌子', '矮头发'라고는 할 수 없으며 이는 의미상의 선택이다. 그리고 '杀猪', '杀牛'라고는 할 수 있으나 '杀虱子', '杀苍蝇'이라고는 할 수 없으며 이는 화용상의 선택이다.[8]

2.5.4 변환성

동일한 의미구조를 지닌 문장과 문장 또는 구와 구는 서로 변환할 수 있다.

① 他关上了大门 그는 대문을 닫았다

⇌ 他把大门关上了 그는 대문을 닫았다

⇌ 大门被他关上了 대문이 그에 의해 닫혔다(다른 문장으로 변환할 수 있음)

---

8   范晓(1985)《词语组合的选择性》,《汉语学习》第3期 참조.

② 王冕死了父亲 왕면은 아버지가 돌아가셨다

⇌ 王冕的父亲死了 왕면의 아버지는 돌아가셨다(다른 문장으로
변환할 수 있음)

③ 好天气 좋은 날씨

⇌ 天气好 날씨가 좋다(다른 구로 변환할 수 있음)

변환관계에 있는 문장이나 단어는 심층의 의미구조는 같지만 표층
의 통사구조가 다르기 때문에 동태적으로 쓰일 때 그 화용가치가 다
르다.

2.6 문법구조를 연구하는 목적

한 언어의 문법구조를 연구할 때는 명확한 목적이 있어야 한다. 즉
구체적인 문법사실을 기초로 삼아서 추상과 개괄을 통해 문법구조체
계를 구축해야 한다. 더 명확하게 말하면 통사구조를 연구하는 목적은
한 언어의 문형체계를 구축하는 것이고 의미구조를 연구하는 목적은
한 언어의 문모체계를 구축하는 것이며 화용구조를 연구하는 목적은
한 언어의 문류체계를 구축하는 것이다. 그리고 나서, 이 세가지 체계
를 결합해서 한 언어의 문양文樣(문위文位라고도 함)체계, 즉 해당 언
어의 문법구조의 완벽한 체계를 만드는 것이 바로 문법구조를 연구하
는 최종 목표이다.[9] 일부 구체적인 혹은 개별적인 문법구조를 연구하
는 것은 모두 이 최종 목표를 위한 것이다. 문법구조를 분석하거나 설
명할 때 가장 이상적인 방법은 묘사와 해석을 결합(구조틀과 규칙을

---

9   范晓(1996)《三个平面的语法观》pp.386-387, 北京语言学院出版社 참조.

묘사하고, 그 기능이 왜 이런 형식과 규칙을 갖는지를 해석)하는 것이
다. 이렇게 해야만, 구조연구가 더욱 실용적인 가치를 갖게 된다.

3. 기능(문법기능)

3.1 기능연구의 중요성

여기서 말하는 기능은 '문법기능'을 의미한다. 문법학은 반드시 구
조를 연구해야 하지만, 단순히 구조를 연구하는 것만으로는 부족하기
때문에 문법단위나 문법구조체의 문법기능도 연구해야 한다. 이는 구
조와 기능이 서로 연계되면서 제약하기 때문이다. 구조 속의 구성요소
는 일정한 기능을 가지고 있어야만 구조를 형성할 수 있으며 구성요소
로 이루어진 구조체 또한 자신의 기능을 가지고 있다. 따라서 기능을
연구해야만 구조나 구조체를 효과적으로 설명할 수 있다. 이는 자동차
를 연구하는 데 있어서 자동차 내부구조를 분석하는 것만으로는 부족
하기 때문에 자동차의 기능도 연구하는 것과 같다. 기능의 측면에서
보면, 자동차는 물건을 운송하는 것(화물차)과 승객을 수송하는 것(버
스)으로 나뉘며 자동차의 기능에 따라 운반체의 구조에 차이가 있다.
버스는 승객을 수송해야 하기 때문에 운반체 안에 반드시 좌석이 있어
야 하지만, 화물차는 물건을 운송하기 때문에 운반체 안에 반드시 좌
석이 있어야 하는 것은 아니다. 문법도 이와 마찬가지로 구조연구를
위한 구조연구가 되어서는 안 되고 반드시 기능과 연계하고 결합해서
연구해야 한다. 만약 기능을 연구하지 않으면 문법연구의 중요한 내용

을 누락하는 것일 뿐만 아니라, 어떤 구조가 만들어진 원인과 존재의 합리성을 설명하기 어렵다. 요컨대, 기능과 구조는 밀접하게 연관되어 있으며 기능연구의 목적은 그 문법의 구조체계를 더 잘 묘사하고 해석하기 위해서이다.

3.2 문법기능의 함의

기능이란 사물이 발휘하는 효능을 가리킨다. 모든 사물은 자신의 기능을 가지고 있고 언어와 문법도 예외가 아니다. 문법에서 말하는 기능은 문법단위(또는 구조체)의 기능을 가리킨다. 문법기능의 함의에 대해서 언어학계에는 이견이 존재하며 이를 개괄하면 미시적 기능론과 거시적 기능론으로 나눌 수 있다.

미시적 기능론은 주로 문법단위의 조합기능을 연구한다. 조합기능은 문법단위가 결합하여 문법구조를 이루는 기능, 즉 작은 문법단위가 큰 문법단위를 구성하는 기능이다. 이는 문법구조 내부의 구성요소가 갖추고 있는 기능이다. 예를 들면, '鸟飞了 새가 날았다'에서 명사 '鸟'는 주어와 시사를 담당하는 기능이 있고 동사 '飞'는 술어와 동핵을 담당하는 기능이 있다. '鸟' 와 '飞'는 이러한 조합기능을 가지고 있기 때문에 '鸟飞'는 통사상 주술구조, 의미상 시사동핵구조가 된다.

거시적 기능론은 주로 문법단위의 표현기능, 의사소통기능(정보전달기능), 인지기능을 연구한다. 이는 문법단위 외부의 언어운용과 관계가 있는 기능이다. 예를 들면, '这本书我看过了 이 책 나는 봤다'의 표현기능은 진술이고, '这本书'는 주제어(옛 정보), '我看过了'는 진술어(새 정보), '看过'는 초점이다. 여기서 말하는 '진술, 주제어, 진술어, 초점' 등이 바로 화용기능이다.

일반적으로 전통문법과 구조주의문법(신구조주의와 구구조주의 포함)에서 말하는 기능은 주로 미시적인 기능, 즉 단어의 결합(대부분 단어의 통사기능을 가리킴)을 의미한다. 중국문법서에서 종종 언급 하는 단어의 문법기능은 품사를 구분하는 기준이며 이 문법기능은 사실상 단어의 통사기능을 가리킨다. 기능주의문법학에서 말하는 기능은 주로 거시적인 기능, 즉 단어나 문장의 표현기능, 교제기능, 인지기능을 가리킨다.[10]

삼차원문법은 문법을 삼개평면으로 구분하고 문법기능을 연구할 때 세 가지 기능 즉 통사기능(문법단위가 결합하여 통사구조를 이루는 기능, 단어가 주어, 목적어, 술어 등을 담당하는 기능), 의미기능(문법단위가 결합하여 의미구조를 이루는 기능, 단어가 동핵, 시사, 수사 등을 담당하는 기능), 화용기능(구체적인 맥락에서 이루는 문법단위의 기능, 단어가 주제어, 진술어, 초점 등을 담당하는 기능과 문장이 진술, 의문 등을 담당하는 기능)에 대해 논해야 한다고 생각한다. 통사기능, 의미기능은 문법의 미시적인 기능에 해당되고 화용기능은 문법의 거시적인 기능에 해당된다. 통사기능, 의미기능, 화용기능은 모두 문법기능이므로 문법학에서는 당연히 이 세 가지를 모두 연구해야 한다.

---

10 구조주의문법학에서도 어떤 이는 표현기능과 의사소통기능에 대해 언급하였고 (예를 들면, 프라그학파), 기능주의문법학에서도 어떤 이는 조합기능, 통사기능에 대해 언급하였다(딕의《功能语法概要》참조). 다만 학설 간의 주안점이 다를 뿐이다.

3.3 단어(구 포함)의 기능

단어와 구는 문장을 만드는 문법단위이기 때문에 문장생성 기능이 있다. 단어와 구가 문장에 쓰이면 통사기능, 의미기능, 화용기능을 가질 수 있다. 예를 들면, 명사는 문장의 통사평면에서 수량사와 결합하는 기능과 주어와 목적어가 되는 기능이 있고 의미평면에서 시사, 수사, 여사가 되는 기능이 있으며 화용평면에서 주제어가 되는 기능이 있다. 명사성 구의 기본기능은 명사와 대체로 비슷하다. 허사는 문법수단 또는 문법형식의 일종으로, 어떤 허사는 통사관계를 나타내는 기능이 있다. 예를 들면, 중국어에서 접속사 '和, 跟, 并' 등은 병렬관계를 나타내고 구조조사 '的, 地, 得'는 각각 관형어중심어구조, 부사어중심어구조, 동사보어구조를 나타낸다. 어떤 허사는 의미관계를 나타내는 기능이 있다. 예를 들면, 개사 '在, 到'는 장소나 시간을 이끄는 기능, '把'는 수사를 이끄는 기능, '向'은 여사를 이끄는 기능이 있다. 또 어떤 허사는 화용을 표시하는 기능이 있다. 예를 들면, 전치사 '关于, 至于'는 주제어를 이끄는 기능, 문미 어기사 '的, 了, 吗, 呢, 啊' 등은 문장의 의사표현용도를 표시하는 기능이 있다.

3.4 문장의 기능

문장은 가장 큰 문법단위이고 언어표현과 의사소통에는 가장 작은 기본적인 단위이다. 문장의 기능을 연구하는 것은 주로 문장의 외부적 화용기능, 즉 문장의 표현기능, 의사소통기능, 인지기능에 주안점을 두는 것이다. 문장의 화용기능은 매우 다양하다. 예컨대, 문장은 행위용도에 따라 의문, 진술, 명령, 감탄 등의 기능을 나타낸다. 문장의 주제어와 진술어는 옛 정보와 새 정보를 전달하는 기능을 가지고 있고 진술어는 주제어에 대하여 진술, 묘사, 해석, 평의 등의 기능을 갖는다. 문장은 말투(강조나 완곡한 말투)를 나타내는 기능이 있으며 사유구조와 인지기제를 반영하는 기능(예컨대, 문장의 공간표현, 시간표현, 인과표현 등은 모두 화자의 인지순서를 반영)이 있다. 문장의 화용기능은 단어의 화용기능과 연계되어 있어서 단어와 단어의 특정한 배열방식을 통해 표현된다. 이는 문장은 단어와 단어가 일정한 방식에 따라 조합된 것이기 때문이다.

3.5 기능연구의 목적

문법단위의 기능을 연구하는 목적은 문법구조를 더 잘 분석하고 묘사하기 위해서이며 또 문장의 화용유형과 구체적인 구조 및 문법현상의 발생, 발전, 변화의 원인을 더 잘 해석하기 위해서이다.

미시적 기능에 대한 연구는 단어의 조합기능연구에 편중되어 있다. 미시적 기능연구는 통사기능과 의미기능에 따라 단어를 통사분류와 의미분류함으로써, 단어가 문장을 구성하는 통사규칙과 의미규칙을 잘 설명하여 한 언어의 통사구조체계와 의미구조체계를 구축할 수 있다.

거시적 기능에 대한 연구는 문장의 화용기능연구에 편중되어 있다. 거시적 기능연구는 화용기능에 따라 문장의 행위유형을 묘사하고, 각종 문형과 문식의 화용의미나 화용가치를 설명하기 위해서, 문장구조 내부의 성분조합 배열방식에 대한 심리기제를 해석해야 할 뿐 아니라 일부 특수문식이나 특이문식에 대해서 해석을 해야 한다.

4. 구조와 기능 결합원칙의 관철 방법

문법연구에서 구조와 기능 결합원칙을 관철하려면 아래와 같은 방침이 있어야 한다.

4.1 명확한 방침이 있어야 한다

구조와 기능의 본질을 정확하게 이해하고 구조와 기능은 서로 연계되면서 구분되는 것을 알아야 한다. 또한 구조와 기능을 잘 이해하는 것이 문장 내에 공존하는 문법의 중요한 문제임을 알아야 한다. 이러한 인식이 있어야 문법연구에서 구조와 기능을 모두 중시할 수 있게 되며, 이 둘을 결합해서 연구해야 구조만을 강조하거나 기능만을 강조하는 편파적인 경향이 사라진다. 물론 문법을 연구할 때 그 취지와 방법이 사람마다 다르기 때문에 구조연구에 치중하거나 기능연구에 치중하기도 한다. 명확한 방침이 있어야 문법을 연구할 때 구조와 기능이 서로 의존하고 제약하는 관계임을 인식할 수 있고 구조를 연구할 때 구조에 대한 기능의 역할을 파악할 수 있으며, 기능을 연구할 때도 기능에 대한 구조의 영향을 소홀히 하지 않게 된다. 그럼으로써 구조연구에 치중하는 학자와 기능연구에 치중하는 학자가 서로 대립하거나 배척하지 않고 상호 보완하게 된다.

미시적 기능과 구조는 서로 의존하고 제약하는 관계여서 단어의 통사기능과 의미기능이 없다면 통사구조와 의미구조도 있을 수 없다. 반대로 통사구조와 의미구조가 없다면 마찬가지로 단어의 통사기능과 의미기능도 있을 수 없다. 그래서 학자들은 미시적 기능과 구조를 결합시킴으로써 단어의 조합기능을 연구할 때 구조 속에서 단어의 기능을 분석해낼 수 있으며, 통사구조와 의미구조도 단어의 통사기능유형과 의미기능유형을 통해 분석하고 묘사할 수 있다. 거시적 기능과 구조도 서로 의존하고 제약하는 관계이다. 화용기능은 문장의 구조유형을 규정하고 제약한다. 문장의 구조유형은 자체적으로 화용가치가 있지만 정형화되면 오히려 화용기능을 제약하게 된다. 거시적 기능과 구조의 관계에 대하여 학자들 간에 이견이 있을 뿐만 아니라 거시적 기능과 구조를 결합하여 연구하는 것에 대한 정확한 인식도 부재한다. 다음에서 구조와 기능의 결합을 관철해야 함을 논의하고 거시적 기능과 문장구조의 결합에 대해서 중점적으로 설명하고자 한다.

4.2 기능은 중점이 되고 구조는 기초가 되어야 한다

구조연구는 기능을 중점으로 해야 하는데 이는 화용기능이 구조를 결정하기 때문이다. 화용기능은 구조의 생성, 발전, 변화를 가져오며 공시共時문법에서 문장의 일반적인 구조는 화용기능이 고정화된 결과이고, 통시通時문법에서 구조의 변화는 언어가 발전하면서 문장의 화용기능이 변천한 결과이다. 따라서 문장의 구조를 묘사할 때 기능에 대한 해석을 해야 한다. 즉, 의사소통기능의 측면에서 구조를 해석하면 어기(의문, 진술 등), 주제어, 진술어, 초점, 주동, 피동, 처치 등이 있다. 인지기능 측면에서 구조를 해석하면 인지심리에서 문장이 표현하는 시간순서, 공간위치, 통사성분, 의미성분 등이 있다.

화용기능을 연구할 때 구조를 기초로 삼아야 한다. 모든 화용기능은 일정한 문장구조에 부가되는 것이어서 화용기능 연구는 문장구조와 떼려야 뗄 수 없다. 어떤 단어의 화용기능을 해석하는 것은 문장구조 속의 동태적인 단어이지, 문장구조와 별개로 존재하는 정태적인 단어가 아니다. 그래서 한 문장의 화용기능을 연구할 때 먼저 그 통사구조와 의미구조를 분석해야 하고, 이를 기초로 그 화용기능을 분석해야 한다.

4.3 구체적인 문장에 대해 구조—기능 분석을 해야 한다

4.3.1 일반문의 '구조—기능' 분석

일반문을 분석할 때 의미구조는 같지만 통사구조는 다른 문장의 기능 해석에 특히 주의해야 한다.

① 台上坐着主席团。 단상에 주석단이 앉아 있다.

② 主席团在台上坐着。 주석단이 단상에 앉아 있다.

③ 主席团坐在台上。 주석단이 단상에 앉아 있다.

이 세 문장은 의미구조가 같다. '坐'는 동작을 나타내고 '主席团'은 '坐'의 시사, '台上'은 '坐'의 장소이다. 그러나 이 세 문장의 통사구조는 달라서 화용구조도 차이가 있다. 예①의 주제어는 '台上'이고 진술어는 '台上'의 상황을 묘사하고 있으며 초점은 '主席团'에 있다. 예②의 주제어는 '主席团'이고 진술어는 '主席团'의 상황을 묘사하고 있으며 초점은 '坐着'에 있다. 예③의 주제어는 '主席团'이고 진술어는 '主席团'이 행한 동작과 그 장소를 묘사하고 있으며 초점은 '台上'에 있다.

4.3.2 특수문의 '구조-기능' 분석

특수문은 일반문 중 사용이 적은 특수한 문장을 가리킨다.

　① 这锅饭吃了十个人。 이 한 솥 밥은 열 명이 먹었다.
　② 这一件衣服穿了三代人。 이 옷은 삼 대에 걸쳐 입었다.
　③ 一匹马骑了两个人。 말 한 마리에 두 사람이 탔다.

한 문장 안에 시사도 있고 수사도 있으면 일반적인 규칙으로는 시사는 동사 앞에, 수사는 동사 뒤(때로는 동사 앞)에 온다. 그러나 위의 두 예문에서는 수사가 동사 앞에, 시사가 동사 뒤에 와서 매우 특수해 보인다. 이러한 '饭吃人', '衣服穿人'과 같은 구조는 기능적으로 해석할 때 '함께 사용한다'는 화용의미를 갖는다. 예①은 '이 한 솥 밥은 열 명이 먹도록 제공하였다'라는 의미를 갖는다. 물론 이러한 문장은 구조적으로 조건부 제한이 있는데 동사 앞에는 주로 '지시대사+양사+명사'구 또는 '수사+양사+명사'구이고, 동사 뒤는 통상적으로 '수사+양사+명사'구[11]이다.

4.3.3 변식문의 '구조-기능' 분석

변식문은 생략문과 도치문을 가리킨다.

　① 苏老师, 你真用功! [你]学问那么好, [你]还成天看书。 소 선생님, 선생님은 참 열심히 공부하십니다. [선생님은] 학식이 그렇게 깊은데도,

---

11　范晓(1996) 《三个平面的语法观》 p.484, 北京语言学院出版社 참조.

[선생님은] 하루 종일 책을 보시네요.

② 问:你们的生肖是什么？ 答:他是[属]猪,我是[属]狗。 문: 너희들
   은 무슨 띠니? 답: 쟤는 돼지[띠]이고, 저는 개[띠]예요.

③ 怎么了,你? 어떻게 된 거야, 넌?

④ 如果我能够, 我要写下我的悔恨和悲哀, 为子君,为自己。 제가
   할 수만 있다면 전 저의 회한과 슬픔을 쓸 겁니다. 그대를 위해서, 그리고
   저를 위해서.

예①과 예②는 생략문으로, 예①은 주어 또는 주제어가 생략되었고
예②는 술어중심어가 생략되었다. 생략문에서 생략된 것은 모두 옛 정
보이다. 화용상의 기능 때문에 생략되는데, 즉 불필요한 말을 정리하
는 것이다. 예③은 도치문으로, 주어와 술어가 도치되어 화용적인 면
에서 새 정보를 빨리 알고 싶어함을 나타내고 있다. 예④는 부사어와
중심어가 도치되어 화용적인 면에서 새 정보를 빨리 말하고 싶어함을
나타내고 있다.

4.3.4 문장의 성립도에 대한 '구조–기능' 분석

한 문장이 문법적으로 타당한가에 대한 것도 구조와 기능을 결합하
여 분석해야 한다. 문법적인 비문이 나타나는 이유가 구조 때문인지
아니면 기능 때문인지 구체적으로 분석해야 한다. 어떤 문장은 구조상
에 오류가 나타난다.

① 参加这次会议, 我感到非常荣誉和高兴。 이번 회의에 참가하여

나는 매우 영예이고 기쁩니다.

② 我愿望我们之间能成为知心朋友。나는 우리가 마음을 헤아리는
   친구가 되기를 희망.

③ 在海滩上, 人们尽情地呼吸着海水、阳光和新鲜空气。바닷가
   에서 사람들은 바닷물과 햇빛, 신선한 공기를 마음껏 들이 마셨다.

예①과 예②의 오류는 통사구조에 나타나고 있다. 예①의 '非常荣
誉'가 오류인데 이는 부사가 명사를 수식할 수 없다는 통사규칙을 위반
하였다. 예②의 '愿望'은 명사인데 목적어를 대동하고 있다. 예③의 오
류는 의미구조에 있다. '海水'와 '阳光'은 기체가 아니기 때문에 '呼吸海
水', '阳光'과 같은 의미구조는 의미조합규칙을 어겼다. 어떤 문장은 문
법상의 오류가 통사구조나 의미구조에서 나타나는 것이 아니라 화용
기능에서 나타나기도 한다.

① 北方能大量种水稻吗? 북방에서 벼를 대량으로 심을 수 있다는 말
   입니까?

② 严禁养鸡鸭, 养者即杀掉。닭, 오리 키우는 것을 엄금하며, 키우는
   것은 즉시 죽인다.

예①은 어떤 글의 제목이다. 글의 전체 내용은 구체적인 사실을 들
어 북방에서 대량으로 벼를 심을 수 있다는 것을 설명하면서, 북방에
서는 대량으로 벼를 심을 수 없다는 어떤 사람의 관점을 반박하고 있
다. 예②는 표어이다. 담벼락에 붙여진 표어로 '닭, 오리를 키우는 것을

금하며, 이미 키우는 닭과 오리는 즉시 죽인다'는 뜻이다. 예①과 예②를 맥락 없이 보면 통사구조와 의미구조 모두 문제없지만, 위의 언어 환경 속에서 보면 화용상 모두 오류를 갖고 있다. 예①은 반어문인 '北方不能大量种水稻吗'로 고치면 오류가 없게 된다. 예②의 원래 뜻은 '닭, 오리를 죽인다'라는 것이지만, 이 문장 속의 '养者'는 시사이므로, 닭과 오리를 키우는 사람이 되기 때문에 화용상 주제어가 타당하지 않다. 요컨대, 구체적이고 동태적인 한 문장이 문법적으로 옳은가의 여부는 통사구조와 의미구조 뿐만 아니라 화용기능도 살펴봐야 한다.

[참고문헌]

戴浩一 · 薛风生主编(1994) 《功能主义与汉语语法》, 北京语言学院出版社
范晓(1996) 《三个平面的语法观》, 北京语言学院出版社
胡壮麟等(1989) 《系统功能语法概论》, 湖南教育出版社
廖秋忠等(1994) 《语言研究论集》, 北京语言学院出版社
廖秋忠(1991) 《也谈形式主义与功能主义》, 《国外语言学》第2期
吕叔湘(1979) 《汉语语法分析问题》, 商务印书馆
文炼(1996) 《谈谈汉语语法结构的功能解释》, 《中国语文》第4期
徐烈炯(1988) 《生成语法理论》, 上海外语教育出版社
俞如珍 · 金顺德编著(1994) 《当代西方语法埋论》, 上海外语教育出版社
张伯江 · 方梅(1996) 《汉语功能语法研究》, 江西教育出版社

▌원문은 《营口师专学报》 1998年 第2期에 게재

제3장
문법연구에서의 해석

1. 서론

1.1 문법연구의 목적

　문법연구의 목적에 대하여 어떤 문법학은 문법을 묘사하는 것을 목적으로 하고 또 다른 문법학은 문법을 해석하는 것을 목적으로 한다. 전자는 '묘사문법학'이라고 하고 후자는 '해석문법학'이라고 한다. '묘사문법학'은 언어교육에 도움이 되는 체계(특정 언어의 일정 시기의 문법체계)를 구축하기 위해서 언어의 문법현상을 객관적으로 기록하고 문법단위나 구조의 유형, 틀, 규칙을 기술하는 데 초점을 맞춘다. '해석문법학'의 목적은 특정 언어의 공시적인 문법체계 구축에 있지 않고 언어 간의 대조를 통해 문법현상의 존재나 변화에 대한 보편적인 이유를 설명 데 있다. 일반적으로 구조주의문법과 전통문법은 '묘사문법학'에 속하고 생성문법(형식주의 문법)과 기능주의문법은 '해석문법학'에 속한다고 여긴다.[1] 본고는 문법학 전체

---

[1]　'구조주의문법'에서는 묘사를 강조한다. 특히 미국의 '묘사언어학파'는 문법을 묘사하는 것이 목표이다. 묘사를 위주로 하는 전통교학문법은 엄격한 의미의 묘사문법은 아니지만, 본질상 묘사문법에 속한다. 생성문법과 기능주의문법은 자신들을 '해석파'라고 칭한다.

를 놓고 봤을 때 묘사와 해석 둘 다 중시해야 한다고 생각한다. 그러나 지엽적인 면에서의 문법연구는 목적에 따라 강조하는 점이 다를 수 있다. 즉, 어떤 것은 묘사를 주된 목적으로 하고 어떤 것은 해석을 주된 목적으로 하며, 또 다른 것은 두 가지 모두에 중점을 두어 상세하고 충분한 묘사와 함께 합리적인 해석을 하는 것을 주된 목적으로 한다. 어떤 문법연구가 '최고 목표(최종 목표)'인지 논하기는 어렵다. 목적이나 목표가 다른 문법연구는 모두 중요하며 우열의 차이가 없다.

현재 문법학계에는 문법연구의 최고 목표는 '해석'이라는 견해와 문법연구의 최종 목표는 '해석'이라는 견해, 그리고 문법연구의 최고 경지는 '해석'이라는 견해와 문법연구의 최고 차원은 '해석'이라는 견해 등 비슷하지만 서로 다른 견해가 있다. 이러한 견해는 '해석'을 중시하고 '묘사'를 경시하는 것이다. 문법연구에서의 묘사와 해석은 각각의 목적을 가지고 있다. 문법연구 전체를 놓고 보면 둘 다 필요하고 중요하기 때문에, 문법연구에서 어떤 연구가 최고 목표(최종 목표)인지 단언하기 어렵다. 그리고 차원의 우열 또한 말하기 어려우며 한쪽만 중시하고 다른 한쪽은 경시하면 오해의 소지가 있다. 사실 묘사와 해석은 모두 기본적으로 문법에 대한 '이해'와 '응용'을 위한 것이다. 따라서 필자는 문법연구에서 묘사와 해석은 상호보완해야지, 이것 아니면 저것이라는('묘사' 아니면 '해석'이라는) 이분법적인 사고를 해서는 안 되며 이 두 종류의 연구 외에 묘사적이면서 해석적인 문법연구가 있을 수 있다고 생각한다.

1.2 묘사와 해석 결합은 문법연구의 방법론적 원칙이다

묘사와 해석 결합은 문법연구의 방법론적 원칙이며 '묘사'는 구체적인 문법현상에서 문법규칙을 추상적으로 개괄한 것이고 '해석'은 이미 찾아낸 문법규칙에 대해 합리적으로 해석하는 것을 말한다. 일반적으로 묘사는 해석의 기초이자 전제가 된다. 모든 문법범주와 문법현상은 묘사의 기초 위에서 진행되어야 한다. 해석이 충분하고 타당한지는 묘사가 충분하고 상세한지에 달려있고, 효과적이고 합리적인 해석은 규칙을 묘사하는 데 도움을 준다. 묘사와 해석은 상호 의존적이면서 상호 보완하는 것임을 알 수 있다. 따라서 문법연구에서는 묘사와 해석이 모두 강조되어야 하며 묘사와 해석을 결합하는 방법론적 원칙을 견지해야 한다.

묘사와 해석 결합원칙은 다음 세 가지를 포괄해야 한다. 첫째, 문법학 전체를 놓고 봤을 때 묘사 위주의 묘사문법학과 해석 위주의 해석문법학 둘 다 중시해야 한다. 둘째, 묘사문법학은 단순한 묘사만으로 만족해서는 안 되며 반드시 묘사한 내용에 대한 해석을 해야 한다. 그리고 해석문법학은 이론에서 시작해서 이론으로 끝나서는 안 되고, 해석을 위한 해석을 해야 하며, 묘사의 기초 위에서 해석을 해야 한다. 셋째, 전문적으로 어떤 문법범주나 문법현상을 연구할 때 묘사와 해석을 결합하는 원칙을 관철해야 한다. 즉 찾아낸 대량의 사실을 바탕으로 유형, 형식, 규칙을 충분하고 자세하게 묘사해야 하고 묘사한 유형, 형식, 규칙들을 합리적으로 해석해야 한다(이러한 해석은 일반적이면서도 개별적일 수 있다). 본고는 이러한 원칙에 대한 포괄적인 논의라기보다는 문법연구에 대한 해석문제에 초점이 맞추어져 있다.

2. 문법학에서의 해석에 대한 함의

2.1 문법연구에서의 두 가지 해석

문법연구에서의 '해석'은 '협의의 해석'과 '광의의 해석'으로 나눌 수 있다.

2.1.1 협의의 해석

'협의의 해석'은 좁은 의미로 이해하는 '해석'을 가리킨다. 이러한 '해석'의 목적은 문법현상을 최대한 이론적으로 해석할 수 있는 해석모형을 확립하기 위해 문법현상의 원인에 대한 공통성 또는 보편성을 탐구하는 것이다. 그 기본적인 방법은 연역법을 사용하거나 이론, 가설을 사용해서 문법적 사실을 설명하거나 문법적 사실을 사용해서 이론을 검증하고 완성하는 것이다. 이러한 문법연구를 '해석문법(학)'이라고 하며 해석문법연구에 종사하는 학파를 '해석(학)파'라고 한다. 생성문법과 기능주의문법(인지문법 포함)은 문법연구에서 '협의의 해석'을 대표한다. 두 학파의 차이점은 다음과 같다. 생성문법은 해석을 통해서 인류가 유한한 내부규칙을 사용하여 무한한 문장을 만드는 언어능력을 탐구하고 인류의 언어 지식이나 능력에 대한 보편적인 해석이론을 구축한다. 그리고 언어는 자율적인 구조체계라고 생각하며 문법구조 안에서 해석을 찾는 것을 강조하기 때문에 통상 '내부해석파'라고 한다. 기능주의문법은 해석을 통해 다양한 문법현상에 의존하는 공통적인 외부기능(표현기능, 의사소통기능, 인지기능 등[2])을 탐구한다.

---

2   인지문법과 유형학은 통상적으로 기능주의문법에 포함되며 해석파에도 속한다.

그리고 모든 문법현상의 원인이 기능의 보편성에 의해 결정된다는 해석이론을 구축하기 위해서 문법구조는 자급자족적인 구조체계가 아니고 외부기능의 영향이나 제약을 받는다고 생각하며 언어 외부에서 해석을 찾는 것을 강조하기 때문에 통상 '외부해석파'라고 한다.

2.1.2 광의의 해석

'광의의 해석'은 넓은 의미로 이해하는 '해석', 즉 '협의의 해석+기타 해석'을 가리킨다. 문법연구에서의 '기타 해석'은 그 내용이 매우 다양하다. 예를 들면, 문법적합도의 이유에 대한 설명, 문법현상에 영향을 주는 특수한 원인에 대한 설명, 중의구조가 발생하는 원인과 중의를 없애는 방법에 대한 설명, 정상적인 어순형식이나 특수한 단어조합을 위배하는 이유에 대한 설명, 흔히 볼 수 있는 문법오류(비모국어 학습자의 문법오류 포함)의 원인에 대한 분석과 설명, 심지어 각종 문법범주나 개념의미에 대한 설명과 문법단위나 문법구조의 분류체계와 각종 문법틀이나 문법규칙 등에 대한 분석과 설명은 모두 해석으로 볼 수 있다. 이로부터 미루어 볼 때, 문법연구에서 '왜', '왜 이러한가' 등의 문제에 대답하기만 하면 모두 해석적인 것이 된다. '무엇인가'라는 질문에 답하는 경우에도 그 중 어떤 설명은 넓은 의미에서 해석으로 볼 수 있다. 비록 일부 해석은 지금의 해석파가 제창한 것은 아니지만 '광의의 해석'의 각도에서 볼 때 해석이 아니라고 할 수는 없다.

'협의의 해석'과 협의의 해석 이외의 '기타 해석'은 모두 필요한 것이다. 전자는 문법현상이 발생하는 원인에 대한 보편적인 해석이론을 세우는 데 치중하고, 후자는 묘사된 일부 문법현상에 대해 개별적인 해석을 하는 데 치중한다. 그러나 이 둘은 때로 밀접하게 연관되어 있다. 일부 문법현상은 이러한 이론이나 각도에서 해석하는 것이 타당할 수 있지만, 일부 문법현상은 다른 이론이나 각도에서 해석하는 것이 더 타당할 수 있다. 어떠한 협의의 해석이론도 모든 문법현상을 해석할 수는 없기 때문에 문법현상에 대한 광의의 해석을 제창해야 한다. '해석'를 축소하고 협의의 해석을 강조하면, 필연적으로 기타 해석을 소홀히 하고 묘사문법과 교학문법을 약화시킬 수 밖에 없다.

2.2 묘사문법에서의 해석

문법묘사는 '그렇게 된 것이구나'라는 점을 설명하고 문법해석은 '왜 그러한가'라는 점을 설명한다. 이로써 해석은 묘사가 승화된 것임을 알 수 있다. 해석을 해야만 묘사된 문법 현상을 더욱 깊이 이해할 수 있다. 따라서 묘사문법학과 묘사성 교학문법 또한 일정한 해석이 필요하다.

묘사를 주요 목표로 하는 전통문법이나 구조주의문법은 문법현상을 묘사할 때 문법현상에 대한 해석도 수반한다. 통사상으로 해석한 예를 들면, '大房子 큰 집'라고는 할 수 있는데 왜 '很房子'라고는 할 수 없는가? '他一个字都不认识、我什么都不知道 그는 한 글자도 모르고, 나는 아무것도 모른다'는 왜 목적어가 동사 앞에 오는가? 그 이유는 다음과 같이 해석할 수 있다. 전자는 단어 간 통사상의 선택성(결합여부)이 결정하고 후자는 통사의 강제성이 결정한다. 사리, 논리 및 의미상으로 해석한 예를 들면, 왜 '他吃饭 그는 밥을 먹는다'이라고는 할 수 있는데 '饭吃他 밥은 그를 먹는다'라고는 할 수 없는가? 그 이유는 사리, 논리 및 의미가 결정한다고 해석할 수 있다. 화용상으로 해석한 예를 들면, 왜 어떤 성분은 문장에서 '생략'과 '위치이동'을 할 수 있는가? 그 이유는 '생략'은 화용표현의 '간결함'을 위해서, '위치이동'은 화용표현의 '강조' 또는 '돌출'을 위해서라고 해석할 수 있다. 또 일부 동태적인 구체문 '他是一个年轻的老人 그는 젊은 노인이다', '这孩子是一个父母双全的孤儿 이 아이는 부모가 있는 고아이다', '我比你尖 내가 너보다 뾰족하다'[3] 등은 단독적으로 보면 사리에 맞지 않거나 논리에 맞지 않는 것 같은데 왜 성립할 수 있는가? 그 이유는 일정한 언어환경에서 화용표현의 요구에 적합하기 때문이라고 해석할 수 있다. 어떤 해석은 또 '심리', '정보' 등의 요소와 관련된다. 예를 들면, 呂叔湘은 《从主语、宾语的分别谈国语句子的分析》에서 주어목적어와 주술구조를 묘사할 때, "시사를 주어로 하고 수사를 목적어로 하는 것은 아주 강한 심리적 근거가 있다", "중국어의 주술구조는 사람들이 이미 알고 있는 '익숙한 것'을 먼저 말하고, 새롭게 알게 되는 '생소한 것'을 나중에 말하는 심리를 반영한다." 이는 "일종의 언어심리의 지시를 따른 것"이라고 했다.[4] 이 견해는 의미, 심리, 정보의 제약이라는 각도에서 해석한 것이다. 朱德熙의 《语法讲义》(구조주의이론으로 현대중국어문법을 묘사한 저서)는 '수사주어, 여사주어, 도구주어'에 대해 언급하였는데 주어가 여사나 도구인 경우 어떤 시사는 생략할 수 있지만 어떤 시사는 생략할 수 없다(생략하면 원래의 의미에 부합하지 않는다)고 하였다. 그는 그 원인을 다

---

3 '我的铅笔比你的尖 내 연필이 네 것보다 뾰족하다'라는 의미이다. 赵元任(1979) 《汉语口语语法》(吕叔湘 역, 1968年)p.45, 商务印书馆.

4 吕叔湘(1990) 《从主语、宾语的分别谈国语句子的分析》 pp.468-469, 《吕叔湘文集(第二卷)》, 商务印书馆.

음과 같이 해석하였다. 여사는 종종 사람을 가리키는데, 이때는 시사를 생략하면 중의가 생길 수 있다. 도구는 대부분 사물을 가리키며 이때는 시사를 생략해도 통상 중의가 생기지 않는다.[5]이것은 의미측면에서 통사구조에 중의가 생기는 이유를 해석한 것이다. 전통문법학과 구조주의문법학에서 수반하는 일부 설명은 모두 사실에 입각해서 특정한 문법현상에 대해 해석한 것이지, 문법현상이 생긴 원인을 찾기 위해서 해석한 보편적인 근거가 아니다.

2.3 중국어문법은 해석연구를 강화해야 한다

중국어문법학이 과거에는 묘사연구를 중시하였으나 이제는 해석연구를 강화할 필요가 있다. 이 '강화'는 다음 두 가지를 포함한다. 첫째, 협의의 해석을 강화하고 문법현상이 생긴 원인의 보편적인 근거를 연구하는 것이 목표인 '해석문법학'을 수립하고 발전시켜야 한다. 둘째, 묘사문법연구에서의 광의의 해석을 강화해야 한다. 최근 몇 년 동안 문법학계는 이미 협의의 해석을 강화하여 대량의 작업을 하였으며 매우 큰 성과를 거두었다. 그러나 현재 일부 학자들은 해석에 대해 언급하면 종종 협의의 해석과 연결하는데 이는 마치 생성문법, 기능주의문법의 해석 외에 다른 해석은 없는 것처럼 보인다. 학계에는 '묘사문법학'에 해석이 있는지의 여부(또는 해석이 필요한지의 여부) 및 협의의 해석 외에 기타 해석이 있는지의 여부 등에 대한 논의가 부족하다. 본고는 묘사문법연구에서도 해석, 특히 광의의 해석을 강화해야 한다고 생각한다.

---

5   朱德熙(1982)《语法讲义》pp.99-100, 商务印书馆 참조.

1980년대 이전, 중국의 묘사문법은 묘사와 동시에 약간의 해석도 있었지만 전반적으로 해석이 부족하다. 이런 부족함은 다음과 같다. 첫째, 일부 해석은 산발적이고 불충분하다. 둘째, 개별적인 해석이 많고 보편적인 해석은 부족하다. 셋째, 통사현상에 대한 해석은 많이 했지만 의미와 화용의 묘사에 대한 해석은 소홀히 하였다. 최근 십여 년 동안 묘사연구에서의 해석은 이미 개선되었다. 하지만 사실을 깊이 분석하여 묘사(통사, 의미, 화용의 묘사 포함)를 보완하고 그 기초 위에 해석을 강화해야 한다.

묘사문법과 교학문법에 있어서 해석을 강화하려면 교학의 필요에 따라 깊이 있게 묘사한 후, 몇 가지 '왜'를 더 물어봐야 한다. '협의의 해석' 중 일부 합리적인 이론을 수용해야 할 뿐만 아니라 협의의 해석 이외의 일부 해석에도 주의를 기울여야 한다. 그리고 문법현상에 대한 해석의 다양성에도 주의를 기울여야 하며 보편적인 해석 뿐만 아니라 개별적인 해석에도 주의를 기울여야 한다. 해석을 강화하면 묘사된 각종 문법틀과 규칙에 도움이 되어, 언어교학에 더욱 잘 기여할 수 있다.

3. 문법학에서 해석의 다양성

광의의 해석 측면에서 보면 문법의 해석에는 보편성과 개별성이 있다. 그리고 외부요인과 내부요인이 있다. 따라서 묘사문법의 해석을 강조함으로써 문법현상을 제약하고 문법현상에 영향을 끼치는 원인의 다양성을 고찰해야 한다. 아래에서는 다양성에 대한 해석(먼저 여

러 가지 문법현상이 일어나는 원인을 간단하게 열거하고 일부 원인은
교차되거나 누락된 것도 있지만 여기서는 개괄적인 설명만 함)을 하
고자 한다.

3.1 통사상의 원인

어떤 문법현상은 통사상의 원인 때문에 야기된 것으로 통사적인 측
면에서 해석해야 한다.[6] 예컨대 문법에서 명사, 동사, 형용사 등 품사
구분은 통사구조 속에서 단어의 통사기능에 따라 결정된다는 것이 통
사해석의 한 가지이다.[7] 통사틀이 단어의 의미변화를 야기한다는 것
도 통사해석의 한 가지이다. 예컨대, 중국어 형용사는 문장에서 '사동'
의미를 갖기도 한다. '文化活动丰富了大家的业余生活 문화활동은 모두
의 여가생활을 풍부하게 했다', '泪水模糊了她的眼睛 눈물은 그녀의 눈을 흐
리게 했다'에서 형용사 '丰富', '模糊'가 사동의 의미를 갖는 것은 통사틀
이 결정한 것이다. 그 원인으로는 첫째, 형용사는 목적어를 대동할 수
없지만 이 형용사들은 통사상에서 목적어를 대동하였다. 둘째, 상술
한 문식은 모두 '사역'의 의미를 가진 '使'자문으로 바꿀 수 있다. 이 두
가지 통사조건은 형용사가 사동의 의미를 갖게 한다. 또한 '阳台上放
着几盆花 베란다에 꽃 화분 몇 개가 놓여있다', '墙上挂着一幅画 벽에 그림 하
나가 걸려있다'에서 동작동사 '放'과 '挂'에 왜 '상태'의미가 있는가? 이것

---

6   구조주의문법은 대부분 통사에서 원인을 찾는다. 생성문법의 해석 또한 대부분
    통사에서 원인을 찾는다. 예를 들면, 반신대사反身代詞의 통사상의 위치변화는 통
    사제약론으로 해석한다. 그러나 생성문법에서 말하는 '통사'의 범위는 매우 넓어
    서 일부 의미와 화용의 문제도 통사적인 것이라고 한다.
7   이러한 품사구분은 개념이나 의미를 기초로 하지만, 품사를 구분하는 직접적인
    근거나 기준은 어휘의 통사기능이다.

도 통사들이 결정한 것이다. 'V着' 형식의 존재문에서 동작동사가 상
태를 나타내는 것은 통사들이 결정한다.[8]

3.2 의미상의 원인

일부 문법현상은 의미상의 원인 때문에 야기된 것으로 의미적인 측
면에서 해석해야 한다. 예컨대, '昨天他从太原来 어제 그는 태원에서 왔
다'에서 주어는 '昨天'이 아니라 '他'이다. 이것은 의미가 결정한 것이
다. 중국어 통사에서 주어는 의미상 반드시 술어와 연계된 강제성을
띠는 의미성분(동원)이며 '他'는 술어동사 '来'와 연계된 동원이고 '昨
天'은 '来'의 강제성을 띠지 않은 의미성분(상원)이다.[9] 중국어에서 '很
白'라고는 할 수 있지만, 왜 '很雪白'라고는 할 수 없는가? 이것은 '白'와
'雪白'가 모두 형용사로 통사적 성질은 같지만 의미특징이 다르기 때
문이다. '白'의 의미특징은 [+성질]이고, '雪白'의 의미특징은 [+상태]이
며 이러한 의미특징은 형용사 앞에 정도부사가 올 수 있는지를 결정한
다. 예컨대, '我们打败了敌人 우리는 적을 물리쳤다', '我们打胜了敌人 우
리는 적을 물리쳐 이겼다' 이 두 문장의 통사구조는 같지만 변환식이 서로
다르다. 전자는 把자문(我们把敌人打败了)과 被자문(敌人被我们打
败了)으로 바꿀 수 있지만 후자는 把자문(*我们把敌人打胜了)과 被자
문(*敌人被我们打胜了)으로 바꿀 수 없다. 왜냐하면 동사 뒤 보어의
의미지향이 서로 다르기 때문이다. 전자는 보어 '败'가 의미상 목적어
'敌人(敌人败)'을 가리키고 있지만 후자는 보어 '胜'이 의미상 주어 '我

---

8   范晓(2002)《状态谓词及其相关问题》,《汉语学报(上卷)》第5期 참조.
9   范晓(1998)《汉语句法结构中的主语》,《语言研究的新思路》, 上海教育出版社 참
     조.

们(我们胜)'을 가리키고 있기 때문이다.

3.3 화용상의 원인

일부 문법현상은 화용상의 원인 때문에 야기된 것으로 화용측면에서 해석해야 한다. 예컨대, 중국어의 통사적 정태규칙은 주어는 술어 앞에, 관형어와 부사어는 중심어 앞에 오지만, 동태문에서는 '주어가 술어 뒤에', '부사어가 중심어 뒤에', '관형어가 중심어 뒤에'와 같은 통사의 기본적인 규칙을 위배하는 현상(도치된 변식문)이 있다. 왜냐하면 이와 같이 동태문에서 통사의 기본어순을 바꾸는 것은 화용상의 필요 때문이고 앞에 나오는 성분은 의도적으로 강조하기 위해서이다. 예컨대, '我们打败了敌人', '我们把敌人打败了', '敌人被我们打败了' 이 세 문장은 의미구조(동핵구조)와 기본적인 의미가 모두 같은데 왜 서로 다른 문식을 사용하는가? 또 어떤 상황에서 어떤 문식을 사용해야하는가? 이 문제에 답하려면 화용측면에서 해석해야 한다. 왜냐하면 동일한 동핵구조가 표현하는 서로 다른 문식은 각기 특정한 화용가치를 가지고 있어서 일정한 표현상의 필요와 언어환경에 따라 사용되기 때문이다. 다시 말하면, 화용상의 필요가 동핵구조와 명핵구조의 조합과 안배, 문식의 선택을 통제하고 있다.[10] 문법분석에서의 주제어, 초점, 정보, 언어행위의 원칙, 표현유형 등의 '기능해석'도 화용측면에서 해석한 것이다.[11]

---

10 范晓(1996)《动词的配价与句子的生成》,《汉语学习》第1期 참조.
11 기능해석에 대해서는 张伯江·方梅(1996)《汉语功能语法研究》, 江西教育出版社. 沈家煊(2005)《现代汉语语法的功能、语用、认知研究》, 商务印书馆 참조.

3.4 객관적 사실상의 원인

일부 문법현상은 객관적 사실상의 원인 때문에 야기된 것으로,[12] 사실적인 측면에서 해석해야 한다. 객관적으로 존재하지 않는 사실은 문법에 나타나거나 반영되지 않는다. 예컨대, '母亲的回忆 어머니의 회상'는 중의성을 띠는데 왜 '故乡的回忆 고향 회상'는 중의성을 띠지 않는가? 이는 다음과 같은 객관적인 사실 때문이다. '回忆'는 심리행위로, '어머니'가 '어떤 사람이나 일을 회상'하는 경우라면 '母亲的回忆'는 주술구조이고 '아이들이 어머니를 회상'하는 경우라면 '母亲的回忆'는 동목구조이다. 그러나 '故乡'은 자체가 회상이란 심리행위를 할 수 없고 회상되는 것만 가능하기 때문이다. 또한 '명+동'과 '형+명'은 통사상 각각 동목구와 관형어중심어구를 구성할 수 있지만 그렇다고 통사결합기능 조건에 부합하는 '명+동'과 '형+명'이 모두 동목구와 관형어중심어구를 구성할 수 있는 것은 아니다. '牛死 소가 죽다, 鸟死 새가 죽다', '甜的糕 달콤한 케이크, 咸的饼 짭짤한 비스켓'이라고 말할 수는 있지만 '电灯死 전등이 죽다, 石头死 돌멩이가 죽다', '甜的星 달콤한 별, 咸的月亮 짭짤한 달'이라고는 말할 수 없다. 왜 그런가? 그 이유는 통사구조체를 구성할 때에 단어간 의미조합의 가능성을 봐야 하며 의미조합의 가능성은 또 객관적 사실에 부합할 수 있는지에 달려있기 때문이다.

3.5 인지상의 원인

일부 문법현상은 인지상의 원인 때문에 야기된 것으로 인지측면에

---

[12] 여기서 말하는 '객관적 사실'은 '이치에 맞는 객관적인 사물이나 사건의 진상을 가리킨다. 范晓(1993)《关于句子合语法和不合语法》,《中国语文》第5期 참조.

101

서 해석해야 한다.[13] 예컨대, '前, 后, 上, 下'와 같은 공간과 관련된 많은 단어들은 시간을 표현하는 데 사용되고 또 인지적인 은유로 해석하는 데 사용될 수 있다. 왜냐하면 심리상의 인지는 연상작용을 통해 공간에서 시간으로 전이하면서 언어에서도 공간표현 단어의 은유가 시간표현까지로 확대되기 때문이다. 중국어문법에서 단문의 연동문과 복문의 연동문은 인지상의 시간순서를 반영한다. 서로 다른 언어는 인지상 보편성과 개별성을 갖고 있고, 서로 다른 종족어의 문법적인 차이는 서로 다른 종족어를 갖고 있는 민족들의 인지방식 차이를 반영하고 있다. 예컨대, 통사구조의 어순 차이(동목구조가 어떤 언어에서는 '목+동'구조이고 어떤 언어에서는 '동+목'이다. 관형어의 위치가 어떤 언어에서는 앞에 오고, 어떤 언어에서는 뒤에 오며 또 어떤 언어에서는 이 둘이 모두 가능하다), 문장의 주어 생략 차이(어떤 언어는 거의 생략하지 않고 어떤 언어는 상하문에 따라 많이 생략한다), 문법의미를 표시하는 문법형식의 차이(어떤 언어는 풍부한 형태변화로 표시하고 어떤 언어는 어순과 허사로 표시한다), 시간과 장소의 표기순서 차이(어떤 언어는 작은 것에서 큰 것으로, 어떤 언어는 큰 것에서 작은 것으로 표기한다) 등 이러한 것들은 민족의 심리적 인지특징에 따라 해석해야 한다.

3.6 논리상의 원인

일부 문법현상은 사유논리상의 원인 때문에 야기된 것으로 논리측면에서 해석해야 한다.[14] 아리스토텔레스는 문장의 구조규칙과 논리

---

13 戴浩一(1988)《时间順序和汉语的语序》,《国外语言学》第1期. 戴浩一《以认知为基础的汉语功能语法刍议(上, 下)》,《国外语言学》1990年第4期-1991年第1期. 戴浩一 · 薛风生(1994)《功能主义与汉语语法》, 北京语言学院出版社 참조.

판단은 서로 대응한다고 여기며 논리판단 내의 주사主詞와 그것의 빈사賓詞에 근거하여 문법상의 주술구조를 구축하였다. 주사는 문법의 주어를 반영하고, 빈사는 문법의 술어를 반영한다. 이것은 어떤 측면에서 문법구조와 논리가 관련이 있음을 나타내는 것이다. 문법 내의 단어와 문장은 개념, 판단, 추리, 사유논리와 연계되어 있다. 예컨대, 명사, 동사 등의 분류는 단어의 통사기능에 근거하지만 단어의 개념의미는 단어를 통사분류하는 기초가 된다. 즉 '牛, 鸟, 人' 등의 개념은 사물이고 이러한 단어들의 통사기능은 모두 이들이 명사성임을 결정한다. '他喝水 그는 물을 마신다'라고는 할 수 있지만 '他喝石头 그는 돌을 마신다'라고는 할 수 없다. 왜 그런가? 의미상으로 해석하면 의미상 조합할 수 없기 때문이다. 만약에 다시 '왜 의미상 조합할 수 없는가?'라고 묻는다면 이는 논리적으로 해석할 수 있다. 대전제는 '액체'는 사람이 마실 수 있는 것이고 소전제는 돌멩이는 액체가 아니라는 것이며 결론은 사람은 돌멩이를 마실 수 없다는 것이다. 중국어에서 연동복문, 인과복문, 가설복문 등은 모두 논리의 판단, 추리와 밀접한 관계가 있다. 문법 상의 많은 비문은 사유논리를 위반했기 때문에 발생하는 것이다.

3.7 역사적인 원인

일부 문법현상은 역사적인 원인 때문에 야기된 것으로 통시적인 측

---

14 여기서의 논리는 사유 중의 형식논리(이성적인 사유의 일반규칙)를 가리킨다. 논리와 문법의 관계에 대해서는 王维贤(1999)《逻辑与语法》,《语法研究入门》, 商务印书馆 참조. 이러한 논리는 객관적인 사실과 관련이 있다. 객관적인 사실은 논리적인 사고의 기초이기 때문에 논리와 객관적인 사실은 서로 다른 분야에 속하지만, 논리적인 해석은 일반적인 상황에서 더 깊은 층차의 객관적인 사실에도 적용된다.

면에서 해석을 해야 한다. 문법현상의 발생과 변화는 역사적인 발전과
정이 있기 때문에 많은 공시적 문법현상은 통시적 변화측면에서만 해
석이 가능하다. 역사문법의 목표는 바로 문법변화의 규칙을 명시하는
것이다. '문법화'를 연구하는 것은 화용기능과 관련이 있지만 그래도
역사적인 측면에서 해석해야 한다.[15] 예컨대, 현대중국어의 개사는 어
떻게 고대중국어의 동사에서 변화해온 것인가? 왜 어떤 것(以, 自, 从,
于, 把, 被 등)은 문법화 정도가 심하고 어떤 것(在, 到, 用, 跟, 比 등)은
문법화 정도가 약한가? 또한 중국어의 '把'자문, '被'자문은 언제, 어떻
게 생겨난 것인가? 각각의 역사 단계에서 어떻게 점차적으로 변화, 발
전한 것인가? 이 또한 역사적인 측면에서 해석할 필요가 있다. 현대중
국어에서 관형어중심어구조는 구조조사 '的'를 사용하는데 왜 어떤 것
은 '之'('光荣之家 영광의 집', '有识之士 유식한 사람', '所到之处 가는 곳 마
다', '鱼米之乡 생선과 쌀이 풍부한 고장' 등)를 사용하는가? 이것도 고대중
국어가 남긴 틀이기 때문에 역사적인 측면에서만 해석할 수 있다. 이
외에도 역사비교언어학은 동족언어의 비교를 통해 역사적인 측면에
서 해석한다.

3.8 언어간 접촉으로 인한 원인

일부 문법현상은 언어간 접촉으로 인한 원인 때문에 야기된 것으로
언어간 접촉의 측면에서 해석해야 한다. 중국어문법은 외국어의 영향
을 받고 또 공통어 문법은 방언의 영향을 받는데 이것이 바로 언어간

---

15 石毓智 · 李讷(2001)《汉语语法化的历程—形态句法发展的动因和机制》, 北京大
    学出版社. 吴福祥(2005)《汉语语法化研究》, 商务印书馆 참조.

접촉의 결과이다. 현대중국어 문법에서 인구어 문법의 영향을 받아 생겨난 문법현상(접미사 또는 접미사와 유사한 것이 대량으로 나타나거나 술어의 명물화가 급증한 것, '被'자문 의미의 변화, 관형어가 길어지고 복잡해진 것, '虽然, 假如, 既然, 因为' 등이 구성하는 접속사 절의 도치 등),[16] 원명元明시기의 알타이어가 중국어문법에 끼치는 영향(특수한 판단문 문식 출현)[17] 등은 모두 언어간 접촉 측면에서 해석해야 한다. 방언 접촉도 공통어나 또 다른 방언의 문법에 영향을 준다. 예컨대, 오吳방언의 '拨'자문, 'V脱勒'문이 표준어 '给'자문과 'V掉了'문에 끼친 영향, 북방방언과 남방 소수민족어 간의 접촉으로 객가어문법 형성, 광동어문법과 민남어문법이 화교권 중국어에 끼친 영향 등은 모두 언어간 접촉 측면에서 해석할 수 있다.

3.9 사회문화적인 원인

일부 문법현상은 사회문화적인 원인 때문에 야기된 것으로 사회문화측면에서 해석해야 한다. 예컨대, 언어 내의 인사, 안부, 감사, 사과, 고별, 호칭, 문의, 요구, 요청 등의 용어와 문법틀은 민족문화의 풍습과 예절의 영향을 받는다. 또한 불교문화는 중국어문법에 일정한 영향을 주었다. 예컨대, 중국 위진시기의 불경 번역문 내의 문법틀은 중국어 서면어의 문식에 상당한 영향을 주었음을 알 수 있다. 판단문에 자주

---

16 王力(1943)《中国现代语法》下册, 中华书局. 谢耀基(2001)《语法法欧化综述》, 《语文研究》第1期. 顾百里(2005)《白话文欧化语法之研究》, 台湾生书局. 薛才德 (2007)《语言接触与语言比较》, 学林出版社.

17 江蓝生(2003)《语言接触与元明时期的特殊判断句》, 《语言学论丛》第28辑, 商务 印书馆 참조.

쓰이는 계사系詞 '是'를 사용하여 주어와 목적어를 연결하였는데, 점차적으로 상고시대의 '者……也……'문식을 대체하였다. 문말 어기사인 '也', '矣', '耳', '焉' 등도 점차 사라졌고, '被'자문의 구조가 복잡해지는 경향이 있으며 '把'자문이 나타나고 보급화된 것 등이 그러하다.[18]

3.10 어휘상의 원인

일부 문법현상은 어휘 때문에 야기된 것으로 어휘측면에서 해석해야 한다. 예컨대, 오방언은 '吃饭, 吃水, 吃茶, 吃烟'이라고 할 수 있는데[19] 북방방언을 기초로 하는 표준어는 왜 '吃饭'이라고만 할 수 있고, '吃水, 吃茶, 吃烟'이라고는 할 수 없는가? 이것은 오방언과 표준어의 어휘에서 '吃'가 지닌 어휘의미의 내포와 외연이 다르기 때문에, 동목조합에서 차이가 나타나는 것이다. 또한 어휘의미는 단어의 의미분류에 영향을 준다. 동사의 '결합가' 분류는 동사의 어휘의미 항목의 제약 ('吹'는 '입으로 힘껏 불다'라는 의미항목에서는 동작성을 가지는 이가 동사지만, '일이나 교제가 깨지다, 성공하지 못하다'라는 의미항목에서는 상태성을 가지는 일가동사이다)을 받는다. 하나의 동사가 가진 의미항목에 따라 서로 다른 의미특징을 규정하고, 함께 조합할 수 있는 동원의 수를 결정하며, 심지어 의미역할은 그 단어가 어떤 문식을 구성할 수 있는지에 영향을 준다.[20]

---

18 萧国政(1999) 《文化对语法的影响》, 《黄冈师范学院学报》第2期. 沈锡伦(2004) 《从魏晋以后汉语句式的变化看佛教文化的影响》, 《中国传统文化和语言》, 上海教育出版社 참조.

19 范晓(2007) 《论语言内部各要素之间的制约关系》, 《汉语词汇、句法、语音的相互关系》, 北京语言大学出版社 참조.

20 范晓(2006) 《试析被字句谓语动词的语义特征》, 《长江学术》第2期 참조.

3.11 어음과 문자상의 원인

일부 문법현상은 어음 때문에 야기된 것으로 어음측면에서 해석해야 한다. 예컨대, 고대중국어의 흔적을 볼 수 있는 'X之N'틀은 임의로 'X的N'으로 대체할 수 없다('光荣之家', '鱼米之乡'은 '光荣的家', '鱼米的乡'으로 바꿔 말할 수 없다). 왜 그런가? 이것은 단어의 음절에서 그 원인을 찾을 수 있다. 'X之N'의 N은 대부분 단음절이지만 'X的N'의 N은 대부분 다음절이기 때문이다. 또한 중국어에서 '开垦荒地 황무지를 개간하다', '开垦土地 토지를 개간하다'라고는 할 수 있지만 '开垦土', '开垦地'라고는 할 수 없다. 통사결합과 의미조합에서 모두 문제가 없는데 왜 말할 수 없는가? 이것 역시 어음측면에서 해석해야 한다. 왜냐하면 중국어의 어휘조합은 어음 리듬의 제약을 받기 때문이다. 이외에도 어음의 경중, 어조, 성조, 휴지 등이 문법에 영향을 주기도 하는데 이런 것들은 모두 어음측면에서 문법현상을 해석해야 한다.[21]

일부 문법현상은 문자와 관련이 있어서 문자측면에서 해석해야 한다. 한자와 음절은 서로 대응관계가 있기 때문에 음절글자라고 할 수 있다. 한자는 음과 뜻의 결합체로 대체적으로 문법의 형태소와 대응하기 때문에 형태소글자라고도 할 수 있다. 음절단어이자 형태소글자인 한자는 문법(특히 서면어문법)의 어휘조합, 나아가 통사틀, 화용형식 등 여러 방면에 영향을 끼친다. 예컨대, 구의 축약, 통사관계를 나타내는 '的'와 '地'의 구분, 어휘조합의 음률리듬, 고사성어가 대부분 네 글자로 이루어진 것, 대구對句문과 회문回文문[22] 등의 틀 사용, 문언문법

---

21 吕叔湘(1963)《现代汉语单双音节问题初探》,《中国语文》第1期. 叶军(2001)《汉语语句韵律的语法功能》, 华东师大出版社 참조.

22 역주: 회문문은 '上海自来水来自海上'과 같이 바로 읽어도 거꾸로 읽어도 의미가

이 장기적으로 존재하는 것과 당대 서면어에서 문언어휘와 문식이 여전히 사용되고 있는 것 등 이 모든 것은 중국어의 한자와 밀접한 관계가 있다. 근래에 들어와 일부 학자들은 중국어의 '글자본위'문법을 주장하고 있는데 이 이론에 문제가 있다 하더라도 그들이 언급하는 글자(형태소)가 중국어문법에서 담당하는 역할을 감안하면, 형태소글자인 한자가 중국어문법에 끼치는 영향이 어느 정도인지 설명이 된다.

3.12 기타

경우에 따라 문법현상은 여러 가지 원인으로 형성되기 때문에 다양한 측면에서 해석해야 한다. 이를테면, 중의구조는 다방면에서 그 형성요인을 설명할 수 있다. '那商店已经关门了 그 가게는 이미 영업시간이 끝났다/그 가게는 이미 폐업했다'와 같이 단어의 다의성으로 인해 형성되는 경우, '母亲的回忆 어머니의 기억/어머니에 대한 기억'와 같이 문장 내 어휘 간 의미관계 차이로 형성되는 경우, '咬死猎人的狗 사냥꾼을 물어 죽인 개/사냥꾼의 개를 물어 죽이다'와 같이 구조분석의 층차관계 차이로 형성되는 경우, '我想起来了 나는 생각이 났다/나는 일어나고 싶다'와 같이 문장 내 어휘의 어음 및 강세 차이로 형성되는 경우, '给我打个电话 나에게 전화해줘/내 대신 전화해줘'와 같이 동일한 어휘가 처한 언어환경의 차이로 형성되는 경우가 있다. 상술한 중의구조는 모두 맥락 없이 고립된 다의구조체분석으로 야기된 것이며, 구체적인 언어환경에서는 이러한 중의 및 다의현상이 모두 해소될 수 있다.

같은 문장을 가리킨다.

4. 문법현상 형성원인에 대한 철학적 해석

문법현상 형성원인의 보편성이론을 살펴보면 두 가지로 종합할 수 있다. 한 가지는 생성문법의 '지배결속이론'으로, 통사 내부성분 간의 상호제약이 문법현상 형성의 보편적인 원인이라는 것을 강조하였다. 다른 한 가지는 기능문법의 '기능론'으로, 외부기능이 문법현상 형성의 보편적인 원인이라는 것을 강조하였다. 본고는 문장의 생성, 이해 그리고 문법에 영향을 미치는 내외부 요소 등 다방면에 있어서 철학적 측면에서 문법현상 형성의 보편적 해석을 논의하고자 한다.

4.1 생성측면에서의 문법해석

문장의 생성은 '정태적 생성'과 '동태적 생성' 두 가지 측면에서 해석할 수 있다.

4.1.1 정태적 생성

정태적 생성은 객관적 현실을 배제한 것으로, 이렇게 생성된 문장은 언어환경에서 동떨어진 고립문이다. 이러한 생성은 의미가 통사를 제약하여 통사에 구현된다. 즉, 이미 있는 정태적 문법지식을 이용하여 심층의미구조에서 표층통사구조로 생성되는 것이다. 생성과정은 동핵구조가 통사구조에 구현되는 과정으로, 동핵구조가 문장으로 생성될 때 동핵을 중심으로 동원을 확정해야 '문형-문모'결합체(문간)가 구성되고,[23] 이에 다시 화용성분을 더하고 화용적 선택을 거쳐서 일정한

---

23 '문간'에 관해서는 范晓(1995)《句型、句模和句类》,《语法研究和探索(七)》, 商

'통사-의미'구조틀(동핵구조 '동핵+시사+수사'는 중국어의 기존 정태 문법규칙을 근거로 '명시사+동+명수사', '명시사+把+명수사+동', '명 수사+被+명시사+동' 등의 문식)과 표현유형('진술문', '의문문', '명령 문' 등)을 생성할 수 있다.[24]

4.1.2 동태적 생성

동태적 생성은 현실의 어떤 사건을 표현하기 위한 것으로, 이렇게 생성된 문장은 구체적인 맥락문이다.[25] 이러한 생성은 객관적 사건이 인지와 사유[26]를 통해서 문법에 반영된다. 표현하는 어떤 사실(하나의 사건 혹은 여러 사건)은 객관적이지만, 사람들이 객관적인 사실을 반 영하고 인식한 인지와 사유는 주관적이다. 주관적 인지와 사유는 문법 에 반영되어 '표현의 필요와 언어환경'[27]을 근거로 정태적 문법지식('통 사, 의미, 화용'의 정태적 규칙)의 운용을 통해서 일정한 문식과 표현유 형이 선택 및 생성된다. 객관적 사건에서 구체문까지의 생성과정은 다 음과 같이 설명할 수 있다.

务印书馆. 范晓(1999)《略说句系学》, 《汉语学习》第6期 참조.

24 范晓(1996)《动词的配价与句子的生成》, 《汉语学习》第1期 참조.

25 고립문과 맥락문에 관해서는 范晓(2005)《语境句和孤立句》, 《语言文字学研究》, 中国社会科学出版社 참조.

26 인지와 사유(추상적 사유와 형상적 사유를 모두 포함)의 관계는 서로 교차되는 것 으로, 모두 뇌가 반응하고 객관적인 세계를 인식하는 활동이다. 이들은 객관적인 사건을 주관적으로 반영하고 문장생성의 과정에서 서로 연계되어 작용한다.

27 문법에서 말하는 '표현상의 필요 및 언어환경'은 수사학에서의 '주제상황(논의되 는 주제나 논점이 특정 맥락에서 어떻게 제시되고 이해되는지를 의미함)'에 해당 한다. 范晓(1983)《修辞要讲究题旨情境》, 《〈修辞学发凡〉与中国修辞学》, 复旦 大学出版社 참조.

객관적 사건 → 인지와 사유 → 표현의 필요와 언어환경 → 구체문

이로써 알 수 있듯이, 동태적 생성은 객관적 사건이 주관화되는 과정에서 표현의 필요와 언어환경에 따라 정태적으로 생성된 지식을 운용하여 실현된다. 객관적으로 존재하는 사건에서 출발하여 주관성을 갖는 문장 생성과정에서 인지와 사유는 객관적 사실과 결합하여 문장 생성에 영향을 미치게 된다. 의미는 '인지와 사유'를 반영하고 통사와 결합하여 표층과 심층으로 연결된 문간을 형성한다. 표현의 필요와 언어환경은 성분의 결합에 있어서 어휘의 선택, 인지, 사유, 표현의 필요를 담은 통사구조틀 및 표현유형의 선택에 영향을 미친다. 예를 들면, '张三喝酒, (使)张三醉了 장삼은 술을 마셔서, 장삼은 취했다(장삼으로 하여금 취하게 했다)'라는 객관적 사실은 인지와 사유의 작용에서 논리적으로 두 가지 명제를 가지고 있으며, 의미상 두 개의 동핵구조를 반영한다. 즉, '시사+동핵+수사'(张三喝酒 장삼은 술을 마신다)와 '계사+동사'(张三醉 장삼은 취한다)이다. 표현의 필요와 언어환경에 따라서 정태적 문법지식을 이용하여 '张三喝醉酒了 장삼은 술에 취했다', '张三喝酒喝醉了 장삼은 술을 마셔서 취했다', '张三醉了 장삼은 취했다', '这酒把张三喝醉了 이 술은 장삼을 취하게 했다' 등과 같은 문식이나 '진술문', '의문문', '명령문' 등과 같은 표현유형을 선택할 수 있다. 즉, 주관적인 인지와 사유는 객관적 사건과 결합하여 문장생성의 기초가 되며 문장생성에 결정적인 역할을 한다. 의미는 사건, 인지, 사유를 반영하고 통사를 제약한다. 통사는 의미를 구현하고 화용을 실현한다. 표현의 필요와 언어환경은 '통사-의미'구조틀과 화용표현유형의 선택을 제약한다.

4.2 이해측면에서의 문법해석

이해측면에서 구체문을 해석하는 것은 문장의 동태적 생성과는 상반된다. 즉 이해는 문법(통사, 의미, 화용)이 인지와 사유를 거쳐서 객관적 사건까지 도달하는 과정이다. 이 과정은 통사에서 출발하여 심층적 의미를 찾아낸 다음 다시 화용분석을 한 후 인지와 사유, 객관적 사건으로 거슬러 올라가는 것으로 다음과 같이 설명할 수 있다.

구체문(통사→의미→화용) → 인지와 사유 → 객관적 사건

'一锅饭吃了十个人 밥 한 솥은 열 사람이 먹었다'과 '这锅饭吃了十个人 이 한 솥 밥은 열 사람이 먹었다'을 이해측면에서 해석하면 다음과 같다.

통사측면에서 해석하면, 이 문장의 주어와 목적어는 일반적으로 수량이나 지량指量[28]명사구이며 동사와 함께 '수(지)량명사+동사+수(지)량명사' 주동목 문형을 구성한다. 만약 이 조건에 부합하지 않으면 성립되지 않는다.

*人吃了一锅饭。→ *一锅饭吃了人。(시사가 지량이나 수량이 아님)

?十个人吃了饭。→ *饭吃了十个人。(수사가 지량이나 수량이 아님)

통사를 거쳐 의미에서 해석하면 이러한 문장은 세 가지 의미조건을

---

28 역주: '지량'은 '지시사+양사' 구조를 의미함.

갖는다. 첫째, 동사 '吃'는 동작을 나타내고 주어와 목적어는 동핵과 시사수사관계('饭'은 수사, '人'은 시사)를 갖는다. 둘째, 일반적으로 시사는 '생명이 있는 것(유생)'이며 수사는 '생명이 없는 것(무생)'이다. 셋째, '一锅饭吃了十个人'과 '十个人吃了一锅饭'은 문식은 다르지만 동핵구조는 동일하기('吃'는 동핵, '人'은 시사, '饭'은 수사) 때문에 서로 호환할 수 있다. 이러한 문식은 '(지)수량명사무생수사+동사+(지)수량명사유생시사'[29]와 같이 표현할 수 있다. 만약 이러한 의미조건을 위배하면 문장이 성립되지 않거나 문장의 의미가 변할 수 있다. 아래의 문장은 모두 이러한 문식에 속하지 않는다.

两个人抢一个苹果。 두 사람이 사과 한 개를 놓고 다툰다.

→ *一个苹果抢两个人。 ('苹果'는 시사가 아니므로 뒤 문장은 성립되지 않음)

十个人有一本书。 열 사람이 책 한 권을 가지고 있다.

→ *一本书有十个人。 (명사와 동사 간에 시사수사관계가 없음)

一只狗咬了三只猫。 개 한 마리가 고양이 세 마리를 물었다.

→ 三只猫咬了一只狗。 고양이 세 마리가 개 한 마리를 물었다.(시사와 수사 모두 유생이어서 변환 후 의미가 변함)

三块钱买了五斤苹果。 3위안으로 사과 다섯 근을 샀다.

→ ?五斤苹果买了三块钱。 (모두 시사가 없어서 변환 후 문장이 성립되지 않음)

---

29 范晓(1989) 《施事宾语句》, 《世界汉语教学》第1期 참조.

화용측면에서 해석하면 이러한 문장은 '공供/양讓'의 화용의미를 나타내므로 '공양문[30]'이라고 한다. '수사+供/让+시사+동사'문식으로 변환이 가능한지를 통해 검증할 수 있다.

 ① a. 一锅米饭吃了十个人。 → ① b. 一锅米饭供/让十个人吃了。

  밥 한 솥은 열 사람이 먹었다. → 밥 한 솥을 열 사람에게 제공하여 먹였다.

 ② a. 一车货物送了十个人。 → ②b. *一车货物供/让十个人送了。

  화물 한 차를 열 사람에게 보냈다.

①a와 ②a는 '통사-의미'구조가 동일하지만 ①a는 ①b로 변환이 가능하기 때문에 공양문이고 ②a는 ②b로 변환할 수 없기 때문에 공양문이 아니다. 화용표현의 필요에 따라 ①a와 같은 공양문을 선택하게 된다.

다음으로 객관적 사실 및 인지와 사유측면에서 해석하면 이러한 문장은 도치 혹은 구조변환한 것이며 기본사실이나 기본의미는 변하지 않는다. 이를테면, '一锅饭吃了十个人'은 '十个人吃了一锅饭'으로 변환해도 그 기본의미나 객관적인 사실은 변하지 않는다. 다음 문장은 변환 후 객관적인 사실과 기본의미가 변하는 경우로 공양문에 속하지 않는다.

---

30 '수(지)량명사+동사+수(지)량명사'문식은 공양문의 일종이며, 이 외에도 '명사+供/让+명사+동사'문식(衣服供人穿옷은 사람이 입도록 제공된다), '명사처소+可+동사+명사사물'문식(外屋可放东西, 里屋可住人바깥채에는 물건을 놓고, 안채에는 사람이 산다) 등과 같은 구조들이 있다.

① 两张羊皮买了五个人。 → 五个人买了两张羊皮。

양 가죽 두 장을 다섯 사람이 샀다. → 다섯 사람이 양 가죽 두 장을 샀다.

② 这本书写了三个人。 → 三个人写了这本书。

이 책은 세 사람이 썼다. → 세 사람이 이 책을 썼다.

4.3 내부요인와 외부요인 측면에서의 문법해석

위에서 문법현상에 영향을 미치는 여러 가지 요인을 살펴보았는데 크게 내부요인과 외부요인으로 개괄할 수 있다. 한 종족어의 문법을 가지고 말하자면 객관적 사실, 인지, 논리, 언어접촉, 사회문화, 역사 변화 등이 외부요인에 속하며 화용표현의 필요, 언어환경, 어휘, 어음, 문자도 정태적 문법의 외부요인이다.[31] 한 종족어문법의 내부 정태적 통사, 의미, 화용은 내부요인에 속한다. 외부요인과 내부요인의 각종 요소에 대해서는 분리해서 해석할 수도 있고 연계해서 종합적으로 해석할 수도 있다.

문법현상의 생성과 변화에서 외부요인은 동력이고 내부요인은 조건이며 외부요인은 내부요인을 통해서 작용하게 된다. 예를 들어, 중국어에서 '서양언어식' 문법현상을 보면 그 외부요인은 언어접촉의 영향이라고 할 수 있으며 이러한 외부요인으로 인해 중국어 문법규칙이 제약을 받게 된 것이다. 즉, 영어의 관형어종속절은 중국어의 긴 관형

---

[31] 외부의 동태적 화용표현상의 필요와 내부의 정태적 화용규칙을 구분해야 한다. 동태적 화용표현상의 필요(기능주의에서는 '의사소통기능', '표현기능' 등의 용어를 사용함)는 일정한 화용가치를 갖는 문식 또는 표현유형의 선택을 통제하는 직접적인 외부요인이다. 范晓(2006)《语用的动态分析和静态分析》,《语言科学》第5卷1期 참조. '어휘, 어음, 문자'는 언어의 내부요인이지만 문법에 있어서는 외부요인이다.

어 문법현상에 영향을 미쳐서 중국어의 관형어 전치규칙을 바꾸었다. 다시 예를 들면, 원명시기에 출현했던 특수한 판단문은 직접적으로는 알타이어의 영향을 받았지만 중국어문법과 맞지 않아 결국 중국어문법에 편입되지 않고 도태되었다.[32] 문장의 동태적 생성은 문법의 외부요인인 객관적 사건과 주관적 인지, 사유가 서로 결합하여 이루어진 것이며 외부요인의 표현필요와 언어환경의 통제 하에서 문법의 내부요인(정태적인 '통사, 의미, 화용' 기제)에 따라 문식과 표현유형을 선택한 것이다.

[참고문헌]

陈平(1987)《描写与解释:论西方现代语言学研究的目的与方法》,《外语教学与研究》第1期

陈忠(1999)《信息语用学》, 山东教育出版社

戴浩一(1989)《以认知为基础的汉语功能语法刍议》,《国外语言学》第4期

顾百里(2005)《白话文欧化语法之研究》, 台湾学生书局

范晓(1985)《谈谈词语组合的选择性》,《汉语学习》第3期

范晓(1993)《关于句子合语法和不合语法问题》,《中国语文》第5期

范晓(1996)《三个平面的语法观》, 北京语言学院出版社

范晓(2001)《句法、语义、语用之间的互参互动关系》,《山东师大学报》第3期

范晓 · 张豫峰(2003)《语法理论纲要》, 译文出版社

范晓(2005)《关于构建汉语语法体系问题》,《汉语学报》第2期

范晓(2007)《论语言内部各要素之间的制约关系》,《汉语词汇、句法、语音的相互关系》, 北京语言大学出版社

江蓝生(2003)《语言接触与元明时期的特殊判断句》,《语言学论丛(第28辑)》, 商务印书馆

吕叔湘(1946)《从主语、宾语的分别谈国语句子的分析》,《开明书店二十周年纪念文集》

吕叔湘(1963)《现代汉语单双音节问题初探》,《中国语文》第1期

沈家煊(1999)《不对称和标记论》, 江西教育出版社

---

32 江蓝生(2003)《语言接触与元明时期的特殊判断句》,《语言学论丛(第28辑)》, 商务印书馆 참조.

沈家煊(1999)《语用和语法研究》,《语法研究入门》, 商务印书馆

沈家煊(2005)《现代汉语语法的功能、语用、认知研究》, 商务印书馆

沈锡伦(2004)《从魏晋以后汉语句式的变化看佛教文化的影响》,《中国传统文化和语言》, 上海教育出版社

石毓智・李讷(2001)《汉语语法化的历程—形态句法发展的动因和机制》, 北京大学出版社

王力(1943)《现代汉语语法》, 中华书局

薛才德(2007)《语言接触与语言比较》, 学林出版社

萧国政(1999)《文化对语法的影响》,《黄冈师范学院学报》第2期

萧国政・吴振国(1989)《汉语法特点和汉民族心态》,《华中师范大学学报》第4期

谢耀基(2001)《汉语语法欧化综述》,《语文研究》第1期

徐烈炯(1988)《生成语法理论》, 上海外语教育出版社

叶军(2001)《汉语语句韵律的语法功能》, 华东师大出版社

邢福义(2000)《文化语言学(增订本)》, 湖北教育出版社

张伯江・方梅(1996)《汉语功能语法研究》, 江西教育出版社

赵元任(1979)《汉语口语语法》(吕叔湘译本, 1968年), 商务印书馆

朱德熙(1982)《语法讲义》, 商务印书馆

中国社会科学院语言研究所词典编辑室(2005)《现代汉语词典(第五版)》, 商务印书馆

▌원문은《汉语学习》2008年 第6期에 게재

제4장

문법구조의 규칙성과 유연성

1. 서론

1.1 서로 다른 두 가지 관점

중국어문법에 대한 두 가지 상반된 관점이 있다. 하나는 중국어문법은 규칙적이라는 견해이며 이를테면 중국어 문장이나 어휘의 어순이 규칙적이고 고정적이라는 것이다. 이와 같은 어순고정론에 대해서 王力(1944)는 "고정된 어순은 중국어의 특징이다"라고 하였고 洪笃仁(1955)은 "중국어 문장이 어떻게 변화하든 그 어순은 변하지 않는다(주어는 앞에, 술어는 뒤에, 동사는 앞에, 목적어는 뒤에 위치)"라고 하였다. 어순고정론을 주장하는 학자는 형태변화가 풍부한 언어는 어순이 유연하지만 중국어는 형태변화가 결여되어 있어서 어순이 상대적으로 고정되어 있다고 여긴다. 다른 하나는 중국어는 매우 유연하여 규칙성이 없다는 견해로, 어떤 이는 "중국어문법은 너무 간단해서 특별한 규칙성을 찾아볼 수 없다"라고 하고 어떤 이는 "중국어의 가장 큰 특징은 고정된 규칙이 없다는 것이다", "중국어는 확실히 세계에서 가

---

1   중국 산서작가협회 부주석이자 《山西文学》편집인 韩石三이 《文学报》에 발표한
     글 중에서 발췌.

장 유연한 언어이다"[2]라고 한다.

1.2 문법의 규칙성과 유연성

상술한 두 가지 견해가 각각 자기의 주장만을 견지한다면 단편적일 수 밖에 없다. 모든 문법은 규칙성을 가지고 있다. 이는 모든 문법은 규칙적이라는 것이며 중국어도 예외는 아니다. 예를 들면, 중국어에서 '张三', '昨天', '在', '华联商厦', '买', '了', '一', '件', '新', '衣服' 등 10개의 단어는 문법규칙에 따라 아래의 문장을 만들 수 있다.

① 张三昨天在华联商厦买了一件新衣服。 장삼은 어제 화련백화점에서 새 옷 한 벌을 샀다.

② 昨天张三在华联商厦买了一件新衣服。 어제 장삼은 화련백화점에서 새 옷 한 벌을 샀다.

③ 昨天在华联商厦张三买了一件新衣服。 어제 화련백화점에서 장삼은 새 옷 한 벌을 샀다.

④ 在华联商厦张三昨天买了一件新衣服。 화련백화점에서 장삼은 어제 새 옷 한 벌을 샀다.

⑤ 张三买了一件新衣服, 昨天在华联商厦。 장삼은 새 옷 한 벌을 샀다, 어제 화련백화점에서.

⑥ 张三昨天去上海游览, [ ]在华联商厦买了一件新衣服。 장삼은 어제 상해로 여행을 가서 화련백화점에서 새 옷 한 벌을 샀다.

---

[2]　刘光第(2006)《汉语, 诗一样的语言--中外语言比较谈》,《人民网—读书论坛》2月 9日.

아래와 같은 문장은 비문이거나 완결되지 않은 문장이 된다.

① 买了张三昨天在华联商厦一件新衣服。

② 张三昨天在华联商厦了买件一衣服新。

③ 昨天新衣服一件张三买了在华联商厦。

④ 张三衣服新昨天在华联商厦一件买了。

⑤ 张三一件在买了华联商厦新衣服昨天。

⑥ [ ]在华联商厦买了一件新衣服。

이는 현대중국어에서 '张三', '昨天', '在', '华联商厦', '买', '了', '一', '件', '新', '衣服' 등 10개의 단어가 문장을 구성할 때 아무 규칙 없이 임의로 빈 자리를 메우는 것이 아니라 상호결합, 배열순서, 문장성분의 출현 등과 같은 일정한 규칙에 따라서 구성됨을 의미한다. 하지만 특정한 언어환경에 따라 어떠한 문장을 구성하는지는 다양성과 유연성을 갖는다.

1.3 규칙성과 유연성을 포함하는 문법지식

문법은 규칙성을 가지면서도 유연성을 갖는데 이는 변증적인 것이다. 규칙성은 정태적인 것으로 상대적으로 고정적이며 유연성은 동태적인 것으로 상대적으로 움직이는 것이다. 이른바 문법지식은 규칙성과 유연성 두 가지 측면을 모두 포함해야 한다. 과거의 중국어 교과서는 문법지식에 대해 문법의 규칙성을 중시하며 고정적인 측면만을 강조하고 유연성은 언급하지 않거나 일부만 언급하였다. 최근 문법연구는 문법의 유연성을 중시하기 시작하였다. 삼차원문법은 문법연구에서 정태와 동태 결합원칙을 강조하여 규칙성과 유연성을 모두 중시한다. 실제로 삼개평면 모두 규칙성과 유연성을 가지고 있다. 본고는 문법의 삼개평면에서 규칙성을 가지면서 유연성을 갖는 특성에 대해서 논의하고자 한다.

2. 통사평면

2.1 통사어순

중국어 통사어순이 규칙성을 갖는다는 것은 통사성분의 배열순서에 일정한 규칙이 있다는 것이다. 정태구에서 주어는 앞에 술어는 뒤에 오고 동사는 앞에 목적어(혹은 보어)는 뒤에 오며, 수식어(관형어, 부사어)는 앞에 중심어는 뒤에 온다. 이러한 배열순서는 상대적으로 고정적이어서 임의로 순서를 바꿀 수 없다. 만약 어순을 바꾸면 두 가지 상황이 발생하게 된다.

첫째, 통사구조가 바뀌면 그 의미도 바뀐다.

① '天气好'는 '好天气'라고 할 수 있다. (주어술어구조→관형어 중심어구조)

② '他想'은 '想他'라고 할 수 있다. (주어술어구조→술어목적어 구조, 의미도 변함)

둘째, 의미가 통하지 않아 문장이 성립하지 않는다.

① '鸡叫'는 '叫鸡'라고 할 수 없다.
② '他勇敢'은 '勇敢他'라고 할 수 없다.

그러나 구체적인 문장에서 통사어순은 유연성의 일면도 갖는다. 동태문에서 통사어순은 '위치이동(혹은 도치)'을 하여 정태구의 규칙을 깰 수 있다. 예를 들어, 주어는 술어 뒤에 출현할 수도 있고 목적어는 동사 앞에 출현할 수도 있으며, 관형어나 부사어는 중심어 뒤에 출현할 수도 있다. 이러한 구문이 바로 변식문變式文이다.

① <u>多么清新啊</u>, 这早晨的空气! <u>얼마나 상쾌한가</u>, 이 아침의 공기가!(주어가 술어 뒤에 출현)
② 我<u>这本书</u>看过了, <u>那本书</u>还没看呢。 나는 <u>이 책은</u> 봤는데, <u>저 책은</u> 아직 못 봤다.(목적어가 동사 앞에 출현)
③ 他把自行车卖了, <u>去年才买的</u>。 그는 자전거를 팔았다, <u>작년에 산</u>. (관형어가 중심어 뒤에 출현)
④ 我找到他了, <u>在一个小茶馆里</u>。 나는 그를 찾아냈다, <u>작은 찻집에서</u>.(부사어가 중심어 뒤에 출현)

위 예문은 왜 '위치이동' 또는 '도치'를 했을까? 그것은 바로 화용적 필요 때문이다. 예①은 화용적 필요로 술어인 '多么清新'을 강조하기 위해서이고, 예②에서 목적어 '这本书, 那本书'를 동사 앞으로 전치한 것은 화용상 문장의 주제어화(이 문장에서는 주제어를 대비시킴)를 위해서이며, 예③, 예④에서 관형어 '去年才买的'와 부사어 '在一个小茶馆里'가 중심어 뒤에 온 것은 화용상 필요에 따라 중심어 '自行车'와 '找到他'에 대해 보충설명을 하기 위해서이다. 그 밖에도 어순도치는 자주 볼 수 있는 수사기법이다.

⑤ 江西人不怕辣。 강서사람은 매운 것을 겁내지 않는다.
⇌ 湖南人辣不怕。 호남사람은 매워도 겁내지 않는다.
⇌ 四川人怕不辣。 사천사람은 맵지 않을까 겁낸다.

이와 같이 단어의 어순을 바꾸는 수사기법은 유머와 재미를 더한다. 시가 중에 운율상 화용적 필요로 어순이 바뀌는 것을 흔히 볼 수 있다. 苏东坡의 시구 '非人磨墨墨磨人사람이 먹을 가는 게 아니라 먹이 사람을 간다'[3]는 '人磨墨'와 '墨磨人'을 도치하여 빠르게 흐르는 시간에 따라 사람도 빨리 늙어가는 이치를 매우 형상적이고 깊이 있게 묘사하였다.

⑥ 行宫见月伤心色, 夜雨闻铃肠断声。 (白居易 《长恨歌》)행궁에서 달을 보니 마음이 슬프고, 밤비에 종소리를 들으니 창자가 끊어지는 소리와 같다.

정상적인 어순은 '行宫见月色伤心, 夜雨闻铃声肠断'이라고 해야 하지만 白居易는 '色'와 '声' 두 단어를 문미로 이동시켰는데, 이는 시가의

3　송대 苏轼의 시 《次韵答舒教授观余所藏墨》에서 발췌.

운율과 박자(《长恨歌》의 시구는 모두 2-2-3박자임)를 맞추기 위한 화용적 필요 때문이다.

2.2 단어와 단어 결합의 통사기능

중국어는 단어와 단어 결합의 통사기능에 규칙성이 있다. 어떤 학자는 서양언어의 품사는 고정적인 형태표지가 있어서 고정된 변화규칙이 있지만, 중국어의 단어는 고정된 형태표지가 없어서 품사가 고정적이지 않다고 여긴다. 하지만 중국어 단어의 통사기능은 규칙성이 있어서 어떤 단어와 어떤 단어가 결합하고 또 어떻게 결합하는 지에는 모두 일정한 규칙이 있다. 예를 들어, 동사는 일반적으로 술어를 담당하며 주어와 목적어로 쓰일 때는 일정한 조건이 있어야 하고, 명사(특히 구체적인 물체를 가리키는 명사)는 일반적으로 주어와 목적어를 담당하며 술어로 쓰일 때는 일정한 조건이 있어야 한다. 부사는 일반적으로 동사나 형용사를 수식하고 명사를 수식하지 않지만('不吃 안먹는다, 不喝 안마신다, 不青 푸르지 않다, 不白 하얗지 않다' 등으로는 말하지만 '不桌子, 不电灯, 不老师, 不学生' 등으로는 말하지 않음) 명사를 수식할 때는 일정한 조건이 있어야 한다. 만약 단어와 단어의 결합에 규칙이 없다면 품사를 분류할 수 없을 것이다.

하지만 구체적으로 사용할 때는 단어의 통사기능에도 유연한 측면이 있다. 이를테면, 어떤 특정한 필요에 따라 동사가 주어나 목적어를 담당할 조건이 갖추어지게 되고, 명사가 술어를 담당할 조건이 갖추어지게 되며 부사가 명사를 수식할 조건이 갖추어지게 된다.

① 打是疼, 骂是爱。 때리는 것은 아끼는 것이고 혼내는 것은 사랑하는 것
이다./聪明反被聪明误。 똑똑한 체 굴다가 오히려 당한다./辱骂和
恐吓决不是战斗。 욕하고 협박하는 것은 결코 전투가 아니다./他渴
望学习。 그는 배움을 갈망한다.

② 今天星期天。 오늘은 일요일이다./一斤苹果五角钱。 사과 한 근에
0.5위안이다./天上一片乌云。 하늘에 먹구름 한 점이 있다./你喝茅
台, 我也来茅台一下。 네가 마오타이를 마시니 나도 마오타이 해야지.

③ 他画得人不人鬼不鬼。 그는 사람은 사람이 아니고 귀신은 귀신이 아
니게 그린다./她都大姑娘了, 还像个孩子。 그녀는 다 큰 아가씨가
애기 같다./这个人很男人。 이 사람은 정말 남자답다./他助人为乐,
比雷锋还雷锋。 그는 다른 사람 돕는 것을 즐거워하니 뇌봉보다 더 뇌
봉 같다./他来到这大山最深处的地方。 그는 이 산의 가장 깊은 곳
에 오게 되었다.

예①은 동사 혹은 형용사가 주어나 목적어를 담당하는 것으로 이는
조건이 있다. '他渴望学习'와 같이 술어성 목적어를 수반해야 하는 동
사 뒤에 출현하여 목적어로 쓰였고 '打是疼, 骂是爱' 중의 '打, 疼, 骂,
爱'와 같은 동사나 형용사는 비동작동사가 술어인 문장에 출현하였는
데, 이는 동원화 또는 명물화의 필요에 따른 것이다.[4] 예②는 명사성
단어가 술어를 담당하는 것으로 이 역시 조건이 있다. 어떤 것은 문장
에서 술어동사를 생략 또는 내포하는데 '今天星期天'과 '天上一片乌

---

4 范晓(1992)《VP主语句》,《语法研究和探索(六)》, 语文出版社. 胡裕树·范晓(1994)
《动词形容词的"名物化"和"名词化"》,《中国语文》第2期 참조.

云’ 두 문장에는 각각 술어동사 ‘是’와 ‘有’가 생략 또는 내포되어 있다. 또 어떤 것은 수사상 품사가 전환되는 과정에서 필요한 것으로, ‘我也来茅台一下’에서 ‘茅台’는 일정한 언어환경에서 명사가 동사로 전환해서 사용된 경우이다. 예③은 부사가 명사를 수식하는 것이며 역시 조건이 있다. 어떤 것은 표면적으로는 부사가 명사를 수식하는 것으로 보이지만, 실제로는 부사와 명사 사이에 동사가 생략되거나 내포되어 있는 것이다. 즉 ‘他画得人不人鬼不鬼’는 ‘他画得人不像人鬼不像鬼그는 사람은 사람 같지 않게 귀신은 귀신 같지 않게 그린다’의 뜻이다. 또 어떤 것은 명사 자체에 성질, 순서, 종류, 측정 등의 의미가 있어서 유연성을 표현하고자 하는 필요에 따라 ‘都大姑娘了, 还像个孩子’, ‘这个人很男人’, ‘他助人为乐, 比雷锋还雷锋’과 같이 명사가 부사의 수식을 받는다.[5]

3. 의미평면

3.1 의미조합

의미조합에는 규칙성이 있다. 중국어 의미조합의 기본규칙은 ‘합리合理’로 다음 세 가지 측면으로 표현된다.

첫째, 단어조합은 일반적인 이치 및 논리에 부합해야 한다. 즉 조합된 구가 반영하는 의미는 실제 현실세계에서 출현할 수 있는 것이어야

---

[5] 张谊生(2000) 《现代汉语副词研究(第二章)》, 学林出版社. 施春洪(2001) 《名词的描述性语义特征与副名组合的可能性》, 《中国语文》第3期 참조.

한다. 동사 '死 죽다', '病 병들다'을 예로 들면, 명사와 조합하여 '人死 사람이 죽다', '人病 사람이 병들다', '牛死 소가 죽다', '牛病 소가 병들다' 등의 주술구는 성립할 수 있으나 '石头死', '石头病', '石头说', '电灯死', '电灯病'과 같은 구는 성립할 수 없다. 이는 현실세계에서 '생물(사람, 동물 등 포함)' 만이 '死', '病'과 같은 행위를 할 수 있고 '무생물'은 '死', '病'과 같은 행위를 할 수 없기 때문이다. 만약 '石头死', '电灯死', '鞋子很听话', '石头不高兴'이라고 하면 단어의 의미조합에 있어서 '합리'의 규칙에 위배된다. 그렇기 때문에 '死', '病'과 같은 동사는 생명이 있는 단어와 조합해서 구를 이루어야지 생명이 없는 단어와는 조합하여 구를 이룰 수 없다. 다시 예를 들어 '甜 달다', '咸 짜다'과 같은 형용사는 명사와 조합하여 '甜面包 단 빵', '咸饼干 짠 과자' 등과 같은 관형어중심어구를 이룰 수 있으나 '甜星', '咸星', '甜光', '咸光' 등과 같은 구는 이룰 수 없다. 이는 '面包'와 '饼干'은 모두 식품으로 먹을 수 있기 때문에 '甜', '咸'과 같은 미각 속성이 있지만 '星별', '光빛'은 먹을 수 없기 때문에 '甜', '咸'과 같은 미각 속성을 말할 수 없다. '甜', '咸'과 같은 형용사는 음식명사와만 조합할 수 있다.

둘째, 단어조합은 사람의 심리나 인지에 부합해야 한다. 어떤 구는 실제 생활에서는 존재하지 않지만 사람의 뇌에 어떤 관념이나 생각을 반영할 수 있다. 이를테면, '神仙帮助 신선이 돕다', '鬼哭 귀신이 운다'에서 '神仙', '鬼'는 현실세계에는 없지만 사람들의 상상 속에 존재한다. 그렇기 때문에 '神仙', '鬼' 등 의인화된 명사도 유생명사를 수반할 수 있는 동사와 구를 이룬다.

셋째, 단어조합은 단어의미의 범위에 따른 제약을 받아야 한다. 이

를테면, '改正 고치다'과 '改进 개진하다' 두 동사는 모두 긍정적인 방향
의 동작행위를 나타낸다. 그러나 '改正'은 원래 잘못된 것을 바로 잡는
다는 의미를 강조하고 '改进'은 원래 바로 잡혀 있거나 좋았는데 거기
에 작은 변화를 주어 더 좋게 바꾸는 것을 강조한다. 따라서 술어목적
어구 '改正错误 잘못을 고치다'라고는 할 수 있지만, '改进错误'라고는 할
수 없다. 다시 예를 들면, '两'과 '双'은 의미(모두 '2'의 의미)가 비슷하지
만, 관형어중심어구 '两本书 책 두 권', '双眼皮 쌍꺼풀'라고는 할 수 있는
데 '双本书', '两眼皮'라고는 할 수 없다. 이는 '两'과 '双'이 명사와 조합
할 때 의미상 그 사용범위에 차이가 있기 때문이다. 즉 '两'은 숫자('一'
와 상대적임)를 나타낼 때 많이 쓰이고 '双'은 짝을 이룸('单'과 상대적
임)을 나타낼 때 많이 쓰인다.

그러나 구체적인 문장에서 단어의 의미조합 역시 유연한 측면이 있
다. 만약 동화나 SF소설에서라면 이러한 일반적인 의미조합규칙을 위
배할 수 있다.

① 鞋子听了老工人的话，觉得奇怪起来。(《童话选 · 鞋子的故
　事》) 신발은 늙은 장인의 말을 듣고 이상해지기 시작했다고 느꼈다.

② 上面那石头有点儿不高兴。(童话《古代英雄的石像》) 위의 그
　돌은 기분이 조금 언짢았다.

③ 石头说砖头太自私，砖头说哥哥没个当哥哥的样子。(《当
　代 · 故乡天下黄花》) 돌은 벽돌이 너무 이기적이라고 말하고, 벽돌
　은 형이 형답지 못하다고 말한다.

④ 这天马达也转得特别欢畅，简直像在唱歌。(余华 《世事如

烟》)이날 모터는 신나게 돌았는데, 마치 노래를 부르는 것 같았다.

위 예문 중 '鞋子听了老工人的话' '石头有点儿不高兴', '石头说……砖头说……', '马达欢畅' 등은 의미조합에서 일반적인 정태적 규칙에 부합하지 않지만 의인화시킨 유연한 운용이라는 측면에서 보면 성립할 수 있다.

어떤 문장은 표면적 측면만 보면 '불합리不合理'이지만, 일정한 언어환경에서는 '합리'라고 이해할 수 있다. 赵元任이 《汉语口语语法》에서 제시한 실제 대화의 예를 보면 다음과 같다.

⑤ 我比你尖。 내가 너보다 뾰족하다.
⑥ 你要死了找我。 네가 죽으려고 하면 나를 찾아와라.

예⑤는 누구의 연필이 더 뾰족한 지를 비교하는 언어환경에서는 이해할 수 있다. 즉 의미는 '我削的铅笔比你削的铅笔尖 내가 깎은 연필이 네가 깎은 연필보다 뾰족하다'이다. 예⑥은 두 사람이 소나무 재배에 대해서 대화를 나누는 언어환경에서는 말할 수 있다. 즉 의미는 '你的小松树要是死了, 就找我 네 소나무 묘목이 죽으려고 하면 나를 찾아와라'이다. 이는 모두 화용상 간결하게 표현하기 위해서 의미성분을 생략 또는 내포한 것이다.

3.2 의미구조

중국어에서 단어와 단어가 결합하여 조합된 의미구조는 규칙성을 갖는다. 이를테면, 목적어를 수반하는 이가동작동사로 조합된 의미구조는 세 개의 기본 의미성분(동핵, 시사, 수사)이 있고 표층의 배열규칙은 '시사동핵수사' 어순으로 나타난다. 즉 '人吃饭 사람은 밥을 먹는다', '我买书 나는 책을 산다'라고는 할 수 있지만 '饭吃人', '书买我'라고는 할 수 없다. 목적어를 수반하는 삼가동작동사로 조합된 의미구조는 네 개의 기본 의미성분(동핵, 시사, 수사, 여사)이 있고 표층의 배열규칙은 '시사동핵여사수사' 어순으로 나타난다. 즉 '我送她礼物 나는 그녀에게 선물을 준다'라고는 할 수 있지만 '送她礼物我' 또는 '礼物送我她'라고는 할 수 없다.

그러나 실제로 운용할 때 구체적인 문장에서 단어와 단어가 결합하여 조합한 의미구조 역시 유연한 측면이 있다. 이는 다음 두 가지 측면으로 표현된다.

첫째, 구체적인 문장에서 어떤 의미성분은 출현하지 않을 수 있다 (생략 또는 내포).

① 他和工人们同吃[ ]、同住、同劳动。 그는 노동자들과 함께 [ ] 먹고 함께 자고 함께 노동한다.

② [ ]吃过黄连, [ ]再吃糖果, 你会觉得更甜。 [ ] 황련을 먹고 [ ] 사탕을 먹어야 더 달게 느껴질 거다.

③ 老人病了, 战士们日夜守候在他病床前, [ ]送[ ]饭[]送[ ]水, 胜以亲人。 노인이 병들자 전사들 이 주야로 그의 침상 옆을 지키면서 [ ][ ] 밥을 주고 [ ] 물을 주니, 가족보다 낫다.

④ 门口坐着一个妇女[妇女]在洗衣服。 문 앞에 한 여자가 앉아서 [여

131

자기 빨래를 하고 있다.

예①은 '同住, 同劳动'과 대칭을 위해 '同吃' 뒤의 의미성분이 출현하지 않았는데 여기에는 수사 '饭'이 내포되어 있다. 예②는 의미성분인 시사 '你'가 생략되어 있고, 예③은 '送' 앞에 의미성분인 시사 '战士们'이, '送' 뒤에 여사 '老人'이 생략되어 있다. 또한 예④는 화용상 간결하게 표현하기 위해 하나의 명사가 두 개의 의미성분을 겸하였다. 즉 '妇女'는 '坐'의 시사이자 '洗'의 시사이다.[6]

둘째, 구체적인 문장에서 의미성분의 배열순서는 '시사동핵수사'규칙을 위배하고 '수사동핵시사', '시사수사동핵' 등으로 나타날 수 있다.

① 饭她也不吃, 水她也不喝, 这可怎么办? 그녀는 밥도 안 먹고 물도 안 마시니 이를 어떻게 하나?

② 一锅饭吃了十个人。밥 한 솥을 열 사람이 먹었다.

③ 我这个电影看过了, 那个电影还没看。나는 이 영화는 봤는데, 저 영화는 아직 못 봤다.

④ 他把收音机送给了孤老。그는 라디오를 외로운 노인에게 드렸다.

예①은 수사를 주제어화하기 위해서 의미성분인 수사 '饭', '水'를 문두로 이동시켜 표층의 배열이 '수사시사동핵(饭她吃, 水她喝)'어순으로 바뀌었다. 예②는 화용상의 묘사문 또는 설명문으로 '밥 한 솥을 열

---

6   范晓(2002) 《论名词再语义平面的"兼格"》, 《语法研究和探索(十)》, 商务印书馆 참조.

사람에게 제공하여 먹게 했다'라는 의미를 나타내며 표층의 배열은
'수사동핵시사(饭吃人)'어순으로 바뀌었다.[7] 예③은 수사가 동핵 앞에
출현하여 표층이 '시사수사동핵(我看电影)'어순으로 바뀌었으며 이
는 수사를 옛 정보로 처리하여 주제어를 대비시키는 화용적 필요에 따
른 것이다. 예④는 화용상 처치의미를 갖는 '把'자문으로, 의미성분인
수사 '收音机'가 동사 앞으로 이동하여 표층의 배열이 '시사수사동핵
(他收音机送孤老)'어순으로 바뀌었다.

4. 화용평면

4.1 주제어와 진술어

중국어에서 주제어와 진술어의 어순은 규칙적이다. 일반적인 규칙
은 주제어가 진술어 앞에 오는 것이다. 이는 옛 정보는 앞에 오고 새
정보는 뒤에 온다는 규칙으로 결정된 것이다.

① 关于这件事我们已经讨论过三次了。이 일에 관해서 우리는 이미
세 번이나 논의했었다.

② 这雨后的空气多么清新啊! 이 비가 온 뒤의 공기는 얼마나 상쾌한가!

---

[7] 중국어에서 이러한 구문은 아주 특수하다. 화용상 '공양' 문식의미를 갖고 있고,
통사상 '수사/지시사+양사+명사+동사+수사양사명사'로 구성된 주어술어구조이
며, 의미상 '수사동핵시사구조'이다. 예를 들면, '一匹马骑了两个人말 한 필을 두 사람
이 탔다', '这件衣服穿了三代人이 옷은 삼대가 입었다' 등과 같은 문장이 이러한 유형에
속한다.

③ <u>你的手机</u>已经修好了。네 휴대폰은 이미 수리를 다 했다.

예①의 주제어 '这件事'는 진술어 앞에 출현하였고 예②의 주제어 '这雨后的空气'와 예③의 주제어 '你的手机' 역시 진술어 앞에 출현하였다.

그러나 실제 운용할 때 주제어와 진술어 어순은 구체적인 문장에서 유연하게 나타난다. 특정한 상황에서 새 정보를 부각시키거나 긴박하게 언급해야 할 때 새 정보인 진술어가 먼저 출현하고, 옛 정보인 주제어가 뒤에 출현하여 진술어를 보충 설명하는 기능을 한다.

④ 我们已经讨论过三次了, 关于<u>这件事</u>。우리는 세 번이나 논의했었어, <u>이 일</u>에 관해서.
⑤ 多么清新啊, <u>这雨后的空气</u>! 얼마나 상쾌해, <u>이 비 온 뒤의 공기</u>가!
⑥ 已经修好了, <u>你的手机</u>。이미 수리를 다했어, <u>네 휴대폰</u>.

예①의 주제어 '这件事'는 진술어 뒤에 출현하였고 예②의 주제어 '这雨后的空气'와 예③의 주제어 '你的手机' 역시 진술어 뒤에 출현하였다. 일반적인 문법서에서는 주제어가 진술어 앞에만 출현할 수 있다고 하지만, 예④⑤⑥에서 알 수 있듯이 주제어가 진술어 뒤에 출현하는 것도 불가능하지 않다.

4.2 확정과 미정

확정과 미정은 명사성 단어가 문장에서 나타내는 지칭을 가리킨다.

'확정'은 어떤 명사성 단어가 언어환경에서 특정한 사물을 지칭하는 것을 말하며 일반적으로 대화의 쌍방이 모두 알고 있는 사물이다. '미정'은 어떤 명사성 단어가 언어환경에서 특정하지 않은 어떤 사물을 지칭하는 것을 말하며 일반적으로 청자(또는 대화 쌍방)가 모르는 사물이다. 확정과 미정을 논하기 위해서는 정태규칙도 고려해야 하지만, 동태문장에서의 유연성도 고려해야 한다.

중국어 문장의 확정과 미정에는 정태규칙이 있다. 陈平(1987)은 '확정, 미정'의 강약 정도에 따라 중국어 명사성 단어의 '확정, 미정' 강약 등급을 다음과 같이 구분하였다.[8]

A유형: 인칭대명사
B유형: 고유명사
C유형: '这/那'+(양사)+명사
D유형: 원형보통명사
E유형: 수사+(양사)+명사
F유형: '一'+(양사)+명사
G유형: 양사+명사

陈平은 A, B, C 세 유형은 강하고 전형적이며 극단적인 확정성분이고 D, E 두 유형은 중간형식으로 확정성분과 미정성분을 모두 충당할 수 있어서 통사 분포가 비교적 유연하며 F, G 두 유형은 강하고 전형적이며 극단적인 미정성분으로 여겼다. 즉 '인칭대명사, 고유명사, '这/

---

8   陈平(1987)《释汉语中与名词性成分相关的四组概念》,《中国语文》第2期 참조.

那'+(양사)+명사'는 확정이고, '一+(양사)+명사, 양사+명사'는 미정이다. 이것은 추상적으로 개괄해낸 명사가 확정인지 미정인지를 지칭하는 일반규칙(정태규칙)으로 볼 수 있다.

그러나 실제 운용할 때 확정과 미정은 구체적인 문장에서 유연하다. 陈平(1987)은 D유형 '원형보통명사'와 E유형 '수사+(양사)+명사'는 상당히 유연하여 경우에 따라 확정성분도 되고 미정성분도 되는 점을 지적하였다. 실제로 D와 E 유형뿐 아니라 다른 유형들도 실제 운용할 때는 유연성을 갖는다.

정태에서의 확정어휘는 보통 동태문에서 확정성분으로, 정태에서의 미정어휘는 보통 동태문에서는 미정어휘로 출현한다. 하지만 정태의 확정과 미정이 동태문에서 고정적이고 불변하는 것은 아니다. 일정한 언어환경에서는 서로 전환할 수 있다. 이는 다음 두 가지 측면으로 나타난다.

첫째, 정태에서의 미정어휘는 동태에서 확정성분으로 전환할 수 있다. 이를테면, F유형 '一+(양사)+명사'로 구성된 명사성 어휘는 정태에서는 미정이지만, 동태의 담화에서는 언어환경의 도움으로 확정을 나타낼 수 있다.

① 到了开饭时间, <u>杜梅</u>自己朴素大方地来了, ……<u>她</u>坐下就和我的朋友干白酒, 对他们的粗鲁玩笑报以哈哈大笑, <u>一个人</u>把气氛挑得极为热烈。(王朔《过把瘾就死》) 밥 먹을 시간이 되자 두매는 수수하고 점잖은 차림으로 와서는, …… 그녀는 앉더니 내 친구와 백주로 건배를 하고, 그들에게 거친 농담을 건네며 큰 웃음으로 화답하

면서 <u>혼자서</u> 분위기를 한껏 띄웠다.

② <u>梅兰芳先生的表演艺术不是一个人的</u>, 也不是一个剧种、一
个流派的，而是属于我们中华民族的。(《人民日报》1995年1
月5日) <u>매란방 선생의 공연예술은 한 사람</u>의 것이 아니며, 하나의 전통
극도, 하나의 유파도 아니고, 우리 중화민족에 속한 것이다.

③ <u>贪污和行贿受贿问题是当前世界许多国家面临的一个问题。</u>
<u>부정부패와 뇌물수수 문제</u>는 작금에 세계 많은 나라들이 직면한 <u>문제</u>
이다.

④ 那时候老柯已经无力说话，他的<u>一只手</u>艰难地抬起来向旁边
的人索取着什么。(苏童《灰呢绒鸭舌帽》) 그때 노가는 이미 말
할 힘이 없었으며, 그는 <u>한 손</u>을 힘겹게 들어올려 옆에 있는 사람에게 무
언가를 구하고 있었다.

위 예문에서 '一个人', '一个问题', '一只手'는 정태적으로 보면 미정
이지만 예①의 '一个人'은 앞 문장의 '杜梅'를 지칭하고 예②는 앞에 출
현했던 '梅兰芳'을 지칭한다. 예③의 '一个问题'는 앞에 출현했던 '贪污
和行贿受贿问题'를 지칭하고 예④의 '一只手'는 '老柯'의 손을 지칭한
다. '一个人', '一个问题', '一只手'는 맥락에서 가리키는 바가 매우 명확
하므로 모두 확정이다.

둘째, 정태에서의 확정어휘는 미정성분으로 전환할 수 있다. '인칭
대명사'를 예로 들어보면 만약 고립된 하나의 단어가 '누군가'를 가리
키면 명확하지 않기 때문에 확정이라고 말하기 어렵다. 그러나 동태의
구체적인 문장에서 지칭하는 사람은 명확해질 것이다. '인칭대명사'

가 문장에 출현할 때 앞 문장에서 그 사람이 분명 출현했기 때문에 누구를 가리키는지도 명확해진다.

① 他一眼看中了祥子 : "大个子, 你怎样?"(老舍《骆驼祥子》) 그는 한눈에 상자가 마음에 들어서 "꺽다리, 자네 어때?"라고 하였다.

② 法国人的思想是有名的清楚, 他们的文章也明白干净, 但是他们的做事, 无不混乱、肮脏、喧哗, 但看这船上的乱糟糟。(钱钟书《围城》) 프랑스 사람의 생각은 분명한 것으로 유명해서, 그들의 글도 명확하고 깔끔하다. 하지만 그들이 하는 일은 혼란스럽고 지저분하며 시끄러우니, 저 배 위의 난잡한 것을 봐라.

③ 苏小姐的哥哥上船来接, 方鸿渐躲不了, 苏小姐把他向她哥哥介绍。(钱钟书《围城》) 소양의 오빠가 마중하려고 배 위로 올라오니 방홍점은 숨을 수가 없었고, 소양은 그를 그녀의 오빠에게 소개시켰다.

위의 예① 인칭대명사 '你'는 문장에서 앞에 출현했던 '祥子'를 지칭하기 때문에 확정이다. 예②의 인칭대명사 '他们'은 문장에서 앞에 출현했던 '法国人'을 지칭하기 때문에 역시 확정이다. 예③의 인칭대명사 '他'는 앞에 출현했던 '方鸿渐'을, '她'는 앞에 출현했던 '苏小姐'를 지칭하기 때문에 확정이다. 의문대명사는 일반적으로 미정에 속하지만, 일정한 언어환경에서는 확정을 나타낼 수 있다.

④ 小芹把她娘怎样主婚怎样装神, 唱些什么, 从头至尾细细向

小二黑说了一遍, 小二黑说: "不用理她!我打听过区上的同志, 人家说只要男女本人愿意, 就能到区上登记, 别人谁也作不了主。……"说到这里, 听见外边有脚步声, 小二黑伸出头来一看, 黑影里站着四五个人, 有一个说: "拿双拿双!"他两人都听出是金旺的声音……兴旺也来了, 下命令道: "捉住捉住!我就看你犯法不犯法?给你操了好几天心了!"<u>小二黑</u>说: "你说去那里咱就去那里, 到边区政府你也不能把<u>谁</u>怎么养!走!"兴旺说: "走?便宜了你!把他捆起来!"(赵树理《小二黑结婚》) 소근은 그녀 엄마가 어떻게 주례를 하고 어떻게 차려 입고 어떤 노래를 부르는지 처음부터 끝까지 세세하게 소이흑에게 털어놓았다. 소이흑은 "상관하지 마세요! 내가 구區의 동지들에게 알아봤어요. 그들이 말하길 남녀 두 사람이 원하면 구區에 가서 등록을 할 수 있대요. 남들이 마음대로 할 수 없대요……" 여기까지 말했는데 밖에서 발자국 소리가 들리자 소이흑은 머리를 내밀고 둘러보았다. 밖에는 네다섯 명의 그림자가 있었고, 그 중 한 사람이 "쌍으로 잡아라, 쌍으로 잡아!"라고 말했다. 그 두 사람은 김왕의 목소리를 알아 들었다 ……김왕도 와서는 명령하길 "잡아라! 잡아라! 너희들 법을 위반했는지 아닌지 보자고? 너희 때문에 내가 며칠을 고생했는데" 소이흑이 "가라고 하면 갈게요. 구 정부에 가도 <u>누구</u>를 어쩌겠어요! 가자구요!"라고 말하자, 응황은 "가자고? 봐달라고! 묶어라!"라고 말했다.

'到边区政府你也不能把谁怎么养……'에서 '也不能把谁怎么养' 중의 '谁'는 언어환경에서 명확하게 '小二黑' 자신을 지칭한다(의미는 '나

139

를 어쩌지 못한다는 것이다').

다시 예를 들어, '고유명사'와 '这/那+(양사)+명사' 유형은 정태에서는 확정이지만 동태의 담화에서는 언어환경의 도움으로 미정을 나타낼 수 있다.

⑤ 甲 : "小红不见了, 你看到没有?" 갑 : "소홍이 안보이네, 너 봤니?"

乙 : "村里有好几个小红, 你说的是哪个小红啊?" 을 : "마을에 소홍이 여러 명인데, 네가 말하는 게 어느 소홍이야?"

⑥ 甲 : (对着乙突然说出, 或自言自语)"这个人坏透了!" 갑 : (을에게 갑자기 말하거나 혹은 혼자말로) "이 사람 정말 나빠!"

乙 : (乙听到后作出反应)"你说的这个人是谁啊?" 을 : (을은 듣고 반응하길) "네가 말하는 이 사람이 누구야?"

고유명사 '小红'과 '这/那+(양사)+명사'로 구성된 '这个人'은 정태적인 측면에서 보면 확정이다. 하지만 예⑤와 예⑥에서 '小红'과 '这个人'은 대화의 쌍방이 모두 알고 있는 정보는 아니다. 화자의 입장에서는 확정이라고 말할 수 있지만 청자의 입장에서는 누구를 지칭하는지 모르는 정보이므로 미정이다.

중국어에서 명사성 성분이 문장에서 확정인지 미정인지를 결정하는 것은 정태의 어휘가 확정인지 미정인지가 중요한 척도가 된다. 하지만 가장 중요한 요소는 역시 언어환경이라고 할 수 있다. 맥락의 언어환경을 떠나서는 확정과 미정을 결정하기 어려우며 언어환경은 동태문에서 명사성 어휘의 확정과 미정을 제약한다.

4.3 초점

문장의 화용평면에서 초점도 일정한 규칙을 가지고 있다. 중국어 문장에서 초점은 보통 문미에 위치하여 '문미초점'('자연초점'이라고도 함)이라고도 하며, 이는 문장초점의 일반적인 규칙이거나 또는 경향성을 띄는 규칙을 나타내고 있다.

① 门口坐着一个<u>老人</u>。 입구에 한 <u>노인</u>이 앉아 있다.

② 那个老人坐在<u>门口</u>。 그 노인은 <u>입구</u>에 앉아 있다.

③ 那个老人在门口<u>坐着</u>。 그 노인은 입구에 <u>앉아 있다</u>.

예①은 '老人'이 초점이고 예②는 '门口'가 초점이며 예③은 '坐着'가 초점이다.

그러나 구체적인 문장을 분석해 보면, 초점은 문미에만 출현하는 것은 아니다. 즉 동태문에서 초점의 위치는 상당히 유연하다.

① 甲 : (对乙说) 老弟, 别呆在外面, 请来<u>里面</u>坐坐吧。 갑: (을에게) 동생, 밖에 있지 말고 <u>들어와서</u> 좀 앉게.

乙 : 我就在这<u>走廊边上</u>坐好了。 을: 저는 <u>복도 옆</u>에 앉아 있을게요.

② a. 魏太妃 : 你在里面<u>做什么</u>? 위태비 : 너 안에서 <u>뭐하니</u>?

b. 朱女 : 我在<u>整理衣橱</u>啦。 주녀: 저는 <u>옷장을 정리</u>하고 있어요.

c. 魏太妃 : 我们说的话你<u>听见</u>了吗? 위태비: 우리가 하는 말 <u>들었니</u>?

d. 朱 女 : 我<u>没有</u>听见。 주녀: 저는 <u>못</u> 들었습니다.

③ 我爱热闹, 也爱冷静 ; 爱群居, 也爱独处。 나는 <u>시끌벅적한 것도</u> <u>좋아하지만</u>, <u>조용한 것도 좋아해요</u>. <u>모여 사는 것도 좋아하지만</u>, <u>혼자 사는</u> <u>것도 좋아해요</u>.

④ 这是我的书, 不是她的书。 이건 <u>제</u> 책이지, <u>그녀의</u> 책이 아니에요.

⑤ a. 她是明天坐火车去北京。 그녀는 <u>내일</u> 기차를 타고 북경에 간다.

　　b. 她明天是坐火车去北京。 그녀는 내일 <u>기차를 타고</u> 북경에 간다.

　　c. 她明天坐火车是去北京。 그녀는 내일 기차를 타고 <u>북경에 간다</u>.

⑥ a. 宋玉 : (见屈原, 即奔至其前说)先生, 你出来了。 송옥: (굴원 을 보자 뛰어나와 말하길) 선생님, <u>나오셨어요</u>.

　　b. 屈原 : 啊, 我正在找你。 굴원: 그래, 마침 널 찾고 있었다.

　예①은 화자가 명령하고 청자가 반응하는 대화환경으로 앞뒤 문맥에 따라 두 문장의 초점이 각각 '里面'과 '走廊边上'임을 알 수 있다. 예②는 묻고 답하는 대화환경으로 a문장의 의문초점은 '做什么'이고 대응하는 b문장의 진술초점은 '整理衣橱'이며, c문장의 의문초점은 '听见'이고 대응하는 d문장의 진술초점은 '没有'이다. 예③, 예④는 문맥에 따라 두 문장의 초점이 각각 '热闹, 冷静, 群居, 独处'와 '我的, 她的'임을 알 수 있다. 예⑤의 초점을 보면 a문장은 '明天', b문장은 '坐火车', c문장은 '去北京'인데 이는 초점 표지어 '是'와 강세가 서로 다른 성분에 있기 때문이다. 예⑥a의 초점은 '出来'인데 송옥은 굴원이 정원에서 나오는 것을 본 상황이기 때문이고, b의 초점은 '找'인데 이는 굴원이 송옥을 찾고 있었기 때문이다. 초점은 언어표현 시 강조하는 성분으로, 반드시 표현상의 필요나 언어환경에 따라 문장의 특정성분이 맡게 된다. 동태의 구체적인 문장에서 문장의 동태초점은 언어환경의 제약을 받는다.

5. 결론

결론적으로 말하면 다음 두 가지를 알 수 있다. 첫째, 문법은 규칙이며 규칙은 법칙이다. 옛말에 '법칙이 없으면 일을 이룰 수 없다'라고 하였다. 대자연이건 인류사회건, 언어의 문법을 포함해서 모두 법칙에 따라 움직이며 규칙의 제약을 받는다. 만약 문법의 일반규칙을 무시하면 단어로 문장을 만드는 기본적인 규범을 이해하지 못하게 된다.

둘째, 언어의 생명은 사용하는 가운데 있으며 사용하는 과정에서 문법규칙의 운용은 절대불변이 아니어서 일정한 언어환경[9]에서는 유연성을 갖는다. 만약 문법의 유연성을 무시하면 대화나 문장이 어색하고 딱딱하며 생각을 다양하고 풍부하게 표현할 수 없게 된다. 이는 '문법을 배우고나서 오히려 더 말을 할 수 없거나 글을 쓸 수 없게 되는 것'은 바로 유연성을 중시하지 않은 결과이다.

중요한 것은 문법의 규칙성과 유연성을 변증법적으로 봐야 한다는 것이다. 위에서 언급한 문법규칙은 일반규칙을 말한다. 사실 유연성 역시 아무 규칙이 없이 자의적인 것은 아니다. 呂叔湘이 언급한 바와 같이 "유연성은 자의적인 것과는 다르며 무규칙과도 다르다."[10] 문법

---

[9] 구어의 앞뒤 맥락과 서면어의 상하문(앞 문장과 뒷 문장, 앞 단락과 뒷 단락) 그리고 대화의 현장상황과 대화 쌍방이 모두 알고 있는 배경 정보 등을 포함한다.
[10] 呂叔湘(1986)《汉语句法的灵活性》,《中国语文》第1期.

의 유연성에도 일정한 규칙이 있다. 유연성의 규칙은 다음 두 가지 상황이 있다. 첫째, 문법의 일반규칙은 화용상의 필요에 따라 상황에 맞게 유연하게 운용된다. 이는 유연성의 기본규칙이다. 둘째, 일반규칙을 깨는 유연한 현상은 어떤 특수한 규칙의 제한을 받는다. 이를테면, 중국어는 목적어가 동사 뒤에 오는 것이 일반규칙인데, 구체적인 문장에서 목적어가 동사 앞에 출현하는 상황을 볼 수 있다. 통계에 따르면 현대중국어에서 목적어 전치는 전체 목적어의 10% 정도에 해당한다.[11] '목적어 전치'는 중국어 문법의 '목적어 후치'의 일반규칙 입장에서 보면 '유연'한 것이다. 그러나 이 '유연함' 역시 규칙이 있으며 그것이 바로 '목적어 전치'의 특수규칙이다. 현대중국어에서 '목적어 전치'의 특수규칙은 다음과 같다.

  (1) 목적어가 지시하는 대상이 임의성을 나타내는 임지任指일 때 목적어는 보통 동사 앞에 위치한다.('임의성을 띠는 목적어구' 구성, '의문대명사+都/也+동사', '一양사명사+都/也+不/没+동사' 등과 같은 고정격식)

  ① 老孙头双手抱着脑袋, 只是哭, 什么话都不说。(余华《活着》)

    손씨는 두 손으로 머리를 감싼 채 그저 울면서 아무 말도 하지 않는다.

  ② 我明天一早去他家一趟, 什么人也不带。(王朔《许爷》) 내가

    내일 아침 일찍 그 사람 집에 한번 다녀올게, 아무도 안 데리고 갈게.

---

11 孙朝奋 등의 통계에 따르면, 현대중국어 문장에서 목적어가 동사 뒤에 오는 담화가 절대 다수이며, 전치목적어는 10% 이하이다. 전치목적어는 강조나 대비를 나타내는 표현수단이기 때문에 孙朝奋 등은 중국어는 SVO언어라고 여긴다. 张云秋(2004)《现代汉语受事宾语句研究》pp.19-20, 学林出版社 참조.

③ 老人把头靠在儿子那宽阔的肩上轻声饮泣， 一句**话**也说不出来。(彭荆风《绿月亮》) 노인은 머리를 아들의 넓은 어깨에 기댄 채 작은 소리로 흐느껴 울면서 한 마디도 하지 못했다.

(2) 개사구문에서 목적어는 반드시 동사 앞에 위치한다.(목적어 앞에 '把', '对' 등의 허사가 옴)

① 他们先把鸟笼子挂好, 找地方坐下。(老舍《茶馆》) 그들은 먼저 새장을 걸어 놓고 자리를 찾아 앉았다.
② 他把玻璃打破了。(曹禺《雷雨》) 그는 유리를 깨뜨렸다.
③ 我们对这个问题还没有深入研究。우리는 이 문제에 대해서 아직 깊이 연구하지 않았다.

(3) 목적어가 주제어로 충당(목적어 주제어화)될 때 목적어는 동사 앞에 위치한다.

① 这个问题, 让我再想一想。이 문제는 내가 다시 한번 생각해볼게.
② 这本书我看过, 那本书我还没看。이 책은 읽어봤는데, 그 책은 아직 못 읽어봤다.
③ 这件事, 我们负责解决。이 일은 우리가 책임지고 해결할게.

문법연구는 문법의 일반규칙을 연구해야 할 뿐 아니라 동태적으로 사용되는 문법현상의 유연성도 연구해야 한다. 또한 어떻게 상황에 따라 유연하고 다양하게 일반규칙을 운용하는지도 연구해야 할 뿐 아니라, 문법의 유연성에 있는 특수규칙도 연구해야 한다. 문법 선생님은 중국어문법을 가르칠 때 문법의 일반규칙뿐 아니라 유연한 운용에서 문법의 기본규칙과 특수규칙도 가르쳐야 한다. 문법규칙도 설명해야 하지만 문법규칙을 위배한 현상을 지적하고 바르게 고쳐줘야 한다. 그러나 그렇다고 옳고 그름을 분명하게 하지 않거나 화용의 언어환경을 고려하지 않고 경직되게 문법규칙을 봐서는 안 되며, 학생들이 표현의 필요에 따라 어휘를 활용하고 적절한 문법틀을 사용하도록 지도하여 문법의 다양성과 유연성을 충분히 발휘함으로써 더욱 효과적인 언어 표현을 할 수 있도록 해야 한다.

[참고문헌]

陈平(1987)《释汉语中与名词性成分相关的四组概念》,《中国语文》第2期

范晓(1992)《VP主语句》,《语法研究和探索(六)》, 语文出版社

范晓(1994)《"N受+V"句说略》,《语文研究》第2期

范晓(1996)《动词的配价与句子的生成》,《汉语学习》第1期

范晓(1996)《三个平面的语法观》, 北京语言学院出版社

范晓(1999)《领属成分在汉语句子中的配置情况考察》,《汉语现状和历史的研究(首届汉语语言学国际研讨会论文集)》, 中国社会科学出版社

范晓(2001)《关于汉语的语序问题》,《汉语学习》第5 - 6期

范晓(2002)《论名词在语义平面的"兼格"》,《语法研究和探索(十)》, 商务印书馆

范晓 · 张豫峰(2003)《语法理论纲要》, 上海译文出版社

范晓(2004)《三维语法阐释》,《汉语学习》第6期

范晓(2005)《语境句和孤立句》,《语言文字学研究》, 中国社会科学出版社

范晓(2006)《语用的动态分析和静态分析》,《语言科学》第5卷1期

方梅(1995)《汉语对比焦点的句法表现手段》,《中国语文》第4期

洪笃仁(1955)《从现代汉语的词序看所谓"倒装"》,《厦门大学学报》第4期

胡附 · 文炼(1984)《汉语语序研究中的几个问题》,《中国语文》第3期

胡裕树 · 范晓(1994)《动词形容词的"名物化"和"名词化"》,《中国语文》第2期

陆俭明(1980)《汉语口语句法里的易位现象》,《中国语文》第1期
吕叔湘(1986)《汉语句法的灵活性》, 商务印书馆
吕叔湘(1978)《汉语语法分析问题》,《中国语文》第1期
邵敬敏(1987)《从语序的三个平面看定语的移位》,《华东师大学报》第4期
西槙光正(1992)《语境研究论文集》, 北京语言学院出版社
赵元任(1979)《汉语口语语法(吕叔湘译本)》, 商务印书馆

▌원문은《汉语学习》2007年 第2期에 게재

제2부
삼차원문법론과 중국어 품사

중국어의 품사

1. 중국어 품사연구 현황

1.1 1953년~1955년 중국어 품사문제 대토론

중국어 품사문제에 대한 1953년~1955년의 학술토론은 1930년대 말 '문법혁신토론'에 이은 두 번째 대토론으로, '문법혁신토론'의 연장선으로 볼 수 있다. 이 토론은 중국어에 품사구분이 있는가(구체적으로 말하면, 실사를 명사, 동사, 형용사, 부사 등으로 다시 분류할 수 있는가)라는 문제와 중국어에 품사구분이 있다면 품사를 구분하는 기준(또는 근거)은 무엇인가라는 두 가지 문제에 집중되었다. 토론에서 이 두 문제에 대한 공통된 의견을 도출하지는 못했지만 다음과 같은 결실을 거두었다. 첫째, 절대 다수가 중국어에 품사구분이 있다고 생각하며 중국어문법을 연구할 때 중국어의 품사를 연구하지 않으면 안 된다고 생각하였다. 둘째, 대부분의 사람들이 중국어에서 품사를 구분할 때 단순하게 협의의 형태를 근거로 구분해서는 안 되고 또 어휘의미만을 근거로 해서도 안 되며, 문법기능(어떤 이는 '구조관계'라고 하고, 어떤 이는 '단어와 단어의 결합관계'라고 하는데, 사실상 단어의 '통사기능'을 가리킴)을 중시해야 한다고 생각하였다. 셋째, 품사를 분류하는 이론적인 측면과 중국어 품사의 체계를 구축하는 데 있어서 각자 자신의 의견을 제시하였다. 이번 토론은 중국어문법학사에서 중요한 의미를 지니며 중국어 품사의 진일보한 연구를 위한 토대를 마련하였다.

1.2 1955년 이후의 중국어 품사연구

1950년대 중국어 품사문제 대토론 후 이미 50여 년이 흘렀다. 지난 50여 년간 품사문제에 있어서 더 이상 그러한 큰 토론이 전개되지 않았지만[1] 연구가 중단되지도 않았다. 이 기간 동안 중국어 품사문제에 관한 논문과 저서가 많이 발표되었으며 중국어 품사문제에 관한 연구는 그 폭과 깊이에 있어서 다음과 같은 큰 발전을 이루었다.

1.2.1 품사구분 근거(기준)가 다기준에서 단일기능기준으로 전환

1950년대 대토론에서 학자들은 품사를 구분하는 기준에 대해 서로 다른 의견을 가지고 있었다. 많은 학자들이 다기준 채택을 주장하였는데 어떤 이는 의미, 형태, 기능의 '삼자결합'을 주장하였고 어떤 이는 문법기능을 기준으로 함과 동시에 의미기준이나 형태기준도 참고해야 한다고 주장하였다. 朱德熙가 지적한 대로, 대토론에서 "단순하게 의미에 따라 중국어 품사를 나누는 것은 불가능하다는 것을 모두가 인정하기는 했지만, 아무도 단어의 의미를 분류기준에서 제외해야 한다

---

1   대토론은 없었지만, '소토론'은 있었다. 예를 들면, 1988년 5월 제5차 현대중국어 문법학술토론회의 주제가 바로 중국어의 품사문제였다.

고 주장하지는 않았다. 당시 소련 언어학계에서 유행하던 일반적인 논조를 그대로 받아들여 교안으로 삼았는데, 그 중 주요한 한 가지가 바로 품사는 '어휘·문법범주'에 속한다는 것이다. '문법' 앞에 '어휘'를 붙인 것은 단어의 의미를 포함시키기 위한 것이라고 하였다."[2] 인민교육출판사 중국어편집실의 《暂拟汉语教学语法系统》이 바로 다기준으로 되어 있고 품사분류의 기준은 '어휘·문법범주를 근거로 한다'고 명시하고 있다. 이러한 관점은 당시 주류의 생각을 반영함과 동시에 학계가 타당하다고 생각한 의견을 반영한 것이다. 《暂拟汉语教学语法系统》은 중국어 교학문법체계로, 중고등학교는 물론 많은 대학에서 사용하는 교재(특히 사범대학 교재)의 문법체계에도 큰 영향을 끼쳤다.[3]

상술한 이러한 상황은 개혁개방 이후에야 바뀌었다. 1950~1970년대에는 중국어 품사분류에 있어서 '어휘·문법범주'이론을 필두로 한 다기준이 주류를 이루었다면, 1980년대부터 지금까지는 구조주의언어학이론을 필두로 한 단일문법기능기준이 주류를 이룬다고 할 수 있다.[4]

단일문법기능(통사기능)기준은 처음에는 소수 학자의 주장이었으나 현재는 중국어 문법학계 대다수가 인정하고 있다. 최초로 단일기능

2 朱德熙(1991)《词义和词类》,《语法研究和探索(五)》, 语文出版社.
3 비록 그 시기 대다수 대학의 교재가 다기준을 근거로 품사구분 했지만, 북경대학, 복단대학 등 중점대학 중문과에서 사용한 현대한어교재는 단일한 통사기능기준을 근거로 품사구분 했다는 것을 반드시 염두에 두어야 한다.
4 구조주의 이론은 통사구조 속 단어의 '분포'로 품사를 구분한다. 즉 통사구조 속 단어의 위치(통사기능의 표현 형식 중 하나)로 품사를 구분하는 것이며, 본질상 통사기능의 분류이기도 하다.

기준을 명확히 제시한 사람은 陈望道로, 그는 일찍이 '문법혁신토론'
에서 기능기준을 제시하였으며 형태기준과 의미기준은 모두 명확한
분류근거가 없기 때문에, 오직 기능기준만이 그 부족한 점을 해결할
수 있다고 하였다.[5] 1950년대 말~1960년대의 학술토론 기간 동안, 그
는 여러 차례 중국어 품사구분에서의 의미설, 형태설 및 '삼자결합(의
미, 형태, 기능의 결합)'의 다기준설을 비판하고 '기능설'을 주장하였
다.[6] 그는 《文法简论》에서 이러한 관점을 다음과 같이 서술하였다.
'본질적으로 품사는 단어의 기능분류이다', '품사구분의 기준은 기능
이다', '의미는 품사를 구분하는 기준이 아니다', '형태도 품사를 구분하
는 기준이 아니다', '다기준은 기준이 없다는 의미이다'라고 하였다.[7]
朱德熙도 단일기능기준에 따라 품사를 구분해야 한다고 강력하게 주
장하였다. 그는 《关于划分词类的根据》에서 품사를 구분하는 기본근
거는 단어의 문법기능이라고 언급하였고, 《语法讲义》에서 중국어 단
어의 분류는 "단어의 문법기능만을 기준으로 삼아야 한다"고 재차 강
조하였다. 그는 또 《语法答问》에서 "품사를 구분하는 기준은 단어의
문법기능 뿐이다"라고 하였다.[8]

---

5   陈望道의 기능에 대한 저술은 陈望道(1958)《中国文法革新论丛(重印版)》, 中华
    书局에 실린 《从分歧到统一》, 《回东华先生的公开信》, 《漫谈文法学的对象以及
    标记能记所记意义之类》, 《文法的研究》 등 참고.
6   필자는 1959년에 陈望道교수가 주관하는 복단대학 언어연구실에서 일했기 때문
    에 그의 관점을 잘 알고 있다. 중국어 품사문제는 우리 연구실에서 자주 토론한 문
    제이고, 그는 토론회에서 중국어의 품사구분은 단일한 문법기능기준을 사용해야
    한다고 반복적으로 강조했으며, 의미기준, 형태기준, 다기준을 사용하는 것을 반
    대했다. 그는 "우리가 무슨 파인지 말해야 한다면, 우리는 기능파라고 할 수 있다"
    고도 했다.
7   陈望道(1978)《文法简论》pp.38-57, 上海教育出版社 참조.
8   朱德熙(1960)《关于划分词类的根据》, 《语言学论丛(第四辑)》. 朱德熙(1982)《语
    法讲义》p.37, 商务印书馆. 朱德熙(1985)《语法答问》p.11, 商务印书馆 참조.

胡裕树는《谈词的分类》에서 품사분류는 형태(광의의 형태)를 기준으로 해야 한다고 주장하였다. 그러나 그가 편찬한《现代汉语》에서는 "분류의 기본 기준은 단어의 문법기능이다"(필자는 그가《现代汉语》를 편찬할 때 陈望道의 의견을 따랐다고 생각함)라고 하였다. 田申瑛의《语法述要》도 陈望道의 의견을 따라서 품사를 '문법에서의 단어의 기능분류'라고 여겼으며 문법기능을 품사구분의 '근거(기준)'로 삼았다.[9]

吕叔湘은 대토론에서 구조관계를 분류의 주요 기준으로 삼아 형태, 의미 등의 기준(사실상 다기준)을 강조하였다. 그러나《汉语语法分析问题》에서는 견해가 바뀌어 "중국어는 엄격한 의미에서의 형태변화가 없기 때문에 통사기능에 의존하지 않을 수 없다", "통사기능을 품사를 구분하는 근거로 삼아야 한다"고 주장하였다.[10] 邢福义는《词类辩难》에서 "품사는 단어의 문법특징을 기준으로 하고, 그 의미를 결합(사실상 이 또한 다기준에 속함)하여 분류한 단어의 유형"이라고 여겼다. 그러나《词类问题的思考》에서는 "문법특징은 품사를 구분하고 단어의 성질을 판별하는 기본적인 근거"라고 하였다. 또한 "문법특징은 단어의 조합능력, 단어의 문장구성기능, 단어의 형태표지를 가리킨다"고 하였다(이는 모두 단어의 통사기능과 관련이 있음). 邢福义가 말한 단어의 문법특징은 사실상 단어의 통사기능을 가리킨다.[11] 胡明

9 文炼 · 胡附(1954)《谈词的分类》,《中国语文》第2-3期. 胡裕树(1962)《现代汉语(增订本)》pp.254-255, 上海教育出版社. 田申瑛(1985)《语法述要》pp.58-59, 安徽教育出版社 참조.
10 吕叔湘(1955)《关于汉语词类的一些原则性问题》pp.33-34,《汉语的词类问题》, 中华书局 참조.
11 邢福义(1989)《语言研究》第1期 참조.

扬도《现代汉语词类问题考察》에서 "품사는 오직 통사기능만을 기준
으로 한다"고 하였다.[12]

1.2.2 기능의 형식연구에서 많은 진전

단어의 문법기능(통사기능)에 따라 품사를 구분하는 이론은 일찍
부터 제기되었다. 그러나 통사기능으로 품사를 구분할 때는 품사의 통
사기능에 따른 표현형식(어떤 이는 '분포형식'이라고 하고, 어떤 이는
'문법특중국징'이라 함)에 근거하여 품사를 확정해야 한다. 즉, 구체적
인 분류방법을 찾아서 품사를 판별해야 한다. 이러한 방식의 초창기
연구로는 赵元任의 《国语入门》과 《汉语口语语法》가 있다. 그는 단
어의 특성을 판단할 수 있는 통사'틀'이나 단어가 '출현하는 환경'을 품
사구분의 구체적인 분류방법으로 삼았다. 예를 들면, 명사는 '동사·명
사'합성어의 수식을 받을 수 있고 동사 뒤의 목적어라는 틀 속에 들어
갈 수 있다. 동사는 '不'의 수식을 받을 수 있고 뒤에 '了'를 붙일 수 있으
며 의문형식 'V不V' 속에 들어갈 수 있다고 하였다. 또한 동사가 통사구
조에서 '출현하는 환경'에 따라 '동사를 아홉 종류로 하위분류'하였다.[13]
朱德熙는 체계적으로 분류하기 위해서 《语法讲义》에서 현대중국어
품사의 문법적 특성을 포괄적이면서도 상세하게 묘사하였다. 그의 분
류방법은 통사위치의 도움을 받는다. 예를 들면, 명사의 특징은 수량

---

12 胡明扬(1995)《现代汉语词类问题考察》,《中国语文》第5期. 赵元任(1952)《北京
    口语语法》pp.33-35, 李荣역, 开明书店. 吕叔湘역(1979)《汉语口语语法》p.231,
    p.233, p.292, 商务印书馆 참조.
13 赵元任(1948)《北京口语语法》pp.33-35, 李荣역, 开明书店. 吕叔湘역(1979)《汉
    语口语语法》p.231, p.233, p.292, 商务印书馆 참조.

사의 수식을 받을 수 있지만 부사의 수식은 받지 않는다는 것이다. 또한 술어 속 동사와 형용사의 구별방법은 '很'의 수식은 받지만 목적어를 가질 수 없는 술어는 형용사이고, '很'의 수식은 받지 못하지만 목적어를 가질 수 있는 술어는 동사라고 하였다.[14] 邢福义의《词类辩难》, 陈爱文의《汉语词类研究和分类实验》, 胡明扬의《词类问题考察》등은 현대중국어 품사구분의 구체적인 분류방법에 대해서도 깊이 있는 연구와 고찰을 하였다. 郭锐의《现代汉语词类研究》는 표현형식에 근거하여 각 단어에 대해 구체적인 분류방법을 상세하게 기술하였다.[15]

1.2.3 품사와 품사구분의 구체적인 문제들을 광범위하고 심도 있게 탐색

전문적인 주제연구에 있어서 품사구분의 근거(기준) 및 품사구분 방법이나 기능의 형식적 특징에 대한 지속적인 토론 외에도 현대중국어의 각종 품사 및 품사구분과 관련된 다양한 문제를 폭넓게 다루었다. 일부 품사(명사, 동사, 형용사, 부사, 허사, 개사, 양사, 방위사 등)와 그 하위범주(명사의 시간사와 처소사, 동사의 타동사와 자동사, 형용사의 성질형용사와 상태형용사 등)에 대한 전문적인 주제연구에 있어서 많은 성과를 이루었다.[16] 심층연구에 있어서는 일부 새로운 유형

---

14 朱德熙(1982)《语法讲义》p.41, 商务印书馆 참조.

15 邢福义(1981)《词类辩难》, 甘肃人民出版社. 陈爱文(1986)《汉语词类研究和分类实验》, 北京大学出版社. 胡明扬(1996)《词类问题考察》, 北京语言学院出版社. 郭锐(2002)《现代汉语词类研究》, 商务印书馆 참조.

16 이와 관련한 전문적인 주제 연구논문은 아주 많다. 예를 들면, 李临定(1990)《现代汉语动词》, 中国社会科学出版社. 马庆株(1992)《汉语动词和动词性结构》, 北京语言学院出版社. 胡裕树·范晓(1995)《动词研究》, 河南大学出版社. 邵炳军(1999)《现代汉语形容词通论》, 甘肃教育出版社. 王珏(2001)《现代汉语名词研究》, 华东师范大学出版社. 刘顺(2003)《现代汉语名词的多视角研究》, 学林出版社. 张谊生(2000)《现代汉语副词研究》, 学林出版社. 方绪军(2000)《现代汉语实

을 발견하였는데, 예를 들면 구별사(비술어형용사), 방식사(동사 앞에만 붙는 단어) 등이 있다. 이 밖에도 단어의 겸류[17], 단어의 활용, 동사나 형용사가 주어나 목적어 위치에 나타나는 성질(명물화, 명사화 등), 일부 단어의 성격 규정이나 분류 등의 문제에 대해서도 심층적인 연구와 토론을 하였다.

1.3 중국어 품사연구의 문제점

1955년 이후 품사연구는 큰 성과를 이루었으나 이것이 중국어 품사분류이론에 대하여 견해가 일치되었다거나 분류문제가 이미 해결되었음을 의미하지는 않는다. 중국어 품사분류에 있어서 적지 않은 문제가 더 연구되어야 하며 주로 다음과 같은 몇 가지 문제점이 있다.

1.3.1 품사구분이론에 나타나는 문제점

일반적으로 품사(명사, 동사, 형용사 등)는 단어의 문법기능 유형이고 품사를 구분하는 근거는 단어의 통사기능이라고 생각하였다. 그러나 21세기에 들어선 후 반대 의견이 나타났다. 예를 들면, 郭锐는《现代汉语词类研究》에서 분류근거(기준)에 있어서 통사기능설이나 분포설에 반대하고 '표현기능설'을 주장했다. 그는 품사의 본질은 통사기능이 아니라 표현기능이라고 여겼다. 2005년 4월 안휘安徽 무호蕪湖

词》, 华东师范大学出版社. 陆俭明·马真(1985)《现代汉语虚词散论》, 北京大学出版社. 张谊生(2000)《现代汉语虚词》, 华东师范大学出版社. 齐沪扬·张谊生·陈昌来(2002)《现代汉语虚词研究综述》, 安徽教育出版社.

17 역주: 겸류兼類는 하나의 단어가 여러 품사를 겸하는 것이며, 이러한 단어를 다품사라고 함.

에서 열린 품사문제 대토론 50주년을 기념하는 학술대회에서 이러한 문제가 논쟁이 되었다. 회의에서 郭锐는 "본질적으로 품사는 분포유형이 아니라 단어의 문법의미 유형이며, 이러한 문법의미를 표현기능이라고 한다. 즉 품사는 사실상 어휘측면에서 단어의 표현기능을 근거로 삼아 분류한 것이다"라고 하였다. 이러한 관점에 대해 바로 이의가 제기되었다. 예를 들면, 袁毓林은 그와 첨예하게 대립하면서 "품사는 본질상 표현기능의 유형이 아니라, 문법기능의 유형"이라고 하였다. 袁毓林은 과학철학과 분석철학의 각도에서 깊이 있는 분석을 하는 한편, '품사가 문법기능의 유형이라는 점'은 검증을 거친 것이라고 증명하였다.[18] 단어의 표현기능은 단어의 화용기능이므로 품사는 단어의 화용분류이지 통사분류가 아니라고 논리적으로 유추할 수 있지만, 단어의 화용분류 근거를 가지고 단어의 통사분류 근거로 삼는 것은 분명히 문제가 있다. 따라서 품사를 구분하는 근거(기준)에 관한 문제는 앞으로도 논쟁이 있을 것으로 생각된다.

1.3.2 중국어 품사체계에 대한 학계의 이견

중국어 품사를 몇 가지로 나누어야 하는지, 어떤 종류로 나누어야 하는지에 대해서는 학자마다 서로 다른 견해를 가지고 있다. 일반적인 문법교과서에서는 명사, 동사, 형용사, 구별사, 수사, 양사, 부사, 개사, 접속사, 조사, 어기사, 의성사, 감탄사(일부 문법서는 구별사나 어기사가 없거나 의성사와 감탄사를 하나로 묶음) 등 12~14종류로 분류하

---

18 孔令达 · 王葆华(2005) 《汉语词类研究的回顾与展望》(纪念汉语词类问题大讨论 50周年专家座谈会纪要), 《汉语学习》第4期 참조. 필자는 회의에서 郭锐의 관점에 대해 이의를 제기했다.

고 있고, 朱德熙, 田申瑛, 郭锐 등은 더 세분화하였다. 朱德熙의《语法讲义》는 17종류로 분류하였는데 먼저 실사와 허사로 나눈 후, 다시 명사, 처소사, 방위사, 시간사, 구별사, 수사, 양사, 대사(이상은 실사 중의 체언), 동사, 형용사(이상은 실사 중의 용언), 부사, 개사, 접속사, 조사, 어기사(이상은 허사), 의성사, 감탄사로 분류하였다. 田申瑛의《语法述要》는 20종류로 분류하였는데 먼저 실사(실사는 다시 체사體詞, 용사用詞, 점별사點別詞, 부사로 구분함)와 허사로 구분한 후, 다시 명사, 대사, 시간사, 처소사(이상은 실사 중의 체사), 동사, 형용사, 단사斷詞, 형사衡詞(이상은 실사 중의 용사), 수사, 지사指詞, 간별사簡別詞(이상은 실사 중의 점별사), 부사(실사 중의 부사), 방위사, 개사, 접속사, 조사, 양사, 어기사(이상은 허사), 부가감탄사, 상성사상성사(실사와 허사 이외의 단어)로 분류하였다. 郭锐의《现代汉语词类研究》는 19종류로 분류하였는데 먼저 조합사組合詞와 감탄사로 구분한 후, 조합사를 실사와 허사로 나누고 실사를 핵사核詞와 식사飾詞로 분류한 후, 핵사는 다시 체언과 용언으로 분류하였다. 그리고 용언은 다시 동사, 형용사, 상태사로 나누고 체언은 다시 양사, 명사, 방위사, 시간사, 처소사로 나누었다. 식사는 의성사, 수사, 수량사, 부사, 구별사, 지시사로 분류하였고 허사는 개사, 접속사, 어기사, 조사, 감탄사로 분류하였다. 대분류하는 것이 좋은지 소분류하는 것이 좋은지는 단언하기 어려우며 기능표현형식을 구별하는 특징과 분류의 목적을 보고 정해야 한다. 중국어 문법체계가 어떤 분류방안을 채택할 것인지(어떻게 층차를 나눌 것인지, 몇 가지로 나눌 것인지, 어떤 종류로 나눌 것인지)에 대해서는 심도 있는 토론이 필요하다.

1.3.3 구체적인 품사구분에 있어서의 이견

명사, 동사, 형용사, 부사의 하위범주 분류문제 및 단어의 겸류, 명사와 동사의 경계 등과 같은 문제에 대해서는 처리방법이 서로 달라 논란의 여지가 있다. 그리고 일부 품사(대사, 방위사, 양사, 조동사 등)의 분류문제 또한 아직까지 해결되지 않아 지속적이고도 심도 있는 연구가 필요하다.

2. 중국어 품사연구의 몇 가지 이론적인 문제

중국어 품사구분은 토론해야 할 이론적인 문제가 많으며 여기서는 세 가지 문제에 중점을 두어 논하려고 한다.

2.1 품사구분의 근거와 품사구분의 변별방법

필자는 《论词的功能分类》에서 "품사구분의 근거와 변별방법(또는 수단)을 구별해야 한다"고 하였다. 또한 "품사구분의 근거는 오직 단어의 문법기능이어야 한다. 이러한 형식은 언어마다 차이가 있는데 ……이는 마치 생물의 성별을 구분하는 것과 같다. 성별구분은 생식기능을 기준으로 하며 정자세포를 만들 수 있으면 수컷, 난자세포를 만들 수 있으면 암컷이다. 생물의 성별을 판별할 때는 일반적으로 생식기의 외형에 의거하므로 생물체를 해부할 필요가 없다."[19] 郭锐의 《现代汉语词类研究》도 이와 비슷한 견해를 가지고 있으며 중국어의 품

---

19 范晓(1990) 《论词的功能分类》, 《烟台大学学报》第2期.

사를 구분하거나 감별할 때 문법기능기준을 채택해야 한다고 생각한다. 그러나 그는 분류의 '근거'는 '표현기능'이고 분류의 '기준'은 '문법기능'이라고 주장하는데, 이러한 견해는 토론의 여지가 있다. 첫째, '표현기능'과 '문법기능'을 대립시키는 것이 좋은가? '표현기능'은 단어의 '문법기능'의 일종이고(표현기능과 통사기능은 모두 문법기능임), '표현기능'은 문법구조에 있어서 단어의 화용기능에 불과하다. 만약 화용측면에서 품사를 구분하면 '표현기능'을 단어의 화용분류 근거로 삼을 수 있다. 그러나 문제는 郭锐가 언급한 품사는 여전히 단어의 통사분류라는 점이다. 통사분류라면 당연히 통사기능을 근거로 삼아야 한다. 둘째, 분류하는 '근거'와 '기준'을 구분하는 것이 좋은가? '근거'와 '기준'은 표현만 다를 뿐 사실상 같은 것이다. '근거'는 품사의 성질이나 본질을 말하는 것이고 '기준'은 '근거'를 이용해서 품사를 구분하는 논리적인 잣대를 말하는 것이다. 따라서 품사를 구분하는 근거와 기준은 같아야 하며 모두 다 문법기능이다. 단어를 구분하는 통사분류문제에서 통사기능은 품사구분의 근거이면서 동시에 분류나 변별의 기준이다.

　본고는 품사구분의 '근거'문제에 대한 토론은 전적으로 품사에 대한 이론적 또는 철학적 인식의 문제이므로, 구체적으로 분류할 때는 크게 영향을 미치지 않는다고 생각한다. 왜냐하면 통사기능기준에 근거해서 품사를 구분할 때 사람들은 다행히도 통사기능(엄격히 말하면 통사기능의 각종 형식적 특징)을 근거로 해야 한다고 인식하기 때문이다.

2.2 단어의 의미분류와 화용분류 문제

1953년~1955년 중국어의 품사문제 대토론에서 논의한 품사와 현재 문법책에서 언급하는 품사는 단어의 통사분류를 가리킨다. 즉, 통사평면에서 나타나는 단어의 통사기능 유형을 말한다. 이러한 분류는 통사구조의 제한을 받으면서 통사구조에 영향을 준다. 그러나 삼차원 문법에서 말하는 '삼개평면'으로 보면 단어는 삼개평면에서 세 가지 문법기능(통사평면의 통사기능, 의미평면의 의미기능, 화용평면의 화용기능)을 갖는다. 일반적으로 말하는 '문법기능'은 사실상 단어의 통사기능을 가리킨다. 단어가 의미기능과 화용기능을 가지고 있다면 의미평면과 화용평면에서 단어를 분류하는 것도 이론상 불가능한 것은 아니다. 다시 말해서, 단어의 문법분류는 통사류(통사기능에 근거하여 분류), 의미류(의미기능에 근거하여 분류), 화용류(화용기능에 근거하여 분류) 세 종류가 있을 수 있다. 단어의 의미기능은 단어가 의미구조에서 의미성분을 충당하는 능력을 가리킨다. 단어의 의미기능에 근거해서 품사를 구분하는 것은 아직까지 포괄적인 연구가 이루어지지 않고 있어 깊이 있는 탐색이 필요하다. 예를 들어, 기본동핵구조에서 어떤 단어가 동핵이면 동핵사가 될 수 있고 어떤 단어가 동원이면 동원사가 될 수 있다. 예를 들면, '张三批评了李四 장삼이 이사를 비판했다, 张三遇见了李四 장삼이 이사를 만났다, 张三醉了 장삼이 취했다, 张三是老师 장삼은 선생님이다'에서 '批评, 遇见, 醉, 是'는 동핵구조에서 동핵이므로 동핵사가 되고 '张三, 李四, 老师'는 동핵구조에서 동핵과 연계된 동원을 담당하므로 동원사가 된다. 어떤 단어는 주로 명핵구조의 정원定元을 담당하므로, 정원사定元詞('三人 세 사람, 大型飞机 대형비행기'의 '三, 大型')가 될 수 있다. 어떤 단어는 주로 동핵구조의 상원狀元을 담당하므로, 상원사狀元詞('刚走 방금 떠났다, 互相爱护 서로 아낀다'

의 '刚, 互相')가 될 수 있다. 또한 동사의 결합가분류(일가동사, 이가동사, 삼가동사로 분류), 명사의 결합가분류(영가명사, 일가명사, 이가명사로 분류)는 본질상 단어의 의미분류이다. 이밖에 명사는 유생명사와 무생명사로 나뉘고 무생명사는 물질명사, 추상명사, 처소명사, 시간명사 등으로 나뉘며 동사는 신체동사, 언어동사, 심리동사 등으로 나뉘는데, 이는 의미평면에서 분류한 것이다. 단어의 의미분류는 통사분류와 일정한 관련이 있다. 의미상의 분류는 통사분류의 기초가된다. 예를 들면, 명사는 주로 동원사로 쓰이고 술어는 동핵사로 쓰인다. 정원사는 주로 정원이 되고, 상원사는 상원이 된다. 타동사는 이가동사 또는 삼가동사이고, 자동사는 일가동사이다. 그러나 양자가 완전히 대응하는 것은 아니다. 예를 들면, 용언은 일정한 조건 하에서 동원이 될 수 있고(打是疼, 骂是爱 때리는 것은 아끼는 것이고, 꾸짖는 것은 사랑하는 것이다'의 '打, 骂'), 명사는 일정한 조건 하에서 동핵이 될 수 있다('春风风人, 夏雨雨人 봄바람처럼 불고, 여름비처럼 내린다'의 두 번째 '风, 雨'). 동사의 결합가 분류와 동사의 타동, 자동 구분 또한 완전히 일치하지는 않는다. 일부 이가동사는 타동사가 아닌 경우도 있다('致敬 경의를 표하다, 道歉 사과하다').

단어의 화용기능은 단어가 화용구조에서 화용성분을 담당하는 능력을 말하며 화용은 '표현'에 대해 논하기 때문에 단어의 '표현기능' 또한 단어의 화용기능이다. 단어의 화용기능에 따라 품사를 구분하는 것은 현재까지 전면적인 연구가 이루어지지 않고 있기 때문에 향후 심도 있는 탐색이 이루어져야 한다. 예를 들면, 주제어진술어구조에서 주제어로 주로 쓰이는 단어(주제어 기능을 나타냄)는 주제사, 진술어로 주로 쓰이는 단어(진술어 기능을 나타냄)는 진술사라고 할 수 있다. 진술과 지칭의 관점에서 보면 지칭에 주로 쓰이는 것(명물을 지칭하는 기능)은 지칭사라고 할 수 있고, 진술에 주로 쓰이는 것(명물에 대한 진술을 하는 기능)은 진술사라고 할 수 있다. 동사를 서술동사, 묘사동사, 해석동사, 평의동사 등 하위범주로 나누는 것도 화용평면의 관점에서 분류한 것이다. 이밖에 어떤 단어는 독특한 화용기능을 가지고 있는데, 예를 들면, 대사가 바로 일종의 화용사로 대체, 지시, 의문 등을 나타낸다. 일반적인 문법책은 중국어의 대사를 인칭대사, 지시대사, 의문대사로 분류하는데, 이는 사실상 단어의 화용분류이다. 또한 조동사('应该, 能够'류)와 정태부사('大概, 也许'류)도 독특한 화용기능이 있어 평의구조에서 평의어를 담당하며 사물이나 사건에 대한 화자의 주관적인 평의를 나타낸다. 일부 허사들도 독특한 화용기능을 갖는데, 예를 들면 어기사(문미의 '的, 了, 吗, 呢'류)의 화용기능은 문장의 특정한 표현용도를 나타내는 것이고 '关于, 至于'의 화용기능은 주제어를 나타내는 것이며 '是, 连'의 화용기능은 초점을 나타내는 것이다. 단어의 화용분류와 단어의 의미, 통사분류는 모두 어느 정도 관련이 있지만 차이 또한 있다. 예를 들어, 주제사, 지칭사, 동원사(명물사) 간의 관계는 매우 밀접하지만 대등하지는 않다.

삼차원문법이 삼개평면에서 단어의 기능체계를 어떻게 처리할지에 대해서는 다음과 같은 두 가지 방안이 있을 수 있다. 첫째, 삼분법을 채용하여 품사를 통사기능류, 의미기능류, 화용기능류 셋으로 대등하게 나누는 체계이다. 둘째, 분리와 결합의 종합적인 분류체계를 채용하여 상위의 대분류는 통사기능류로 분류하고 하위의 소분류는 의미기능류 또는 화용기능류로 분류하는 것이다. 이론상으로는 전자도 가능하지만 실용적인 측면에서 보면 후자의 종합적인 분류체계가 더 좋을 것이다. 종합분류는 대분류할 수도 있고 소분류할 수도 있으며 실용적인 목적과 요구 또한 다를 수 있다. 일반 문법교학에 적용하는 품사체계는 폭이 좀 넓을 수 있고 통사분류의 기초 위에서 의미분류와 화용분류를 할 수 있다. 그러나 기계자동번역, 인공지능연구에서는 품사체계가 세밀해야 할 필요가 있기 때문에 통사분류의 기초 위에서 정밀한 의미분류와 화용분류를 진행해야 한다. 앞으로는 이러한 측면의 방대한 연구가 필요하다.

단어의 통사분류, 의미분류, 화용분류 사이의 관계는 어떠한가? 어떻게 이 세 가지를 분류하고 결합할 것인가? 등은 매우 연구할 만한 가치가 있는 과제이다.

2.3 품사구분의 몇 가지 원칙

2.3.1 다각도 분류원칙

다각도 분류원칙은 서로 다른 각도(통사적, 의미적, 화용적)에서 품사구분하는 것을 의미한다. 과거에는 주로 통사적인 관점에서 품사를 구분했지만 자신도 모르게 의미나 화용으로 품사를 구분하는 경우도 있으므로, 앞으로는 세 개의 다른 각도에서 품사를 구분하고 결합하는 것이 실용적인 중국어 품사체계를 구축하는 데 도움이 될 것이다.

2.3.2 다층차 분류원칙

품사는 먼저 대분류를 한 후 대분류 속에서 다시 끊임없이 소분류할

166

수 있다. 예를 들면, 중국어 단어의 통사분류는 우선 실사와 허사 두 가지로 나눌 수 있다. 실사는 다시 명사, 동사, 형용사, 부사 등으로 구분하고 허사는 다시 개사, 접속사, 조사 등으로 구분하며 동사는 다시 타동사와 자동사로 구분한다. 하위유형과 상위유형은 논리적으로 서로 다른 층차에 속한다. 단어의 의미분류와 화용분류도 다층차로 분류할 수 있다.

2.3.3 단일기준 원칙

분류는 논리적이어야 하며 논리적인 분류는 하나의 기준만 채택해야 한다. 다기준은 기준이 없는 것과 같다. 서로 다른 각도나 서로 다른 층차의 분류는 기준이 달라서 전체 품사분류에 여러 가지 기준을 사용한 것처럼 보이지만 특정한 각도나 층차에서는 단일한 기준을 사용해야 한다. 예를 들면, 단어의 통사분류는 의미기준과 통사기능기준을 겸용할 수 없고, 단일한 통사기능기준에 근거해야 한다. 또한 동일한 통사기능기준이라 하더라도 서로 다른 층차에서 서로 다른 통사기능기준을 사용할 수 있다. 예를 들면, 같은 층차의 형용사와 부사를 구분하는 기준은 술어와 관형어를 담당할 수 있는 지의 여부에 따른 통사기능이고 같은 층차인 타동사와 자동사를 구분하는 기준은 목적어 수반 여부에 따른 통사기능이다.

2.3.4 정태구에서 통사기능과 의미기능, 문장에서 화용기능을 찾는 원칙

정태구 속 단어의 통사기능과 의미기능에 근거하여 단어의 통사유형과 의미유형을 확립할 수 있다. 실사의 통사분류는 원칙적으로 정태구 속에서 확정할 수 있다. 예를 들면, 동태주술구에서 주어를 담당하는 것은 명사이고 술어를 담당하는 것은 용언(광의의 동사)이다. 실사의 의미분류는 동핵구조와 관련이 있으며 기본동핵구조는 정태주술구로 표현되기 때문에 정태구에서 실사의 의미유형을 확정할 수 있다. 예를 들면, 정태주술구에서 주어가 되는 것은 동원사이고 술어가 되는 것은 동핵사이다. 단어의 화용분류는 문장 속의 화용기능을 보고 결정해야 한다. 예를 들면, 대사는 문장에서의 대체기능에 근거해서 정하고 어기사는 문장에서의 어기 표현기능에 근거해서 정해야 한다.

2.3.5 기능형식에 따라 기능의 의미를 탐구하고 검증하는 원칙

문법기능은 문법범주이고 문법범주는 모두 문법의미와 문법형식의 결합이기 때문에 통사기능, 의미기능, 화용기능 모두 의미와 그 의미를 표현하는 형식을 가지고 있다. 의미는 내재된 것이고 형식은 표층적인 것이다. 의미는 사람에 따라 견해가 다르기 쉽지만 형식은 비교적 확실하다. 따라서 단어를 분류할 때는 형식에 근거해서 문법기능을 분석, 검증, 설명해야 한다. 즉 단어의 통사분류를 논할 때는 통사기능을 표시하는 모든 형식특징에 근거해야 하고 광의의 형태(학자에 따라 분포, 통사위치, 단어와 단어의 결합형식, 통사틀, 문법특징 등)와 통사기능을 나타내는 협의의 형태를 포함해야 한다. 예를 들면, 중국어 명사의 주요 통사기능형식은 다음과 같다. (1) 정태주술구조의 주어 위치에 출현할 수 있다. (2) 수량을 표시하는 단어는 명사 앞에 올수 있다. (3) 개사 뒤에 놓여 개사목적어구를 구성할 수 있다. (4) 조사 '们'은 사람을 가리키는 명사 뒤에 붙일 수 있다. 단어의 의미기능과 화용기능도 형식에 근거해야 한다. 예를 들면, 동핵사의 의미기능형식은 정태주술구조에서 주어 뒤의 술어중심어 위치에 출현할 수 있다는 것이고 삼가동사의 의미기능형식 특징은 정태의 주술구조에서 세 개의 명사와 연계된다는 것이다. 대사의 화용기능형식은 문장에서 대신 지칭되는 선행사 뒤에 위치하며, 선행사로 바꿀 수 있다는 것이다.

2.3.6 '일반과 특수', '상시와 임시'를 구분하는 원칙

'일반과 특수', '상시와 임시'를 구분하는 원칙은 단어의 일반기능과 특수기능, 상시기능과 임시기능을 구분해야 하는 것을 의미한다. 즉, 통사기능을 놓고 봤을 때 정태환경에서의 기능은 일반기능과 상시기능이다. 동태환경에서의 기능은 대부분 일반기능, 상시기능과 일치하지만 어떤 상황에서는 일치하지 않기도 한다. 예를 들면, 동사, 형용사의 일반적인 통사기능은 술어로 쓰인다는 것이다. 그러나 때로 주어로 쓰일 수도 있는데 이것이 바로 특수기능이다. 단어의 특수기능에는 반드시 일정한 통사상의 제한조건이 있다. 문장 속 단어의 임시기능은 수사적인 필요에 따라 맞춰서 쓰는 용법을 가리킨다. 예를 들면, 형용사 '绿'는 '绿草 푸른 풀', '花红柳绿 꽃은 붉고, 버드나무는 푸르다'에서 관형어와 서술어가 되는데 이는 '绿'의 상시기능이다. '春风又绿江南岸 봄바람이 강남 기슭을 푸르게 한다'의 '绿'는 목적어를 대동하는데(사역동사로 쓰임) 이는 '绿'의 임시기능이다. 단어의 분류나 성질 규정은 단어의 일반기능과 상시기능에 근거해야 하며 구체적인 문장에서의 특수기능과 임시기능에 근거해서는 안 된다.

3. 중국어 품사체계 문제

3.1 중국어 품사의 층차 문제

학계는 중국어 품사체계가 층차체계라는 점에 대해서는 인식을 함께 하지만, 중국어 품사의 층차체계를 몇 개의 층차로 분류할지와 각 층차를 어떻게 분류할지에 대해서는 이견이 있다. 중국어 단어의 통사 분류는 일반적으로 다음과 같은 층차로 나뉜다.

3.1.1 제1층차

제1층차는 일반적으로 실사와 허사로 나눈다.[20] 이 층차에서는 의성 사와 감탄사의 지위를 어떻게 정할 것인지가 주요한 문제가 된다. 과 거에는 많은 문법논저들이 이 두 품사를 허사에 넣었으나 黄伯荣 · 廖 序东이 편집한 《现代汉语》와 같이 실사에 포함시키는 것도 있다. 현 재 많은 문법논저들이 의성사와 감탄사를 실사와 허사가 아닌 또 다른 부류로 보고 있다. 예를 들면, 胡裕树의 《现代汉语》는 '특수한 품사'라 고 하였고 邢公畹의 《现代汉语教程》은 '특수한 부류'라고 하였다. 郭 锐의 《现代汉语词类研究》는 이 두 품사를 별도로 보고 의성어는 실사 에, 감탄사는 실사와 허사보다 한 단계 높은 층차에 넣었다. 필자의 《语法理论纲要》에서는 실사를 이사理词(명사, 위사谓词, 정사定词, 상 사狀词)와 정사情词로 나누고 의성사와 감탄사를 '정사'로 분류하였

---

20 그러나 일반 문법서의 관점과 매우 다른 것도 있다. 예를 들면, 郭锐(2002) 《现代 汉语词类研究》는 제1층차는 조합사와 감탄사로 나누고, 제2층차는 조합사를 실 사와 허사로 나눈 후, 허사도 통사성분을 충당할 수 있다고 생각하는데, 이는 일반 인의 관점과 매우 다르다.

다.[21] 의성사와 감탄사를 어떻게 처리할 것인지는 어려운 문제이다.

3.1.2 제2층차

일반적으로 실사와 허사를 하위분류 할 때 명사, 동사, 형용사, 수사, 구별사를 실사로 분류하는 데는 이견이 없다. 그러나 부사, 양사, 방위사, 대사를 실사로 분류할지 허사로 분류할지에 대해서는 이견이 있어서, 실사로 보기도 하고 허사로 보기도 한다. 개사, 접속사, 조사, 어기사를 허사로 분류하는 것에 대해서는 이견이 비교적 적다(그러나 어떤 이는 일부 허사를 단어가 아니라, 어미 또는 접미사로 보기도 함). 만약 통사기능의 대립관계를 기준으로 품사를 구분하면, 실사를 우선 명사, 위사(형용사 포함), 정사(수사, 지시사, 구별사, 대정사代定詞 포함), 상사(부사, 방식사, 대상사代狀詞 포함)로 분류할 수 있다. 이렇게 하면, 중국어 실사 분류체계가 대칭체계를 이룬다. 즉, 명사와 위사, 정사와 상사가 대립되며 정사와 명사, 상사와 위사는 한정수식관계를 갖는다. 형용사와 협의의 동사를 같은 층차에 놓는 것에 대해서는 인식을 같이 하지만, 이 둘을 위사에 넣을지 아니면 위사라는 층차를 없앨지에 대해서는 견해를 달리한다. 구별사는 비술어형용사라고도 하며 주로 관형어로 쓰여 명사를 한정수식한다. 두 가지 명칭은 서로 다른 인식을 반영한다. 구별사라고 칭하는 사람은 그것의 주요 통사기능이 형용사와 대립된다고 생각하고 비술어형용사라고 칭하는 사람은

---

21 黃伯荣·廖序东(1983)《现代汉语》p.312, p.319, 甘肃人民出版社. 胡裕树(1981) 《现代汉语(增订本)》p.331, 上海教育出版社. 邢公畹(1992)《现代汉语教程》p.220, 南开大学出版社. 郭锐(2002)《现代汉语词类研究》p.179, 商务印书馆. 范晓·张豫峰(2003)《语法理论纲要》pp.112-113, 译文出版社 참조.

그것의 주요 통사기능이 술어기능을 할 수 있는 형용사와 대립된다고 생각한다. 이밖에 상태형용사('雪白, 綠油油'류)를 형용사에 넣을 것인지, 상태형용사를 상태를 나타내는 동사('腐烂, 瘫痪'류)와 한 종류(정도부사의 수식을 받을 수 없고 직접 관형어가 될 수 없음)로 합할 것인지에 대해서도 의견을 달리한다.

일부 단어(肆意, 大力, 埋头, 全速, 悄悄)는 부사와 마찬가지로 위사 앞에서 부사어로 쓰이는데, 어떤 학자는 이를 '정태부사'라고 하고 어떤 학자는 '유상형용사唯狀形容詞'라고 한다. 이런 종류의 단어는 일반적인 부사와 다르다. 부사는 형용사를 수식하는 부사어로 쓰일 수 있으나 이런 단어는 형용사를 수식하는 부사어로 쓰일 수 없다. 부사는 주로 시간, 정도, 부정, 범위 등을 나타내지만 이런 단어는 주로 방식을 나타낸다. 부사는 폐쇄적이지만 이런 단어는 개방적이다. 이런 단어는 대상사('这么, 怎么'류)와 합쳐서 상사라고 할 수 있다. 물론 동작의 방식을 나타내는 상사를 부사의 일종으로 봐도 되겠지만 문제는 방식사로서의 특색은 찾아볼 수 없다는 점이다.

3.1.3 제3층차

명사, 위사, 정사, 상사는 그 수가 가장 많으며 그들의 내부기능에 따라 하위분류할 수 있다. 예를 들면, 위사는 동사, 형용사, 조동사, 형식동사, 대위사 등으로 나눌 수 있다. 제3층차를 어떻게 나눌 것인지? 몇 종류로 나눌 것인지? 어떤 류로 나눌 것인지? 등에 대해서는 더 연구해야 한다.

3.1.4 제4층차

일부 중요한 품사에 대해서는 한 단계 더 하위분류 할 수 있다. 예를 들면, 위사 중에서 동사는 타동사와 자동사로 나눌 수 있다.

3.2 대사에 관한 문제

'我, 你, 他, 你们, 他们, 这, 那, 谁, 什么, 怎样, 怎么'와 같은 단어는 일반 교과서에서는 모두 대사라고 한다. 대사가 실사인지 허사인지에 대해 과거에는 서로 다른 견해가 있었다. 지금은 실사와 허사를 구분할 때 의미가 실재적인지 비실재적인지로 판단하지 않고 통사구조에서 통사성분을 담당할 수 있는 지의 여부로 판단한다. 이러한 인식 때문에 일반적으로 대사는 실사에 넣어야 한다고 생각한다. 대사의 성질 규정과 관련해서 학계에는 다음 세 가지 관점이 있다.

첫째, '대체'기능에 근거해서 '대사'라고 통칭한다. 马建忠의《马氏文通》부터 이러한 류의 단어를 대사라고 불렀고 지명대사指名代詞, 접속대사接續代詞, 순문대사詢問代詞, 지시대사指視代詞로 구분하였다. 그 후 몇몇 문법논저들은 대부분 이러한 분류를 답습하였다('접속대사'만 빼거나 용어에 약간의 변화만 있음). 1956년《暂拟汉语教学语法系统》에서는 대사를 '명사, 동사, 형용사, 수량사를 대체하는 단어'로 정의하고 인칭대사, 지시대사, 의문대사로 구분하였으며 이때부터 일반 문법교과서 대부분이 이러한 분류를 채택하였다.

둘째, 통사기능에 따라 대사를 두 종류로 구분한다. 초기 黎锦熙의《新著国语文法》는 명사를 대신할 수 있는 것을 대명사, 대신할 수 없는 것을 각각 형용사와 부사로 분류하였다. 통사기능에 따른 분류 중 赵元任과 朱

德熙가 비교적 영향력이 크다. 赵元任의《汉语口语语法》는 대사를 대명사(인칭대명사, 지시대명사, 의문대명사 포함), 대동사, 대형용사, 대부사로 구분하였다. 또한 朱德熙는《语法讲义》에서 "문법기능에 대해 논하면서 어떤 대사는 체언성(我, 你, 他, 什么)이고 어떤 대사는 용언성(这么样, 怎么样)이다. 이에 따라 대사를 체언성 대사와 용언성 대사로 구분한다. 그러나 대사를 서술할 때는 화용기능에 따라 인칭대사, 지시대사, 의문대사 세 가지 명칭으로 구분한다."라고 강조하였다.[22]

셋째, 지칭의 성질에 근거해서 성격을 규정하고 분류한다. 吕叔湘의《中国文法要略》는 이러한 단어를 '지칭사指稱詞(대사)'라 하고 삼신지칭三身指稱(我, 他), 확정지칭确定指稱(这, 那), 무정지칭無定指稱(谁, 什么)으로 구분하였다. 吕叔湘의《语法学习》는 지칭하는 상황에 따라 대사를 유정대사와 무정대사로 나누었다. 유정대사에는 '我, 你, 他, 这, 那, 这个, 那个', 무정대사에는 '谁, 什么, 哪个, 怎么, 怎么样, 哪里, 几时, 多少' 등이 있다. 그러나 또 다른 각도에서는 신칭대사身稱代詞(我, 你, 他), 지시대사(这, 那, 这个, 那个, 这么, 那么), 의문대사(谁, 什么, 哪, 怎么, 怎么样)로 재분류하였다.[23]

넷째, 혼합하여 분류한다. 王力의《中国语法理论》은 대사를 인칭대사(我, 你, 他), 무정대사(人家, 别人, 某), 복지대사復指代詞(自, 自己), 교호대사交互代詞(相), 피식대사被飾代詞(者), 지시대사(这, 那), 의문대사(谁, 什么, 怎么) 등 일곱 가지로 구분하였다. 그는 각기 다른

---

22 赵元任(1979)《汉语口语语法》pp.280-290, 商务印书馆. 朱德熙(1982)《语法讲义》pp.80-81, 商务印书馆.
23 吕叔湘(1982)《中国文法要略》pp.153-184, 商务印书馆. 吕叔湘(1953)《语法学习》pp.47-54, 中国青年出版社.

기준을 사용하였는데 예를 들면, 문장에서의 표현용도에 따라 인칭, 지시, 의문으로 구분하고 지칭성질에 따라 유정, 무정으로 구분하였다. 다기준 혼합분류는 서로 겹칠 수 밖에 없다. 예를 들면, 의문과 무정이 바로 각기 다른 기준에 따라 명명한 것이다.[24]

필자는 '我, 你, 他, 它, 我们, 你们, 他们, 这, 那, 每, 各, 谁, 什么, 那, 怎样, 怎么, 几, 多少'와 같은 단어들이 화용측면에서 갖는 대체와 지칭 기능 또한 단어의 화용기능으로 볼 수 있다고 생각한다. 즉, 이를 대사 또는 지칭사라고 할 수 있으며 이러한 분류는 화용분류이다. 또한 통사기능의 측면에서 보면, 명사, 위사, 정사, 부사로 분류할 수 있다. 물론 이 두 가지를 결합할 수도 있다. 즉, 먼저 화용의 각도에서 대사 또는 지칭사라고 칭한 후 하위분류할 때 다시 대명사, 대위사, 대정사, 대부사로 분류하기도 한다. 또한 통사기능을 고려한 후 다시 화용기능을 고려해서 품사에 명사, 위사, 수사, 부사를 포함시키고 그것들을 다시 대명사, 대위사, 대정사, 대부사로 하위분류하기도 한다.

3.3 양사와 수량사에 관한 문제

현대중국어에서 '个, 只, 本, 条, 块'와 같은 단어는 일반적으로 양사라고 칭하며 명사나 체언에 포함시켜 실사로 여긴다. 그러나 만약 통사기능에 따라 엄격하게 분류하면 이러한 견해는 논란의 여지가 많다. 통사성분이 될 수 있는 지의 여부는 실사와 허사의 근본적인 차이점이다. 양사의 주요 기능은 수사나 지시사 뒤에 와서 양사구(수량구 또는 지량指量구)를 구성하는 것이다. 양사는 통상 단독으로 주어나 목적어

---

24 王力(1955)《中国语法理论(下册)》pp.1-80, 中华书局.

가 될 수 없으며 그 밖에 다른 통사성분도 될 수 없다.[25] 이로 미루어 보면 양사는 허사이지 실사(또는 명사)가 아니다.

현재 문법학계에는 '수량사'라는 용어가 유행하고 있는데 이 용어는 논리적으로 문제가 있다. 첫째, 수사와 양사가 각각 독립된 품사인 이상, '수사+양사'(一本, 三个, 五条)는 두 단어의 결합체이므로 단어가 아니고 구(수량구)이다. 둘째, '지시사+양사'구(这个, 那位)를 '지량사'라고 칭하면(일반 문법책에서는 '수량사'에 대해서만 언급할 뿐 '지량사'에 대해서는 언급하지 않음), 이 또한 논리에 부합되지 않는다. 따라서 수량구를 '수량사'로 보는 것은 문제가 있다.

3.4 방위사에 관한 문제

'上, 下, 里, 外'와 같은 방위사는 학계에서도 이견이 있다. 과거 《马氏文通》은 이것들을 형용사로 여겼는데 현재 대부분의 문법책은 명사나 명사의 하위분류로 간주한다. 방위사는 고대중국어에서는 분명히 명사였다. 그러나 단음절방위사는 이미 허사로 변화 발전하였다. 왜냐하면 보통 단독으로 통사성분이 될 수 없기 때문이다. 단음절방위사의 주요기능은 실사(주로 명사)나 구의 뒤에 붙여서 방위구를 구성하는 것이다.[26] 복합방위사의 경우, 어떤 것은 단독으로 통사성분이 될

---

25 중첩된 양사는 통사성분이 될 수 있다. 예를 들면, '条条道路通罗马길마다 로마로 통한다'가 그러하다. 이는 중첩된 양사가 '~마다'라는 의미를 나타내기 때문이다. '来杯茶차 한 잔 주세요', '唱个山歌산가 한 곡 부르다'의 양사 앞에는 사실상 '一'가 생략되어 있다.
26 현대중국어에서 단음절방위사는 단독으로 통사성분이 될 수 없지만 방위구는 통사성분이 될 수 있다. 일부 성어나 속담 속의 단음절방위사는 통사성분이 될 수 있다. 예를 들면, '上有天堂, 下有苏杭위에는 천당이 있고 아래에는 소주·항주가 있다'에서 방위사 '上, 下'는 주어가 될 수 있는데 이는 고대중국어의 흔적으로 볼 수 있다.

수 없으므로(之下~의 아래, 之内~의 내에) 허사로 간주할 수 있고 어떤 것은 실사 뒤에서 방위구를 구성하거나 단독으로 주어나 목적어가 될 수 있으므로('上面, 前面' 등) 다품사로 간주할 수 있다. 즉, 다품사 중 실사 뒤에 붙는 것은 방위사(허사에 속함)로 보고 단독으로 주어나 목적어가 될 수 있는 것은 명사(실사에 속함)[27]로 보며 일부 '在, 到, 向, 用' 등과 같은 단어는 개사동사 겸류(허사와 실사를 겸함)이다.

3.5 기타

중국어의 통사 품사체계는 아직도 적지 않은 문제점이 있다. 예를 들면, 개사, 조사, 어기사, 접속사 문제는 모두 토론할만한 점들이 있지만 여기서는 자세하게 언급하지 않았다. 본고는 주로 중국어의 통사 품사체계에 대해 토론하였으나 단어의 의미분류와 화용분류에 대해서는 충분히 규명하지 못하였다. 따라서 더 많은 연구가 필요하고 토론해야 하는 문제 또한 더 많아질 것이다.

[참고문헌]

陈爱文(1986)《汉语词类研究和分类实验》, 北京大学出版社
陈望道(1978)《文法简论》, 上海教育出版社
陈望道(1943)《文法革新论丛》, 中华书局
范晓(1990)《论词的功能分类》,《烟台大学学报》第2期
范晓(1996)《三个平面的语法观》, 北京语言学院出版社
范晓·张豫峰(2003)《语法理论纲要》, 译文出版社
范晓(2004)《三维语法阐释》,《汉语学习》第6期
郭锐(2002)《现代汉语词类研究》, 商务印书馆

---

27 복합방위사가 주어, 목적어로 쓰이는 경우에는 일반적으로 언어환경(참조점)이 있는데 명사 역할을 해서 처소를 나타내기도 하고 시간을 나타내기도 한다.

胡明扬(1995)《现代汉语词类问题考察》,《中国语文》第5期
胡明扬(1996)《词类问题考察》, 北京语言学院出版社
胡裕树(1962)《现代汉语(增订本)》, 上海教育出版社
黄伯荣·廖序东(1983)《现代汉语》, 甘肃人民出版社
黎锦熙(1924)《新著国语文法》, 商务印书馆
吕叔湘(1942)《中国文法要略》, 商务印书馆
吕叔湘(1953)《语法学习》, 中国青年出版社
田申瑛(1985)《语法述要》, 安徽教育出版社
王力(1944)《中国语法理论》, 中华书局(1955年版)
文炼(1995)《关于分类的依据和标准》,《中国语文》第4期
邢公畹(1992)《现代汉语教程》, 南开大学出版社
邢福义(1981)《词类辩难》, 甘肃人民出版社
邢福义(1989)《词类问题的思考》,《语言研究》第1期
赵元任(1948)《北京口语语法》(李荣译), 开明书店
赵元任(1968)《汉语口语语法》(吕叔湘译), 商务印书馆
朱德熙(1982)《语法讲义》, 商务印书馆
朱德熙(1985)《语法答问》, 商务印书馆
人民教育出版社(1956)《〈暂拟汉语教学语法系统〉简述》,《语法和语法教学》,
　人民教学出版社
中国语文杂志社(1955)《汉语的词类问题》, 中华书局
中国语文杂志社(1956)《汉语的词类问题(第二集)》, 中华书局

▌원문은《汉语学习》2005年 第6期에 게재

동사와 형용사의 명물화와 명사화

동사, 형용사의 '명물화' 문제는 1950년대에 제기되어 문법학계에 논쟁이 있었는데 지금까지도 의견이 통일되지 않고 있다. 이 문제는 주로 주어, 목적어 위치에 출현하는 동사나 형용사의 성질을 어떻게 분석할 것인가 하는 문제와 관련이 있는데 많은 논저들은 이것들이 이미 명사로 변했다고 여긴다. 이런 현상을 어떤 이는 '명물화'라고 하고 어떤 이는 '명사화'라고 하며 그밖의 다른 견해도 있다.

1. 명물화에 관하여

주어, 목적어의 위치에 출현하는 동사와 형용사에 대해 많은 논저들은 이미 명사로 바뀌었다고 여긴다. '명물화'라는 견해는 영향력이 비교적 크기 때문에 학자들은 이 용어를 사용하여 '명사화', '명사로 전환' 등 각종 대동소이한 견해를 개괄한다.

최근 몇 년 동안 학자들은 문법을 연구할 때 통사평면에만 착안하는 것은 부족하고 의미평면과 화용평면의 연구도 강화해야 한다고 강조하였는데 이는 바로 다각도, 다측면으로 문법을 연구해야 한다는 것이다. 이 관점에서 주어, 목적어 위치의 동사와 형용사의 성질을 분석하려면 우리는 '명물화'문제를 재검토해야 한다. 이 문제는 사실 문법의 통사평면, 의미평면과 관련되기 때문에 반드시 구체적인 분석을 해야 하며 통사평면에서 단어의 성질변화 여부 문제에만 국한시켜서는 안된다. 朱德熙의 《关于动词形容词"名物化"问題》는 '명물화'에 대하여 주어, 목적어 위치의 동사, 형용사가 이미 명사화(명사로 전환)되었다는 학자들의 관점을 부정하였는데 이는 일리가 있다.[1] 그러나 '명물화'와 '명사화'를 동일시하고 '명물화'가 나타내는 의미는 문법의미가 아니라고 여겨서 의미평면에서의 명물화현상을 배제하였는데 이러한 견해는 토론의 여지가 있다.

만약 주어, 목적어 위치의 동사성, 형용사성 단어를 서로 다른 평면에서 분석한다면 우리는 '명물화'와 '명사화'라는 이 두 가지 용어의 역할을 구분할 수 있을 것이다. 즉 '명물화'는 동사, 형용사의 '서술'의미가 의미평면에서 '명물'(또는 '사물')의미로 전환되는 것을 가리키고 '명사화'는 동사, 형용사가 통사평면에서 명사로 전환되는 것을 가리킨다. '명물화'와 '명사화'는 관련이 있을 뿐만 아니라 차이도 있다. 이 둘을 분리하면 주어, 목적어 위치의 동사, 형용사가 서로 다른 평면에서 갖는 성질을 비교적 쉽게 분석할 수 있어서 동사성, 형용사성 단어와 명사성 단어의 경계를 해결하는 데 도움이 된다.

지금까지 사람들은 보편적으로 '명물화=명사화'로 이해했기 때문에 통사평면의 '명사화'에 대해서는 쉽게 이해하지만 의미평면의 '명물화'에 대해서는 구체적인 설명이 필요하다. 의미평면의 '명물화'를

---

[1]   朱德熙(1961) 《关于动词形容词"名物化"问題》, 《北京大学学报》第4期 참조.

이해하려면 먼저 '명물'이 무엇인지를 해결해야 한다. 과거 어떤 문법 논저도 의미적 측면에서 해석한 적이 있다. 예를 들면,《暂拟汉语教学语法系统简述》는 '他的来그의 왕림', '狐狸的狡猾여우의 교활', '作品分析작품 분석'의 '来', '狡猾', '分析'를 '의미상 실제적인 행동이나 성상이 아닌 일종의 사물로 간주'하여 '명물화'현상으로 여긴다.[2] 여기서 말하는 '사물', '명물'의 의미는 여전히 모호해서 두 가지 해석이 가능하다. 첫째, 사람이나 사물을 가리키는 명칭이다. 이것은 단어의 어휘의미, 개념의미로 사전에서 어떤 단어가 명물을 나타내는지 찾을 수 있다. 둘째, 명사가 개괄하는 유형의미이다. 이것은 단어의 통사기능의 미로 단어의 통사기능에 따라 명사나 명물이 무엇인지를 확정할 수 있다. '명물'이 만약 상술한 두 가지 의미를 가리킨다면 '来', '狡猾'와 같은 유형은 명사로 바뀌는 명물화일 수 없다. 이 점은 朱德熙 등이 논문에서 이미 명확하게 설명했다.

우리는 의미구조 속 단어의 성질에 근거하여 '명물' 또는 '비명물'을 확정할 수 있다고 생각한다. 간단한 동사술어문은 의미평면에서 하나의 기본적인 동핵구조를 분석해낼 수 있다. 동핵구조는 두 가지 기본적인 의미성분, 즉 동핵과 동원으로 구성된다.[3] 동핵은 동핵구조의 핵심성분, 즉 동사술어문의 의미구조의 중심이고 문장에서 '서술'의미를 가진다. 동핵은 문장의 술어동사를 통해 통사평면에 나타나기 때문에[4] 문장의 술어동사는 '명물'이 될 수 없다. 동원은 동핵과 연관된 강제

2   张志公(1956)《语法和语法教学》pp.17-18, 北京人民教育出版社.
3   范晓·胡裕树(1992)《有关语法研究三个平面的几个问题》,《中国话文》第4期.
4   화용상, 명사는 때로 동사로 쓰일 수 있다. 吕叔湘이 예로 든 '白干一下헛수고하다'의 '白干'이 그러한데, 이는 수사상의 임시활용이다.

적인 의미성분으로, 동핵구조에서 동핵에 종속되고 '지칭'의미를 가지며 '명물'(또는 '사물')을 가리킨다. 동원은 동사술어문의 의미평면에서 술어동사의 제약을 받으며 문장 속 주어나 목적어를 통해 통사평면에 나타난다. 주어와 목적어가 되는 것은 주로 명사이며 명사는 조건없이 주어나 목적어가 된다. 동사, 형용사는 일반적으로 주어, 목적어(특히 동작동사가 술어동사가 되는 문장)가 되지 않지만 일정한 조건하에서는 주어, 목적어가 될 수도 있다. 呂叔湘은 일찍이 "동사가 주어로 쓰이면, 술어는 일반적으로 형용사 또는 '是', '使'와 같은 동사이다. 동사가 목적어로 쓰일 때 '爱 사랑하다, 怕 두려워하다, 喜欢 좋아하다, 希望 희망하다'과 같은 동사 뒤에 오는 경우가 가장 흔히 볼 수 있는 것이다."라고 강조하였다.[5] 명사는 의미구조에서 동원 즉 '지칭' 또는 '명물'을 나타내고 동사와 형용사는 동핵 즉 '서술'의미를 나타낸다. 그러나 동사와 형용사는 일정한 조건하(일부 술어동사나 형용사의 제약를 받아 주어, 목적어가 될 때)에서 동원, 즉 '지칭' 또는 '명물'을 나타낼 수도 있다. 동사, 형용사가 문장의 의미평면에서 동원 역할, 문장의 통사평면에서 주어, 목적어 역할을 할 때 '동원화', '지칭화'되었다고 할 수 있는데 이것이 바로 '명물화'이다. 따라서 우리가 여기서 말하는 '명물화'는 고립된 어휘의미나 개념의미가 아니고 명사의 통사기능의미도 아니며 의미평면 동핵구조에서의 의미이다.

　형태변화가 풍부한 영어, 러시아어 등은 '명물화'와 '명사화'가 대부분 대응하는데 동사나 형용사가 '명물화'될 때는 단어의 형태가 변하여 명

5　呂叔湘(1956)《关于汉语词类的一些原则性问题》,《汉话的词类问题》, 中华书局 참조.

사나 동명사로 바뀐다. 중국어에서의 '명물화'와 '명사화'는 대응관계가 없으며 둘은 연관되어 있지만 차이점도 있다. 동사, 형용사가 통사평면에서 '명사화'되면 의미평면에서 반드시 '명물화'로 표현된다. 그러나 동사, 형용사가 의미평면에서 '명물'되었다고 해서 통사평면에서 반드시 '명사화'되는 것은 아니다. 중국어에서 동사, 형용사의 '명물화'는 다음 두 가지 상황이 있다. 하나는 '명사화'된 것, 즉 동사성, 형용사성 단어가 명사성 단어로 변화된 것이다. 예를 들면, '有吃的, 有穿的 먹을 것이 있고, 입을 것이 있다', '红的火红, 白的雪白 빨간 것은 불처럼 빨갛고, 흰 것은 눈처럼 희다'의 '吃的', '穿的', '红的', '白的' 등이다. 다른 하나는 아직 '명사화'되지 않은 것, 즉 동사성, 형용사성 단어가 명사성 단어로 변하지 않은 것이다. 예를 들면, '骄傲使人落后 교만은 사람을 낙후시킨다', '打是疼, 骂是爱 때리는 것은 아끼는 것이고, 꾸짖는 것은 사랑하는 것이다'의 '骄傲', '打', '疼', '骂', '爱' 등이다. '他的笑 그의 웃음', '这本书的出版 이 책의 출판', '态度的坦白 태도의 솔직함'와 같은 단어가 동사술어문에서 주어나 목적어가 될 때 구 전체가 의미평면에서는 명물화, 통사평면에서는 명사화(명사성 구로 변함)되었다고 할 수 있다. 그러나 '笑', '出版', '坦白' 등은 의미평면에서는 '명물화'되었다고 할 수 있지만 통사평면에서는 명사로 전환되지 않았으므로 '명사화'되었다고 할 수 없다.

2. 명사화에 관하여

'명사화'란 원래 동사성, 형용사성 단어가 통사기능상 명사성 단어로 바뀐 것을 말한다. 통사적 측면에서의 명사화는 다음 두 가지 특징이 있다. 첫째, 명사화된 단어는 문장에서 주어나 목적어로 쓰일 수 있으나 술어로는 쓰일 수 없다. 둘째, 명사화된 단어는 특정한 형식 표지가 있다. 우리는 현대중국어에서 동사성, 형용사성 단어가 명사화되는 주요 표지는 '的'라고 생각한다. '的'는 명사화의 표지로서 두 가지형식, 즉 '부착형식'과 '삽입형식'이 있다.

2.1 부착형식

동사성, 형용사성 단어 뒤에 '的'를 붙여 명사성 단어를 만드는 형식을 가리킨다.

2.1.1 '동사+的'가 명사성 단어가 된 경우

① 住的是洋式的屋子, 吃的是鱼肉荤腥。 사는 것은 서양식 집이고, 먹는 것은 생선과 고기 비린내 나는 음식이다.

② 这来的便是闰士。 여기 온 사람이 바로 윤사이다.

③ 男女混合的一群, 有坐的, 也有蹲的, 争论着一个哲学上的问题。 남녀가 뒤섞인 무리에, 앉은 사람도 있고, 쪼그리고 앉은 사람도 있는데, 철학적인 문제를 논쟁하고 있다.

2.1.2 '동사성 구+的'가 명사성 단어가 된 경우

① 跌倒的是一个女人。 넘어진 사람은 여자다.

② 洗菜的是个女孩子。 채소를 씻는 사람은 소녀이다.

③ 回头人出嫁, 哭喊的也有, 说要寻死觅活的也有, 抬到男家闹
得拜不成天地的也有, 连花烛都砸了的也有。 과부가 시집을 가
니, 울부짖는 사람도 있고, 죽네 사네 하며 소란을 피우는 사람도 있고,
남자집에 가서 혼례를 치루지 못할 정도로 소란을 피우는 사람도 있고,
화촉까지 깨뜨리는 사람도 있다.

2.1.3 '형용사+的'가 명사성 단어가 된 경우

① 先进的要带动落后的。 선진적인 것은 낙후된 것을 이끌어야 한다.

② 红的像火, 粉的像霞, 白的像雪。 빨간 것은 불 같고, 분홍색은 노을
같고, 하얀 것은 눈 같다.

③ 家中只有老的和小的, 人手不够了。 집에 노인과 어린이만 있어
서, 일손이 부족하다.

2.1.4 '형용사성 구+的'가 명사성 단어가 된 경우

① 最可怜的是我的大哥。 가장 불쌍한 사람은 내 큰형이다.

② 说句不好听的, 是你自己惹出来的。 싫은 소리 한 마디 하자면, 너
자신이 저지른 것이다.

③ 在这个村庄里, 有富得流油的, 也有贫得肚子都填不饱的。 이
마을에는 부유해서 기름이 줄줄 흐르는 사람도 있고, 가난해서 배도 못
채우는 사람도 있다.

2.1.5 '주술구+的'가 명사성 단어가 된 경우

① 我们反对的是空话连篇言之无物的八股调。 우리가　반대하는
것은 빈말만 늘어놓는 형식적이고 공허한 논조이다.

② 我关注的是妇女的命运。 내가 주목하는 것은 여자의 운명이다.

③ 他要的就是你这句话。 그가 원하는 것은 바로 너의 이 말이다.

'的'는 동사성, 형용사성 단어 뒤에 붙어 명사성 단어를 만들며 일반
문법서에서는 이러한 구를 '的'자구라고 한다. '的'자구는 어떤 명사를
대신하는 역할을 하고 의미상 어떤 사람 또는 사물이나 사건을 나타내
며, 그것이 대표하는 명사성 단어나 인물, 사물은 언어환경에서 찾을
수 있다.

2.2 삽입형식

'的'를 동사성 구나 형용사성 구 중간에 삽입하여 명사성 구를 만드
는 형식을 가리킨다.

2.2.1 '주어+的+술어'구가 명사성 단어가 된 경우

① 我的笑便渐渐少了。 내 웃음은 점점 줄어들었다.

② 他们的翻译和研究新医学, 并不比中国무。 그들의 새로운 의학
번역과 연구는 결코 중국보다 이르지 않다.

③ 还有他的讽刺和静默, 我也不会忘记。 또 그의 풍자와 침묵을, 나

역시 잊지 않을 것이다.

'的'를 주술구 중간에 삽입한 경우로, 이런 종류의 주술구에서 주어 명사는 의미상 뒤에 오는 동사의 주사(시사 또는 계사, 즉 동작이나 성상의 주체를 나타냄)이다.

2.2.2 '동사+的+목적어'구가 명사성 단어가 된 경우

① 要想想, 吃的饭、穿的衣是哪里来的。먹은 밥과 입은 옷이 어디서 온 것인지 생각 좀 해야 한다.

② 我们这两个民族是一条藤上结的瓜。우리 두 민족은 한 덩굴에 달린 오이다.

③ 今年, 出版的新书很多。올해, 출판된 새 책이 많다.

'的'를 동목구 중간에 삽입한 경우로, 이런 종류의 동목구에서 목적어명사는 의미상 앞에 오는 동사의 수사이다.

2.2.3 '수사명사+的+동사'구가 명사성 단어가 된 경우

① 这本书的出版是具有重要意义的。이 책의 출판은 중요한 의미를 지닌다.

② 这个问题的解决, 一点也离不开实践。이 문제의 해결은 실천과 떼려야 뗄 수 없다.

③ 我们应当重视基础科学的发展。 우리는 기초과학의 발전을 중시
해야 한다.

'的'를 수사명사와 동사 사이에 삽입한 경우로, 이런 종류의 구조에
서 '的'가 없다면 어떤 통사구조로 분석해야 할까? 학계에는 두 가지 의
견이 있다. 하나는 동목구조라고 생각하는 것이고 다른 하나는 주술구
조라고 생각하는 것인데 각각의 이유가 있다.[6] 우리는 정태적인 것과
동태적인 것을 구별해야 한다고 생각한다. 정태적인 동목구는 '동+목'
형식으로 '出版书 책을 출판하다', '解决问题 문제를 해결하다'라고 말할 수
있으며, VO어순은 중국어 통사의 정태형식 특징이다. 그러나 동태문
에서는 원래 정태구 속의 목적어가 화용상의 필요에 의해 주어(또는
주제어)로 전환된다. 예를 들면, '这本书出版了 이 책이 출판되었다', '这
个问题解决了 이 문제가 해결되었다'의 '这本书', '这个问题'는 주어(화
용평면에서 주제어로 볼 수 있고, 이런 문장에서는 주어와 주제어가
일치)로 볼 수 있다. 따라서 우리는 상술한 '수사+的+동사' 통사구조
체를 주술구조에 '的'를 삽입하여 이루어진 명사성 구로 분석하는 경
향이 있다. 즉 동목구조에 '的'를 삽입한 것으로 분석해도 이러한 구
의 명사성 성질에는 영향을 주지 않는다.

또한 제목으로 쓰인 '母亲的回忆 어머니의 추억', '老师的怀念 선생님
의 그리움'과 같은 유형의 중의구조는 주목할만 한 가치가 있다. 의미
평면에서 분석하면 이런 종류의 구에서 '母亲', '老师'는 시사일 수도
있고 수사일 수도 있다. 시사인지 수사인지는 문맥을 봐야 알 수 있다.

---

6   呂冀平(1955)《主语和宾语的问题》,《语文学习》7月号 참조.

이런 종류의 구도 주술구에 '的'를 삽입하여 이루어진 명사성 구로 볼 수 있다.

중국어에는 또 '수사+동사'로 구성된 명사성 구가 있는데 예를 들면 '体制改革 체제개혁', '语法研究 문법연구', '门户开放 문호개방', '图书管理 도서관리', '杂技演出 서커스 공연', '信息处理 정보처리' 등이다. 이런 종류의 구가 주어나 목적어의 위치에 있을 때는 '的'표지를 삽입한 '수사+的+동사'구에 해당된다. 즉 의미평면에서는 모두 명물화이고 통사평면에서는 구 전체가 명사성이 된다. '体制改革 체제개혁'와 '体制的改革 체제의 개혁', '信息处理 정보처리'와 '信息的处理 정보의 처리'에서 '수사+동사'로 구성된 명사성 구는 대다수 상황에서 '的'표지를 보충할 수 있기 때문이다. 이 두 가지 구조 형식으로 구성된 구가 차이가 있다면, 그것은 단지 화용상의 차이일 뿐이다. 즉 '的'표지가 없는 '수사+동사'구조체는 비교적 긴밀하여 단어를 구성하는 경향이 있다. 그래서 오랫동안 자주 사용되어진 어떤 것은 특정사물을 고정적으로 지칭하여 복합명사가 된다. 예를 들면, 간행물인 '语言研究 언어연구', 학과명인 '文艺批评 문예비평' 등이 그러하다. 어떤 것은 심지어 축약을 통해 축약사가 되기도 한다. 예를 들면, '土地改革 토지개혁'을 축약한 '土改'가 그러하다. '的'표지가 있는 '수사+的+동사'구조체는 비교적 느슨하여 확장할 수 있다. 예를 들면, '体制的改革'는 '经济体制的改革 경제체제의 개혁', '体制的快速改革 체제의 빠른 개혁' 등으로 확장할 수 있다. '的'를 삽입하는 형식과 '的'를 삽입하지 않는 형식은 모두 제목에 자주 사용된다. 예를 들면, '现代汉语语法的研究 현대중국어문법의 연구'와 '现代汉语语法研究 현대중국어문법연구', '生态的探索 생태의 탐색'와 '生态

探索 생태탐색' 등은 모두 제목이 될 수 있지만 도서명으로 사용될 때는 일반적으로 '的'를 삽입하지 않는 형식을 취한다.

결론적으로, 부착형식과 삽입형식 및 '的'표지를 보충할 수 있는 형식은 모두 비명사성 단어를 명사성 단어로 변화시키는 역할을 한다. '的'표지를 보충할 수 있는 형식을 '的'자구조의 영零형식으로 볼 수 있는 지의 여부는 더 연구해야 한다.

3. '명사+的+동사(형용사)'에 관하여

현재 문법학계에는 '打是疼, 骂是爱 때리는 것은 아끼는 것이고, 꾸짖는 것은 사랑하는 것이다', '骄傲使人落后 교만은 사람을 낙후시킨다'와 같은 문장에서 주어나 목적어 위치에 있는 동사, 형용사가 명사로 변화되었다고 보는 견해가 많지 않다. 그러나 '명사+的+동사(또는 형용사)'('中国 的解放 중국의 해방', '狐狸的狡猾 여우의 교활' 등)로 구성된 명사성 구 속의 동사, 형용사가 명사로 바뀌었는지에 대해서는 논란이 있다.

일부 학자들은 블룸필드(Bloomfield)의 향심구조이론(즉, 한 구조의 전체기능은 그 구조 내 일부 직접성분의 기능과 같으며 이러한 구조를 향심구조라고 함)에 근거하여 '我的穷 나의 가난', '这本书的出版 이 책의 출판'과 같은 구조에서의 동사, 형용사는 이미 동사성이나 형용사성을 잃고 명사성으로 전환되었다고 말한다. 즉 통사평면에서 명사화되었다고 말한다. 그 이유는 바로 이러한 구조의 전체기능이 명사성이기 때문에 이러한 구조의 핵심성분인 동사, 형용사(상술한 구조에서의 '出版', '穷')도 당연히 명사성이라는 것이다. 그러나 주의해야 할 점은 블룸필드의 향심구조에 관한 이론을 중국어에 적용하기에는 어려움이 있다는 것이다. 方光焘는 일찍이 "중국어의 수식어중심어구조에서 수식어와 중심어가 반드시 같은 유형일 필요는 없다". 따라서 블룸필드의 이론을 "맹목적으로 답습해서는 안 된다"[7]고 하였다. 만약 이 이론을 중국어 자체에 적용하는 데 문제가 있다면 이 이론에 근거해서 이끌어낸 '的'삽입형식에서의 명사성 구 속 핵심이 되는 동사나 형용사가 이미 명사화되었다는 주장 또한 성립하기 어렵다.

우리는 '她的微笑 그녀의 미소', '中国的解放', '这本书的出版', '态度的坦白', '狐狸的狡猾'에서의 '微笑', '解放', '出版', '坦白', '狡猾'가 주어나 목적어의 위치에 출현했을 때 의미평면에서는 명물화되었지만 통사평면에서는 명사화로 봐서는 안된다고 생각한다. 명사화되었다고 보면 사실상 명물화와 명사화를 완전히 동일시하여 이 둘의 차이점이 뒤섞인다. 명사화론자는 '명사+的+동사'와 '명사+的+형용사' 속의 동사, 형용사를 일률적으로 명사(동명사)로 간주하는데 이렇게 되면 현대 중국어에서는 동사명사 겸류, 형용사명사 겸류가 헤아릴 수 없이 많아지고 특히 일부 이음절 동사와 형용사 대다수를 다품사라고 볼 수 있다. 만약 다품사가 그렇게 많아지면 '단어의 품사를 정할 수 없다', '품사에 속하는 단어를 정할 수 없다'라는 결과에 직면할 수밖에 없으므로 이런 식의 처리는 좋은 방법이 아닌 것 같다. 吕叔湘의 《语法学习》, 吕叔湘과 朱德熙가 공동 저술한 《语法修辞讲话》는 "'中国的解放', '态度的坦白', '脾气的急躁 성질의 조급함'에서의 동사, 형용사는 품사가 바뀌

---

7   方光焘(1990) 《语法论稿》 p.34, 江苏教育出版社.

지 않고 여전히 동사와 형용사이며 단지 '동사와 형용사를 명사처럼 사용한 것'"이라고 하였다. 또 "예전에 이런 격식 속의 술어부분을 추상명사로 해석하는 사람이 있었는데 이는 타당하지 않다. 명사의 특징 중 하나는 부사의 수식을 받지 않는 것이지만 우리는 '中国的终于解放 중국의 최종 해방', '态度的不坦白 태도의 솔직하지 않음'라고 말할 수 있으며, 이때 '终于'와 '不'는 모두 부사이다"라고 했다.[8] 이는 吕叔湘과 朱德熙 역시 이런 구조 속의 동사, 형용사가 명사화되지 않았다고 생각한다는 것을 보여준다. '中国的解放', '态度的坦白'와 같은 '명사+的+동사(또는 형용사)'로 구성된 구의 통사기능의 성질에 대한 문법학계의 의견은 비교적 일치한다. 즉 명사성이라고 생각한다. 그러나 이런 명사성 구 내부구조의 관계에 대해서는 의견이 다르다. 한 가지 견해는 주술구조(주술관계)로 분석하는 것이다. 吕叔湘의《语法学习》는 '주술륵어仂語'라고 칭하면서, 이러한 구조는 "형식적으로는 하나의 륵어이며 실질적으로는 하나의 문장형식이다"라고 했다.《语法修辞讲话》는 '주술구'라고 칭하면서, 이러한 구는 "형식적으로 주종구主從句와 아주 비슷하다……그러나 실질적으로는 하나의 문장형식이다. 단지 '的'자 하나가 더 있을 뿐이다"라고 했다. 또 다른 견해는 편정구조(편정관계)로 분석하여 중심어가 되는 동사나 형용사에 특정 유형의 관형어가 붙었다고 보는 것이다. 丁声树가 저술한《现代汉语语法讲话》는 "이런 격식은 형식상 '편정구조'이지만 의미상 '주술관계'가 있다. 이는 '일종의 특수한 편정구조'이다."라고 했다.[9] 문과교재인《现

8   吕叔湘(1955)《语法学习》pp.71-72, 中国青年出版社. 吕叔湘 · 朱德熙(1952)《语法修辞讲话》p.9, 开明书店.
9   丁声树(1961)《现代汉语语法讲话》p.52, 商务印书馆.

代汉语(上海本)》도 이렇게 처리했다. '주술구조'설과 '편정구조'설은 다르지만 모두 일리가 있으므로, 어떤 분석법을 취할것인가는 어떤 문법이론과 문법체계를 취하는가에 의해 결정된다.

중국어에서 '的'자의 문법기능은 다각적이며 다양하다. 위에서 언급한 동사, 형용사의 명사화표지로서의 '的' 외에도 일부 다른 용례가 있는데 예를 들면 '红的花 붉은 꽃', '木头的房子 나무 집', '上了他的当 그의 속임에 넘어갔다', '今天我的主席 오늘 나의 주석', '破铜烂铁的, 堆了一屋子 헌 쇠붙이가, 방안 가득 쌓였다' 등이다. 이러한 '的'는 동일성을 가지고 있는가? 어기사 역할을 하는 '的'가 있는가? 연결해주는 역할을 하는 '的'가 있는가? 이것들은 모두 심층적인 토론을 할만한 가치가 있다. 본고는 동사, 형용사의 명사화 속 '的'의 역할에 대해서만 논하기 때문에 다른 것은 언급하지 않았다.

▌원문은 《中国语文》1994年 第2期에 게재

명사의 겸격

'겸격兼格'은 학계에서 일찍이 사용되어 온 용어로 대부분은 통사평면에 한정된 것이다. 본고는 의미평면에서 명사의 '겸격'에 대해 논의하고자 한다. 따라서 '겸격'의 함의, 명시적 겸격과 암시적 겸격, 그리고 일부 문법구조체(연동구조, 사동식, '得'자문)에서 명사 겸격의 사용현황에 대하여 분석하고 겸격의 형성 및 판단방법을 모색해 보고자 한다.

1. 겸격의 함의

한 사람이 사회에서 여러 개의 직책을 겸할 수 있듯이 하나의 명사(대명사와 명사성 단어 포함)는 문법구조에서 여러 개의 기능을 겸할 수 있다. 만약 명사가 문법의 의미구조에서 두 개 이상의 기능을 담당한다면 이를 '겸격'이라고 할 수 있다. 다시 말해, 겸격은 명사가 의미측면에서 여러 신분을 갖는 것을 말한다. 즉, 어떤 명사가 다른 단어(명사와 동사 혹은 명사와 명사)와 조합하여 관계가 발생했을 때 문법구조체(구 혹은 문장)의 의미평면에서 두 개 이상의 의미격(의미역할 혹은 의미성분)을 겸하는 것이다.[1] 예를 들면, '张三的弟弟吃了一个苹果 장삼의 남동생은 사과 하나를 먹었다'에서 '弟弟'는 '吃'의 시사이자 '张三'의 속사이므로, 이 문장에서 '弟弟'는 의미평면에서 시사와 속사를 겸한다.

刘复, 黎锦熙 등은 이미 '겸격'이라는 용어를 언급한 바 있으나 모두 통사측면에만 한정되어 있다. 즉, 명사가 문법구조체의 통사평면에서 여러 개의 통사성분을 겸하는 것만을 다루었다. 刘复가 가장 먼저 '겸격'을 언급하였는데 '亲之欲其贵矣, 爱之欲其富矣 그를 친하게 여기면 그가 귀하기를 바라고, 그를 사랑하면 그가 부해지기를 바란다'에서 '之'는 단격單格대사로 '亲, 爱' 두 글자의 '수격受格'만을 담당하지만, '其'는 겸격대사로 '欲'의 수격이면서 '贵, 富'의 주격主格을 겸한다고 언급하였다.[2] 黎锦熙는 '工人请我报告 노동자가 나더러 보고해달라고 청한다', '工人推举张同志作代表 노동자들이 장 동지를 대표로 추천한다', '我爱他们诚实 나는 그들의 성실함을 좋아한다' 등의 주요 동사(请, 推举, 爱) 뒤에 출현하는 목적어에 대해 "이런 목적어는 앞 술어의 목적어이고, 뒤 보어의 주어이므로, 이와 같은 문장의 목적어는 목적어와 주어 두 가지 자격을 겸하기 때문에 겸격이라고 칭한다"라고 하였다.[3]

刘复와 黎锦熙가 언급한 '겸격'은 이후에 '겸어'로 대체되었다. '겸어'라는 용어는 중국과학원 언어연구소 문법팀(이하 '문법팀'으로 약칭)

---

[1] 의미역할이나 의미성분에 대해서는 范晓(1991)《动词的"价"分类》,《语法研究和探索(五)》, 语文出版社. 范晓(1999)《领属成分在汉语句子中的配置情况考察》,《汉语现状和历史研究》, 中国社会科学出版社. 范晓(2000)《动词配价研究中的几个问题》,《配价理论和汉语语法研究》, 语文出版社. 刘复(1921)《中国语法通论》 pp.11-12, 上海群益书店 등 참조.

[2] 刘复(1921)《中国语法通论》 pp.11-12, 上海群益书店.

[3] 黎锦熙(1992)《新著国语文法》 p.27, 商务印书馆.

이 가장 먼저 제기하였다. 문법팀은 "두 개의 주어술어구조가 겹쳐져 있다. 예를 들면, '风吹着雪花满天乱飞 바람이 불자 눈꽃이 하늘에 온통 흩날린다'의 '雪花'는 '吹着'의 목적어인 동시에 '满天乱飞'의 주어를 겸하고 있다. 이런 목적어는 주어를 겸하고 있기 때문에 겸어라고 한다"[4]라고 언급하였다. 이후 '겸어'는 지금까지 학계에서 사용되고 있다.

본고에서 말하는 '겸격'은 명칭상 刘复, 黎锦熙의 견해와 같지만, 실제 함의는 다음 두 가지 측면에서 차이가 있다.

첫째, 刘复, 黎锦熙가 언급한 '격'은 통사격으로 '겸격'은 문법팀의 '겸어'와 같은 개념이다. 즉, 통사평면에서 두 개 이상의 통사격을 겸하는 것을 가리키는 것이다. 본고에서 말하는 '격'은 의미격으로 동핵구조 혹은 명핵구조의 의미성분을 말하며, 겸격은 곧 의미평면에서 두 개 이상의 의미격을 겸하는 의미평면의 개념인 것이다. '겸격'의 함의에 관해서 필자는 이미 '겸어'를 논할 때 소위 "겸어는 '표층의 암시적' 문법관계를 반영하기 때문에 '겸격'이라고 하기 보다는 '겸어'라고 하는 것이 적합하다"[5]라고 언급한 바 있다.

둘째, 刘复, 黎锦熙의 '겸격'설과 문법팀의 '겸어'설은 두 개의 동사 사이에서 하나의 명사가 두 개의 통사성분, 즉 주어와 목적어를 겸하는 것을 가리킨다. 반면 본고에서의 '겸격'은 범위가 다소 넓어서 명사가 앞 동사의 수사와 뒤 동사의 주어를 겸함(목적어와 주어를 겸함) 뿐 아니라 명사가 두 개의 동사 앞이나 두 개의 동사 뒤에서도 겸할 수 있다. 예를 들면, '小王喝醉了 소왕은 술에 취했다'의 '小王'은 '喝'의 시사이자 '醉'

4　中国科学院语言研究所语法小组(1953)《语法讲话》,《中国年语文》4月号.
5　范晓(1986)《试论兼语句》,《乌鲁木齐教育学院学报》第1期.

의 계사이다. '武松打死了老虎 무송은 호랑이를 때려죽였다'의 '老虎'는 '打'의 수사이자 '死'의 계사이다. 또한 명사는 앞 동사의 수사와 뒤 동사의 도구나 수사 등을 겸할 수도 있다. 예를 들면, '他买了把刀切菜 그는 칼 하나를 사서 채소를 썰었다'의 '刀'는 '买'의 수사이자 '切'의 도구이다. '我给他一杯茶喝 나는 그에게 차 한 잔을 마시라고 주었다'의 '茶'는 '给'의 수사이자 '喝'의 수사이다. 명사와 동사 간에 의미관계가 발생했을 때만 겸격이 있는 것이 아니라 명사와 명사 간에 의미관계가 발생했을 때도 겸격이 있다. 예를 들면, '莹莹性格温和 영영의 성격은 부드럽다'의 '性格'는 '温和'의 계사이자 '莹莹'의 속사이다. 이 외에도 명사는 문법구조에서 수사와 계사, 시사와 시사 등을 겸하기도 한다. 위와 같은 다양한 상황을 刘复, 黎锦熙, 문법팀은 '겸격'이나 '겸어'로 보지 않았다.

2. 명시적 겸격과 암시적 겸격

의미평면에서 명사의 겸격은 명시적 겸격과 암시적 겸격 두 가지로 구분할 수 있으며 이 차이에 따라서 문법구조체에 출현하는 '겸격'은 다음 세 가지 경우가 있다. 첫째, 명사의 명시적 겸격만 출현한다. 둘째, 명사의 암시적 겸격만 출현한다. 셋째, 명사의 명시적 겸격과 암시적 겸격이 동시에 출현한다.

2.1 명시적 겸격만 출현

명시적 겸격은 명사와 다른 단어가 일반적 어순규칙에 따라 표층에

서 직접적으로 하나의 의미구조를 구성하며 그 의미관계가 직접적이
고 명시적인 것을 말한다. 만약 어떤 명사가 두 개의 술어 사이에 있으
면 두 술어와 직접적인 동핵구조를 구성하고, 어떤 명사와 명사가 서
로 연이어 있으면 영속관계를 직접적으로 구성할 수 있다. 이로 인해
발생한 의미관계와 명사가 갖는 의미신분의 겹격은 직접적이고 명시
적인데 이러한 겹격을 명시적 겹격이라고 한다. 명사의 명시적 겹격만
출현하는 예문은 다음과 같다.

① 奴隶主强迫奴隶劳动。 노예주는 노예에게 강압적으로 노동을 시켰
   다.('奴隶'는 '强迫'의 명시적 수사이자 '劳动'의 명시적 시사)

② 你拿本书给我看看! 너 책 한 권 가져와서 나에게 보여줘!('书'는 '拿'
   의 명시적 수사이자 '看'의 명시적 수사)

③ 后面跟着几个人吆喝着。 뒤에서 몇 사람이 쫓아오며 고함을 쳤다.
   ('人'은 '跟'의 명시적 수사이자 '吆喝'의 명시적 수사)

④ 政府鼓励农民种果树。 정부는 농민에게 과실수를 심으라고 격려한
   다.('农民'은 '鼓励'의 명시적 수사이자 '种'의 명시적 시사)

⑤ 我弟弟请他吃饭。 내 남동생은 그에게 식사 대접을 한다.('他'는 '请'
   의 명시적 수사이자 '吃'의 명시적 시사, '弟弟'는 '我'의 명시적
   속사이자 '请'의 명시적 시사)

2.2 암시적 겹격만 출현

암시적 겹격은 명사와 다른 단어 간에 일정한 의미관계는 있지만 표
층에서는 일반적인 어순규칙에 따라 직접적인 의미관계를 구성하지

199

않는 것을 말한다. 즉, 명사와 다른 명사 간의 의미관계는 암시적인 것
이다. 이러한 의미관계는 간접적이고 암시적인데 이로 인해 발생한 겸
격을 암시적 겸격이라고 한다. 명사의 암시적 겸격만 출현하는 예문은
다음과 같다.

① 她把脸都哭肿了。그녀는 울어서 얼굴이 다 부었다.('她'는 '脸'의 암
시적 영사이자 '哭'의 암시적 시사, '脸'은 '她'의 암시적 속사이
자 '肿'의 암시적 계사)

② 敌人被我们打得大败。적은 우리에게 대패하였다.('敌人'은 '打'
의 암시적 수사이자 '大败'의 암시적 계사)

③ 这个菜他烧得很好吃。이 음식은 그가 요리를 아주 맛있게 했다.
('菜'는 '烧'의 암시적 수사이자 '好吃'의 암시적 계사)

④ 他被批评得哭起来了。그는 혼나서 울기 시작했다.('他'는 '批评'
의 암시적 수사이자 '哭'의 암시적 시사)

⑤ 这个字你写得太大了。이 글자는 네가 너무 크게 썼다.('字'는 '写'
의 암시적 수사이자 '大'의 암시적 계사)

2.3 명시적 겸격과 암시적 겸격 동시 출현

어떤 문법구조체는 명사와 다른 단어 간에 의미관계가 발생할 때 두
가지 경우가 존재할 수 있다. 즉, 어떤 명사는 어순규칙에 따라 다른
단어와 직접적으로 의미구조를 구성하는데 이는 명시적 겸격이고, 어
떤 명사는 다른 명사와 암시적 의미관계를 갖지만 어순규칙에 따라 직
접적인 의미구조를 이루지 못하는데 이는 암시적 겸격이다. 이것이 바

로 구조체 내에 명시적 겹격도 출현하고 암시적 겹격도 출현하는 것이다. 명시적 겹격과 암시적 겹격이 동시 출현하는 예문은 다음과 같다.

① 她哭得脸肿起来了。 <u>그녀</u>는 울어서 <u>얼굴이</u> 부어 올랐다.('她'는 '哭'의 명시적 시사이자 '脸'의 암시적 영사, '脸'은 '她'의 암시적 속사이자 '肿'의 명시적 계사)

② 他气得身体发抖。 <u>그</u>는 화가 나서 <u>몸이</u> 부들부들 떨렸다.('他'는 '气'의 명시적 계사이자 '身体'의 암시적 영사, '身体'는 '他'의 암시적 속사이자 '发抖'의 명시적 시사)

③ 我们有饭大家吃。 우리는 모두가 먹을 <u>밥이</u> 있다.('饭'은 '有'의 명시적 지사이자 '吃'의 암시적 수사)

3. 겹격의 종류

각종 문법구조체에서 어떤 명사가 두 개 이상의 의미상 신분을 담당한다면 '겹격'의 문제가 생길 수 있다. 중국어 문법구조체에서 단어의 겹격은 매우 복잡하고 다양하게 나타나며 전면적이고 깊이 있게 분석할 만한 연구주제이다. 본고는 문법구조에서 명사의 겹격 현황을 논의해 보고자 한다.

3.1 연동구조에서의 명사 겹격

연동구조(일반 문법서에서 말하는 '연동식'과 '겸어식')는 용언 또는 용언구조가 연용된 형태이다. 서술의 편의를 위해 용언 또는 용언구조를 순서에 따라 V1, V2, V3……로 표기한다. 연동구조에서의 명사 겸 격은 다음과 같다.

3.1.1 수사와 시사 겸격

① 咱们请有才老叔编上个歌。 우리는 <u>재능 있는 아저씨</u>를 불러서 노래를 만들라고 하자.

② 陈老五劝我回屋子里去。 진씨네 다섯 째는 <u>나에게</u> 집으로 돌아가라고 타일렀다.

예①의 '有才老叔'는 V1 '请'의 수사와 V2 '编'의 시사를 겸하고 있고 예②의 '我'는 V1 '劝'의 수사와 V2 '回'의 시사를 겸하고 있다.

3.1.2 수사와 수사 겸격

① 他便给他们茴香豆吃。 그는 그들에게 <u>회향두를</u> 줘서 먹게 했다.

② 我给你一件东西看。 내가 너에게 <u>물건</u> 하나를 보여 줄게.

예①의 '茴香豆'는 V1 '给'의 수사와 V2 '吃'의 수사를 겸하고 있고 예②의 '东西'는 V1 '给'의 수사와 V2 '看'의 수사를 겸하고 있다.

3.1.3 수사와 계사 겹격

① 我喜欢<u>她</u>诚实。 나는 <u>그녀</u>의 성실함을 좋아한다.
② 李兵嘲笑<u>他</u>浪漫。 이병은 <u>그가</u> 로맨틱하다고 비웃는다.

예①의 '她'는 V1 '喜欢'의 수사와 V2 '诚实'의 계사를 겸하고 있고 예
②의 '他'는 V1 '嘲笑'의 수사와 V2 '浪漫'의 계사를 겸하고 있다.

3.1.4 수사와 기사 겹격

① 她妈骂<u>她</u>是书虫子。 그녀의 엄마는 <u>그녀가</u> 책벌레라고 나무란다.
② 湖南人叫<u>种地的</u>为"作家"。 호남사람은 <u>농사짓는 사람을</u> '작가'라고
부른다.

예①의 '她'는 V1 '骂'의 수사와 V2 '是'의 기사를 겸하고 있고 예②의
'种地的'는 V1 '叫'의 수사와 V2 '为'의 기사를 겸하고 있다.

3.1.5 지사와 시사(또는 기사) 겹격

① 栅栏外有几个<u>卖东西的</u>等着顾客。 울타리 밖에 <u>장사치</u> 몇 명이 손
님을 기다리고 있다.
② 三仙姑有个<u>女孩</u>叫小芹。 삼선고에게는 소근이라는 <u>딸이</u> 있다.

203

예①의 '卖东西的'는 V1 '有'의 지사와 V2 '等'의 시사를 겸하고 있고 예②의 '女孩'는 V1 '有'의 지사와 V2 '叫'의 기사를 겸하고 있다.

3.1.6 시사와 시사 겸격

① 门口坐着一个<u>妇女</u>在洗衣服。 입구에 한 <u>여자가</u> 앉아서 빨래를 하고 있다.
② 床上躺着一个<u>老人</u>在休息。 침대에 한 <u>노인이</u> 누워서 쉬고 있다.

예①의 '妇女'는 V1 '坐'의 시사와 V2 '洗'의 시사를 겸하고 있고 예②의 '老人'은 V1 '躺'의 시사와 V2 '休息'의 시사를 겸하고 있다. 일반적으로 말하는 '연동식' 문장에서 시사명사가 주어를 담당하면 주어를 담당하는 명사는 의미평면에서 '시사와 시사를 겸한다(연동구 V1, V2, V3 등 동사의 시사)'.

① <u>他</u>进大餐室吃饭。 <u>그는</u> 식당에 들어가서 밥을 먹는다.
② <u>大水</u>提着只篮子走出去了。 <u>대수는</u> 바구니를 들고 걸어 나갔다.

예①의 '他'는 V1 '进'의 시사와 V2 '吃'의 시사를 겸하고 있고 예②의 '大水'는 V1 '提'의 시사와 V2 '走'의 시사, V3 '出去'의 시사를 겸하고 있다.

3.1.7 수사와 도구 겹격(또는 위사와 시사 겹격)

① 我买了把刀砍柴。나는 칼을 사서 장작을 팼다

② 小王上广州出差了。소왕은 광주로 출장을 갔다.

예①의 '刀'는 V1 '买'의 수사와 V2 '砍'의 도구를 겸하고 있고 예②의 '广州'는 V1 '上'의 위사와 V2 '出差'의 장소를 겸하고 있다.

3.1.8 문장 내 다수의 명사 겹격

① 我找个法文教授辅导你学习法文。나는 프랑스어 교수를 찾아서 네가 프랑스어를 공부하도록 개인지도를 시키겠다.

② 他派老兵回班叫炊事员给婴儿做点能吃的东西。그는 노병을 부대로 파견해서 취사병으로 하여금 아기가 먹을 것을 만들게 시켰다.

예①의 '法文教授'는 V1 '找'의 수사와 V2 '辅导'의 시사를 겸하고 있고 '你'는 V2 '辅导'의 수사와 V3 '学习'의 시사를 겸하고 있다. 예②의 '老兵'은 V1 '派'의 수사와 V2 '叫'의 시사를 겸하고 있고 '炊事员'은 V2 '叫'의 수사와 V3 '做'의 시사를 겸하고 있다. 그 밖에 '我给你一件东西看'에서 '东西'는 '给'의 수사와 '看'의 수사를 겸하고 있고 '你'는 '给'의 여사와 '看'의 시사를 겸하고 있다. 또 '我买了把刀砍柴'에서 '刀'는 '买'의 수사와 '砍'의 도구를 겸하고 있고 '我'는 '买'의 시사와 '砍'의 시사를 겸하고 있다.

3.2 사동식(동결식, 동추식 포함)에서의 명사 겸격

3.2.1 수사와 계사 겸격

① 我们打败了<u>敌人</u>。 우리는 <u>적을</u> 물리쳤다.

② <u>她</u>又被人救活了。 <u>그녀는</u> 사람들이 또 목숨을 구해줬다.

예①의 '敌人'은 V1 '打'의 수사와 V2 '败'의 계사를 겸하고 있고 예②의 '她'는 V1 '救'의 수사와 V2 '活'의 계사를 겸하고 있다.

3.2.2 시사와 계사 겸격

① <u>我们</u>打胜了故人。 <u>우리는</u> 적을 싸워 이겼다.

② 她走累了。 <u>그녀는</u> 걸어서 지쳤다.

예①의 '我们'은 V1 '打'의 시사와 V2 '胜'의 계사를 겸하고 있고 예②의 '她'는 V1 '走'의 시사와 V2 '累'의 계사를 겸하고 있다.

3.2.3 시사와 영사, 계사, 속사 겸격

① <u>我的眼泪</u>早哭干了。 나는 울어서 <u>눈물이</u> 진작에 다 말랐다.

② <u>她</u>笑弯了腰。 <u>그녀는</u> 허리가 굽어질 정도로 웃었다.

예①의 '我'는 V1 '苦'의 시사와 '眼泪'의 영사를 겸하고 있고 '眼泪'는

V2 '干'의 계사와 '我'의 속사를 겸하고 있다. 예②의 '她'는 V1 '笑'의 시사와 '腰'의 영사를 겸하고 있고 '腰'는 V2 '弯'의 계사와 '她'의 속사를 겸하고 있다.

3.3 '得'자문 중 '得' 뒤에 출현하는 명사의 겸격

'得'자문에서 '得' 뒤에 오는 주술구조의 주어를 담당하는 명사에는 매우 다양한 의미 겸격이 있다. 만약 '得' 뒤 주술구조의 주어명사를 S라고 하고 '得' 앞 술어를 V1, '得' 뒤 술어를 V2, '得' 뒤 주술구조에서 S 뒤에 나오는 명사성 성분을 S'라고 하면 다음과 같은 의미관계가 발생함을 알 수 있다. 즉, 어떤 S는 V2와도 의미관계가 발생하고 V1과도 의미관계가 발생하며, 심지어 전체 주어나 V2의 S'와도 의미관계가 발생한다. 이로써 S는 필연적으로 두 개 이상의 의미신분을 갖게 된다. 필자의 분석에 따르면 S의 겸격은 다음과 같이 구분할 수 있다.

3.3.1 시사와 사사使事 겸격

① 你总有一天吵得<u>我</u>跑了。 당신은 언젠가 싸우다가 <u>나를</u> 도망가게 할 것이다.
② 汽车震动得<u>乘客</u>齐声叫唤。 자동차는 <u>승객들</u>로 하여금 일제히 소리를 지르게 할 정도로 흔들렸다.

예①의 S '我'는 V2 동사 '跑'의 시사와 V1 동사 '吵'의 사사를 겸하고

있고 예②의 S '乘客'는 V2 동사 '叫喚'의 시사와 V1 동사 '震动'의 사사
를 겸하고 있다.

3.3.2 시사와 계사 겸격

① 这下子可忙得<u>老爷子</u>应接不暇。 이번에는 <u>어르신이</u> 접대에 여념
　　이 없을 정도로 바빴다.

② 你这话听得<u>我</u>恶心。 네 말을 들으니 <u>나는</u> 역겹다.

예①의 S '老爷子'는 V2 동사 '应接'의 시사와 V1 '忙'의 계사를 겸하고
있고 예②의 S '我'는 V2 '恶心'의 계사와 V1 '听'의 시사를 겸하고 있다.

3.3.3 시사와 영사 겸격

① 他开玩笑开得<u>自己</u>心里也觉得过火了。 그는 농담하면서도 <u>스스</u>
　　로 마음 속으로 지나치다고 생각했다.

② 鸭肫肝咬得<u>我</u>两太阳穴酸痛好几天。 오리 모이주머니를 씹어서
　　<u>나는</u> 양쪽 관자놀이가 며칠 동안 아팠다.

예①의 S '自己'는 뒤에 오는 S′ '心里'의 영사와 V1 '开'의 시사를 겸하
고 있고 예②의 S '我'는 뒤에 오는 S′ '太阳穴'의 영사와 V1 '咬'의 시사를
겸하고 있다.

3.3.4 시사와 속사 겸격

① 鸿渐快乐得心跳了一跳。홍점은 <u>가슴이</u> 뛸 정도로 즐거웠다.

② 高松年愤怒得双手握拳。고송년은 화가 나서 <u>두 주먹을</u> 쥐었다.

예①의 S '心'은 V2 동사 '跳'의 시사와 전체 주어 '鸿渐'의 속사를 겸하고 있고 예②의 S '双手'는 V2 '握拳'의 시사와 전체 주어 '高松年'의 속사를 겸하고 있다.

3.3.5 계사와 수사 겸격

① 你们总要服侍顾客称心。너희는 항상 <u>고객의</u> 마음에 들도록 잘 모셔야 한다.

② 他们摇得小船飞快。그들은 나는 듯이 빠르게 <u>작은 배를</u> 저었다.

예①의 S '顾客'는 V2 '称心'의 계사와 V1 '服侍'의 수사를 겸하고 있고 예②의 S '小船'은 V2 '飞快'의 계사와 V1 '摇'의 수사를 겸하고 있다.

3.3.6 계사와 사사 겸격

① 一口闷气憋得脸都红了。답답한 마음을 참고 있으려니 <u>얼굴까지</u> 붉어졌다.

② 我的措辞搞得她很难堪。내 단어선택이 <u>그녀를</u> 난감하게 만들었다.

예①의 S '脸'은 V2 '红'의 계사와 V1 '憋'의 사사를 겸하고 있고 예②
의 S '她'는 V2 '很难堪'의 계사와 V1 '搞'의 사사를 겸하고 있다.

3.3.7 계사와 속사 겸격

① 大家等得心好焦急。 모두는 <u>애가</u> 탈 정도로 기다렸다.
② 我气得脸都白了。 나는 <u>얼굴이</u> 하얗게 질릴 정도로 화가 났다.

예①의 S '心'은 V2 '焦急'의 계사와 전체 주어 '大家'의 속사를 겸하고 있
고 예②의 S '脸'은 V2 '白'의 계사와 전체 주어 '我'의 속사를 겸하고 있다.

3.3.8 기사와 속사 겸격

① 韩先生瘦得全身是骨头。 한 선생은 <u>온몸이</u> 뼈일 정도로 말랐다.
② 他跑得满头大汗。 그는 <u>얼굴이</u> 땀범벅이 될 정도로 뛰었다.

예①의 S '全身'은 V2 '是骨头'의 기사와 전체 주어 '韩先生'의 속사를
겸하고 있고 예②의 S '满头'는 V2 '大汗'의 계사와 전체 주어 '他'의 속사
를 겸하고 있다.

3.3.9 수사와 시사 겸격

① 这个问题逼得贾玲苦苦思索。 이 문제는 <u>가령이가</u> 머리를 쥐어짤

정도로 고심하게 만들었다.

② 工作的压力压得她透不过气。 업무 스트레스로 <u>그녀는</u> 숨을 쉴 수
없었다.

예①의 S '贾玲'은 V2 '思索'의 시사와 V1 '逼'의 수사를 겸하고 있고
예②의 S '她'는 V2 '透气'의 시사와 V1 '压'의 수사를 겸하고 있다.

3.3.10 수사와 사사 겸격

① 电线忙得<u>电话</u>都打不通。 계속 통화 중이라 <u>전화</u> 통화를 할 수 없다.
② 她急得<u>话</u>都说不利索了。 그녀는 <u>말을</u> 제대로 하지 못할 정도로 다
급했다.

예①의 S '电话'는 V2 '打'의 수사와 V1 '忙'의 사사를 겸하고 있고 예
②의 S '话'는 V2 '说'의 수사와 V1 '急'의 사사를 겸하고 있다.

3.3.11 영사와 사사 겸격

① 褚先生吓得<u>我</u>口都不敢开了。 저 선생은 <u>나를</u> 입도 뻥긋 못할 정도
로 놀라게 했다.
② 这件事急得<u>我</u>身心憔悴。 이 일은 <u>내</u> 심신이 피폐해질 정도로 다급
했다.

211

예①의 S '我'는 뒤에 오는 S´ '口'의 영사와 V1 '吓'의 사사를 겸하고 있고 예②의 S '我'는 뒤에 오는 S´ '身心'의 영사와 V1 '急'의 사사를 겸하고 있다.

3.3.12 영사와 수사 겸격

① 她打得我脸颊生痛。그녀는 내 뺨이 아플 정도로 때렸다.
② 许多眼睛注视得他浑身又麻又痒。수많은 눈은 그를 온몸이 저릿하고 근질거릴 정도로 주시했다.

예①의 S '我'는 뒤에 오는 S´ '脸颊'의 영사와 V1 '打'의 수사를 겸하고 있고 예②의 S '他'는 뒤에 오는 S´ '浑身'의 영사와 V1 '注视'의 수사를 겸하고 있다.

4. 겸격의 형성과 명사 겸격의 판정 방법

명사는 문법구조체에서 왜 겸격을 갖게 되는가? 이는 문장생성의 이론적 문제와 관련이 있다. 문장은 동핵구조와 명핵구조가 통사구조에 반영되어 생성된다. 그 생성과정에서 화용표현의 경제성, 간결성, 다양성의 필요로 동핵구조와 명핵구조의 겹침 및 의미성분의 위치이동, 삭제, 생략(혹은 내포), 병합 등의 방법을 통해서 문법구조체 내 명사는 두 개 이상의 의미성분을 겸하게 된다. 이로 인해 문장생성 시 명사 겸격이 생기는 것은 필연적이라고 할 수 있다.

동핵구조와 동핵구조의 겹침으로 명사 겸격이 형성되는데 이를 테면 '经理派他去北京了 부장은 그를 북경으로 파견 보냈다'는 동핵구조 '经理派他 부장은 그를 파견하다'와 동핵구조 '他去北京 그는 북경에 가다'이 겹쳐지면서 '他'(수사와 시사)는 겸격이 된다. '他把房间打扫干净了 그는 방을 깨끗하게 청소했다'는 동핵구조 '他打扫房间 그는 방을 청소한다'과 동핵구조 '房间干净 방은 깨끗하다'이 겹쳐지고 위치이동 및 삭제의 방법을 통해서 '房间'(수사와 계사)이 겸격이 된다.

동핵구조와 명핵구조의 겹침도 명사 겸격을 형성한다. 이를테면, '他身体很好 그는 건강이 아주 좋다'는 명핵구조 '他(的)身体 그(의) 건강'와 동핵구조 '身体很好 건강이 아주 좋다'가 겹쳐져 '身体'(영사와 계사)가 겸격이 된다. '王冕死了父亲 왕면은 아버지가 돌아가셨다'은 '王冕(的)父亲 왕면(의) 아버지'과 '父亲死 아버지가 돌아가시다'가 겹쳐져 '父亲'(영사와 시사)이 겸격이 된다. '她哭得嗓子都哑了 그녀는 울어서 목이 다 쉬었다'는 동핵구조 '她哭 그녀는 울다', '嗓子哑 목이 쉬다'와 명핵구조 '她(的)嗓子 그녀(의) 목'가 겹쳐지고 위치이동 및 삭제의 방법을 통해서 '她'(시사와 영사)와 '嗓子'(계사와 속사)가 겸격이 된다.

문법구조체 내의 명사가 겸격인지 아닌지를 판정하기 위해서 추출법을 사용할 수 있다. 즉, 해당 명사를 문법구조체에서 추출하여 문법구조체 내의 기타 단어들과 일정한 의미관계(동핵구조 또는 명핵구조를 조합)의 구를 구성하여 일정한 의미역할을 담당할 수 있는지 확인한다. 만약 추출한 명사가 문법구조체 내 두 개 이상의 기타성분과 일정한 의미관계를 갖는 구를 구성할 수 있다면 그 명사는 여러 의미성분을 겸하게 된다. 이를 테면 '我请他吃饭 나는 그에게 식사 대접을 한다'에서 '他'를 추출하여 살펴보면, '请'과는 동핵수사구조를 구성(请他)하고 '吃饭'과는 시사동핵수사구조를 구성(他吃饭)한다. 이로써 '他'가 이 문법구조체 내에서 수사와 시사를 겸하고 있음을 알 수 있다. 다른 예를 들면, '他父亲跌伤了身体 그의 아버지가 넘어져 몸을 다쳤다'에서 '身体'를 추출하여 살펴보면, '父亲'과는 명핵구조를 구성(父亲的身体)하고 '伤'과는 동핵구조를 구성(身体伤)한다. 이로써 '身体'가 이 문법구조체 내에서 '他'의 속사와 계사를 겸하고 있음을 알 수 있다. 다시 이 문장에서 '父亲'을 추출하여 살펴보면, '跌'와는 동핵구조를 구성(父亲跌)하고 '他'와는 명핵구조를 구성(他的父亲)하며, '身体'와도 명핵구조를 구성(父亲的身体)한다. 이로써 '父亲'이 이 문법구조체 내에서 '他'의 속사, '父亲'의 영사, 그리고 '跌'의 계사를 겸하고 있음을 알 수 있다.

5. 결론

이전의 문법연구는 통사평면 분석에 치우쳐 있었기 때문에 문법연구자들은 겸격 현상을 발견하였다 하더라도 통사평면에서만 묘사 또는 설명하는 데 그쳤다. 이러한 묘사나 설명은 의미평면과 화용평면을 고려하지 않았으므로 제한적일 수 밖에 없었다. 지금은 문법연구에 있어서 의미평면과 화용평면을 연구해야 한다는 것을 인식하게 되어 의미평면에서 명사의 겸격이 연구대상이 되었다. 명사의 겸격은 이론적 의의가 있을 뿐 아니라 실용적 가치도 가지고 있다.

5.1 의미평면연구 심화에 유용

문법구조체 내의 명사 겸격 문제는 문법의 의미평면연구에서 중요한 연구주제 중 하나이다. 이 문제를 연구함으로써 명사의 '격'관계를 더 명확하게 설명할 수 있고 문법구조체 내의 의미구조, 통사성분의 의미지향 및 문장의 생성원리에 대해서 더 잘 이해할 수 있다. 따라서 중요한 이론적 의의가 있는 '겸격'연구는 의미평면 관련 이론 수립과 체계적인 연구에 도움이 된다.

5.2 문장의 생성 및 분석에 유용

모든 문장은 일정한 의미구조(주로 동핵구조, 경우에 따라서 명핵구조도 있음)가 통사구조에 반영됨으로써 생성된다. 두 개 이상의 동핵구조가 문장을 생성할 때 화용표현의 필요에 따라 동핵구조와 명핵구조가 겹쳐질 필요가 없고 의미성분이 위치이동이나 삭제, 생략(혹은 내포) 등을 할 필요가 없다면 단어의 겸격 문제는 생기지 않는다. 하지만 간결한 표현을 위해서 동핵구조와 동핵구조 혹은 동핵구조와 명핵구조가 겹쳐져야 하고 의미성분도 위치이동, 삭제, 생략(혹은 내포), 병합해야 한다면 명사가 여러 개의 의미신분을 갖게 된다. 이와 같이 겸격 이론과 명사 겸격을 판정하는 방법을 이해함으로써 문장의 생성 및 분석에 도움이 된다.

5.3 문식 변환의 분석 및 이해에 유용

문장 내 의미구조의 의미가 같으면 변환을 할 수 있다. 겸격 이론을 이해하면 문식의 변환을 분석하고 이해하는 데 도움이 된다.

① a. 她把脸都哭肿了 그녀는 울어서 얼굴이 부었다

→ b. 她的脸都哭肿了 그녀의 얼굴은 울어서 부었다

→ c. 她哭得脸都肿了 그녀는 얼굴이 부을 정도로 울었다

② a. 她把沙发坐坏了 그녀가 앉아서 소파가 망가졌다

→ b.?她的沙发坐坏了 → c.?她坐得沙发坏了

③ a. 他把嗓子都唱哑了 그는 노래를 불러서 목이 쉬었다

→ b. 他的嗓子都唱哑了 그의 목은 노래를 불러서 쉬었다

→ c. 他唱得嗓子都哑了 그는 목이 쉴 정도로 노래를 불렀다

④ a. 他把教室打扫干净了 그는 교실을 깨끗하게 청소했다

→ b.?他的教室打扫干净了 → c.*他打扫得教室干净了

위의 예①과 예③의 a식에서 '她'와 '他'는 모두 '把'가 이끄는 명사의 영사와 V1의 시사를 겸하고 있기 때문에 b식과 c식으로 변환할 수 있다. 그러나 예②와 예④의 a식에서 '她'와 '他'는 V1의 시사만 맡고 있고 '把'가 이끄는 명사와는 영속관계가 없기 때문에 이들은 '단격'이지 겸격이 아니어서 b식과 c식으로 변환할 수 없다.

본고는 문법구조체 내의 명사가 담당하는 의미신분의 겸격 문제에 대해서 심도 있게 논의하였으나, 겸격의 언어자료수집에 한계가 있어서 겸격의 묘사 및 해석이 다소 초보적이다. 따라서 앞으로 현대중국어의 명사 겸격에 대해서 더욱 전면적이고 체계적이며 심도 있는 연구가 이어지기를 기대한다.

▌《语法研究和探索(十一)》商务印书馆 2002年에 수록

중국어의 허사

1. 서론

중국어문법에서 허사는 매우 중요하다. 呂叔湘·朱德熙는 "허사의
수는 적지만 문법에서 실사보다도 훨씬 중요하다"[1]고 하였는데, 매우
타당한 지적이라고 생각한다. 그 이유는 다음과 같다. 첫째, 허사가 표
현하는 문법의미는 매우 풍부하면서도 복잡하며 각각의 허사는 서로
다른 문법의미를 나타낸다. 허사 '了, 着, 过'는 동작의 '시태'의미를 나
타내고 '的, 地, 得'는 통사성분 간의 관계의미를 나타내며 '吗, 呢, 啊,
吧'는 문장의 어기나 말투의미를 나타낸다. 둘째, 허사의 사용여부, 또
어떤 허사를 사용했는지에 따라, 구나 문장 전체의 구조와 의미를 조
절할 수 있다. '张三老师 장삼 선생님'라고만 하면 중의를 갖게 된다. 만
약 허사 '的'나 '和'를 삽입하면 두 개의 서로 다른 구('张三的老师'는 수
식어중심어구, '张三和老师'는 병렬구)로 나뉜다. 또 '他去北京 그는 북
경에 간다'이라고만 하면 문장으로 성립되지 않지만 문말에 허사 '吗'를
첨가하면 문의하는 어기의 문장(他去北京吗 그는 북경에 갑니까)이 되
고 '了'를 삽입하면 서술하는 어기의 문장(他去北京了 그는 북경에 갔다)

1　呂叔湘·朱德熙(1952)《语法修辞讲话》p.12, 北京开明书店.

이 된다. 따라서 구나 문장을 통해 생각을 표현하려면 허사는 없어서는 안 되는 존재이고 실사만으로는 종종 문장이 성립하지 않는다. 셋째, 일부 언어는 단어의 문법의미를 주로 단어의 형태변화로 나타내지만 중국어는 보통 어순과 허사를 통해서 나타낸다. 형태변화로 문법의미를 나타내는 언어에도 허사는 있지만 중국어 허사의 수는 형태변화로 나타내는 언어에 비해 절대적으로 많다. 중국어 허사는 의미가 다양할 뿐만 아니라 사용빈도도 매우 높아 중요한 문법형식이자 수단이다. 따라서 허사는 중국어 문법특징의 하나로 중국어 문법교학(외국어로서의 중국어 교육)에서 허사 교육은 중요하면서도 쉽지 않다.

허사의 중요성 때문에 고대부터 지금까지 학계는 중국어 허사연구를 매우 중요시하고 있다. 선인들이 자전의 어구와 경서를 해석할 때 어휘의 의미를 중시했지만 '실자實字는 해석이 쉬운 반면, 허자虛字는 해석이 어렵다'고 하여 일찍부터 허자의 연구에 관심을 가졌다. 초기의 허자 관련 논술은 자전이나 훈고서, 일부 문인들의 저서에서 볼 수 있다. 한나라부터 송나라까지 이미 산발적인 연구가 있었고 원나라 때는 중국 최초의 문언문 허자연구 전문서적인 卢以纬(1324)《语助》가 편찬되었다. 청나라 때 중국어 허사연구의 성과는 더욱 많아져서 허사 관련 전문서가 10여 권이나 출판되었고, 그 중 가장 중요한 저서로는 刘琪(1711)의 《助词辨略》, 袁仁林의 《虚字说》(책으로 만들어진 것은 1710년, 정식 출판은 1746년), 王引之(1798)의 《经传实词》가 있다. 청나라 때 '허자'의 개념은 요즘 말하고 있는 '허사'개념에 가까웠으나 당시의 허자연구는 단어의 문법분류에 착안한 것이 아니라 단지 문자학과 훈고학의 들러리에 불과했다. 그러나 청나라 때 중요한 허사 전문서의 허자에 대한 개념과 훈고해석법은 19세기 말에서 20세기 중엽까지 많은 저명한 문법학 저서에 크게 영향을 주었다. 예컨대 马建忠(1898~1990)의 《马氏文通》, 黎锦熙(1924)의 《新著国语文法》, 吕叔湘(1942~1944)의 《中国文法要略》, 王力(1943~1944)의 《中国现代语法》, 高明凯(1948)의 《汉语语法论》, 吕叔湘·朱德熙(1952)의 《语法修辞讲话》가 그렇다. 이러한 문법저서에서 논하는 허사의 범위와 종류는 제각각이지만 허사에 대한 이해와 분류는 모두 청나라 시대의 허자 연구성과의 영향을 받았다.

　20세기 중엽 이후의 중국어 문법학계 대다수 학자들은 허사를 아주 중요시하였고 특히 1980년대까지 허사연구는 다음과 같은 많은 발전을 이루었다. 첫째, 대부분의 중국어 문법교재는 실사와 허사를 분류하였다. 둘째, 대량의 허사 연구논문(대략 4,000여 편)이 발표되었다. 셋째, 10권에 달하는 허사 전문서적이 출판되었다. 넷째, 10여 권의 허사사전이 출판되었다. 다섯째, 허사연구의 범위가 확대되고 허사연구의 이론과 방법이 생겼으며 시공(현대, 고대, 근대, 방언)을 달리하거나 종류별(조사, 접속사, 개사, 어기사 등)로 허사를 연구한 허사 전문서적이 나왔다. 또 특정한 허사를 구체적으로 연구하고 중국의 허사교학(대내외 중국어 교학)을 연구하였다. 여섯째, 허사를 연구하는 학자들이 갈수록 많아져서 전문 학자들 외에도 많은 대학원생들이 허사 관련 학위논문(대략 1,600여 편)을 썼으며 허사연구 학술토론회도 일곱 차례나 진행되었다. 이로써 허사연구는 문법연구의 중점이 되었음을 알 수 있다. 그러나 현재까지 허사연구가 많은 성과를 거두었음에도 불구하고 여전히 다음과 같은 문제점들이 존재한다. 허사와 실사의 경계기준과 분류방법에 대한 관점이 다르며 이는 허사의 성질을 확정하는 데까지 영향을 주었다. 또한 허사의 범위와 종류 문제에 있어서도 이견이 존재한다. 이에 본고는 이러한 문제들에 대하여 논의하고자 한다.

2. 허사와 실사의 경계기준

문법에서 어떤 품사가 허사인지의 여부를 해결하는 문제는 필연적으로 허사와 실사의 분류기준과 관련된다. 학계에서 나온 경계기준을 개괄하면 의미기준, 기능기준, 형식기준 세 가지가 있다.

2.1 의미기준

의미기준을 주장하는 대표자로는 马建忠이 있다. 그는 "자字는 9가지가 있고, ……유해有解, 무해無解", "사리事理가 있어서 이해할 수 있는 것을 실자實字라 하고 무해는 오로지 실자의 상태를 돕기 때문에 허자虛字라 한다"라고 하였다. 吕叔湘은 실사를 '실의사實義詞', 허사를 '보조사'로 칭하였고 실사는 '의미가 비교적 실재적'이고 허사는 '의미가 비교적 공허'하다고 하였다. 王力는 실사를 '이해성분', 허사를 '문법성분'으로 칭하였다. 王力는 또 "실사는 의미가 매우 실재적이고 실물, 수량, 형태, 동작 등을 가리킨다. ……허사는 의미가 매우 공허하다"[2]고 하였다. 그들이 채택한 이러한 의미기준은 훈고학에서의 허사

---

2 马建忠(1982)《马氏文通》 p.19, p.23, 商务印书馆. 吕叔湘(1982)《中国文法要

개념과 일맥상통한다. 이러한 의미는 품사와 일정한 관계가 있어서 허사와 실사를 구분하는 데 참고할 수는 있지만 만약 이를 분류기준으로 삼으면 다음과 같은 문제가 있다. 첫째, 소위 '유해'와 '무해', '실재'와 '공허'는 순전히 개인의 느낌에 따른 것으로 이렇게 '어감'으로 단어의 실사와 허를 구분한다면 사람마다 의견이 달라 공감대 형성이 어렵다[3]. 둘째, 이러한 의미는 문법학에서 말하는 의미와는 별개의 것이다. 만약 이러한 의미기준을 채택한다면 일부 실사는 허사(대사, 방향사, 형식동사[4] 등)가 될 것이고 일부 허사는 실사(양사, 上 · 下 · 里 · 外와 같이 부착성이 강한 방위사 등)가 될 것이다. 셋째, 허사를 '무해', '공허' 하다고 말하면 실로 파악하기 어렵고 과학적이지 않다. 모든 단어는 일정한 의미를 가지고 있고 허사도 실사와는 다른 의미를 가지고 있기 때문에 해석할 수 있다. 의미기준으로 허사와 실사를 분류하기 어려워서 어떤 학자는 중국어에서 실사와 허사를 구분할 필요가 없고 실용적인 가치가 없기 때문에 실사와 허사의 분류를 없애자는 극단적인 주장을 하기도 한다[5].

근래에 어떤 학자는 실사와 허사의 구별을 개괄하면서 실사는 주로 어휘의미나 개념의미가 위주인 '개념사'이고 허사는 주로 문법의미가 위주인 '기능사'[6]라고 하였다. 이 의견은 어느 정도 타당성은 있지만 다

略》p.17, 商务印书馆. 王力(1985)《中国现代语法》p.13, 14, 商务印书馆. 王力(1982)《汉语语法纲要》p.42, 商务印书馆.

3 같은 의미기준에 근거한다 하더라도 일부 품사가 허사인지 실사인지에 대하여 이견이 존재한다. 예컨대 관계동사('是, 像' 등)를 吕叔湘은 실사라 하였고, 王力는 허사라고 하였다. 또한 인칭대사('我们, 你们' 등)를 王力는 허사라고 하였고, 马建忠은 실사라고 하였다.

4 刁晏斌(2004)《现代汉语虚义动词研究》, 辽宁师范大学出版社, 2004年 참조.

5 姚晓波(1988)《汉语中划分实词虚词没有必要》, 锦州师范学院学报 第4期.

음과 같은 점에서 토론의 여지가 있다. 첫째, '어휘의미'라는 측면에서 말하면 실사와 허사는 모두 어휘여서 어휘의미를 갖기 때문에, 실사는 어휘의미가 있고 허사는 어휘의미가 없다고 하는 것은 이론상 모순이다. 둘째, '개념의미'라는 측면에서 말하면 실사는 개념과 아주 밀접한 관계가 있기 때문에 실사가 주로 개념을 나타낸다고 할 수 있다. 그러나 이는 허사와 실사를 구분할 때 참고로 삼을 수 있을 뿐이지 개념과 실사가 완전히 대응하는 것은 아니어서 실사와 허사의 분류기준으로 삼을 수 없다. 더욱이 개념에 대하여 학자마다 이해가 달라 일부 학자는 '허사도 개념을 표현할 수 있다'고 하였고 朱德熙도 어떤 허사('因为, 而且, 和, 或' 등)는 '논리개념을 나타낸다'고 하였다. 허사는 주로 '문법의미를 나타내는 기능사'라는 말은 실사가 문법의미를 나타내지 않거나 문법기능이 없다는 오해를 불러 일으키기 쉽다. 단어의 분류는 단어의 문법분류이기 때문에 모든 단어는 상응하는 '문법의미'와 '문법기능'을 갖는다. 삼차원문법은 문법에 삼개평면(통사, 의미, 화용)이 있고 단어의 문법기능은 삼개평면에서 통사기능, 의미기능, 화용기능으로 구현되기 때문에 이 세 가지 기능은 실질적으로 단어의 세 가지 문법기능이다. 실사와 허사는 모두 문법기능이나 문법의미를 가지고 있으며 단지 그 문법기능과 문법의미가 다를 뿐이다. 이로써 '문법의미'와 '기능(기능사)'을 허사만의 특징으로 보는 것은 이론상 문제가 있다.

---

6   张宜生(2000)《现代汉语副词研究》 p.4, 学林出版社.
7   齐沪扬·张宜生·陈昌来(2000)《现代汉语虚词研究综述》 pp.16-18, 安徽教育出版社. 朱德熙(1982)《语法讲义》 p.39, 商务印书馆.

2.2 기능기준

기능기준은 문법구조에서의 단어 기능에 따라 허사와 실사를 구분하는 것이며 의미기준보다 진일보한 기준이라고 할 수 있다. 만약 의미기준이 단지 단어의 의미가 느낌상 실재적인지 아니면 공허한 것인지에 따르는 것이라면 이는 훈고학이나 어휘학에 머무는 것이다. 그러나 문법구조 속에서 단어의 기능과 의미를 분석하는 기능기준은 문법학에 속한다고 할 수 있다. 기능기준에 관해서는 다음과 같은 견해가 있다.

2.2.1 단어가 문법구조에서 '자립'할 수 있는 지의 여부로 허사와 실사 구분

陈望道는 "실사가 구조 속에서 독립적으로 자립할 수 있는 것은 단독으로 문장성분이 될 수 있다는 것이며 '자립사自立詞'라고 칭한다. 허사는 구조 속에서 독립적으로 자립할 수 없어서 반드시 실사와 결합해야 하기 때문에 '타의사他依詞'라고 칭한다"라고 하였다. 胡裕树는 "단독으로 문장성분이 될 수 있는 지의 여부로 허사와 실사를 구분하기도 한다". 즉 "단독으로 문장성분이 될 수 있는 것은 실사, 될 수 없는 것은 허사이다"라고 하였다. 이외에도 郭锐는 "통사성분이 될 수 있는 지에 따라 실사와 허사로 구분하며 실사는 문장성분이 될 수 있고 허사는 될 수 없다"[8]고 하였다. 상술한 학자들의 관점은 기본적으로 일치한다. 이러한 기준에 근거하여 단어의 의미가 유해인지 무해인지, 또 개념을 표현하는지 아닌지 단어의 의미가 '실재'적인지 '공허'한지에 상관없

---

8 陈望道(1978)《文法简论》p.63, 上海教育出版社. 胡裕树(1981)《现代汉语》p.317, 上海教育出版社. 郭锐(2002)《现代汉语词类研究》p.182, 商务印书馆.

이, 오로지 문법구조 속 '자립(문장성분 충당)'여부에 따라 허사와 실사를 구분하는 것이다. 즉 자립할 수 있는 것은 모두 실사이지만 반대로 자립할 수 없고 실사성 단어(실사 및 실사가 구성하는 구 포함)나 문장에 부가되어야만 역할을 할 수 있는 것이 허사라는 것이다. 이러한 기준은 이해하기는 쉬우나 전통적인 의미기준으로 '실사'와 '허사'를 구분하는 것과 다르므로 전통의미파는 인정하지 않는다[9].

2.2.2 문법성분(주어, 술어, 목적어)이 될 수 있는 지의 여부로 허사와 실사 구분

朱德熙는 "실사는 주어, 목적어, 술어가 될 수 있고 허사는 이러한 성분들이 될 수 없다"고 하였다. 马真은 "허사는 모두 주어, 술어, 목적어, 보어, 중심어 등 주요한 통사성분을 충당할 수 없다(부사는 부사어가 되지만 부사어는 주요 문법성분에 속하지 않는다)", "허사가 나타내는 의미는……비교적 애매모호하고 실사처럼 그렇게 실재적이거나 구체적이지 않다"[10]고 하였다. 이러한 기능기준을 채택하는 목적은 분명 '의미가 비교적 애매모호'한 부사를 허사에 포함시키는데 있다. 이 또한 전통적인 의미기준의 영향을 받은 것이다. 이러한 기준에 근거하

---

9   의미기준학파는 '실사'와 '허사'의 의미가 말 그대로 의미상의 '실의實義, 허의虛義'에서 왔기 때문에, 문장성분이 될 수 있는 지의 여부로 실사와 허사를 구분하면 그 명칭에 걸맞지 않는다고 여긴다. 문법적 측면에서 보면 오히려 '자립사', '보조사', '타의사'라고 부르는 것이 더 적합할 것이다. 그러나 현재의 문법서들은 모두 '실사, 허사'로 칭하고 있다. 소위 "이름이라는 것은 꼭 들어맞아야 한다기 보다 서로 약속한 것이 사회에서 대중의 인정을 받는 것이다"라는 말처럼 이미 약정한 것이므로 명칭의 유래에 연연하여 다른 명칭으로 바꿀 필요는 없다.
10 朱德熙(1982)《语法讲义》p.39, 商务印书馆. 马真(2016)《现代汉语虚词研究方法论》p.1, 商务印书馆.

면 확실히 '의미가 애매모호'한 일부 부사들을 허사에 귀속시킬 수 있지만 다음과 같은 문제들이 파생된다. 첫째, 주요 문법성분이 될 수 없는 '의미가 실재적'인 구별사가 허사에 포함된다. 둘째, 성상의 의미를 나타내지만 결코 '의미가 애매모호'하지 않은 부사('大力, 悄悄, 急速, 独自' 등)도 허사에 포함된다. 이는 본래의 의도와는 달리 문법적 측면에서 통사기능으로 허사와 실사를 구분하고, 또 훈고학 전통의 의미기준을 완전히 버리고 싶지 않기 때문에 자기모순에 빠지게 된 것이다.

2.2.3 기본기능(지칭과 서술)과 연결기능(접속과 부착)에 근거하여 허사와 실사 구분

張斌은 "기능은 기본기능과 연결기능을 포함한다. ……만약 우리가 기능에 착안하여 기본기능을 가진 단어를 실사라고 하고 연결기능을 가진 단어를 허사라고 불러도 무방하다". '지칭', '서술', '연결'은 모두 화용과 관련되어 있기 때문에, 실질적으로는 화용기능기준에 근거하여 허사와 실사를 구분하는 것이다. 그는 이 기준을 채택하면 대사는 당연히 실사에 포함된다고 지적하였다. 郭锐도 이와 비슷한 발언을 하였는데 "실사는 표현구조에서 '지칭, 수식", 서술' 등의 화용기능을 갖고 있지만, 허사는 이러한 기능이 없다"[12]고 하였다. 이와 같은 새로운 관점은 중시할 만한 가치가 있다. 그러나 화용기능은 통사기능, 의미기능과 어떠한 관계가 있는가? 또 화용기능은 어떻게 표현되는가? 이

---

11 郭锐가 말하는 '수식'은 '제한'과 '수식'을 포함하기 때문에 '제한수식'이라는 용어가 더 정확하다.

12 张斌(2002)《现代汉语虚词研究·总序》, 安徽教育出版社. 郭锐(2002)《现代汉语词类研究》p.107, 商务印书馆.

러한 문제는 좀더 연구하고 보완되어야 할 것이다.

2.3 형식기준

허사와 실사를 구분할 때 주로 '자립적으로 쓰일 수 있는 지의 여부', '어순위치의 고정 여부', '개방적인지 폐쇄적인지, 즉 계속 열거할 수 있는 지의 여부', '경성으로 읽을 수 있는 지의 여부' 등의 형식을 언급한다. 일반적으로 허사의 형식특징은 비자립성, 어순고정성, 폐쇄성, 경성 등이 있다. 이러한 형식은 변별 시 참고할 수는 있지만, 구분의 기준으로 삼을 수는 없다. 이는 상술한 형식이 허사에 완전히 맞아떨어지는 것이 아니기 때문이다.

2.3.1 비자립성

'비자립성'이라는 것은 문장에서 다른 단어와 결합할 때 자립(단독으로 통사성분을 충당)할 수 없는 것이다. 대다수의 허사는 '비자립성'을 가지고 있지만 일부 허사는 꼭 그렇지는 않다. 예컨대 '总之, 要之, 看来, 难道, 显然, 岂料'가 그러하다. 반대로 일부 실사도 '비자립성'을 가지고 있는데 형식동사가 그러하다.

2.3.2 어순고정성

'어순고정'이라는 것은 다른 단어와 결합 시 배열순서의 위치가 고정되어 있다는 것이다. 허사 대부분은 '어순고정성'을 갖고 있지만 일부 허사의 위치는 꼭 고정된 것만은 아니다. 예컨대, 삽입어('看来, 显然, 难道' 등) 위치는 비교적 탄력적이고 일부 어기사('啊, 呢' 등)는 문

226

말에 나타나기도 하며 문장 중간에 나타나기도 한다. 반대로 일부 실사도 '어순고정성'을 갖고 있는데 방위명사, 형식동사, 구별사 등이 그러하다.

2.3.3 폐쇄성

'폐쇄성'이라는 것은 확장성이 약하고 수량이 한정되어 있다는 것이다. 허사는 분명히 '폐쇄성'을 갖고 있지만 폐쇄성이 있는 품사가 모두 허사인 것은 아니다. 예컨대, 실사의 '대사, 수사, 감탄사, 방향동사, 평의동사, 형식동사' 등도 모두 폐쇄성을 가지고 있다. 폐쇄성을 가진 것과 개방성을 가진 것은 결코 대립적이지 않다. 사전을 편찬할 때 폐쇄적인 품사가 비교적 특수하거나 복잡하고, 사전으로서의 실용적 가치를 가진다. 폐쇄성을 갖는 단어를 수록하는 것이 비교적 편리하다. 만약 한정되어 있는 단어들을 모두 수록하면 그 중 대부분은 허사이지만 폐쇄성을 갖는 실사도 있다. 이에 근거하여 편찬한 사전을 '허사사전'이라고 하지만, 문법적 측면에서 보면 명실상부하지 않다. 呂叔湘이 편찬한 《現代汉语八百词》는 폐쇄성을 가진 수량이 한정된 단어, 즉 '허사 위주'로 수록하고 있으며 일부 '용법이 복잡하고 특수한 실사'도 수록[13]하여 이름을 허사사전으로 하지 않은 것은 아마도 허사와 실사 간의 논쟁을 피하고자 한 것이다.

2.3.4 경성

'경성'이라는 것은 일부 단어의 음절이 본래의 성조를 잃고 가볍고

---

13 呂叔湘(1980)《現代汉语词类研究》p.1, 商务印书馆.

도 짧게 읽히는 모호한 성조(그렇다고 제5성이 아니고 네 개 성조의 음
변화를 말하며 음의 길이가 짧아지고 음의 강세가 약해지는 것이다)
를 가리킨다. 많은 허사는 확실히 경성으로 읽힌다. 예컨대 조사와 대
부분의 어기사 등이 그러하다. 그러나 허사가 모두 경성인 것은 아니
다. 예컨대 개사와 삽입어가 그러하다. 다시 말해 경성으로 읽는 것은
허사 뿐만이 아니고 실사에서 보어 위치에 오는 방향동사도 보통 경성
으로 읽는다.

3. 허사와 실사를 구분하는 논거, 기준, 방법

3.1 허사와 실사를 구분하는 논거와 기준

실사와 허사를 구분하는 논거와 기준은 당연히 분리해야 한다. 철
학적으로 말하면 세 개의 '세계(영역)' 즉 현실세계, 사유세계, 언어세
계가 존재한다. 언어는 현실세계, 사유세계와 서로 다른 '언어세계'에
속하기 때문에 객관적인 현실은 제1세계에 속하고 주관적인 사유는
'제2세계'에 속하며 언어표현은 '제3세계'에 속한다[14]. 제2세계 사유 속
의 개념은 주로 제1세계 객관적인 현실 속의 사물, 그리고 사물과 관련
된 동작, 속성 등을 반영한다. 제3세계 언어 속의 실사는 주로 제2세계
사유 속의 개념을 반영한다[15]. 이로써 실사는 객관적인 현실을 직접적

---

14 范晓(2012)《句式义的分析策略》,《汉语学报》第1期.
15 실사가 반영하는 사유의 개념은 개념이 문법 속에 투영된 의미구조의 의미성분으
    로 실현되기 때문에 개념과 실사의 의미기능(충당하는 의미성분)은 서로 연결된
    다. 혹은 개념과 실사의 '연결부분'은 바로 의미구조 속의 의미성분 상에 있다.

으로 표현하거나 반영하지 않고 주로 사유 속의 개념이 중개되어야 현실과 연계될 수 있고 현실은 사유를 통해서 언어로 나타나는 것을 알수 있다. 즉 현실은 사유에 반영되고 사유는 언어에 반영된다. 그래서 언어 속에서 허사와 실사의 분류는 현실의 분류 및 사유개념과의 분류와 관련되어 있지만, 반영과 투사가 복제를 의미하는 것은 아니기 때문에 개념은 현실의 복제품이 아니고 실사도 개념의 복제품이 아니며, 그것들은 서로 완전하게 대응하는 것이 아니다.

품사는 단어의 문법분류로 품사를 구분할 때 당연히 문법적 측면에서 분류의 기준을 찾아야 하며 단어의 문법기능은 구분의 기준이 된다. 품사에 기초하여 현실과 사유를 구분하는 것은 연계되어 있으면서 또한 구별된다. 객관적 현실 속의 사물과 그 운동, 속성 등은 품사를 구분하는 현실적 논거이며 사유 속의 개념은 품사를 구분하는 사유 논거이다. 그러나 이러한 논거는 단지 품사(특히 실사) 구분의 기초일 뿐 허사를 구분하는 기준은 아니다.

3.2 허사와 실사를 구분하는 기준

본고는 허사와 실사 구분을 기능기준에 근거하지만 그렇다고 단순한 통사기능기준이나 단순한 화용기능기준이 아니라 '문법기능'을 채택한다. 앞에서 말했듯이 문법에는 삼개평면 즉 통사평면, 의미평면, 화용평면이 있으며 이에 상응하여 단어에도 세 가지 문법기능인 '통사기능', '의미기능', '화용기능'이 존재한다. 모든 단어는 '문법기능'을 가지지만 실사와 허사의 문법기능은 일치하지 않는다. 실사는 문법구조에서 통사기능, 의미기능, 기본적인 화용기능을 갖고 있고 허사는 그러한 기능을 갖고 있지 않다. 그러나 허사에도 화용기능이 있는데 즉 구와 문장을 만들 때 기본적인 화용기능이 아닌 '보조적인 화용기능'을 갖고 있다.

문법기능기준에 근거하여 실사와 허사를 구분하면 다음과 같다.

첫째, 통사기능 측면에서 보면 통사구조에서 단독으로 통사성분이 될 수 있는 단어는 실사이고 될 수 없는 단어는 허사이다.

둘째, 의미기능 측면에서 보면 의미구조('동핵구조'와 '명핵구조' 포함)에서 의미성분이 될 수 있으면 실사이고 될 수 없으면 허사이다. 동핵구조의 의미성분으로는 '동핵' 및 동핵과 연계된 '논원' 즉 '시사, 수사, 여사, 도구, 장소, 시간' 등이 있다. 명핵구조의 의미성분으로는 '명핵' 및 명핵과 연계된 '논원' 즉 '명원, 정원'[16] 등이 있다.

셋째, 화용기능 측면에서 보면 화용구조에서 기본적인 화용기능(지칭, 서술, 제한과 수식)을 표현할 수 있으면 실사이고 실사성 단어나 구에 부착하여 구와 문장을 만들 때 보조적인 화용기능만을 할 수 있으면 허사이다. 보조적인 화용기능은 '첨가부각기능'이라고 칭할 수 있는데 그것은 어떤 문법의미를 '첨가 또는 부각'하는 기능을 가리킨다. 이 용어는 陈望道에서 유래하였으며 그는 "허사는 첨가부각기능이 있기 때문에 있어도 되고 없어도 되는 것이 아니다"[17]라고 지적하

---

16 '논원'은 의미구조에서 동핵이나 명핵이 연계하는 의미성분을 가리키며, 그 중 동핵이 연계하는 논원을 동원 또는 위원謂元이라고 칭한다. 范晓(2001)《名核结构》,《语言问题再认识》, 上海教育出版社. '동핵구조'에 관해서는 范晓(2011)《动核结构》,《语言研究集刊》, 上海辞书出版社 참조. '명핵구조'에 관해서는 范晓(2001)《名核结构》,《语言问题再认识》, 上海教育出版发社 참조. '의미성분'에 관해서는 范晓(2003)《说语义成分》,《汉语学习》第1期 참조.

17 陈望道(1947)《试论助词》,《国文月刊》第62期. 陈望道는 '첨가부각기능'은 '설명을 강화'하는 것이고, 문장의 '어떤 특정 부분을 강조하여 드러내는 것이 바로 '첨

였다.

결론적으로 통사기능(통사성분 충당 여부), 의미기능(의미성분 충당 여부), 화용의 기본적인 기능(지칭, 서술, 제한과 수식)을 표현할 수 있는 단어는 실사이다. 반대로 상술한 실사의 문법기능을 갖추지 못하고 주로 실사성 단어나 구에 부착하여 구와 문장에서 '첨가부각 기능'을 하는 단어는 허사이다. 다시 말하면 실사는 문법의 삼개평면에서 통사기능, 의미기능, 기본적인 화용기능을 갖고 있는 단어이고, 허사는 단지 화용평면에서 첨가부각기능만을 갖고 있는 단어이다. 이로써 허사는 순수하게 화용상의 단어이고 통상적으로 말하는 허사를 '기능사'라고 하는 것은 화용상의 첨가부각기능을 나타내는 데만 쓰이는 것을 가리킨다. 즉 '순수화용어'나 '첨가부각기능어'라고 하는 것이 더 적합하다. 실사, 허사와 문법기능과의 관계를 표로 나타내면 다음과 같다.

문법기능			실사	허사
통사기능	통사구조에서 통사성분 충당		+	-
의미기능	의미구조에서 의미성분 충당		+	-
화용기능	화용의 기본적 기능	'지칭, 서술, 제한과 수식' 기능	+	-
	화용의 보조적 기능	구와 문장 구성 시 '첨가부각' 기능	-	+

가부각'이라고 하였다. 그가 말하는 '첨가부각기능'은 조사를 가리키는 것이지만, 본고는 이를 빌어 허사 전체의 화용기능을 가리키는데 사용한다.

3.3 통사기능과 의미 · 화용기능의 관계

실사와 실사가 구성하는 통사구조는 의미구조와 화용구조를 담는 그릇으로 볼 수 있으며 의미와 화용은 통사구조를 통해 구현된다. 통사구조는 의미 · 화용구조와 서로 의존하는 표리관계이다. 즉 통사상의 주술구조는 의미상의 '동핵구조'와 화용상의 '지칭-진술어'구조로 표현되고 통사상의 관형어중심어구조는 의미상의 '명핵구조'와 화용상의 '제한수식'구조로 표현될 수 있다. 통사성분 술어는 의미성분 '동핵'과 기본적 화용성분 '진술어'로 표현되고 주어와 목적어는 의미성분 '동핵이 연계하는 논원'과 기본적 화용성분 '지칭'으로 표현된다. 통사성분 관형어가 수식하는 중심어는 의미성분 '명핵'으로 표현되고 통사성분 관형어는 의미성분 '명핵이 연계하는 명원이나 정원'과 기본적 화용성분 '제한수식'으로 표현된다. 의미기능과 기본적 화용기능은 실사가 형성하는 심층기초이고 통사기능은 실사의 외재적 표현이다.

허사는 단독으로 통사구조와 의미구조를 구성할 수 없기 때문에 자체는 통사기능(통사성분을 충당하는 능력)이 없다 하더라도 구와 문장을 구성하는 과정에서 화용의 '첨가부각기능'을 가지고 있다. 이러한 기능의 외재적 형식은 '연결'이나 '부착' 또는 '삽입'이다[18].

3.4 구분기준과 변별방법의 관계

허사와 실사의 기능을 구분하는 기준('근거' 또는 '의거'라고도 함)과 구분하는 변별방법(또는 수단)은 구별해야 한다. 품사는 단어의 문

---

18 张斌(2002)은 《现代汉语虚词研究 · 总序》(安徽教育出版社)에서 '연결이나 부속'은 허사의 '형식'이라고 지적하였다. 일부허사(특히 삽입어)는 문장이나 대화 속에 삽입하여 쓰이는 것으로 보아 '연결이나 부속' 외에 또 '삽입'형식이 있다.

법기능의 분류이기 때문에 품사의 허사와 실사를 구분하는 기준은 당연히 단어의 문법기능(통사기능, 의미기능, 화용기능 포함)뿐이다. 그러나 품사의 허사와 실사를 변별(또는 감별)하는 방법(또는 수단)은 문법기능을 나타내는 표층적이고 외재적인 표현형식에 의존해야 한다. 통사기능, 의미기능, 화용기능, 이 세 가지는 '삼위일체'로 모두 문법기능이며 차이점은 의미기능과 화용기능은 문법의 심층에 존재하여 문법기능의 내재적이고 본질적인 기준이고, 통사기능은 문법의 표층에 존재하여 문법기능의 외재적 형식기준이다.

심층의 본질적 기준은 표층의 형식기준을 통해서만 구현된다. 만약 형식(외재적 형식)과 의미(내재적 본질)가 상호결합하는 방법으로 허사와 실사를 구분한다면, 표층의 통사기능기준은 직접적으로 관찰할 수 있기 때문에[19] 내재적 본질을 이해할 수 있는 길잡이라고 할 수 있다. 따라서 허사와 실사를 변별하는 방법은 통사기능기준에서 출발하여야 하는데 다시 말하면 변별 시 직관적인 통사기능기준을 잘 파악해야 한다는 것이다. 이것은 문법기능기준에 근거하여 허사와 실사를 구별하는 간단한 기본방법이다. 이런 의미에서 볼 때 통사기능기준을 채택하는 것은 실제적으로 '삼위일체'의 문법기능기준을 구현하는 것이다.

---

[19] 郭锐(2002)는 《现代汉语词类研究》(p.98, 商务印书馆)에서 화용기능(郭锐는 단어의 의미평면에서의 의미기능에 대하여 언급하지 않음)은 '직접적으로 관찰할 수 없는 것'이고, 통사기능은 '관찰할 수 있는 것'이라고 지적하였는데, 이 견해는 우리와 근접해 있다. 그러나 郭锐는 화용기능은 '의거'이지 '기준'이 아니라고 하였고, 张斌(2002)은 '기준'이라고 하였는데, 사실 이 둘은 가리키는 것이 같다.

3.5 허사와 실사 변별방법

3.5.1 직관적인 통사기능기준으로 허사와 실사 구분

허사와 실사 통사기능의 표현형식은 먼저 통사구조 내의 단어 '분포 (위치)'형식을 봐야 한다. 즉 '단독으로 통사성분 위치에 나올 수 있는 지 의 여부'로 허사와 실사를 구분한다. 이에 근거하여 단독으로 통사성분 위치에 나올 수 있는 단어는 실사이고, 나올 수 없는 단어는 허사이다.

3.5.2 허사와 실사를 구분하는 구체적인 방법

외재적 형식 특징을 이용하여 허사와 실사의 분류와 성질을 변별할 수 있다. 이용할 수 있는 특징은 매우 많으며 예를 들면 다음과 같다.

(1) 품사결합형식

모두가 실사로 인정하는 명사, 동사, 형용사와 단독으로 결합하여 통사구조를 구성할 수 있으면 실사이고 구성할 수 없으면 허사이다.

(2) '연결, 부착, 삽입'형식

허사는 단독으로 실사성 단어와 결합하여 통사구조를 구성할 수 없 으며 '연결형식(통사성분이나 구를 연결)', '부착형식(실사성 단어에 부착)', '삽입형식(문장에 삽입)'을 갖고 있는 단어는 허사이고 그렇지 않으면 실사이다.

(3) 문법틀형식

일부 부사(不, 沒, 很), 일부 동사(有, 是), 일부 조사(的, 地, 了, 着,

过, 们), 양사 등을 활용하여 문법틀을 만들어 검증할 수 있다. 즉 '不/
没/很/有/是/的/地+X', 'X+了/着/过', 'X양사X' 등의 틀 속에 위치할 수
있는 단어는 실사이고 그렇지 않으면 허사이다.

(4) 문답형식

실사는 '谁, 什么, 什么时候, 什么地方, 怎样, 怎么, 多少, X不X' 등과
같은 질문형식을 이용하여 의문을 나타낼 수 있고 또 상응하는 대답을
할 수 있지만 허사는 그렇지 못하다.

3.5.3 허사와 실사 변별 시 참고항목

참고항목은 어떤 특정한 형식특징(자립성, 어순고정성, 폐쇄성, 경
성), 사유하면서 느끼는 의미(또는 개념)를 가리킨다. 吕叔湘은 문법
분석에서 의미는 "아주 중요한 참고항목으로 신속하게 변별하는 역할
을 한다. 일반적인 명사, 동사, 형용사를 변별할 경우에 그러하다. ……
때로 의미는 직관적인 판단을 가능케하는 역할을 한다"[20]고 하였다. 예
컨대, '鸟, 飞'는 보기만 해도 실사임을 알 수 있고 '的, 吗'는 허사임을
알 수 있다. 吕叔湘이 말하는 것은 의미이지만 상술한 특정 형식에도
적용할 수 있다. 허사는 대부분 상술한 형식특징을 갖고 있기 때문에
'신속한 변별과 직관적 판단' 기능을 갖는다. 그러나 소수의 실사도 이
러한 형식을 갖고 있다. 따라서 상술한 형식을 갖고 있지만 통사성분
이 될 수 없는 것은 허사이고 통사성분이 될 수 있는 것은 실사이다.
결론적으로 상술한 의미나 형식과 변별해낸 품사 및 통사기능이 서로

---

[20]   吕叔湘(1979)《汉语语法分析问题》p.12, 商务印书馆.

모순될 때는 통사기능을 기준으로 삼아야 한다.

4. 중국어 허사의 범위와 종류

4.1 중국어 허사의 범위와 종류에 대한 이견

학자들마다 허사와 실사를 구분하는 기준이 다르기 때문에 중국어 허사의 범위와 종류 체계도 다르다. 이를 표로 작성하면 다음과 같다.[21]

저자와 저서	허사수량	허사의 종류와 명칭
呂叔湘 · 朱德熙 《语法修辞讲话》	7	대사, 부사, 연접사(접속사), 어기사, 부명사(양사), 부동사(개사), 일부 수사
张志公 《汉语知识》	5	부사, 개사, 접속사, 조사, 감탄사
陈望道 《文法简论》	3	개사, 접속사, 조사(어기조사 포함)
胡裕树 《现代汉语》	6	개사, 접속사, 조사, 어기사, 감탄사, 의성사
黄伯荣 · 廖序东 《现代汉语》	4	개사, 접속사, 조사, 어기사
朱德熙 《语法讲义》	5	부사, 개사, 접속사, 조사, 어기사
张宜生 《现代汉语虚词》	9	부사, 개사, 접속사, 조사, 어기사, 감탄사, 의성사, 방위사, 방향사
范晓 · 张豫峰 《语法理论纲要》	6	개사, 접속사, 조사, 어기사, 양사, 방위사

---

21 呂叔湘 · 朱德熙(1952)《语法修辞讲话》, 开明书店. 张志公(1959)《汉语知识》, 人民教育出版社. 陈望道(1978)《文法简论》, 上海教育出版社. 胡裕树(1981)《现代汉语》, 上海教育出版社. 黄伯荣 · 廖序东(1981)《现代汉语》, 高等教育出版社. 朱德熙(1982)《语法讲义》, 商务印书馆. 张宜生(2000)《现代汉语副词研究》, 学林出版社. 范晓 · 张豫峰(2003)《语法理论纲要》, 译文出版社.

학자들은 접속사, 조사, 개사, 어기사 이 네 가지를 모두 허사로 보는 것에는 공감대를 형성하였으나 일부 품사(즉 대사, 방향사, 감탄사, 의성사, 방위사, 양사, 부사)에 대해서는 이견이 존재한다.

4.2 몇 가지 품사에 대한 토론

4.2.1 대사는 허사인가? 실사인가?

일반적인 문법서에서 말하는 대사는 인칭대사('我, 你, 他' 등), 지시대사('这, 那' 등), 의문대사('谁, 什么, 怎么样' 등)를 포함하며 그 수량은 매우 적어 폐쇄성을 갖는 품사에 속한다. 일부 문법서는 의미기준(애매모호함)이나 폐쇄성을 기준으로 허사와 실사를 구분하여 이것들을 모두 허사로 보았지만, 만약 문법기능기준으로 구분한다면 대사는 대신하는 실사와 동일한 기능을 가져 단독으로 통사성분[22]이 될 수 있기 때문에 실사로 분석하는 것이 타당하다.

4.2.2 방향사는 허사인가? 실사인가?

방향사('来, 去, 上来, 下去, 起来, 下去' 등)도 수량이 많지 않아 폐쇄성 품사이다. 따라서 폐쇄성을 기준으로 허사와 실사를 구분한다면 방향사는 열거할 수 있어서 허사로 간주할 수 있지만, 통사성분(술어, 관형어 등을 충당[23])이 될 수 있기 때문에 실사로 분석하는 것이 타당하

---

[22] 대사의 명칭은 화용기능인 '대체'에서 온 것이다. 대사는 두 가지 화용기능이 있는데, 하나는 대화에서 실사를 '대신'하는 화용기능이고, 다른 하나는 대사가 대체하는 실사(명사, 동사, 형용사 등 포함)가 각기 '지칭', '진술', '제한수식' 등의 기본적인 화용기능을 하는 것이다. 만약 실사를 대체하는 통사기능분류에 근거한다면, 대사는 각각 대체하는 실사로 분류할 수 있다.

[23] 술어가 될 수 있는 것으로는 '你来, 我去너는 오고 나는 간다'가 있고, 관형어가 될 수

다. 현재 대다수의 교과서가 이를 동사(방향동사로 지칭)에 포함시키는 것은 합리적이다. 개별적으로 이미 문법화('笑起来'의 '起来' 등)된 것은 당연히 허사에 포함시켜야 한다.

4.2.3 감탄사와 의성사는 허사인가? 실사인가?

감탄사(唉, 哎呀 등)와 의성사(咔嚓嚓, 轰隆隆 등)의 수량은 제한적이어서 폐쇄성 품사로 볼 수 있다. 따라서 폐쇄성을 기준으로 허사와 실사를 구분한다면 이 둘도 나열할 수 있어서 어떤 문법서는 허사로 보고, 어떤 문법서는 의미에 근거하여 실사로 보고 있다[24]. 그러나 이러한 단어들은 단독으로 통사성분(술어, 관형어 등을 충당[25])이 될 수 있을 뿐만 아니라 독립적인 문장으로 자주 쓰인다. 따라서 단독으로 통사성분이 될 수 없고 더욱이 독립적으로 문장이 될 수 없는 허사와는 매우 큰 차이가 있어서 일부 문법서는 이것들을 실사가 아니고 '특수사'라고 한다. 또한 문법기능으로 볼 때, 이 단어들은 의심할 바 없이 본질적인 측면에서 보면 실사와 동등하다.

4.2.4 방위사는 실사인가? 허사인가?

고대중국어에서 방위사는 단독으로 의미성분이나 통사성분이 될

있는 것은 '来的时候을 때, 去的地方가는 곳' 등이 있다.

[24] 어떤 문법서는 이러한 단어들의 의미가 '애매모호'하기 때문에 허사로 보고 있다. 사실 이러한 단어들은 모두 소리(심리적 원인으로 내는 소리, 또는 물리적인 원인으로 내는 소리)를 나타내며, 소리도 사물의 속성 중 하나이므로 '애매모호'하다고 하는 것은 타당하지 않고 실사에 귀속시켜야 한다.

[25] 술어가 될 수 있는 것으로는 '雷声隆隆뇌성이 우르릉 쾅쾅, 他鼻子里哼了一声그는 코로 흥하는 소리를 냈다'이 있고, 관형어를 충당할 수 있는 것은 '咯吱咯吱的声音오도독오도독 하는 소리, 传来的哈哈哈的笑声들려오는 하하하 웃음소리' 등이 있다.

수 있어서 실사로 보는 것에는 문제가 없었다. 그러나 현대중국어에서 방위사 일부는 단독으로 통사성분('上面, 下面, 里面' 등)이 될 수 있고 일부(특히 단음절 방위사로 '上, 下, 里, 外' 등)는 단독으로 통사성분(특정한 언어환경에서 문언문 색채를 띠는 경우 제외)이 될 수 없다. 따라서 통사성분을 충당할 수 있는 것은 '방위명사('箱子的里面, 桌子的下面 상자의 안쪽, 탁자의 아래쪽'의 '里面'과 '下面' 등)로 칭하며 실사로 보고, 통사성분이 될 수 없는 방위사(즉 명사 뒤에 부착하는 조사이며 '후치사'라고도 한다. '箱子里', '桌下'의 '里'와 '下')는 허사로 본다.

4.2.5 양사는 실사인가? 허사인가?

양사는 계량단위를 나타내어 '단위사'라고도 칭한다. 일부 문법서는 양사를 '부명사副名詞'라고 칭하며 '명사의 일종'으로 간주하여 실사로 보고 있다. 그러나 양사는 보통 단독으로 통사성분이 될 수 없고[26] 수사나 지시사에 부착하여 수량구('一本书, 三个人' 등)나 지시수량구('这本书, 那个人' 등)를 구성한다. 양사는 형식상 비자립성, 어순고정성, 폐쇄성을 갖고 있으며, 중첩이 아닌 경우 경성으로 읽기 때문에 허사로 보는 것이 타당하다.

4.2.6 부사는 실사인가? 허사인가?

张斌은 허사와 실사를 구분하는 문제에서 "가장 처리하기 어려운

---

[26] 어떤 문법서는 양사가 통사성분이 될 수 있다고 본다. 예컨대, '个个都是英雄汉 개개인이 모두 영웅이다'에서 양사 '个个'가 주어라는 것이다. 사실 양사가 중첩하면 '每一+양사+명사'를 대체하는 의미('个个'는 '每一人'를 가리킴)를 갖게 된다. 중첩되지 않는 하나의 양사는 문언문 색채를 띨 경우를 제외하고는 보통 통사성분이 될 수 없다.

것은 부사이다. 부사를 실사로도, 허사로도 볼 수 있는 이유가 여러 가지 있지만 그 구체적인 이유는 상황마다 서로 다르다"[27]고 하였다. 의미기준에 따르면, 부사의 의미는 '비교적 애매모호'(吕叔湘, 朱德熙[28])하여 허사로 보고 있다. 기능기준으로 보면 다음 두 가지 상황이 있다. 胡裕树[29]는 통사성분이 될 수 있는 지의 기준에 따라 부사는 통사성분(부사어)이 될 수 있기 때문에 실사로 보고 있다. 朱德熙[30]는 주요 통사성분(주어, 술어, 목적어)이 될 수 있는 지의 기준에 따라 부사는 주요 통사성분이 될 수 없기 때문에 허사로 보고 있다. 의미로 보면 어떤 부사는 허사에 가깝고 어떤 부사는 실사에 가깝다. 张宜生은 분류기준이 '단어의 통사기능이어야 한다'고 하면서 부사는 통사성분이 될 수 있기 때문에 '당연히 실사'로 보았다. 의미기준(의미의 실재 여부)은 구분 시 참조하는 기준인 '참조기준'이라고 하였다. 그래서 부사를 양분하여 개념의미를 나타내는 묘사성 부사를 '개념사'로 칭하면서 실사로 보았고, 의미가 없어진 제한성 부사나 평가주석성 부사를 부사로 칭하면서 허사로 보았다[31].

의미기준에 근거하여 부사를 허사로 보는 것은 전통적 의미기준에 따른 분류이며 이는 문법분류가 아니다. 만약 의미에 근거하여 부사를 두 가지로 나누면 이는 기능기준을 위배한 것이다. 왜냐하면 묘사성 부사와 제한성 부사, 평가주석성 부사는 통사기능면에서 같기 때문이

27 张斌(2001)《现代汉语虚词词典·前言》, 商务印书馆.
28 吕叔湘·朱德熙(1952)《语法修辞讲话》p.12, 北京开明书店.
29 胡裕树(1981)《现代汉语》, 上海教育出版社.
30 朱德熙(1982)《语法讲义》p.39, 商务印书馆.
31 张宜生(2000)《现代汉语虚词》pp.4-9, 华东师范大学出版社.

다. 기능기준을 채택하면서 또 의미기능을 고려하면 자가당착에 빠지게 된다. 허사와 실사를 구분할 때, 기능기준과 의미기준을 동시에 채택하면 형식논리 분류 시 하나의 기준만을 사용해야 한다는 원칙에 맞지 않게 된다[32]. 주요 통사기능기준에 근거하여 부사를 허사로 간주하는 관점(朱德熙)은 사실상 여전히 전통적인 의미기준을 고려하기 위한 것이지만 이것 또한 묘사성이란 실재 의미를 갖고 있는 부사도 부사로 간주하는 것과 모순이 생기게 된다. 의미의 허虛와 실實로 분류하는 것은 단어의 문법분류가 아니다. 사실 실사에도 '문법동사, 평의동사'처럼 의미가 문법화된 단어가 적지 않고 허사도 개념의미를 갖고 있는 방위사와 일부 양사처럼 실재의 의미를 갖고 있는 단어가 적지 않다. 만약 품사가 단어의 문법분류임을 인정하여, 통사성분이 될 수 있는 지의 여부를 기준으로 채택할 것을 주장한다면 부사는 당연히 실사이다.

4.3 '첨가부각'기능에 근거하여 분류한 허사의 범위와 종류

허사는 통사성분이 될 수 없지만 실사성 단어나 문장에 부착하거나 문장과 대화에 삽입하여 '첨가부각'이라는 문법기능을 나타낸다. 허사의 위치와 첨가부각기능의 차이에 따라 본고는 허사를 다시 일곱 가지(접속사, 조사, 개사, 어기사, 방위사, 양사, 삽입어[33])로 하위 분류하

---

[32] 분류는 논리적이어야 하며, 논리적 분류는 하나의 기준만을 채택해야 한다. 허사와 실사 구분 시 기능과 의미를 모두 기준으로 삼는다는 것은 기준이 많아지는 것이고, 기준이 많다는 것은 사실 기준이 없다는 것과 같은 말이다. 물론 품사는 층차적인 체계이어서 서로 다른 층차에서 채용하는 기준이 다를 수 있지만, 동일한 층차에서는 하나의 기준만을 채택해야 한다.

[33] 삽입어는 문장에서 또는 대화에서 통사성분이 되지 않는 일부 허사가 삽입되는

였으며, 이를 표로 나타내면 다음과 같다.

허사 종류	위치분포 특징	화용 첨가부각기능	예
접속사	실사성 구와 문장(또는 절) 접속	구의 통사구조, 문장과 문장 간 의 관련의미를 나타냄	'和'는 병렬관계의미, '因为, 所以'는 인 과관계의미, '虽然, 但是'는 역접관계의 미, '总之'는 개괄하여 결론짓는 관련의 미를 첨가부각
조사	실사성 단어 뒤에 부착	부가된 문법의 미를 첨가부각	동태조사는 동작의 '시태'의미, 구조조사 는 통사구조의 관형어중심어관계의미, 의 미구조의 명핵구조의미, 화용구조의 제한 수식 관계의미, 조사 '们'은 명사 뒤에 부 착하여 '다수'나 '무리'의미를 첨가부각
개사	명사성 단어 앞에 부착	명사성 단어를 동사와 연결하 고, 문법의미를 첨가부각	'从, 在'는 장소나 시간 같은 배경의미, '被'는 시사를 이끌어 '피동'의미, '把'는 수사를 이끌어 '처치'의미, '关于, 至于' 는 주제어(화제)의미를 첨가부각
어기사	실사성 단어 뒤나 문말에 부착	어기나 말투의 미를 첨가부각	'吗'는 '의문' 어기의미, '的'는 문말에서 단정적인 말투, '嘛, 啦'는 실사 뒤나 문 말에서 '완곡'한 말투의미를 첨가부각
방위사	명사성 단어 뒤에 부착	사물의 방위상 태 의미를 첨가 부각	'上, 下, 里, 外, 前, 后' 등은 물체의 방 위, 일부는 시간(三年前), 범위(世界上), 방면(理论上) 등을 첨가부각
양사	수사나 지시 사 뒤에 부착	특정 사물의 '계 량표시'의미를 첨가부각	'사람'의 계량표시는 '个', '새'는 '只', '책' 은 '本', '교량'은 '座'를 첨가부각
삽입어	문장이나 대 화(텍스트) 안에 삽입	화자의 주관적 평의(견해, 태도) 의미나 어떤 감 정색채의미를 첨가부각	'看来, 想必'는 '추측, 추론'의미, '显然'은 '의심할 바 없는'의미, 단정적인 어기, '难 道'는 '반문'어기(감정적 색채를 지님), '究 竟'은 '추궁'하는 어기를 첨가부각

것을 가리킨다. 예컨대 '想必, 不料, 岂料, 谁知, 哪知, 恐怕, 大概, 也许, 难道, 究竟,
幸亏, 看来, 当然, 显然, 固然, 果然, 诚然' 등이다. 张斌(2001)은 《现代汉语虚词词
典 · 前言》에서 '也许, 难道, 究竟' 등은 '통사성분이 되지 않는다'고 하였고, 또 어
떤 학자는 '삽입어'나 '담화표지'라고 칭하였지만 삽입어, 담화표지의 범위(모두
단어인 것만은 아니고 일부 습관적으로 사용하는 구를 포함)는 비교적 넓다.

5. 결론

　허사와 실사의 분류기준을 토론할 때 품사형성의 심층 '논거'와 허사, 실사 구분 '기준'을 구별해야 한다. 의미기준은 심층의 현실적 논거, 사유논거, 언어의 문법기능기준을 한데 뒤섞이게 하였다. 허사와 실사 분류상의 의미기준(유해와 무해, 실재와 공허, 개념 표현여부, 사물·동작·변화·성질 표현여부 등)도 전혀 일리가 없는 것은 아니다. 언어와 객관적 세계와의 관계 측면에서 말하면 품사분류는 분명 객관적 현실(사물 및 사물과 관련 있는 운동, 속성, 수량 등)과 일정한 관계가 있어서 실사는 보통 사물, 동작, 행위, 변화, 성질, 상태, 장소, 시간 등을 나타내지만 허사는 그렇지 않다. 객관적 현실은 품사분류의 심층적인 현실적 기초와 논거라고 말할 수 있다. 언어와 사유의 관계 측면에서 말하면, 품사분류는 분명 사유(또는 인지)구조의 개념과 일정한 관계가 있어서 실사는 개념을 표현하고 허사는 그렇지 않다. 개념의미는 품사분류의 심층적인 현실적 기초와 논거라고 말할 수 있다. 실사는 객관적 사물 및 그것의 운동, 속성 등을 나타낼 수 있고 또 개념도 나타낼 수 있다. 그러나 실사와 이들이 완전히 대응하는 것은 아니며 이러한 의미의 유해와 무해, 실재와 공허 등은 사람마다 다르다. 게다가 허와 실은 자체가 상대적[34]이며 이러한 의미는 언어의 문법의미

---

[34]　의미의 허와 실은 사실 상대적인 개념으로, 실사에서 구체적인 명사를 실이라 하고 추상적인 명사를 허라고 한다. 동작동사를 실이라 하고 관계동사, 평의동사, 형식동사를 허라고 한다. 허사에서 양사와 방위사는 실에 가깝고 개사가 그 다음이며 조사와 어기사는 허에 가깝다. 같은 개사라 하더라도 '在, 用' 등은 실에 가깝고 '被, 把'는 허에 가깝다. 특정 허사라 하더라도 문법화된 정도는 상대적이다. 예컨대 '桌子上, 墙上, 腿上, 世界上, 七岁上, 思想上'에서의 방위사 '上'이 그러하다.

가 아니기 때문에 의미기준을 채용하여 허사와 실사를 구분하는 것은 이론상 타당하지 않고 실제 적용에 있어서도 통하지 않는다. 그러나 기능기준을 채택한다는 전제하에서 이러한 감지의미感知意味는 참고할 만하다.

허사와 실사의 분류는 언어에서 단어의 문법분류이므로 당연히 단어의 문법기능기준에 근거해야 한다. 문법기능기준은 통사기능기준, 의미기능기준, 화용기능기준을 포함한다. 통사기능에서 볼 때, 실사는 통사성분이 될 수 있고 허사는 될 수 없다. 의미기능에서 볼 때, 실사는 의미성분이 될 수 있고 허사는 될 수 없다. 화용기능으로 볼 때, 실사는 화용의 기본기능을 할 수 있고 허사는 할 수 없으며 '보조적인 화용기능'만을 표현할 수 있다. 의미기능기준과 화용기능기준은 문법기능의 심층적이고 본질적인 기준이고, 통사기능기준은 문법기능의 표층적인 형식기준이다. 심층기준은 표층기준을 통해야만 구현될 수 있기 때문에 직관적인 표층의 통사기능기준은 '삼위일체'적인 문법기능기준을 구현한다.

분류방법에 있어서, 허사와 실사를 구분하는 기준과 허사와 실사를 구분하는 변별방법은 분리해야 한다. 간단명료한 원칙을 채택하여 직관적으로 관찰할 수 있는 통사기능기준으로 변별해야 한다. 즉 표층적인 통사성분 충당여부에 근거하여 충당할 수 있는 단어는 실사이고 충당할 수 없는 단어는 허사이다. 이것은 분류방법에서 가장 기본적인 방법이다. 허사와 실사를 구분하는 방법에서 또 다른 외재적인 형식특징(품사분포형식, 품사결합형식, 연결·부착·삽입형식, 문법틀형식, 문답형식)을 사용하여 허사와 실사의 분류와 특정단어의 성질을 검증할 수 있다.

허사의 문법기능은 실사와 비교하면 아주 명확하다. 허사는 실사의 통사기능, 의미기능, 화용의 기본기능을 갖고 있지 않고 '보조적인 화용기능', 즉 구나 문장을 구성할 때 독특한 화용 '첨가부각'기능을 갖고 있다. 허사는 출현위치와 첨가부각기능에 따라 접속사, 조사, 개사, 어기사, 방위사, 양사, 삽입어 일곱 가지로 나눌 수 있다.

[참고문헌]

吕叔湘·朱德熙(1952)《语法修辞讲话》, 北京开明书店
马建忠(1900-1998)《马氏文通》, 商务印书馆, 1983年版
吕叔湘(1942-1944)《中国文法要略》, 商务印书馆, 1982年版
王力(1944)《中国现代语法》, 商务印书馆, 1985年版
王力(1946)《汉语语法纲要》, 商务印书馆
姚晓波(1988)《汉语中划分实词虚词没有必要》, 《锦州师范学院学报》第4期
张谊生(2000)《现代汉语虚词》, 华东师范大学出版社
齐沪扬·张谊生·陈昌来(2002)《现代汉语虚词研究综述》, 安徽教育出版社
朱德熙(1982)《语法讲义》, 商务印书馆
范晓(2004)《三维语法阐释》, 《汉语学习》第6期
陈望道(1978)《文法简论》, 上海教育出版社
胡裕树(1981)《现代汉语》, 上海教育出版社
郭锐(2002)《现代汉语词类研究》, 商务印书馆
马真(2016)《现代汉语虚词研究方法论》, 商务印书馆
张斌(2002)《现代汉语虚词研究·总序》, 安徽教育出版社
吕叔湘(1980)《现代汉语八百词》, 商务印书馆
范晓(2012)《句式义的分析策略》, 《汉语学报》第1期
范晓(2001)《论"名核结构"》, 《语言言问题再认识》, 上海教育出版社
范晓(2011)《论"动核结构"》, 《语言研究集刊》, 上海辞书出版社
范晓(2003)《说语义成分》, 《汉语学习》第1期
陈望道(1947)《试论助辞》, 《国文月刊》第62期
吕叔湘(1979)《汉语语法分析问题》, 商务印书馆
张志公(1959)《汉语知识》, 人民教育出版社
黄伯荣·廖序东(1981)《现代汉语》, 高等教育出版社
范晓·张豫峰(2003)《语法理论纲要》, 译文出版社

张斌(2001)《现代汉语虚词词典》, 商务印书馆
张谊生(2000)《现代汉语副词研究》, 学林出版社

▌원문은《上海师范大学学报》2016年 第6期에 게재

제3부
삼차원문법론과 중국어 문법구조

통사구조 내의 주어

1. 서론

　문법학에서의 주어는 언어학계가 중시하여 통사구조 분석에서 주어를 주요하고도 기본적인 통사성분으로 보았다. 이는 주술구조가 통사에서 가장 기본적인 통사구조이고 주술구와 주술문은 주어와 술어로 구성된 중요하고 전형적인 통사틀이기 때문이다. 따라서 주술구와 주술문을 통사분석할 때는 먼저 주어와 술어를 찾아야 한다. 프라이스(Fries)는 "주어를 찾아내는 것이 문법을 아는 첫 걸음이다"[1] 라고 말했는데 이 말은 다소 과장된 점은 있으나 일리가 없는 것은 아니다.

　중국어문법에서 무엇이 주어이고 또 어떻게 주어를 변별할 것인가? 이것은 줄곧 중국어문법 분석의 난제였다. 1950년대 중국어 주어와 목적어 관련 대토론은 주어와 목적어에 대한 학자들의 관심을 불러일으켜 여러 가지 관점이 제시되었다. 또한 이를 통해 수많은 학자들이 가치 있는 견해를 발표하였고 소중한 언어자료를 발굴하였다. 이로써 중국어 통사연구를 발전시키는 데 큰 공헌을 하였다.

1　费里斯Fries(1964)《英语结构》p.175, 商务印书馆.

1980년대에 들어서 중국어는 주어가 중요하지 않다는 이론이 제기 되면서 통사에서의 중국어 주어 위치를 흔들려고 하였다. 이러한 이론 을 제기한 이는 국외의 Charles N. Li와 Sandra A. Thomson이다. 그들 은 중국어에 '격표지'가 없고 주어와 동사 사이에 '인칭' 또는 '수'의 일 치관계가 없기 때문에 중국어 주어는 영어처럼 그렇게 중요하지 않다 고 하였다. 국내에는 李临定이 "중국어에서 주어는 형식특징이 부족 하기 때문에 문법에서의 위치가 그다지 중요하지 않고, 문법분석에서 지나치게 중시할 필요가 없다"[2]고 하였다. 이 세 학자가 중국어 주어의 중요성을 부정하는 이유는 주로 중국어 주어는 영어 주어처럼 형태표 지가 없어 변별하기 쉽지 않다는 것이다. 그러나 이러한 이론은 문제 가 있다. 汤廷池는 "중국어 주어를 형태상 변별하는 것이 쉽다 어렵다 와 중국어 주어가 중요하다 안 중요하다는 별개의 문제로 양자 간에는 필연적인 인과관계가 없다. 그래서 주어가 형태상 변별하기 어렵기 때 문에 중요하지 않다고 말할 수는 없다"[3]고 하였다. 이 말은 매우 타당하 다고 생각한다. 중국어 주어는 객관적으로 존재하고 있고, 주술구조 는 중요한 문법구조라는 데 모두 공감하고 있다. 이 점에서 중국어 주 어의 중요성을 부정할 수 없고 주어가 문법에서 차지하는 지위를 부정 할 수 없다. 변별하기 어렵다는 것은 그에 대한 연구가 부족한 것이기 때문에 많은 학자들의 관심과 연구가 필요하다.

중국어의 주어가 중요하지 않다고 여기는 Charles N. Li와 Sandra A.

---

2 李讷·汤姆逊Charles N Li·Sandra. A Thomson(1983)《汉语语法》pp.15-16, 黄 宣范역, 台湾文鹤出版有限公司. 李临定(1965)《主语的语法地位》,《中国语文》 第1期.

3 汤廷池(1988)《汉语语法句法论集》pp.161-162, 台湾学生书局.

Thomson, 李临定은 문장 내의 다른 성분들을 중시하고 있다. Charles N. Li와 Sandra A. Thomson는 중국어는 주제어를 중시하는 언어이기 때문에 중국어 문장의 주제어에 대한 분석을 중요시 해야 한다고 주장하였으며, 李临定은 중국어 문법분석에서 시사와 수사 같은 의미성분을 잘 파악해야 한다고 하였다. 모두가 주지하다시피 문법에는 통사평면, 의미평면, 화용평면 이 삼개평면이 존재하고 있다. 주어, 목적어는 통사평면 개념이고 시사, 수사는 의미평면 개념이며 주제어, 진술어는 화용평면 개념이다. 주어, 시사, 주제어 등은 서로 다른 평면의 개념이고 문법에서 각자의 역할이 있기 때문에 각자가 문법에서 차지하는 지위의 경중을 쉽게 비교해서는 안 된다. 사실 의미평면 또는 화용평면만을 중시하는 연구를 한다면 자연히 문장의 통사평면을 소홀히 하게 되기 때문에 그러한 연구는 전면적이지 않게 된다. 필자는 문법연구에서 통사, 의미, 화용은 모두 중요하다고 생각한다. 전통문법, 구조주의문법은 통사에 편중되어 있고 의미와 화용에 소홀하였다. 최근 학자들은 의미와 화용 연구를 강화해야 한다고 주장하는데 이는 옳다고 생각한다. 그러나 이 때문에 통사연구가 무시되어서는 안 된다. 주어는 통사평면에서 중요한 개념으로, 인구어印歐語의 협의의 형태표지로 중국어 주어형식을 판단해서는 안되며 중국어의 특징에서 출발한 형식특징을 찾아야 한다. 본문은 삼개평면이론에 근거하여 형식과 의미 결합원칙, 정태와 동태 결합원칙을 가지고 중국어의 주어를 연구하고자 한다.

2. 주어의 성질

2.1 주어의 성질에 대한 이견

주어를 연구할 때 먼저 주어의 성질을 정확하게 이해해야 하며 또한 '무엇이 주어인가'라는 문제에 정확하게 대답해야 한다. 주어의 성질에 대한 서로 다른 이해는 문법분석 시 서로 다른 결론을 얻게 된다. 예컨대, '下雨了 비가 온다'에서 어떤 이는 '雨'가 주어이고 어떤 이는 '雨'가 목적어라고 말한다. '台上坐着主席团 단상에 주석단이 앉아 있다'에서 어떤 이는 '台上'이 주어, '主席团'이 목적어라고 하고 어떤 이는 '台上'은 부사어, '主席团'은 주어라고 한다. 또 '他什么事都懂 그는 무슨 일이든 다 안다'에서 어떤 이는 '他'가 주어, '什么'가 목적어라고 하고 어떤 이는 '他', '什么' 모두 주어라고 한다. 이와 같이 언어학자들이 구체적인 문장의 주어를 분석할 때 이견이 발생하는데, 그 원인은 주어에 대한 이해가 다르기 때문이다.

주어의 성질에 대하여 학자들 간에는 다음과 같은 견해가 있다. 첫째, 주어는 '동작 행위자' 즉 동작의 시사이기 때문에 주어는 '동작의 주체'[4]라고 하는 견해가 이에 속한다. 둘째, 주어는 술어가 설명하려는 '주제어'나 '화제'이다. 즉 "주어를 주제어로 간주할 수 있다", "주어와 술어를 화제나 설명으로 보는 것이 적합하다", "주어는 문장에서 얘기하고 있는 화제이다"[5]라고 하는 견해가 이에 속한다. 셋째, 주어는 '서

---

[4] 罗宾斯(1986)《普通语言学概论》p.291, 上海译文出版社. 傅子东(1957)《语法理论》p.67, 陕西人民出版社. 黎锦熙(1992)《新著国语文法》p.22, 商务印书馆.

[5] 赵元任(1979)《汉语口语法》p.45, 商务印书馆. 张志公(1954)《汉语语法常识》p.46, 中国青年出版社. 人民教育出版社편찬(1959)《汉语知识》p.118, 人民教育

술대상'이다. 즉 "주어는 술어가 서술하는 대상이다", "주어는 화자가 서술하려는 대상이다"[6]라고 하는 견해가 이에 속한다.

주어를 '시사'나 '동작자'로 보는 관점은 사실 주어를 의미평면의 개념으로 보고 통사와 의미 평면을 서로 혼동하고 있는 것이다. 이러한 견해는 문법 사실에 맞지 않는데 왜냐하면 시사가 아니어도 때로 주어가 될 수 있기 때문이다. 예컨대, 피동문에서는 수사가 주어가 되고, 형용사와 관계동사가 술어인 문장에서 주어는 시사가 아니다('老虎被武松打死了 호랑이는 무송에게 맞아 죽었다', '小王很聪明 소왕은 총명하다', '他是学生 그는 학생이다'에서 주어 '老虎', '小王', '他'는 모두 시사가 아니다). 전통문법은 원칙적으로 시사를 주어로, 수사를 목적어로 보고 있지만, 어떤 문장에서는 시사만이 주어가 되는 것은 아니라는 것을 인정해야 한다. 주어와 목적어 관련 대토론을 통해서 중국 극소수의 학자들만이 주어를 '시사'나 '동작자'로 보는 관점을 견지하고 있음을 알 수 있다. 현재 일반 문법서들은 주어를 '주제어(화제)'나 '서술대상'으로 보는데, '주제어'와 '서술대상'은 동일한 개념이고 이것들은 모두 술어가 설명하거나 서술하려는 사물을 가리킨다. 이런 관점은 주어를 화용평면의 개념으로 간주하는 것으로 통사와 화용 두 개의 서로 다른 평면을 혼동하게 되어 그 결과 화용평면에서 분석해낸 주제어를 주어로 보게 된다. 예컨대, '老王, 我昨天还见到他 노왕, 나는 어제 또 그를 보았다', '这把刀我切肉 이 칼은 내가 고기를 썬다'에서 '老王, 这把刀'를 주

出版社. 北京大学中文系现代汉语教研室편찬(1993) 《现代汉语》 p.304, 商务印书馆 참조.

6   人民教育出版社편찬(1959) 《汉语知识》 p.118, 人民教育出版社. 北京大学中文系现代汉语教研室편찬(1993) 《现代汉语》 p.304, 商务印书馆 참조.

어로 분석하는 것은 화용분석으로 통사분석을 대신한 것이다.

현재 주목할 만한 또 다른 관점은 주어의 이중성 관점이다. 이런 관점은 呂叔湘이 제기한 것으로 "주어는 동사의 여러 목적어 중에서 하나를 골라 주제어 위치에 갖다 놓은 것으로……모든 동사술어문에서의 주어는 이러한 이중성을 갖고 있다.7" 李临定은 '苹果我吃了 사과는 내가 먹었다'를 예로 呂叔湘의 이중성 관점을 설명하면서, '苹果'는 주어이자 목적어라고 하였다8. 그 이유는 '苹果'가 문두의 주어이지만 '吃'와는 동작과 수사의 관계이므로 또한 목적어라고 하였다. 이러한 관점은 통사와 의미를 한데 뒤섞은 것인데 왜냐하면 그가 말하는 목적어는 사실 '수사'를 가리키는 것이기 때문이다. 만약 '이중성'을 논해야 한다면 그것은 주어 위치에 있는 단어가 '이중성'을 가져, 통사평면에서는 주어의 기능을 하고 의미평면에서는 다른 의미성분(동사와 관련된 의미역할)의 기능을 하는 것이다. 세부적으로 말하자면 '苹果我吃了'에서 '苹果'는 삼중성(세 가지 기능)을 가지고 있다. 통사평면에서 주어 기능, 의미평면에서 수사기능, 화용평면에서 주제어기능을 가지고 있다. 이러한 '삼중성'은 주어가 되는 단어에 대한 것이며 주어 자체에 대한 것은 아니다. 주어는 주어이기 때문에 다시 목적어라고 칭할 수 없고 만약 목적어로 분석했다면 마찬가지로 주어라고 칭할 수 없다. 상술한 문장에서 '苹果'가 '주어이자 목적어'라는 '이중성'을 갖고 있다고 하면 통사분석은 혼란스러울 것이다.

7   呂叔湘(1979)《汉语语法分析问题》p.73, 商务印书馆.
8   李临定(1992)《以语义为基础的分析方法》,《语法研究和探索(六)》, 语文出版社.

2.2 주어에 대한 견해

2.2.1 주어의 성질에 관한 이론적 전제

주어의 성질을 토론할 때 주어를 정의하는 다음 다섯 가지 이론적 전제를 주의해야 한다.

첫째, 주어는 통사평면에서 주술구조의 통사성분이기 때문에 주어를 의미구조의 성분이나 화용구조의 성분으로 보아서는 안 된다.

둘째, 통사, 의미, 화용은 서로 연계되어 있다. 그래서 표층통사구조의 주어는 의미평면에서 일정한 의미성분을 나타내며 화용평면에서도 일정한 화용성분을 나타낸다.

셋째, 주어는 술어에 대응한다. 좀더 구체적으로는 술어동사(형용사 포함)에 대응하며, 술어동사와 모종의 강제적인 연계를 갖고 있다.

넷째, 주어는 문법범주의 일종이다. 모든 문법범주는 의미와 형식의 통일체이며 주어 역시 예외가 아니다. 주어의 의미나 함의는 주어의 본질적 속성을 반영하고 주어의 성질에 대한 설명은 당연히 의미와 함의에 중점을 둔다.

다섯째, 주술구의 주어와 문장의 주어를 구별해야 한다. 주술구의 주어는 그 구의 직접성분이고 주술문의 주어는 그 문장의 직접성분이다. 예컨대, 주술구 '他来 그가 온다', '我知道 나는 안다'에서 '他'와 '我'는 구의 주어이지만 주술문 '我知道他来了 나는 그가 온 것을 안다'는 두 개의 주어가 있는데 '我'는 문장의 주어이고 '他'는 구의 주어이다. 주술문에서 문장의 주어는 한 개이며 문장 주어 외의 주어는 모두 주술구의 주어이다.

2.2.2 주어의 함의

상술한 주어에 대한 이론적 전제를 중국어의 주어에 적용하면 다음과 같다. 주어는 술어동사의 동원[9]을 나타내고 술어의 서술대상인 통사성분이다. 만약 문장에서 동원을 나타내고 서술대상을 나타내는 단어가 두 개 이상일 경우 주사동원을 우선 주어로 분석한다. 만약 문장에서 주사를 나타내는 단어가 두 개 이상일 경우 술어동사와 가장 긴밀하게 연계되어 있는 것을 우선 주어로 분석한다. 이 말은 다음과 같은 내용을 포함하고 있다.

첫째, 주어는 통사성분이지 의미성분도 아니고 화용성분도 아니다.

둘째, 주어는 의미기능을 가지고 있어서 술어동사와 연계되어 있는 강제적 의미성분(동원動元)을 나타낸다. 다시 말하면, 동원을 나타내지 않는 단어는 주어가 될 수 없다. 서술대상이 되는 단어라 하더라도 동원이 아니면 주어가 아니다. 예컨대, '去年他生了一场病 작년에 그는 한바탕 병을 앓았다', '王冕死了父亲 왕면은 아버지가 돌아가셨다'에서 '去年'과 '王冕'은 술어동사와 연계된 동원이 아니기 때문에 주어로 분석해서는 안 된다.

셋째, 주어는 화용기능을 가지고 있기 때문에 서술대상이 된다. 다시 말하면 서술대상이 아닌 단어는 동원을 나타낸다 하더라도 주어로 분석해서는 안된다. 예컨대, '小猫抓住了大老鼠 새끼고양이는 큰 쥐를 잡았다', '李四被张三批评了 이사는 장삼에게 비판 받았다'에서 '大老鼠'와 '张三'은 문장에서 술어동사와 연계된 동원이라고 하더라도 서술대상이

9　동원은 동사가 연계하는 강제성 의미성분으로, 이에 관한 것은 范晓(1991) 《动词的"价"分类》, 《语法研究和探索(五)》, 语文出版社 참조.

아니기 때문에 주어로 분석해서는 안된다.

넷째, 동원을 나타내는 두 개 이상의 단어가 모두 서술대상일 경우 주사동원을 나타내는 단어가 주어이다. 예컨대, '这个电影我看过了 이 영화 나는 보았다', '礼物我每个人都给一件 선물은 내가 모든 사람에게 한 개씩 준다'에서 '这个电影'과 '礼物'는 객사이고 '每个人'은 여사, '我'는 주사[10]이므로 위 두 문장은 모두 '我'가 주어이다.

다섯째, 주사를 나타내는 두 개 이상의 단어가 모두 동사 앞에 있을 때 술어동사와 가까이에 있는 주사가 주어이다. 예컨대, '小兰哪, 她今年已经二十岁了 소란, 그녀는 이미 스무 살이 되었다', '明天上海地区有大雨 내일 상해지역에 큰비가 온다'에서 '她'와 '上海'가 주어이다.

3. 주어의 변별문제

주어 변별은 한 가지 방법으로 해야 한다. 문법이론체계가 다르면 방법이 달라지고, 방법이 달라지면 결과 또한 다르다. 중국어의 주어를 변별할 수 있는 과학적인 방법이 필요하다.

3.1 주어를 변별하는 기준
주어를 변별하는 기준이나 방법은 여러 가지 있으며 이는 의미기준, 형식기준, 의미와 형식 결합기준 세 가지로 개괄할 수 있다.

---

[10] 주사에 관한 것은 范晓(1991)《试论语义结构中的主事》,《中国语言文学的现代思考》, 复旦大学出版社 참조.

3.1.1 의미기준

이것은 주어가 나타내는 의미로 주어를 변별하는 것이다. 어떤 이는 주어를 동작행위자, 즉 시사로 보기 때문에 시사인지의 여부에 따라 주어를 변별한다. 이는 이론상 통하지 않으며 실제에서도 통하지 않는다. 주어와 시사는 같지도 않고 상응하지도 않는다. 상술한 주어 성질에 대한 설명을 통해서 주어는 두 가지 의미가 있다는 것을 알 수 있다. 하나는 의미평면에서의 의미로, 주어는 반드시 동원을 나타낸다. 다른 하나는 화용평면에서의 의미로, 주어는 반드시 서술대상을 나타낸다. 주어의 의미는 이 두 가지로 개괄되기 때문에 '주어는 시사이다'라고 말하는 것보다 훨씬 정확하다. 그러나 주어의 이런 두 가지 의미에 근거하여 주어를 변별하는 것은 충분하지 않다. 왜냐하면 주어와 동원, 서술대상은 완전히 대응하는 것이 아니기 때문이다. 주어는 동원과 서술대상을 나타내지만 동원과 서술대상이 꼭 주어로만 표현되는 것은 아니다. 구체적인 문장에서 어떤 단어가 동원인지 아닌지, 서술대상인지 아닌지에 대해서는 사람마다 견해가 다르다. 예컨대, '台上坐着主席团', '他什么事情都懂'에서 어떤 이는 '台上'을 주어로 보고 어떤 이는 부사어로 본다. 또 어떤 이는 '他'와 '什么事情'을 주어로 보고 어떤 이는 '他'를 주어로, '什么事情'을 목적어로 본다. 이로써 알 수 있듯이, 의미에만 근거해서는 주어를 변별할 수 없다.

3.1.2 형식기준

문법의미는 문법형식을 통해서 표현되므로 주어는 의미를 갖고 또 의미를 나타내는 형식도 갖는다. 따라서 형식특징으로 주어를 변별해

야 하고 또 변별할 수 있다. 형식변화가 풍부한 언어에서 주어는 협의
의 형태표지가 있기 때문에 주어를 변별하는 것이 용이하다. 중국어는
협의의 형태가 부족하여 형식으로 주어를 변별하는 것이 어려운 편이
다. 그러나 중국어는 주어의미를 나타내는 형식이 없는 것이 아니고
이러한 형식특징이 다소 광범위하고 다양하다. 1950년대 주어와 목적
어 관련 대토론에서 어떤 이는 중국어 주어의 형식특징을 "문두에 나
오는 체언이나 체언구조이다"[11]라고 하였다. 현재 어떤 문법서는 이러
한 형식특징으로 중국어 주어를 분석한다. 이 형식특징은 다음 두 가
지를 포괄한다. 하나는 어휘 분류상 주어는 체언성 단어라는 것이고
다른 하나는 주어는 문두에 온다는 것이다. 이러한 형식특징으로 중국
어 주어를 변별하는 것은 의미로 변별하는 것보다 훨씬 분명해졌다.
그러나 다음과 같은 문제를 갖고 있다. (1) 중국어 문장의 주어가 반드
시 체언성 단어인 것만은 아니다. 동사성 단어도 때로 주어가 될 수 있
다. 예컨대, '打是疼, 骂是爱 때리는 것은 아끼는 것이고 꾸짖는 것은 사랑하
는 것이다'에서 '打'와 '骂'는 모두 동사가 주어가 된 경우이다. (2) 문두의
명사성 단어가 반드시 주어인 것만은 아니다. 왜냐하면 "문두의 명사
성 성분으로는 주어 외에도 문두의 수식어, 독립어, 제시어, 삽입어"가
있다[12]. 예컨대, '刚才他来过电话 방금 그가 전화했었다', '一会儿又下起
雨来了 잠시 후 또 비가 오기 시작했다', '老王, 我读过他的文章 노왕, 나는 그
의 글을 읽은 적이 있다'에서 '刚才', '一会儿', '老王' 등은 주어로 분석하기
어렵다. 물론 앞서 언급한 형식기준을 철저히 관철하려면 문두에 있는

---

11 邢公畹(1955)《论汉语造句法上的主语和宾语》,《语文学习》9月号 참조.

12 胡裕树(1982)《试论汉语句首的名词性成分》,《语言教学与研究》4期.

명사성 단어를 모두 주어로 분석해야 한다. "이렇게 하는 것이 명쾌하
긴 하지만 그럴 경우, 주어와 목적어의 구분이 의미가 없어지고 전혀
의미 없는 명칭이 되어버린다."[13] 따라서 단순히 명사성 단어와 문두 위
치만으로 주어를 변별하는 것은 매우 부족하다.

3.1.3 형식과 의미 결합 기준

주어와 목적어 관련 대토론 시, 많은 사람들이 형식과 의미 결합원
칙에 동의하는 경향을 보였다. 그러나 도대체 형식이 무엇인가? 또 어
떻게 결합할 것인가? 이러한 문제에 대해서는 충분한 토론을 갖지 못
했기 때문에 현재까지 명확한 견해가 부재하다. 주어의 의미에 대해서
는 앞에서 이미 설명한 바 있고, 주어의 형식특징에 대한 필자의 견해
는 다음과 같다. (1) 서술대상을 나타내고 또 동원을 나타내는 명사성
단어(비명사성 단어는 조건부로 주어가 될 수 있음[14])가 충당한다. (2)
술어동사 앞에 위치한다(화용상의 도치는 예외). (3) 주어 앞에 개사가
올 수 없다. (4) 술어동사 앞에 만약 동원을 나타내는 단어가 두 개 이상
올 경우 주사를 나타내는 것이 주어이다. 술어동사 앞에 주사를 나타
내는 동원이 두 개 이상 올 경우 위치상 동사에 가까운 것이 주어이다.

형식과 의미를 상호결합한 방법으로 주어를 변별하는 것은 형식과
의미를 동시에 고려하는 것으로 "형식과 의미가 서로 결합되어, 형식
을 말할 때 의미측면에서도 검증이 되어야 하고, 의미를 말할 때 형식
측면에서도 검증이 되어야 한다"[15]. 의미측면에서 보면 주어는 우선 동

---

13   呂叔湘(1979)《汉语语法分析问题》p.71, 商务印书馆.
14   范晓(1992)《VP主语句》,《语法研究和探索(六)》, 语文出版社 참조.
15   朱德熙(1985《语法答问》p.80, 商务印书馆.

원이어야 하고 또한 서술대상이어야 한다. 일부 명사성 단어는 문두에 위치하나 동원을 나타내지도 않고 서술대상도 아니라면 주어로 분석해서는 안 된다. 예컨대, '上午我们开了一个会 오전에 우리는 회의를 열었다'에서 '上午'가 그러하다. 형식측면에서 보면, 주어는 반드시 주어로서의 표현형식을 갖추어야 하며 의미상 서술대상과 동원이라고 하더라도 주어로서의 표현형식에 부합하지 않으면 주어로 인정하지 않는 것이 좋다. 예컨대, '小老鼠被大花猫逮住了 새끼 쥐가 큰 얼룩고양이에게 잡혔다', '对于这件事, 我们还没研究过 이 일에 대해서 우리는 아직 연구한 적이 없다'에서 '大花猫'는 시사동원, '这件事'는 서술대상이자 수사동원이지만 앞에 개사(被, 对于)가 있기 때문에 주어로 분석할 수 없다. 형식과 의미를 상호결합한 방법으로 주어를 변별할 때 같기도 하고 다르기도 한 주술구와 주술문의 주어를 구별해야 한다. 같은 점은 의미상 주어는 동원을 나타내기도 하고 서술대상을 나타내기도 한다. 형식상 주어는 모두 술어동사 앞에 있으며 주어 앞에 개사가 올 수 없다. 다른 점은 두 가지가 있다. 첫째, 주술구는 주사동원만이 주어가 될 수 있지만 주술문은 주사동원 외에 객사동원이나 여사동원도 주어가 될 수 있다. 둘째, 주술구의 주어는 위치가 모두 동사 앞으로 고정되어 있다. 예컨대, '鸡叫 닭이 운다', '天气好 날씨가 좋다', '工作认真 일은 착실하게 한다', '狗咬猫 개가 고양이를 문다'가 그러하다. 만약 위치가 변하면 다음 세 가지 상황이 발생한다. (1) 의미가 통하지 않거나 구가 성립하지 않는다. 예컨대, '鸡叫'가 '叫鸡'로 되면 성립하지 않는다. (2) 구조관계가 변한다. 예컨대, '天气好가 '好天气 좋은 날씨'로 되면 주술구조에서 관형어중심어구조로 변한다. (3) 구조가 변하지 않으면 실제의미가 달라져 주어가 바뀐다. 예컨대, '狗咬猫'가 '猫咬狗 고양이가 개를 문다'로 되는 경우가 그러하다. 주술문에서의 주어는 특정한 화용표현에서 때로는 술어동사 뒤에 놓이기도 한다. 예컨대, '快进来吧, 你们! 빨리 들어와라, 너희들!', '拿去吧, 这些东西! 가져가라, 이 물건들!'가 그러하다.

3.2 주어 변별에 관한 몇 가지 문제

3.2.1 명사술어문의 주어 문제

명사술어문('명술문'으로 약칭)은 명사성 단어가 술어인 문장이다. 명술문은 그 수가 적은 편이며 주로 날짜, 날씨, 출신, 신분, 수량 등을 나타낸다.

① 今天星期六。오늘은 토요일이다. / 明天晴天。내일은 맑은 날이다.

② 我上海人。나는 상해사람이다. / 小王中学生, 小李大学生。소왕은 중학생이고, 소리는 대학생이다.

③ 他六十公斤。그는 60킬로이다. / 牛大水二十三岁。우대수는 23살이다.

④ 一斤苹果两元钱。사과 한 근은 2위안이다. / 车厢里一边一条凳子。객실칸 안에 한 쪽은 등받이 없는 의자가 있다.

⑤ 地上净水。땅 위는 온통 물이다. / 天上一片白云。하늘에는 흰구름이 한 조각 있다.

⑥ 那个人黄头发、大眼睛。그 사람은 노란 머리, 큰 눈을 가지고 있다. / 他好大的志气! 그의 원대한 패기!

명술문에서 술어 앞 명사성 단어는 서술대상이라는 점은 의심의 여지가 없지만 문제는 그것이 동원인가라는 점이다. 의미평면에서 분석하면 어떠한 문장이든 모두 동핵이 있다. 명술문은 심층에는 물론 동핵이 있지만 표층에는 생략되거나 숨겨져 있다. 위의 예들은 서술대상과 술어 사이에 어떤 동사를 첨가할 수 있는데 대다수는 '是'나 '有'이고 소수는 다른 동사들이다. 예컨대, '今天是星期六', '我是上海人', '他有六十公斤', '一斤苹果是两元钱', '地上净是水', '那个人长着黄头发'이다. 감탄문인 '他好大的志气'는 동사를 첨가할 수 없는 것처럼 보이지만 만약 '他很大的志气'와 같은 서술문이라면 '他有很大的志气'처럼 동사를 첨가할 수 있다. 일부 문장을 부정문으로 바꾸려면 동사는 반드시 나타나야 한다. 예컨대, '今天不是星期六 오늘은 토요일이 아니다', '我不是上海人 나는 상해사람이 아니다'처럼 이러한 문장들은 의미평면에서 동핵을 갖고 있음을 반증한다. 명술문의 주어도 여전히 동원을 나타내고 있음을 알 수 있다. 일부 명술문의 문두에는 서술대상이 되는 명사성 단어가 두 개 이상 올 수 있다.

① 他的儿子小明已是大学生了。그의 아들 소명은 이미 대학생이 되었다. / 司机老王已经五十岁了。운전기사 노왕은 이미 50살이 되었다.

② 车厢里一边一条凳子。객실칸 안에 한 쪽은 등받이 없는 의자가 있다. / 集市上一斤苹果两元钱。시장에서 사과 한 근은 2위안이다.

여기에는 두 가지 상황이 있다. 하나는 두 개의 명사성 단어가 재귀하는 관계를 갖고 있어 재귀하는 구가 주어임을 알 수 있는데, 예①의

'他的儿子小明', '司机老王'이 그렇다. 다른 하나는 동원을 나타내는 단어가 주어인데 예②의 '一边', '一斤苹果'가 그러하다.

3.2.2 시간공간명사어의 주어 문제

일부 문두에 위치한 시간공간명사어(시간과 장소를 나타내는 명사성 단어)를 주어로 보는 것에는 별다른 이견이 없다. 예컨대, '今天是星期二 오늘은 화요일이다', '明天有雨 내일은 비가 온다', '屋里有人 집안에 사람이 있다', '外头很冷 밖은 아주 춥다' 등과 같은 문장에서 '今天, 明天, 屋里, 外头'를 주어로 분석하는 것에 반대하는 사람은 아마도 없을 것이다. 이러한 문장에서 시간공간명사어가 술어의 서술대상이자 동사의 동원을 나타내고 있어 '사물성'을 구현하고 있기 때문이다. 그러나 일부 문두에 나오는 시간공간명사어가 주어인지의 여부에 논쟁이 있다.

① 今天来了一个人。오늘 한 사람이 왔다. / 昨晚上下了一场雨。어제 밤에 비가 한 바탕 내렸다.

② 前面来了一个人。앞에서 한 사람이 왔다. / 湖面上冒起了一团浓烟。호수면에서 짙은 연기가 피어 올랐다.

③ 台上坐着主席团。단상에 주석단이 앉아 있다. / 墙上挂着一幅画。벽에 그림 한 폭이 걸려있다.

④ 台上(正)唱着黄梅戏。단상에서 황매극을 부르고 있다. / 屋里(正)开着会议。집 안에서 회의가 열리고 있다.

⑤ 五十年代他在北京工作。50년대에 그는 북경에서 일했다. / 一年后他考上了研究生。일년 후 그는 대학원에 붙었다.

264

⑥ 院子里我种了一棵桂花树。정원에 나는 계수나무 한 그루를 심었다. / 小河旁, 芳芳在洗衣服。개천가에서 방방은 옷을 빨고 있다.

⑦ 广州我去过了。광주에 나는 가본 적이 있다. / 战争年代他都经历过了。전쟁시기에 그는 모두 겪어봤다.

⑧ 20万年前地球上出现了智人。20만년 전 지구에 호모사피엔스가 나타났다. / 世界上去年有几件大事。세계적으로 작년에 몇 가지 큰 일이 있었다.

⑨ 昨天, 茶话会上, 他唱了一首民歌。어제, 다과회에서 그는 민요 한 곡을 불렀다. / 校园里, 昨天师生们种了许多树。교정에, 어제 교사와 학생들이 많은 나무를 심었다.

⑩ 他今天城里有事。그는 오늘 시내에 일이 있다. / 我昨天操场上摔了一跤。나는 어제 운동장에서 자빠졌다.

위의 예①~예⑥의 문두에 있는 시간공간명사어는 주어로 보기도 하고 부사어로 보기도 한다. 예⑦의 문두에 있는 시간공간명사어는 주어로 보기도 하고 목적어로 보기도 한다. 예⑧의 동사 앞에 두 개의 시간공간명사어는 모두 주어로 보기도 하고 그 중 장소명사어는 주어이고 시간명사어는 부사어로 보기도 한다. 예⑨와 예⑩의 동사 앞에 세 개의 명사성 단어(그 중 두 개는 시간공간명사어)가 있는데 어떤 이는 세 개 모두 주어로 보기도 하고 어떤 이는 문장에서 시사를 나타내는 명사어는 주어로, 시간공간명사어는 부사어로 보기도 한다. 만약 문두나 동사 앞의 명사성 단어를 모두 주어나 서술대상으로 간주하고 그 단어가 술어동사의 동원인지의 여부를 고려하지 않는다면 문두의 시간공간명사어를 모두 주어로 간주하게 되거나 심지어는 동사 앞의 시간공간명사어를 모두 주어로 간주하게 된다. 본문은 주어를 서술대상이자 동원을 나타내는 통사성분으로 보기 때문에 만약 동사 앞 또는 문두의 명사어가 동원이 아니면 주어가 아니다. 이러한 문장의 시간공간명사어는 화용상 주제어이고, 통사상 부사어이다. 그러나 예①, 예②, 예③과 예④, 예⑤, 예⑥은 차이가 있다. 전자의 문장은 주어가 없는 '부사어-동사-목적어' 형식의 비주술문이고 후자는 모두 시사동원을 나타내는 단어가 주어로 충당(예④는 주어가 생략됨)되기 때문에 모두 주술문이다. 예⑦과 예⑧의 술어동사 앞에는 동원을 나타내는 단어가 두 개 있는데 '주사 우선 주어' 원칙에 따라 예⑦의 주사 '我', '他'는 주어이다. 시간공간명사어가 나타내는 객사는 화용상 주제어이고 통사에서는 목적어로 즉 목적어가 주제어화된 것이다. 예⑧의 술어동사 앞에 시간공간명사어가 두 개 있는데 만약 각각 '出現', '有'와 연계가 발생하면 그것들은 모두 주사동원으로 볼 수 있어 술어동사 앞의 주사가 두 개 있을 경우 동사에 가까운 것이 우선 주어가 된다는 원칙에 따라 예⑧은 '地球上'과 '去年'은 주어이다. 예⑨와 예⑩은 술어동사 앞에 명사어가 세 개 있는데, 주어는 서술대상을 나타내며 동시에 동원을 나타내야 한다는 원칙에 따라, 이 두 문장은 모두 시사명사가 주어이고 시간공간명사어는 동원을 나타내지 않으므로 부사어로 분석할 수 있다.

3.2.3 주술술어문의 주어 문제

만약 동사 앞에 있는 명사성 단어를 주어로 간주하면 동사 앞에 두 개 이상의 명사성 단어가 있는 문장을 주술술어문이라고 칭하면서 이러한 문장에는 '대주어', '소주어' 또는 '두 개의 주어', '세 개의 주어' 등이 있다고 여긴다. 현재 학자들간에는 이러한 문장의 범위에 대하여 이견이 존재한다. 어떤 이는 범위 제한을 엄격하게 하여 동사 앞 두 개의 명사에 영속관계가 있는 문장만을 주술술어문으로 간주한다. 예컨대, '象鼻子长 코끼리는 코가 길다'와 같은 경우이다. 어떤 이는 그 범위를 넓게 보아 아래의 문장들을 모두 주술술어문으로 간주한다.

① 这个人哪, 脑力灵, 魄力大。 이 사람은, 머리가 영민하고, 박력이 있다. / 那所学校规模很大。 그 학교는 규모가 아주 크다.

② 小王学习很努力。 소왕은 학습에 매우 열심이다. / 那个人哪, 办事挺认真。 그 사람은, 일 처리가 매우 꼼꼼하다.

③ 那个地方物产很丰富。 그 곳은 생산물이 매우 풍부하다. / 夜里蚊虫非常多。 밤에는 모기가 아주 많다.

④ 这把刀我切肉。 이 칼은 내가 고기를 썬다. / 那支笔我写小字。 그 펜은 내가 작은 글자를 쓴다.

⑤ 上午他去重庆了。 오전에 그는 중경에 갔다. / 北京他有熟人。 북경에 그는 지인이 있다.

⑥ 兄弟两人, 哥哥做工, 弟弟务农。 형제 둘 중, 형은 일하고 동생은 농사짓는다. / 他们有的坐着, 有的躺着。 그들 중 어떤 이는 앉아 있고, 어떤 이는 누워 있다.

⑦ 这本书我看过了。 이 책은 내가 읽은 적이 있다. / 自行车他骑出去了。 자전거는 그가 타고 나갔다.

⑧ 我这本书看过了。나는 이 책을 읽은 적이 있다. / 这个人一句话
都不肯说。이 사람은 한 마디도 하려고 하지 않는다.

⑨ 这件事我有经验。이 일은 내가 경험이 있다. / 那条路他很熟
悉。그 길은 그가 아주 익숙하다.

⑩ 老王, 他是北京人。노왕, 그는 북경사람이다. / 李德嘛, 这个人
挺义气。이덕, 이 사람은 의리가 있다.

주어는 서술대상이자 동원을 나타낸다는 관점에 근거하면 예①~
예⑥의 문두 서술대상은 모두 동원을 나타내지 않는 단어이므로 화용상
주제어이지만 통사상 주어가 아니다. 술어동사 앞에 만약 두 개 이상의
동원이 있을 때, 주사가 우선 주어가 된다는 규칙에 따라 예⑦, 예⑧, 예
⑨에서는 주사(我, 他, 这个人)가 주어이다. 문장 내의 '这本书, 自行车,
一句话, 这件事, 那条路'는 동원을 나타내지만 문장의 주어는 아니다.
예⑦은 목적어가 주제어화된 것이고 예⑧은 목적어가 앞에 놓인 것이며
예⑨는 여사인 단어가 주제어가 된 것이다. 예⑩의 술어동사 앞에 두 개
의 명사성 단어는 모두 주사이다. 동사 앞에 만약 두 개의 주사가 있으면
동사에 가까운 주사가 우선 주어가 된다는 규칙에 따라 이 두 문장 내의
'他, 这个人'은 주어이고 '老王, 李德'는 주제어이다.

위에서 들었던 예문은 소위 '두 개의 주어'라고 말하는 것들이다. 만약
동사 앞에 있는 여러 개의 명사가 모두 주어라는 관점을 관철한다면 '세
개의 주어', '네 개의 주어', '다섯 개의 주어'와 같은 문장이 생길 것이다.

① 这几天我心里颇不安静。요 며칠 나는 마음이 매우 불안정하다. /

昨天展览会里参观者特别多。 어제 전람회에 참관하는 사람들이 특히 많았다.

② 昨天会上这问题大家没讨论。 어제 회의에서 이 문제는 모두가 토론하지 않았다 / 这文章我的意见第二段你最好修改一下。 이 글에서 내 의견인 두 번째 단락은 네가 한 번 수정하는 것이 제일 좋겠다.

③ 这事儿我现在脑子里一点印象也没有了。 (引吕叔湘例) 이 일은 내가 지금 머리 속에 전혀 기억이 없다.(吕叔湘의 예문 인용)

예①, 예②, 예③은 주어가 세 개, 네 개, 다섯 개 있는 문장으로 간주된다. 이러한 분석에 대하여 吕叔湘은 "유용한 변별법을 오히려 애매모호하게 만든 것은 아닌가?"라고 의문을 가졌는데, 이러한 의문은 매우 타당하다. 필자는 상술한 문장의 주어가 하나뿐이라고 여긴다. 예③을 보면 동사 '没有' 앞에는 동원을 나타내는 단어가 두 개('脑子里', '印象') 있다. 주사가 우선 주어가 된다는 관점에 따라 '脑子里'가 주어이고 '印象'은 목적어가 앞에 놓인 것이며, '这事儿', '我'는 주제어, '现在'는 부사어로 분석할 수 있다. 이로써 알 수 있듯이 중국어에는 '주술술어문'이 존재하지 않고 또한 하나의 문장에 여러 개의 주어가 존재하지 않는다.

4. 중국어 문장의 주어 분류

4.1 주어 분류의 기준 문제

문장의 주어를 분류하는 것은 주어에 대한 인식을 심화시키는 데 도움이 되고 문장의 구조 유형을 분석하는 데도 도움이 된다. 주어를 분류하려면 기준이 있어야 하며 기준이 다르면 분류도 달라질 것이다. 趙元任은 주어를 명사성 단어, 동사성 단어, 시간·장소·조건을 나타내는 단어, 개사가 이끄는 동작자주어, 기타 개사구, 주술주어 등으로 분류하였다[16]. 이것은 하나의 기준으로 분류한 주어 유형이 아니다. 그 중 명사성 단어, 동사성 단어, 개사구는 통사기능에 근거하여 분류한 것이고, 시간·장소·조건을 나타내는 단어와 개사가 이끄는 동작자는 의미나 단어의 뜻에 근거하여 분류한 것이다. 그래서 이러한 분류는 과학적이지 않다.

필자는 서로 다른 각도에서 서로 다른 기준에 근거하여 주어를 분류하는 방법으로 다음 세 가지 분류법이 있다고 여긴다. (1) 주어가 나타내는 의미기능에 따른 분류(즉 주어와 술어동사 간의 의미관계에 따른 주어 분류), (2) 주어가 되는 단어의 성질에 근거한 분류, (3) 술어의 종류에 따라 구성하는 문형에 근거한 분류이다.

4.2 주어와 술어동사의 의미관계에 근거한 주어 분류

주어가 의미구조에서 의미를 나타내는 기능에 따라 분류한 것으로, 다음 세 가지가 있다.

4.2.1 주사주어

주어가 의미상 주사를 나타내는 주사주어는 주사주어문을 형성하는데 중국어에는 이러한 문장이 가장 많다. 주사주어는 다음과 같이

---

16 趙元任(1979)《汉语口语语法》pp.51-53, 商务印书馆.

소분류할 수 있다. (1) 시사주어. 시사는 행위자를 가리키며, 동작동사가 연계하는 주체동원이다. 예컨대, '牛吃庄稼啦 소가 농작물을 먹는다', '父亲睡了 아버지는 주무신다'. (2) 계사주어. 계사는 성상과 관련된 주체이며, 성질 및 상태동사와 연계된 주체동원이다. 예컨대, '病人瘫痪了 환자는 반신불수가 되었다', '夜静悄悄的 밤은 아주 고요하다'. (3) 기사주어. 기사는 관계된 쌍방에서 시작하는 주체이며, 관계동사와 연계된 주체동원이다. 예컨대, '北京是中国的首都 북경은 중국의 수도이다', '鲸鱼属于哺乳类动物 고래는 포유동물에 속한다'.

4.2.2 객사주어

주어가 의미상 객사를 나타내는 객사주어는 객사주어문을 형성하는데 중국어에는 이러한 문장이 적지 않다. 객사주어문에는 보통 주사가 나타나지 않는데 "시사가 보이지 않는 것은 생략 때문이 아니다"[17]. 또는 주사를 나타내는 단어가 있지만 주어가 되지는 않는다. 예컨대, '他的话说完了 그의 말은 끝났다', '那皮球被小王踢坏了 그 고무공은 소왕이 차서 망가뜨렸다'에서 전자의 주사는 관형어 위치에 있고, 후자의 주사는 개사 '被' 뒤에 와서 개사의 목적어가 되었다. 물론 모든 객사가 주어가 될 수 있는 것은 아니다. 객사주어는 다음과 같이 소분류할 수 있다. (1) 수사주어. 수사는 동작을 받는 자를 가리키며, 동작동사와 연계된 객체동원이다. 예컨대, '衣服被树枝刮破了 옷은 나뭇가지에 걸려 찢어졌다', '奴隶们解放了 노예들은 해방되었다'. (2) 성사成事주어. 성사

17 吕叔湘(1946)《从主语宾语的分别谈国语句子的分析》,《开明书店二十周年纪念文集》, 开明书店.

는 동작의 결과나 성과를 가리키며, 동작동사와 연계된 객체동원이
다. 예컨대, '他的文章已经写好了 그의 글은 이미 다 썼다', '那口井已经挖
成了 그 우물은 이미 팠다'. (3) 위사位事주어. 위사는 동작이 도달하는 위
치나 목표를 가리키며, 동사와 연계된 객체동원이다. 예컨대, '北京站
到了 북경역에 도착했다', '劳动节来到了 노동절이 왔다'.

4.2.3 여사주어

주어가 의미상 여사를 나타내는 여사주어는 여사주어문을 형성하
는데 중국어에는 이러한 문장이 매우 적다. 예컨대, '每人都给一件礼
物 매 사람에게 선물 하나를 준다', '职工们都分到了新房子 직공들은 모두 새
집을 분배 받았다'.

어떤 문법서는 이외에 '시간주어', '장소주어', '도구주어' 등을 언급
하고 있다.

① 今天是中秋节。오늘은 추석이다. / 晚上会下雨。저녁에 비가 올
   것이다. ('今天', '晚上'을 시간주어로 분석)
② 北京是中国的首都。북경은 중국의 수도이다. / 教室里在上课。
   교실에서는 수업 중이다. ('北京', '教室'를 장소주어로 분석)
③ 那把钥匙开不了锁。그 열쇠는 자물쇠를 열 수 없다. / 这把刀我
   切肉。이 칼로 나는 고기를 썬다.('钥匙', '刀'를 도구주어로 분석)

필자는 '시간주어', '장소주어', '도구주어'라는 것은 없으며 구체적
인 문장을 가지고, 그 구조 속에서 분석해야 한다고 생각한다. 문두의

시간공간명사어가 만약 동작(또는 사건)의 발생시간이나 장소를 나타내고, 도구를 나타내는 명사어가 동작의 도구나 방식을 나타낸다면, 그것들은 모두 동원이 아니고 상원[18]으로 통사상 주어가 아닌 부사어로 분석할 수 있다. 예①의 今天, 예②의 北京, 예③의 那把钥匙가 그러하다. 만약 주어가 됐다면 의미상으로도 시간, 장소, 도구가 아니다. 어떤 것은 기사('今天', '北京')로 분석할 수 있고 어떤 것은 시사('那把钥匙')로 분석할 수 있다[19]. 어휘의미로 개괄해낸 시간, 장소, 도구를 나타내는 명사는 문장을 떠나서는 동원인지 상원인지를 판단하기 어렵기 때문에, 구조 속에서 판단해야 한다.

4.3 주어가 되는 단어의 성질에 근거한 주어 분류

주어가 되는 단어는 주로 명사성 단어이지만 비명사성 단어도 일정 조건하에서는 주어가 될 수 있기 때문에 명사성 단어와 비명사성 단어로 분류할 수 있다. 예컨대, 전자는 '张三批评了李四 장삼은 이사를 비판하였다', '工人们在造大桥 노동자들은 다리를 놓고 있다', '他是老师 그는 선생님이다', 후자는 '打是爱, 骂是疼', '浪费时间等于浪费生命 시간을 낭비하는 것은 생명을 낭비하는 것과 같다', '勤劳致富光荣! 부지런히 일해서 부자가 되는 것은 영광스런 일이다'이다.

---

[18] 상원에 관한 것은 范晓(1991)《动词的"价"分类》,《语法研究和探索(五)》, 语文出版社 참조.

[19] 도구가 능력의 성질을 갖고 있으면 시사가 될 수 있다. 예컨대, "从桌上掉下的一把刀砍伤了他的脚 탁자에서 떨어진 칼이 그의 발을 다치게 했다"에서 '刀'는 시사이다. 본고는 광의의 동사에 대한 관점을 채택하고 있기 때문에 '동술문'은 일반 문법서가 말하는 '동사술어문'과 '형용사술어문'을 포함한다.

4.4 술어의 종류에 따른 문형에 근거한 분류

술어의 종류에 따른 문형은 동사술어문, 형용사술어문, 명사술어문으로 분류할 수 있고 주어도 상응되게 동사술어문 주어, 형용사술어문 주어, 명사술어문 주어로 분류할 수 있다. '他走了 그는 갔다', '小李买本新书 소리는 새 책을 산다'에서 '他', '小李'는 동사술어문 주어이고, '李明很勇敢 이명은 아주 용감하다', '她的脸红彤彤 그녀의 얼굴은 새빨갛다'에서 '李明', '她的脸'은 형용사술어문 주어이며 '今天星期六 오늘은 토요일이다', '鲁迅绍兴人 노신은 소흥사람이다'에서 '今天', '鲁迅'은 명사술어문 주어이다.

[참고문헌]

范晓(1996)《三个平面的语法观》, 语言学院出版社
胡裕树主编(1981)《现代汉语》, 上海教育出版社
李临定(1985)《主语的语法地位》, 《中国语文》第1期
李讷 · 汤姆逊(1983)《汉语语法(黄宣范译)》, 文鹤出版有限公司
吕叔湘(1979)《汉语语法分析问题》, 商务印书馆
汤廷池(1988)《汉语词法句法论集》, 学生书局
文炼(1957)《时间、空间和方位》, 新知识出版社
朱德熙(1985)《语法答问》, 商务印书馆
中国语文杂志社编(1956)《汉语的主宾语问题》, 中华书局

원문은《语言研究的新思路》上海教育出版社 1998年에 수록

제10장

중국어의 목적어 문제에 관한 고찰

1955년 7월《语文学习》편집부가 주최한 중국어 주어와 목적어 문제 대토론은 1956년 12월《中国语文》잡지사가 토론내용을《汉语的主语宾语问题》로 엮어 中华书局가 출판하기까지 전후로 근 1년간 이어졌다. 중국언어학계의 품사문제 대토론을 이은 주어와 목적어 대토론은 규모가 큰 주제학술토론이며 어떻게 중국어의 주어와 목적어를 확정할 것인가 하는 문제에 집중하였다. 토론에서 학자들은 여러 가지 대표성을 띤 언어자료들을 제시하면서 자신들의 의견을 내세웠다. 대다수의 학자들은 중국어의 주어와 목적어 문제를 해결하려면 '의미'와 '형식'을 동시에 고려해야 한다고 주장하였는데 어떻게 동시에 고려하느냐라는 문제에 대해서는 의견이 일치되지 않았다. 그러나 전체적으로 볼 때 이 토론은 중국어문법연구를 촉진하는 역할을 하였다. 주어 문제에 관하여 필자는 이미 논문을 발표[1]하였기에 본고에서는 중국어의 목적어에 대해서만 논할 것이며 이를 통하여 50년 전 토론을 기념하고자 한다.

---

1 范晓(1998)《汉语句法结构中的主语》,《语言研究的新思路》, 上海教育出版社.

1. 중국어의 목적어 연구현황

1.1 중국어의 목적어 분석에 대한 학계의 이견

중국어문법에서 목적어를 어떻게 확정할 것인가는 난제 중의 난제이다. 협의의 형태가 풍부한 굴절어에서는 협의의 형태에 근거하여 확정할 수 있다. 예컨대, 목적격과 여격은 그 형태에 근거하여 직접목적어와 간접목적어를 확정할 수 있다. 중국어는 협의의 형태가 매우 적기 때문에 목적어를 확정하는 데 어려움이 있다. 50년 전에 언어학계는 '중국어의 주어와 목적어 문제' 대토론에서 목적어 확정은 '의미'와 '형식'을 동시에 고려하여야 한다고 하였으나, 이론과 방법면에서 차이가 있어 어떻게 '동시에 고려할 것인가'라는 점에는 이견이 존재한다. 당시 주로 다음 세 가지 의견이 있었다. (1) 의미에 편중된 견해로 목적어 확정은 의미를 위주로 해야 한다는 것이다. 예컨대, 목적어를 분석할 때 "결정적인 역할을 하는 것은 의미이다", "중국어 주어와 목적어를 확정하는 것은 주로 의미에 근거해야 한다"[2]. (2) 형식에 편중된 견해로 목적어 확정은 형식을 위주로 해야 한다는 것이다. 예컨대, 목적어를 분석할 때 "단어의 순서와 위치를 위주로 하고 의미를 보조로 해야 한다", "일반적인 상황에서 시사나 수사에 상관없이 동사 앞에 있는 것이 주어이고 동사 뒤에 있는 것이 목적어이다"[3]. (3) 의미와 형식을 똑같이 중요시해야 한다는 견해다. 예컨대, "구조와 의미를 동시에 고려해야 하며……구조에서 의미를 발견해야 하고 구조와 의미 간

---

2   中国语文杂志社(1956)《汉语的主宾语问题》p.114, p.126, 中华书局.
3   中国语文杂志社(1956)《汉语的主宾语问题》p.40, p.52, 中华书局.

에 존재하는 정확한 관계를 찾아내야 한다"[4].

　모두가 공인하는 중국어의 목적어 확정 근거나 기준이 없기 때문에 토론 후에 출판한 문법저서나 중국어교과서에는 목적어에 대한 인식이 제각각이어서 문장에서 어떤 단어가 목적어인지를 분석할 때 이견이 존재한다. 예컨대, 수사명사가 동사 앞이나 문두(시사명사 앞)에 나올 때 목적어인지의 문제에서 의견이 서로 다르다. 대표성을 띠는 몇 권의 저서를 보면 다음과 같다. 丁声树는《现代汉语语法讲话》에서 위치를 기준으로 해야 한다고 주장하여 목적어는 '동사 뒤'에 오고, 동사 앞의 명사성 단어는 모두 주어로 분석해야 한다고 하였다. 예컨대, '你什么都懂 너는 무엇이든 다 안다', '这位老人家我也认得 이 노인은 나도 안다', '我饭也吃过了, 水也喝过了 나는 밥도 먹었고, 물도 마셨다'에서 '什么, 这位老人, 饭'을 모두 주어로 보고 있다[5]. 人民教育出版社의《汉语知识》는 "목적어는 동사 뒤의 연대성분으로 동작이 미치는 사람이나 사물을 나타낸다"고 하였다. 그러나 또 혹자는 "목적어는 동사 앞에 쓰여 동사의 전치목적어가 된다"고 하였다. 예컨대, '我谁都不认识 나는 아무도 모른다', '他一口水都没喝 그는 물 한 모금도 마시지 않았다', '雨来把书藏在怀里 우래는 책을 품에 숨겼다'에서 '谁, 水, 书'를 모두 목적어로 분석하고 있다[6]. 胡裕树는《现代汉语》에서 "목적어는 보통 동사 뒤에 위치하지만 동사 앞에도 위치할 수 있다"고 하였다. 예컨대, '他什么都会 그는 무엇이든 다 할 줄 안다', '我一个人都不认得 나는 한 사람도 알지 못한다', '我上海也到过, 天津也到过 나는 상해도 가본 적 있고, 천진도 가본 적 있다'

4　文炼・胡附(1956)《谈宾语》,《汉语的主宾语问题》p.135, 中华书局.
5　丁声树(1961)《现代汉语语法讲话》p.73, pp.25-27, 商务印书馆.
6　人民教育出版社(1959)《汉语知识》p.56, pp.128-129, 人民教育出版社.

에서 '什么, 一个人, 上海, 天津' 등을 모두 목적어로 분석하고 있다. 아울러 "목적어는 동사의 앞에 와도 목적어의 위치가 바뀌었을 뿐 동사와 목적어 간의 구조관계는 변함이 없다"[7]. 朱德熙는 《语法讲义》에서 "정상적인 상황에서 주어는 술어 앞에 있고 목적어는 술어 뒤에 있다". 그래서 술어동사 앞의 수사명사는 모두 주어로 본다. 예컨대, '我们什么活儿都干 우리는 무슨 일이든 모두 한다'에서 '什么活儿'는 주어로 분석한다[8]. 吕冀平은 《汉语语法基础》에서 "문장에서 동사의 지배나 제약을 받는 대상으로 '무엇, 무슨'이나 '누구' 등의 문제에 대답하며, 동사 뒤에 놓이는 성분을 목적어라고 부른다." 그러나 "목적어는 동사 앞에 놓일 수 있고 또는 경우에 따라서는 동사 앞에 놓여야 한다"고 하였다. 예컨대, '他什么也不知道了 그는 아무것도 몰랐다', '什么他也不知道了 무엇인지 그도 몰랐다'에서 '什么'를 목적어로 분석하였다. 屈承熙의 《汉语认知功能语法》에서는 동사 앞에 시사와 수사가 있을 때 시사가 우선 주어가 되기 때문에 '我写信了 나는 편지를 썼다', '信我写了 편지는 내가 썼다', '我信写了 나는 편지 썼다'에서 '我'는 주어, '信'은 목적어로 분석하였다. 李英哲 등도 유사한 견해를 갖고 있어 화제가 되는 언어환경에서 중국어의 목적어는 앞에 올 수 있기 때문에 '직접목적어+주어+동사'(床我没有 침대는 난 없다)와 '주어+직접목적어+동사'(小任青菜不吃 소임이 청경채는 먹지 않는다)는 목적어가 앞에 놓인 문형이라고 하였다[9]. 여기에 나온 저서들의 대표적인 예문(동사 앞에 시사, 수사

---

7   胡裕树(1981) 《现代汉语》 pp.382-383, 上海教育出版社.

8   朱德熙(1982) 《语法讲义》 p.110, p.116, 商务印书馆. 그는 '看一次, 走一趟, 住一个月, 休息半个钟头'에서의 동량사와 시량사를 모두 목적어로 보았으며, 이는 일반 문법서와 다른 견해이다.

명사성 단어가 있는 것)에 대한 분석을 표로 나타내면 다음과 같다.

예문 저자 및 저서	这样的事情谁 肯干?/ 什么活儿我们 都干	他什么事情 都做/ 我们什么活儿 都干	这本书我看 过了!/ 信我写了	我这本书看 过了!/ 我信写了
丁声树 《现代汉语语法 讲话》	주어-주어- 동사	주어-주어- 동사	주어-주어- 동사	주어-주어- 동사
人民教育出版社 《汉语知识》	주어-목적어- 동사	주어-목적어- 동사	주어-주어- 동사	주어-목적어- 동사
胡裕树 《现代汉语》	주어-목적어- 동사	주어-목적어- 동사	주어-주어- 동사	주어-목적어- 동사
吕翼平 《汉语语法基础》	목적어-주어- 동사	주어-목적어- 동사	주어-주어- 동사	주어-목적어- 동사
朱德熙 《语法讲义》	주어-주어- 동사	주어-주어- 동사	주어-주어- 동사	주어-주어- 동사
屈承熙 《汉语认知功能 语法》	목적어-주어- 동사	주어-목적어- 동사	목적어-주어- 동사	주어-목적어- 동사

이 표에서 알 수 있듯이, 목적어가 앞에 위치할 수 있는가 하는 문제에 대해서 학자들간의 이견이 많다. 만약 술어동사 앞에 두 개의 명사가 있으면 그 중 하나는 시사명사이고 다른 하나는 수사명사인데, 이에 대하여 다음 세 가지 견해가 있다.

첫째, 시사명사와 동사 사이에 있는 수사명사를 목적어로 분석하고 시사명사 앞의 문두에 있는 수사명사는 주어로 분석한다. 예컨대, 人民教育出版社의 《汉语知识》와 胡裕树의 《现代汉语》가 그러하다.

둘째, 수사명사가 시사명사와 동사 사이에 있을 때 또는 수사명사가

---

9   屈承熙(2005) 《汉语认知功能语法》 p.193, 黑龙江人民出版社. 李英哲(1990) 《实用汉语参考语法》 p.41, 北京语言学院出版社.

시사명사 앞의 문두에 있을 때 모두 주어로 분석한다. 예컨대, 丁声树의 《现代汉语语法讲话》와 朱德熙의 《语法讲义》가 그러하다.

셋째, 수사명사가 시사명사와 동사 사이에 있을 때 또는 수사명사가 시사명사 앞의 문두에 있을 때 모두 목적어로 분석한다. 예컨대, 屈承熙와 李英哲 등의 저서가 그러하다. 이것은 과거 黎锦熙의 《新著国语文法》, 王力의 《中国语法纲要》, 吕叔湘의 《语法学习》의 분석과 일치한다[10].

1.2 심화연구가 필요한 목적어 문제

문법서마다 목적어에 대한 의견이 제각각이어서 문법학습자들은 매우 곤혹스러워 한다. 도대체 어느 견해가 합리적인가? 왜 목적어를 학습해야 하는가? 대학원을 준비할 때 어떤 분석법을 따라야 하는가? 라고 많은 학생들이 질문한다. 일부 학자들은 품사, 주어와 목적어 이 두 개념은 완전히 서양문법의 개념이어서, 중국어문법에서는 통사구조를 논할 필요가 없으며 주어와 목적어 등의 문제를 토론할 필요가 없다고 여긴다. 학생들이 갖는 이러저러한 의문들은 그럴 만한 이유가 있는 것이고, 또한 학계의 관련 연구가 부족한 것도 하나의 원인이 되고 있다. 그러나 중국어를 연구하는 학자들이 주어와 목적어를 변별하는 것이 어렵다고 해서 중국어의 통사를 소홀히 하는 것은 사소한 문제 때문에 큰 문제를 놓치는 것이다. 이 문제를 해결하는 것이 쉽지는 않겠지만, 더욱 심화시켜 연구해 나가야 할 것이다.

만약 중국어에 정말 통사구조가 없다면 주어, 술어, 목적어 등과 같

---

10 中国语文杂志社(1956) 《汉语的主宾语问题》 p.12, 中华书局 참조.

은 통사성분을 논할 필요가 없다. 문제는 각종 언어들 사이에는 보편성이 있고 언어들마다 문법이 있으며 모두 통사, 의미, 화용이 있다. 중국어가 아무리 특수하다 해도 통사가 없을 정도로 특수할 수는 없다. 서로 다른 언어의 통사구조에는 공통성이 있어서 모두 주어, 목적어 등과 같은 통사성분이 있고 주술구조, 동목구조, 수식어중심어구조 등의 통사구조가 있어서 통사구조의 틀에 근거하여 문형을 확인해야 한다. 그러나 어쨌든 서로 다른 언어이기 때문에 차이는 있을 수 있다. 목적어로 말하자면 굴절어는 보통 협의의 형태에 근거하여 목적어를 확인할 수 있지만 중국어는 협의의 형태로 목적어를 변별할 수 없어서 다른 방법을 강구하여 이 문제를 해결해야 한다. 현재 문법연구의 중점이 이미 의미와 화용으로 전향되었다고 하더라도 통사상의 주어와 목적어 문제를 소홀히 하기 보다는 더욱 심화된 연구와 토론이 필요하다.

2. 중국어의 목적어를 확정하는 근거

2.1 목적어에 대한 기본적인 견해

목적어는 문법의 기본적인 개념 중의 하나이다. 중국어의 목적어를 확정하는 근거는 목적어의 성질에 대한 학자들의 인식과 밀접한 관계가 있다. 과거에 어떤 학자는 목적어의 함의를 토론할 필요가 없다고 했는데 이 견해는 다음과 같은 문제가 있다. 첫째, 목적어의 성질을 모르는 것은 목적어를 토론하는 전제조건을 잃어버리는 것이다. 이것은 마치 품사(명사, 동사 등)가 단어의 통사기능에 따른 분류라는 것을 모르면, 통사기능에 근거하여 품사를 제시할 수 없는 것과 마찬가지이다. 둘째, 목적어의 함의를 토론하지 않고 사실에 근거하여 목적어를 분석하는 것, 즉 구체적인 실례를 분석하는 것은 이미 머리 속에 목적어에 대한 함의를 갖고 있다는 것이다. 예컨대, '台上坐着主席团 단상에 주석단이 앉아 있다'에서 어떤 학자는 '主席团'을 목적어로 보고 어떤 학자는 주어로 본다. '苹果我吃了 사과는 내가 먹었다'에서 어떤 학자는 '苹果'가 주어이고 어떤 학자는 '我'가 주어이며 어떤 학자는 '苹果'는 주어이자 목적어라고 하였다[11]. 어째서 이렇게 다른 분석이 나오는가? 어쨌든 나름의 근거나 이유가 있을 것이고 이는 학자마다 마음 속에 가지고 있는 목적어의 성질에 대한 인식 때문일 것이다.

중국어의 통사는 객관적으로 존재하는 것이지만 학자들이 정한 통사체계에는 주관성이 들어가 있고 이러한 주관성은 술어의 명칭을 정하는 것뿐만 아니라 같은 술어 명칭에 대한 이해와 해석에도 반영된다. 목적어에 대한 서로 다른 견해는 학자마다의 이론과 밀접한 관계가 있다. 학자마다 통사체계가 다르면 목적어에 대한 견해도 달라지는데, 누가 맞고 누가 틀린지 쉽게 말할 수 없고 그저 자신의 체계 속에서 자신의 학설이 논리적이라면 나름 체계가 세워진다. 그러나 과학적이고 실용적인 면에서 볼 때는 차이가 있다고 할 수 있다.

2.2 술어와 상대되는 통사성분인 목적어

목적어의 성질을 알려면 목적어는 무엇인가라는 질문에 대답할 수

---

11 李临定(1992)《以语义为基础的分析方法》,《语法研究和探索(六)》, 语文出版社.

있어야 한다. 과거에 어떤 학자는 시사가 주어이고 수사가 목적어라고 하였는데, 이는 주어와 목적어를 의미범주로 간주한 것이다. 어떤 학자는 동사 앞의 명사성 단어가 주어이고 동사 뒤의 명사성 단어가 목적어라고 하였는데, 이는 목적어를 어순상 명사 위치의 명칭으로 본 것이다. 상술한 두 가지 견해는 목적어의 성질을 정확하게 설명할 수 없다. 사실상 목적어는 통사평면에 속하는 문법범주이고 통사구조 속의 통사성분이다. 그러면 목적어는 어떤 종류의 통사성분인가? 어떤 통사성분을 구성하는가? 이 문제에 대하여 학계에는 주로 다음 세 가지 견해가 존재한다.

첫째, 목적어는 동사와 동목식 통사구조를 구성하여 목적어를 '동사'의 상대적인 통사성분으로 간주한다. 예컨대, 목적어는 "동사의 연대성분 중 하나이다"[12].

둘째, 목적어는 술어와 술목식 통사구조를 구성하여 목적어를 '술어'와 상대적인 통사성분으로 간주한다. 예컨대, "목적어는 술어에 상대해서 말한 것"이며 "목적어는 술어와 상대되는 성분"[13]이다.

셋째, 목적어는 동사어[14]와 동목식 통사구조를 구성하여 목적어를 '동사어'와 상대적인 통사성분으로 간주한다. 예컨대, "동사어는 목적어 앞의 동사성 성분이고 목적어는 동사어 뒤에서 객체를 나타내는 성분이다"[15].

---

[12] 人民教育出版社편찬(1959)《汉语知识》p.56, 人民教育出版社.

[13] 朱德熙(1982)《语法讲义》p.110, 商务印书馆. 田申瑛(1985)《语法述要》p.141, 安徽教育出版. 어떤 학자는 목적어는 술어의 영향을 받는 성분, 즉 목적어는 술어에 상대되는 것으로 보고 있다. 张静(1980)《新编现代汉语(上册)》p.134, 上海教育出版 참조.

[14] 역주: 원문에서는 '动语'라고 함.

위 세 가지 견해의 차이는 표면적으로는 술어문제인 것 같지만 실제적으로는 중국어의 목적어에 대한 인식에 있다. 목적어와 상대되는 성분이 동사라고 하는 것은 형용사도 목적어를 대동할 수 있다는 것을 인정하지 않는 것이다. 목적어와 상대되는 성분이 술어나 동사어라고 하는 말은 다음과 같은 함의를 포함하며 그 범위는 넓은 편이다. 즉 중국어는 동사가 목적어를 대동하는 것뿐만 아니라 형용사도 일정한 조건에서 목적어를 대동(我高他一个头 나는 그보다 머리 하나가 더 크다)할 수 있다. 또한 용언(동사와 형용사 포함)이 목적어를 대동할 뿐만 아니라 용언성 구도 목적어를 대동(跌伤腰 넘어져 허리를 다치다, 累坏身体 과로로 몸을 해치다)할 수 있다. 그래서 목적어와 상대되는 것은 통사성분이고 품사가 아니다. 따라서 하나의 품사인 동사를 통사성분으로 여기는 것은 타당하지 않다.

필자는 두 번째 견해에 동의하는 편이다. 즉 목적어는 통사평면에 속하며 술어와 함께 술목구조를 구성하는 통사성분이다. 만약 세 번째 견해의 '동사어'란 용어를 채택하면 '동사'보다 더 타당하고, 여기에 '동사어'를 술어의 하위개념으로 간주하면 더욱 타당하겠다. 왜냐하면 중국어에서 '술어'는 '동사어'와 '형용사어'[16]로 하위분류할 수 있고, '동사어'는 술목구조에서의 동사성 술어이고 '형용사어'는 술목구조에서의 형용사성 술어를 가리킨다. 동사어와 목적어가 동목구조를 구성하고 형용사어와 목적어가 형목구조를 구성하는데, 이것이 논리적으로 타당하다.

---

15 邢福义(1997) 《汉语语法学》 p.74, 东北师范大学出版社.
16 역주: 원문에서는 '形语'라고 함.

2.3 목적어의 의미와 형식

문법범주로서의 목적어는 기타 문법범주와 마찬가지로 이론상 모두 의미와 형식의 결합체이다. 이 점은 학계가 공감하고 있기 때문에 학자들은 모두 '의미'와 '형식'을 동시에 고려하여 중국어의 목적어를 확정해야 한다고 여긴다. 그러나 목적어의 의미는 무엇인가? 목적어의 형식은 또 무엇인가? 어떻게 의미와 형식을 동시에 고려하는가? 등에 대해서는 학자마다 의견이 서로 다르다. 관건은 목적어의 의미와 형식에 대하여 정확한 인식이 있어야 하고, 이것이 기초가 되어야 다시 의미와 형식을 어떻게 동시에 고려할 것인가를 논할 수 있다.

2.3.1 목적어의 의미

목적어의 의미는 무엇인가? 어떤 저서는 목적어가 동사와 연계된 수사라고 한다. 즉 '피동문 외의 문장에서 시사는 주어이고 수사는 목적어'이다. 어떤 학자는 직접목적어는 "문장에서 동사의 동작을 받는 사람이나 사물(필자의 견해에 따르면 '수사'를 가리킴)"을 가리키고, 간접목적어는 "이러한 사람이나 사물, 즉 동작을 사람이나 사물에게 또는 사람이나 사물을 위해서 진행하는 것(필자의 견해에 따르면 '여격'을 가리킴)"이라고 하였다[17]. 만약 상술한 견해가 말하고자 하는 것이 서술문에서 동작동사가 술어가 되어 이끄는 목적어라면 이 견해는 그런대로 가능하다. 예컨대, '他送我一件礼物 그는 나에게 선물 하나를 준다'에서 수사 '一件礼物'는 직접목적어이고 여사 '我'는 간접목적어이

17　吕叔湘(1946)《从主语宾语的分别谈国语句子的分析》,《开明书店二十周年纪念文集》, 开明书店. R.R.K.哈特曼 · 斯托克(1981)《语言与语言学词典》p.237, 上海辞书出版社.

다. 그러나 중국어에서 비동작동사(관계동사나 형용사)도 목적어를 대동할 수 있고 술어성 구도 목적어를 대동할 수 있다. 이때의 목적어를 '수사'와 '여사'로 개괄하기는 어렵다. 예컨대, '他是学生 그는 학생이다', '她愁学费 그녀는 학비를 걱정한다', '他摔断了腿 그는 넘어져 다리가 부러졌다'에서 목적어는 '学生, 学费, 腿'이다. 그래서 필자는 '수사'라는 용어가 가리키는 범위가 매우 좁기 때문에 중국어에서 '객사'를 쓰는 것이 더 좋다고 생각한다. 왜냐하면, 이 용어가 더 개괄성이 있어서 동작동사가 연계하는 수사가 객사에 속할 뿐만 아니라 그러한 비동작동사가 연계하는 사물도 객사에 속하기 때문이다. 객사와 여사는 동핵이 연계하는 가장 기본적인 두 개의 강제적인 의미성분으로, 그것이 가리키는 것은 대체로 '동작이 지배하거나 동작이 미치는 사람이나 사물'이다.

중국어의 실제 상황에 근거한 전형적인 술목구조의 의미상 함의는 다음과 같다. 술어는 동핵으로 나타나 목적어를 지배하는 통사성분이고, 목적어는 동핵구조에서 주사와 상대되는 객사나 여사로 나타나 술어에 의해 지배되는 통사성분이다. 그 중 객사로 나타나는 것은 직접목적어이고 여사로 나타나는 것은 간접목적어이다. 이 목적어의 의미상 함의는 다음 몇 가지로 표현할 수 있다. (1) 술어와 목적어는 모두 동핵구조 속의 의미성분이 통사평면에서 나타난 것이다. 동핵구조 속의 동핵은 술어로 나타나고, 동핵이 연계하는 객사나 여사는 목적어로 나타난다. 직접목적어는 객사를 나타내고 간접목적어는 여사를 나타낸다. (2) 술어와 목적어는 지배와 피지배 관계이다. 술어는 목적어를 지배하는 통사성분이고, 목적어는 술어가 지배하는 통사성분이다.

(3) 목적어는 동핵구조 속에서 동핵과 긴밀하게 연계되어 있고, 또 동핵을 통해서 주사와 서로 대립한다. 통사구조에서 목적어는 술어와 서로 상대되고 또 술어를 통해서 주어와 서로 상대된다.

목적어의 이러한 의미상 함의는 목적어의 의미기초가 된다. 전통언어학은 주로 목적어의 의미를 중시하는데 여기에도 나름 일리가 있다. 왜냐하면 통사성분으로서의 목적어는 어떤 의미가 없을 수 없기 때문이다. 만약 의미를 얘기하지 않고 오로지 위치만 따른다면 분석해낸 목적어는 실제적으로 어떤 가치도 없다. 각종 언어의 목적어는 의미상 보편성을 가지고 있어서 유형학상 다른 'SVO', 'SOV', 'OSV' 등의 언어도 보편성을 나타내고 있기 때문에 목적어를 이해하려면 먼저 목적어의 의미를 알아야 한다.

2.3.2 목적어의 형식

심층적인 의미는 표층에서 표현되는 그 나름의 표현형식을 갖고 있고 목적어의 의미도 예외가 아니다. 목적어를 나타내는 형식은 언어마다 서로 다르다. 굴절어에서는 이러한 의미가 협의의 형태로 나타나 변별할 수 있지만 중국어는 협의의 형태가 부족하기 때문에 다른 형식을 찾아야 한다. 중국어의 목적어 형식에 관하여 학계에 큰 영향을 끼친 견해는 중국어에서의 명사성 단어가 어떤 의미를 나타내든지 간에 동사 앞에서는 주어이고 뒤에서는 목적어라는 것이다[18]. 그래서 중국

---

[18] 이에 대하여 "동사 앞의 것은 주어이고, 뒤의 것은 목적어이다", 동목구조에서 "순서상 동사는 앞에 있고 목적어는 뒤에 있다", 목적어는 "반드시 술어의 뒤에 있다"라고 말한다. 中国语文杂志社(1956)《汉语的主宾语问题》p.40, p.43, 中华书局. 朱德熙(1982)《语法讲义》p.110, p.116, 商务印书馆 참조.

어의 문장을 분석할 때 동사 앞의 명사성 단어(수사명사 포함)를 일률
적으로 주어로 분석한다. 예컨대, '我们什么活儿都干 우리는 무슨 일이
든 모두 한다', '什么活儿我们都干 무슨 일이든 우리는 한다', '我们下午开会
우리는 오후에 회의를 연다'에서의 '我们, 什么活儿, 下午'를 모두 주어로
분석한다. 또 어떤 학자는 다른 형식들을 제시했는데, 예컨대 목적어
로 쓰이는 단어는 주로 명사성 단어이므로 '무엇, 무슨'이나 '누구'라는
질문에 대답하는 것이 목적어이며, 목적어가 동사 앞에 놓이려면 일정
한 허사나 고정틀의 도움이 있어야 한다[19]고 하였다. 본문은 중국어 목
적어의 형식은 '광의의 형태(위치, 문답, 허사, 고정틀 등 포함)'를 취해
야 한다고 여긴다.

2.4 의미와 형식을 동시에 고려하여 목적어 확정

단순히 의미에만 근거해서 목적어를 변별하는 것은 문제가 있다.
왜냐하면 수사 단어가 꼭 목적어인 것만은 아니기 때문이다. 예컨대,
'这篇文章写得好 이 글은 잘 썼다', '孩子被狗咬了 아이는 개한테 물렸다'에
서 '文章', '孩子'는 '写', '咬'의 수사이지만 이 두 문장에서는 주어이다.
목적어를 변별하고 확정할 때 형식에만 근거해서는 안 된다.

단어가 동사 뒤에 있다는 위치 형식으로만 목적어를 변별하는 것도
문제가 있다. 왜냐하면 중국어의 목적어는 문장에서 동사 앞에 나타나
기도 한다. 그렇다고 동사 뒤에 나타나는 단어를 모두 목적어로 보아
서도 안 된다. 예컨대, '走一趟'에서 '趟'이 그러하다[20]. 呂叔湘이 지적한

19 人民教育出版社편찬(1959) 《汉语知识》 p.56, p.128, 人民教育出版社. 呂冀平
    (1999) 《汉语语法基础》 p.214, 商务印书馆.
20 朱德熙(1982)는 '看一次, 走一趟'에서 동량사 '一次, 一趟'을 목적어로 간주하였다.

것처럼 "동사 앞의 명사는 모두 주어이고, 동사 뒤의 명사는 목적어라고 하는 것은 명쾌하기는 하지만 한 가지 단점이 있다. 즉 '주어'와 '목적어'가 아무런 의미가 없는 명칭이 되어버려 약간의 의미만을 줘도 문제가 생기게 된다는 것이다"[21]. 이로써 알 수 있듯이 목적어를 변별할 때 의미를 배제할 수 없다.

객사와 여사를 나타내는 명사가 동사 뒤에 오면 목적어로 볼 수 있다는 점에 학자들은 모두 동의한다. 그러나 객사나 여사를 나타내는 명사가 동사 앞에 오거나 또는 객사나 여사가 아닌 명사가 동사 뒤에 올 때 어떻게 분석할 것인지에 대해서는 문법체계가 다르면 견해도 달라진다. 그러면 어떻게 이 문제를 해결할 것인가? 다수의 학자들은 의미와 형식을 함께 고려해서 또는 결합해서 목적어를 확정해야 한다고 주장하는데 이러한 논리는 가능한 것이지만 관건은 어떻게 결합할 것인가에 있다. 필자의 견해는 목적어가 나타내는 의미를 근거로 하면 목적어는 술어가 지배하는 객사나 여사로 나타나는 통사성분이다. 구체적으로 변별할 때는 형식(위치, 문답, 허사, 고정틀 등)의 도움을 받아야 한다. 이것은 목적어의 의미를 근거로 한 후 다시 형식을 고려하여 중국어의 목적어를 변별하는 것이다. 이렇게 할 수 있으려면 다음 두 가지가 전제되어야 한다. 하나는 주사 단어가 주어가 되는 문장에서 객사나 여사를 나타내는 단어가 술어의 뒤에 오든지 앞에 오든지 모두 목적어로 볼 수 있다. 다른 하나는 술어 뒤에 오는 명사성 단어나 '명물화'한 단어는 모두 목적어이다[22]. 일부 원래 객사가 아닌 명사가 술어 뒤에 나타나

(《语法讲义》p.116, 商务印书馆), 이는 목적어 의미를 고려하지 않고 단순히 형식만을 고려한 결과이다.

[21] 吕叔湘(1979)《汉语语法分析问题》p.71, 商务印书馆.

객사화된 것도 목적어로 볼 수 있다[23]. 목적어를 확정할 때 형식에 근거할 수 있으며, 구체적인 분석에서는 다음을 주의해야 한다.

첫째, 정태적인 주술구에 근거하여 주사와 객사 또는 여사를 확정한다. 동사를 V로 표기, 주사 의문대사를 X로 표기, 객사나 여사의 의문대사를 Y로 표기할 때 'XV'의 대답은 주사이고 'VY'의 대답은 객사나 여사이다. 예컨대, 주술구 '小王送我苹果 소왕은 나에게 사과를 주었다'에서 'XV(谁送)'의 대답은 주사 '小王'이고 'VY(送什么, 送谁)' 의 대답은 객사 '苹果', 여사 '我'이다.

둘째, 목적어가 되는 것은 보통 체언성 단어로 주로 명사성 단어이다. 예컨대, '喝水, 写文章'에서 '水, 文章'이 그러하다. 용언성 단어('구' 포함)가 만약 술목동사가 충당하는 술어 뒤에서 객사를 나타내면 이것도 목적어로 볼 수 있다. 예컨대, '受损失 손실을 입다', '爱热闹 시끌벅적한 것을 좋아하다', '知道你是学生 네가 학생이라는 것을 안다'에서 '损失, 热闹, 你是学生'이 그러하다.

셋째, 정태술목구에서 목적어는 반드시 술어 뒤에 나온다. 동태적 문장에서 목적어는 보통 술어 뒤에 나오지만 앞에 오기도 한다. 어떤 학자의 통계에 따르면, 현대중국어 문장에서 목적어가 동사 뒤에 나오는 것이 절대다수이고, 앞에 나오는 전치목적어는 겨우 10% 또는 그 이하라고 하였다[24]. 전치목적어는 의미상 객사일 뿐만 아니라 목적어

---

22 일부 용언성 단어가 목적어가 되는 것은 동원화나 명물화 된 것이다. 예컨대, '他爱动, 我爱静'에서 '动, 静'이 그러하다.

23 객사가 아닌 단어가 동사 뒤에 오면, 객사의 특징을 갖게 되어 객사화 되었다고 볼 수 있다. 예컨대, '愁学费, 吃大碗'이 그러하다.

24 张云秋(2004)《现代汉语受事宾语句研究》pp.19-20, 学林出版社.

의 조건에도 부합한다. 또한 특정한 형식을 가지고 있거나 허사에 의존하여 앞에 나오기도 한다. 예컨대, '张三把李四批评了 장삼은 이사를 비판했다'에서 허사 '把'에 의존하여 동사 앞의 '李四'가 객사목적어라는 것을 확인할 수 있다. 또는 일부 고정틀은 보편적인 목적어문을 구성한다. 예컨대, '我什么都不想 나는 아무 것도 생각하지 않는다', '他一个字都不识 그는 한 글자도 모른다'에서 '의문대사+都/也+V'와 '一양사명사+都/也+不/没+V' 등의 틀을 통해서 동사 앞의 '什么, 一个字'가 목적어임을 알 수 있다. 또는 목적어주제어화이다. 예컨대, '这本书我看过, 那本书我还没看 이 책은 내가 본 적이 있고, 그 책은 내가 아직 보지 않았다'에서 '这本书, 那本书'가 그러하다.

넷째, '타동사+체언'은 직접적으로 정태적인 술목구를 구성할 수 있다. 예컨대, '写信', '讲故事' 등이 그러하다. 그러나 타동사가 동태문에서 가끔 동태적 술목구를 구성할 수도 있지만[25] 이것은 다른 형식이 첨가되어야만 체언성 단어를 목적어로 삼을 수 있다는 조건이 따른다. 예컨대, '死了一个人 한 사람이 죽었다', '黑着眼眶 눈가가 시커멓다', '累了他了 그를 피곤하게 했다' 등의 술어 뒤에 허사 '着', '了'가 그러하다.

다섯째, 동사 앞에 주사 단어가 없고 단지 객사 단어(즉 "시사가 보이지 않는 것은 생략 때문이 아니다"[26])만 있거나 또는 주사 단어가 나타났다 하더라도 주어가 아닌 경우는 객사를 나타내는 단어가 주어이지 목적어는 아니다. 예컨대, 전자는 '大门已关上了 문은 이미 닫혔다'이고 후자는 '这个菜烧得很好吃 이 요리는 아주 맛있다'의 경우이다. 이 문장

---

25 정태구와 동태구에 관한 것은 范晓(1996)《三个平面的语法观》pp.231-241, 北京语言文字学院出版社 참조.
26 范晓(1994)《"N受+V"句说略》,《语文研究》第2期 참조.

에서 객사를 나타내는 '大门, 菜'는 주어이지 목적어가 아니다.

여섯째, 동사 앞에 주사 단어와 객사 단어가 있지만 주사 앞에 피동태를 나타내는 개사('被, 让, 叫, 由' 등)가 있다면 객사 단어가 주어이다. 예컨대, '老虎被武松打死了 호랑이는 무송에게 맞아 죽었다', '这事叫他给耽误了 이 일은 그가 지체시켰다', '这事由我来办 이 일은 내가 처리한다'에서 '老虎, 他, 我'가 그러하다.

일곱째, 동사 앞에 주사 단어와 객사 단어가 있다면 주사 단어가 우선 주어가 되고, 객사 단어는 우선 목적어가 된다. 예컨대, '她饭也不吃, 水也不喝 그녀는 밥도 안 먹고, 물도 안 마신다', '这问题我们不讨论 이 문제는 우리가 토론하지 않는다'에서 '饭, 水, 这问题'가 그러하다.

여덟째, 객사가 아닌 명사성 단어가 동사 뒤에 오면, 그것은 객사화된 것으로 비전형적인 목적어이다. 예컨대, '写毛笔 붓으로 쓰다, 吃大碗 큰 밥공기로 먹다'과 같은 예가 그러하다.

3. 중국어의 목적어를 확정할 때 주의점

3.1 목적어와 용언의 관계에 주의

목적어는 술어의 용언과 밀접한 관계를 가지고 있다. 동사에서 이가동사는 객사를 갖고, 삼가동사는 객사와 여사를 갖는다. 이러한 동사들이 용언이 되어 구성하는 문장에서 객사와 여사는 모두 통사평면의 목적어로 나타난다. 목적어는 타동사가 지배하거나 관련된 대상이기 때문에 타동사는 무조건 목적어를 이끈다. 일반적으로 자동사와 형용사는 목적어를 대동하지 않지만, 중국어에서는 자동사와 형용사도 목적어를 대동하기도 한다.

자동사가 목적어를 대동하는 것은 다음 두 가지 경우가 있다. 하나는 일부 자동사가 이가동사일 경우 무조건 목적어를 대동한다. 예컨대, '我们向英雄致敬 우리는 영웅에게 존경을 표한다'에서 '我们致敬'이라고만 하면 성립하지 않고 여사목적어인 '英雄'을 대동해야 성립한다. 다른 하나는 이가가 아닌 자동사가 목적어를 대동할 때는 다음과 같은 일정한 조건을 갖추어야 한다. (1) 특정한 문류에 나타나야만 한다. 예컨대 사동문('他的英雄事迹感动了 그의 영웅적 행적에 감동되었다'에서의 '我'), 존현문('天上飘着一片白云 하늘에 흰구름 한 조각이 떠돌고 있다'에서의 '白云'), 영속문('祥林嫂死了丈夫 상림형수는 남편이 죽었다'에서의 '丈夫') 등. (2)타동사가 구성하는 동보구는 목적어를 대동한다('祥林嫂死了丈夫 상림형수는 남편이 죽었다'에서의 '丈夫'). 형용사가 목적어를 대동할 때도 다음과 같은 조건이 있다. (1) '(형용사+着+명사)+V'가 사물의 상태를 나타낸다('黑着眼眶走出来 눈가가 시커먼 채로 걸어 나왔다'에서의 '眼眶'). (2) 사동문('这可苦了她了 이것은 그녀를 고달프게 하였다'에서의 '她')에 나타난다. (3) 형용사보어구가 목적어를 대동한다('她累坏了身体 그녀는 피곤해서 몸이 상했다'에서의 '身体'). (4) 자동사와 형용사가 구성하는 용언성 구조체가 목적어를 이끈다('跌伤了腿 넘어져 다리를 다쳤다', '掉到水里 물 속에 떨어뜨렸다', '哭红了眼睛 울어서 눈이 빨개졌다'에서 '腿, 水里, 眼睛'이 그러하다). 이러한 용언성 구조체의 통사기능은 타동사화 되는 경향이 있고, 의미기능은 이가화二價化 되는 경향을 보인다.

293

3.2 전형적인 목적어와 비전형적인 목적어 구별

객사목적어와 여사목적어는 전형적인 목적어에 속하며 이것은 정태적인 술목구에서 아주 명확하게 알 수 있고 중국어에서 술목구조의 구 대다수가 이에 속한다. 주로 다음과 같은 것들이 있다. (1) 수사受事 목적어. 예컨대, '吃饭 밥을 먹다, 穿衣服 옷을 입다, 看电影 영화를 보다'. (2) 성사成事목적어('결과목적어'라고도 함). 예컨대, '挖洞 구멍을 파다, 造桥 다리를 놓다, 包饺子 만두를 빚다'. (3) 위사位事목적어. 예컨대, '到北京 북경에 도착하다, 上城里 시내에 가다, 进入新世纪 새로운 세기에 들어서다'. (4) 지사止事목적어. 예컨대, '是学生 학생이다, 姓张 장씨이다, 属马 말띠이다'. (5) 여사與事목적어. 예컨대, '送他(礼物) 그에게 (선물을) 보내다, 教他(英语) 그에게 (영어를) 가르치다, 向他(致敬) 그에게 (경의를 표하다)'. (6) 사사使事목적어. 예컨대, '热菜 음식을 데우다, 端正态度 태도를 단정히 하다, 健全组织 조직을 정비하다' 등이다.

객사가 아닌 명사성 단어는 동사 뒤에 와서 비전형적인 목적어가 되는데 이러한 목적어는 중국어에서 소수이다. 주로 다음과 같은 것들이 있다. (1) 도구목적어. 예컨대, '写毛笔 붓으로 쓰다, 吃大碗 큰 밥공기로 먹다'. (2) 방식목적어. 예컨대, '唱A调 A단조로 부르다, 写仿宋体 송조체로 쓰다'. (3) 장소목적어. 예컨대, '睡大床 큰 침대에서 자다, 吃食堂 식당에서 먹다'. (4)시간목적어. 예컨대, '熬个通宵 밤을 꼬박 새다'. (5) 시사목적어. 예컨대, '晒太阳 햇빛을 쬐다, 淋雨 비를 맞다, 红着脸 얼굴이 빨개졌다' 등이다. 원래 객사를 나타내지 않는 비전형적인 목적어 단어는 어떤 것은 경사境事로 보통 술어 앞에서 부사어(用毛笔写, 在大床上睡)로 쓰이거나 어떤 것은 주사로 보통 술어 앞에서 주어(雨淋, 脸红)로 쓰인다. 고립시키면 그것들은 객사가 아닌 것처럼 보이지만 문장에서 목적어가 되고 나서는 이미 객사화 되었다[27].

3.3 동태문의 목적어와 정태술목구의 목적어 구별

동태주술문의 목적어와 정태술목구의 목적어는 연계되어 있으면서 구별된다. 그 근원으로 보자면, 전형적인 목적어는 동태적인 '주동목'식의 주술문에서 개괄해낸 것이다. 이러한 문장의 술어중심어는 타동의 이가동사나 삼가동사로, 한쪽은 주어와 연계되어 있고 다른 한쪽은 목적어와 연계되어 있다. 예컨대, '张三批评了李四', '我送他一件礼物'는 일반적으로 말하는 'SVO', 'SVO1O2'구조이다. 그러나 정태적인 술목구조에서는 'VO'('割麦子, 包饺子' 등)만이 존재할 뿐 S에는 상관하지 않는다. 통사구조의 형식은 장기적으로 운용되면서 서로 약속처럼 고정되어, 중국어 술목구조의 'VO'는 'SVO'식 주술구조에서 주어를 떼어버리고 개괄해낸 것이어서 'SVO'식 주술구조와는 자연적으로 연계되어 있다. 중국어 술목구의 'VO'식 어순은 한국어와 일본어의 'OV'식 어순과는 유형학적으로 완전히 상반된 것이다.

정태적 술목구의 목적어와 동태적인 주술구 내의 술목구 목적어를 구별하는 것은 다음과 같은 점에서 매우 중요하다. 첫째, 목적어와 주어의 관계를 설명할 수 있다. 목적어와 술어는 밀접한 관계가 있음은 공인된 것이지만, 목적어와 주어간에 관계가 있는지의 여부는 의견이 서로 다르다. 일반적인 견해로는 "주어와 목적어는 서로 상대되는 성분들이 아니다. 주어는 술어에 대응하는 개념이고, 목적어는 동사에

---

27 张云秋(2004)《现代汉语受事宾语句研究》의 서문, 学林出版社.

대응하는 개념이다"[28]. 한 마디로 개괄하여 말할 수는 없지만 필자는 상황별로 구별해야 한다고 생각한다. 만약에 정태적 술목구의 목적어를 얘기한다면, 목적어는 술목구의 구성성분으로 "주어와 목적어는 서로 상대되는 것이 아니다"가 맞는 말이다. 왜냐하면 이러한 술목구는 상대적으로 독립되어 있으며 그 주어를 따질 필요가 없다. 만약에 동태적인 타동사를 중심으로 구성된 서술성 주술구를 말한다면, 목적어에는 상대되는 주어가 반드시 있기 때문에 "목적어와 주어는 대립적이고 이 둘은 모두 동사를 제한한다"[29]. 따라서 "주어와 목적어는 서로 상대되는 두 개의 성분이다"라고 말하는 것이 맞다. 왜냐하면 타동작 동사가 구성하는 동태문에서 만약 문장에 목적어만 있고 주어가 없다면 술목식 비주술문(下雨了! 비가 온다!, 禁止吸烟! 흡연금지!)이거나 아니면 주어가 생략되거나 주사가 내포된 것이다. 둘째, 목적어 위치의 고정성과 탄력성 문제를 설명할 수 있다. 정태적인 주술구나 술목구에서 목적어는 단지 술어 뒤에 위치할 뿐이며 이것은 하나의 규칙이다. 예컨대, '吃饭, 喝水'를 '饭吃, 水喝'로, '他看书'는 '他书看, 他书看, 书看他'로 말할 수 없고 '狗咬猫'를 '猫咬狗'로 말하면 성립은 되지만 주어와 목적어가 달라진다. 그러나 동태적인 문장에서 목적어는 일정 조건하에 동사 앞으로 올 수 있다. 어떤 것은 통사의 강제성(범지泛指성목적어문, 특정 개사가 이끄는 목적어문 등)과 관련이 있다. 예컨대, '他什么都不知道 그는 아무것도 모른다', '她把房间打扫得干干净净 그녀는 방을 깨끗하게 청소했다' 등이다. 어떤 것은 화용의 변동성(목적어의 주제

---

28 呂叔湘(1979)《汉语语法分析问题》p.72, 商务印书馆.
29 呂叔湘(1946)《从主语宾语的分别谈国语句子的分析》주②,《开明书店二十周年纪念文集》, 开明书店 참조.

어화)과 관련이 있다. 예컨대, '你这个电影看过吗 너 이 영화 본적 있니', '这个电影你看过吗 이 영화 너 본적 있니' 등이다. 어떤 논저는 목적어가 동사 앞에는 올 수 있지만, 주어 앞에는 올 수 없다고 한다. 그러나 어떤 학자는 "이것은 언어 자체가 이런 특징을 갖는 것이 아니고 인위적으로 규정한 것이어서 설득력이 크지 않다"[30]고 지적하였고 필자는 이 의견에 동의한다. 이렇게 동사 앞에 시사와 수사가 있을 때 수사 단어를 모두 목적어로 처리하면, 이론도 통일되고 분석하는 것도 매우 편해진다.

3.4 기본식 목적어와 비기본식 목적어 구별

출현 위치에 근거하여 목적어는 기본식 목적어와 비기본식 목적어 두 가지로 나눌 수 있다.

첫째, 기본식 목적어는 두 가지가 있다. 하나는 후치기본식 목적어로 술어 뒤에 위치하는 목적어를 가리키며 가장 보편적이다. 이가타동사나 '급여'의미의 삼가타동사가 구성하는 주술구 술어 뒤의 목적어는 후치기본식 목적어이다. 예컨대, '小牛喝水 송아지가 물을 마신다', '我送小李手表 나는 소리에게 손목시계를 선물한다'에서의 목적어가 그러하다. 다른 하나는 전치기본식 목적어로 술어 앞에 위치하는 목적어를 가리킨다. 이가자동사와 '접수, 상호, 위치' 의미를 가진 삼가자동사가 구성하는 주술구 술어 앞의 목적어가 전치기본식 목적어이다. 예컨대, '我们向他致敬 우리는 그에게 경의를 표한다', '他要跟你商量一件事 그는 너와 일에 대해서 상의하려고 한다'에서의 여사목적어가 그러하다.

---

30 吕冀平(1999)《汉语语法基础》p.222, 商务印书馆.

둘째, 비기본식 목적어. 표현의 다양성으로 문장 속의 목적어 위치도 매우 탄력적이기 때문에 후치기본식 목적어가 앞에 놓이기도 하고 전치기본식 목적어가 뒤에 놓임으로써 비기본식 목적어로 변한다. 모든 상황에서 후치기본식 목적어가 동사 앞에 올 수 있는 것은 아니다. 예컨대, '我爱我的母亲 나는 엄마를 사랑한다'을 '我我的母亲爱'라고 하면 성립하지 않는다. 또한 모든 상황에서 전치기본식 목적어가 동사 뒤에 올 수 있는 것은 아니다. 예컨대, '我们向他致敬'을 '我们致敬他'라고 하면 성립하지 않는다. 전치비기본식 목적어가 되려면 다음 세 가지 조건을 갖추어야 한다. (1) 범지泛指성 목적어. '他什么话都不说 그는 아무 말도 하지 않는다', '什么话都不说 어떤 말도 하지 않는다'이다. (2) 개사가 이끄는 목적어. '张三把李四批评了 장삼은 이사를 비판했다'이다. (3)목적어의 주제어화. 예컨대, '这件事我不了解 이 일은 내가 이해하지 못한다', '这件衣服她很喜欢 이 옷은 내가 아주 좋아한다'[31]이다. 후치비기본식 목적어는 그 수가 적은 편으로 주로 여사목적어가 초점화 될 때 나타난다. 예컨대, '他求助(于)我 그는 나에게 도움을 청하다'이다.

3.5 서로 다른 문류 속의 목적어 구별

과거에 목적어를 토론할 때 보통 서술문을 가지고 토론했다. 그러나 문류(여기서 말하는 문류는 주제어에 대한 진술어의 유형을 가리킴)가 달라지면 목적어의 상황도 달라진다.

---

[31] 목적어의 주제어화는 목적어를 대상화하려는 상태를 나타낸다. 董秀芳(2006) 《宾语提前的话题结构的语义限制》, 《汉语学报》第1期.

3.5.1 해석문

이가관계동사가 술어가 되어 구성하는 해석문(주제어에 대하여 진술어가 해석하는 문장으로 '판단문'이라고도 함)에서 주사(기사)는 반드시 주어이고, 객사(지사)는 반드시 목적어이다. 예컨대, '他是北京人 그는 북경사람이다', '我属马 나는 말띠이다'에서 목적어는 앞에 놓일 수 없다. '我属马'는 '我马属', '属马我'라고 하면 성립하지 않는다. '北京是中国的首都 북경은 중국의 수도이다'를 '中国的首都是北京 중국의 수도는 북경이다'이라고 할 수 있지만 주어와 목적어는 달라진다.

3.5.2 서술문

서술문(주제어에 대하여 진술어가 서술하는 문장으로 '서사문'이라고도 함)은 다음 세 가지가 있다. 첫째, 자동사인 이가동작동사가 구성하는 서술문으로 주사(시사), 여사와 관련하며 이때 여사는 반드시 목적어이다. 예컨대, '我们向他道歉 우리는 그에게 사과한다'이 그러하다. 둘째, 타동사인 이가동작동사가 구성하는 서술문이다. 예컨대, '我看过这本书了', '我这本书看过了', '这本书我看过了'와 같은 문장에는 반드시 주사(시사)와 객사(수사)가 있다. 셋째는 타동사인 삼가동작동사가 구성하는 서술문이다. 예컨대, '我送给他一本书', '我把一本书送给他', '那本书我送给他了'와 같은 문장에는 반드시 주사(시사), 객사(수사), 여사가 있다. 뒤의 두 예문에서 목적어의 어순은 비교적 탄력적이다. 피동을 나타내는 被자문(李四被张三批评)과 일부 사동문(青草喂肥了羊群 푸른 풀은 양들을 살찌웠다)에서 객사가 주어가 되는 것 외의 문장은 객사가 어느 위치에 오더라도 모두 목적어로 분석된다.

299

3.5.3 묘사문

타동 이가동작동사가 구성하는 묘사문(주제어에 대하여 진술어가 묘사하는 문장)은 다음 네 가지가 있다. 첫째, 동작의 객사를 묘사하는 것으로, 이때 시사는 나타날 필요가 없으며 동사 앞의 수사는 당연히 주어(台上坐着主席团, 家里来了客人 집에 손님이 왔다)이다. 둘째, 존현문(饺子已煮熟了 만두는 이미 익었다, 衣服洗干净了 옷은 깨끗하게 빨았다)으로, 문장의 진술어는 어떤 곳에 어떤 것이 존재하고 나타나며 소실되는 것을 묘사한다. 이때 동사 뒤의 주사나 객사는 모두 목적어로 볼 수 있다. 셋째, 소속을 나타내는 주어목적어문(她死了丈夫 그녀는 남편이 죽었다, 他掉了个钱包 그는 지갑을 잃어버렸다)으로, 문두의 명사와 동사 뒤의 명사 사이에는 소속관계가 있고 진술어는 소유자가 무언가를 잃어버렸음을 묘사하고 있으며 동사 뒤의 주사도 목적어로 볼 수 있다. 넷째, 공양문(这锅饭能吃十个人 이 한 솥 밥은 열 사람이 먹을 수 있다)으로, 문장의 진술어는 객체사물이 주체사물에게 무언가를 '공급/양보'하여 사용케 하는 것으로 앞에 있는 객사를 주어로, 뒤에 있는 주사를 목적어로 간주한다.

3.5.4 평론문

일부 객사는 주제어나 주사가 되어 구성하는 평론문(주제어에 대하여 진술어가 평론하는 문장)에서 문두의 객사는 주어로 분석되고 문미의 주사는 목적어로 분석된다. 예컨대, '这个问题值得讨论 이 문제는 토론할 만한 가치가 있다', '台上坐着主席团', '这锅饭能吃十个人' 등의 문장에서 '这个问题, 这锅饭'은 주어이고 '主席团'은 목적어이다.

3.6 목적어 문제는 주어 문제와 연계해서 해결

목적어 문제를 해결하려면 주어 문제와 연계하여 통일적으로 고려해서 해결해야 한다. 예컨대, ' 台上坐着主席团', '王冕死了父亲'과 같은 문장에서 어떤 학자는 '主席团, 父亲'이 주어이고 어떤 학자는 목적어라고 한다. 만약 주어와 동사 사이에 '시사동핵'관계가 있다고 하면 주어는 동사 뒤에 와도 '主席团, 父亲'을 주어로 분석하는 것이다. 예컨대, '这些话我没说过 이 말은 내가 한 적이 없다', '昨天我们这个问题讨论了 어제 우리는 이 문제를 토론했었다'에서 동사 앞의 명사를 모두 주어로 보고, 동사 뒤에 놓인 것을 모두 목적어로 보면 이 두 문장은 주술술어문으로 '这些话, 我'와 '昨天, 我们, 这个问题'를 모두 주어로 분석하게 된다. 만약 주어를 의미상 반드시 술어동사가 연계하는 동원(강제성 성분)으로 본다면, 동사 앞의 시사단어는 우선 주어가 되기 때문에 '昨天'은 부사어로, '我, 我们'은 주어로, '这些话, 这个问题'는 목적어로 분석하게 된다. 어떤 학자는 '苹果我吃了 사과는 내가 먹었다'에서 '苹果'는 주어이자 목적어로 분석하는데 이는 논리적으로 모순된다[32]. 이로써 알 수 있듯이 목적어 문제를 토론할 때는 주어 문제까지 고려해야 한다.

3.7 화용을 결합한 목적어 연구

일반적인 상황에서는 목적어가 문미에 나타나 문장의 초점과 일치하게 되는데 이로써 문미에 위치하는 목적어가 화용상 초점이 되는 것

---

[32] 范晓(1998)《汉语句法结构中的主语》, 《语言研究的新思路》, 上海教育出版社 참조.

을 알 수 있다. 일부 주사목적어가 문미에 나타날 때는 화용상 어떤 필요가 있기 때문이다. 예컨대, '台上坐着主席团'과 같은 문장은 화용상 '어떤 곳에 어떤 방식으로 어떤 사물이 존재하는' 문식의미를 나타낸다. '那匹马骑了两个人 그 말은 두 사람이 탔다'와 같은 문장은 화용상 '공양(일정한 수량의 물건이 일정한 수의 사람에게 공급되어 어떤 동작을 하게 한다)'의 문식의미를 나타낸다. 후치기본식 목적어가 앞에 놓이면, 화용상 (1) 목적어 사물이 범지泛指성 의미를 갖는다. 예컨대, '他什么事都不知道'가 그러하다. (2) 수사를 '처치'하는 문식의미를 갖는다. 예컨대, '他已把这件事说清楚了 그는 이미 이 일을 분명하게 말했다'가 그러하다. (3) 주제어화가 필요해서 동사 앞에 놓는다 예컨대, '这件事他已说清楚了 이 일은 그가 이미 분명하게 말했다'가 그러하다. 이외에도 비전형적인 목적어의 객사화 현상은 사실 화용상의 초점 이동과 관련이 있다. 문장에서 목적어의 여러 가지 위치가 화용상 어떤 가치를 갖는지는 심도 있게 연구해볼 만한 과제이다.

[참고문헌]

丁声树等(1961)《现代汉语语法讲话》, 商务印书馆
董秀芳(2006)《宾语提前的话题结构的语义限制》,《汉语学报》第1期
范晓(1994)《"N 受+ V"句说略》,《语文研究》第2期
范晓·张豫峰等(2003)《语法理论纲要》, 上海译文出版社
胡裕树主编(1981)《现代汉语》, 上海教育出版社
李临定(1992)《以语义为基础的分析方法》,《语法研究和探索(六)》, 语文出
　　版社
吕冀平(1999)《汉语语法基础》, 商务印书馆
吕叔湘(1946)《从主语、宾语的分别谈国语句子的分析》, 开明书店
吕叔湘(1979)《汉语语法分析问题》, 商务印书馆
屈承熹(2005)《汉语认知功能语法》, 黑龙江人民出版社

任鹰(2000)《现代汉语非受事宾语研究》, 社会科学出版社
田申瑛(1985)《语法述要》, 安徽教育出版社
王希杰(1987)《施受、词序、主宾语》,《南京大学学报》
邢福义(1997)《汉语语法学》, 东北师范大学出版社
徐枢(1985)《宾语和补语》, 黑龙江人民出版社
张云秋(2004)《现代汉语受事宾语句研究》, 学林出版社
朱德熙(1982)《语法讲义》, 商务印书馆
人民教育出版社(1959)《汉语知识》, 人民教育出版社
中国语文杂志社编(1956)《汉语的主宾语问题》, 中华书局
R.R.K.哈特曼·F.C.斯托克著(1981)《语言与语言学词典》, 上海辞书出版社

▍ 원문은《汉语学习》2006年 第3期에 게재

중국어의 주제어진술어구조

1. 서론

문장은 '표술성'이라는 가장 기본적인 특성이 있다. 중국어의 문장은 문간과 어기 두 부분으로 이루어져 있다. 문간은 문장의 주요 근간으로 기본적 내용을 표술한다. 일반적으로 두 개 이상의 실사로 이루어진 품사배열구조체이다. 어기는 문간에 근거해서 의사소통의 목적을 표술하며, 어조나 어기사(서면어는 문미의 문장부호) 등[1]으로 표시한다. 중국어 문장의 표술성은 문간과 어기에 있으며 문간이 없으면 의사소통 기능을 나타내는 어기의 근거가 없어지고 어기 없이 내용을 표술하는 문간만으로는 의사소통을 할 수 없게 된다. 따라서 문간과 어기는 문장에서 없어서는 안 된다.[2]

문장의 문간에는 통사구조, 의미구조, 화용구조 세 가지 기본구조가 있다. '주제어진술어구조'는 '주제어+진술어'로 구성된 문간의 기본 화용구조이다. 그래서 문장의 주제어진술어구조는 '문간의 주제어진술어구조'를 가리키는 것이고, 주제어진술어구조 문간으로 형성된

---

1   의문어기는 경우에 따라 문간 내 의문대사('谁,什么' 등)나 특정형식('동사+不+동사' 등)을 통해서 표현된다.
2   范晓(2010)《关于句式问题》,《语文研究》第4期 참조.

문장은 '주제어진술어문'이라고 한다. 어떤 논저에서는 주제어진술어구조는 진술문陳述文을 분석한 것이지 의문문, 명령문, 감탄문에는 주제어진술어구조가 없다고 주장하기도 한다. 필자는 주제어진술어구조가 어기로 표현되는 문류(진술문, 의문문, 명령문, 감탄문 포함)와는 별개의 것으로, 문간의 화용적 측면을 분석한 화용구조라고 여긴다. 즉, '他踢足球去了。 그는 축구 하러 갔다', '他喜欢踢足球吗? 그는 축구 하는 걸 좋아하니?', '他踢足球踢得真好啊! 그는 축구를 정말 잘하는구나!', '咱们一起踢足球去吧! 우리 같이 축구 하자!' 이 문장들은 각각 진술문, 의문문, 감탄문, 명령문이며 이 문간은 모두 화용상 '주제어+진술어'로 구성된 '주제어진술어구조'이다. 따라서 '주제어진술어문'이 곧 '진술문'이라는 것은 성립되지 않는다.

주제어진술어구조는 중요한 화용구조로 중국어 문장의 문간 대부분은 주제어진술어구조로 이루어져 있다. Charles N. Li와 Sandra A. Thomson(1983)은 영어는 '주어가 부각되는 언어'인 반면 중국어는 '주제어가 부각되는 언어'라고 지적하며, 중국어 문장의 '기본구조는 주제어와 진술어 관계로 표현'되고 주어와 술어 관계로 표현되지 않기 때문에 중국어는 주제어-진술어 문법관계로 설명해야 한다고 여겼다. 沈家煊(2017)은 중국어는 형태가 없고 주어표지가 없기 때문에 통사상의 주어술어구조가 없고, 화용상의 '주제어+진술어'구조가 있다고 여겼다. 또한 중국어는 주어술어구조의 유무로 문장을 판단해서는 안 되며 화용측면의 '주제어-진술어'구조로 문장을 분석해야 한다고 하였다.[3] 상술한 관점은 정확성이 다소 떨어지지만 화용평면의 주제어

3　　Charles N Li와 Sandra. A Thomson (1983) 《汉语语法(黄宣范 역)》, 台湾文鹤出版

진술어구조는 타당하다. 본고에서는 중국어 문장의 문간에 대해 분석을 하고자 한다. 우선 문간의 주제어진술어구조에 대해 화용분석을 한 후 통사분석과 의미분석을 하고자 한다. 현재 학계에서 중국어의 '주제어진술어구조'에 대한 연구는 적지 않지만, 이러한 화용구조를 어떻게 이해하고 어떻게 분석해야 할지에 대해서는 서로 견해가 다르다. 본고에서는 선행연구를 기초로 현대중국어 '주제어진술어구조'와 '주제어진술어문'에 대해서 심도 있는 논의를 하고자 한다.

2. 주제어진술어구조의 특성과 확정 방법

2.1 주제어진술어구조의 성질

주제어진술어구조는 문간의 화용구조이다. 혹자는 중국어 문장에서의 '주제어'는 '통사성분'이라는 견해도 있다.[4] 이 견해에 따라 추론하면 '진술어'도 통사성분이고 문장 내의 주제어진술어구조 역시 통사구조가 된다. 이런 관점은 통사평면과 화용평면을 뒤섞어 놓은 것이다. 사실 주어술어구조는 통사평면에 속하므로 주어와 술어는 통사성분이다. 하지만 주제어진술어구조는 화용평면에 속하므로 주제어와 진술어는 화용성분이다.

문장이 생각이나 정보를 표현할 때 항상 어떤 대상(명물, 사건, 공간, 시간 등)에 대해서 설명(서술, 묘사, 기술, 해설, 평술)을 한다. '주제어

有限公司. 沈家煊(2017)《汉语有没有主谓结构》,《现代外语》第1期 참조.
4   徐烈炯·刘丹青(1998)《话题结构与功能》, 上海教育出版社.

+진술어'구조는 문간의 화용적 '표술성'의 기본틀이며 주제어는 진술어가 '설명하는 대상'이고 진술어는 주제어에 대해서 설명한다(어떤 논저에서는 '진술'이라고도 함). 즉, 주제어와 진술어의 관계는 '설명되고 설명하는' 관계이다. 주제어는 일반적으로 옛 정보를 나타내고 진술어는 일반적으로 새 정보를 나타낸다.

2.2 주제어진술어구조의 특징

이제 어순구조의 특징에 대해서 살펴보겠다. 옛 정보가 앞에, 새 정보가 뒤에 오는 것은 담화정보전달의 기본원칙이다. 이 원칙으로 주제어진술어구조에서 옛 정보를 나타내는 주제어는 진술어 앞에, 새 정보를 나타내는 진술어는 주제어 뒤라는 일반어순 규칙을 결정한 것이다(다음 예문의 부호 'ǀ' 왼쪽은 주제어, 오른쪽은 진술어임).

① 祖国的河山 ǀ 真美啊! 조국의 산하여, 진정으로 아름답구나!

② 这件事 ǀ 你办得很好。 이 일은 당신이 잘 처리했어요.

③ 他办事 ǀ 我很放心。 그가 일을 맡으면 나는 안심이에요.

④ 做生意 ǀ 他很有经验。 사업하는 건 그가 경험이 풍부해요.

"이와 같은 어순규칙은 무한하고 구체적인 동태적 주제어진술어구조에서 개괄해낸 것이다. 규율이나 규칙이 되기 위해서는 상대적으로 안정적이고 고정적이어야 하기 때문에 주제어진술어구조의 정태적 일반규칙으로 볼 수 있다."[5]

---

5   范晓(2001)《关于汉语的语序问题》,《汉语学习》第5-6期.

동태적 맥락문에서 새 정보를 부각시키거나 새 정보를 급히 먼저 말해야 할 때, 일반규칙을 위배하고 진술어가 앞에 주제어가 뒤(진술어 뒤에는 긴 쉼이 있거나 서면어에서는 보통 쉼표로 간격을 둠)에 옴으로써 주제어진술어구조는 진술어주제어구조로 변하게 된다.

⑤ 你办得很好, ∣ 这件事。 당신이 잘 처리했어요, 이 일은.
⑥ 真美啊, ∣ 祖国的河山! 진정으로 아름답구나, 조국의 산하여!

이와 같은 비일반어순의 주제어진술어구조에서 주제어는 보충설명을 한다. 특히 특수한 주제어진술어구조에 대해서 주의를 기울일 필요가 있는데, 바로 是자문 문간에서 특지의문사 '谁'로 이루어진 모르는 정보를 나타내는 주제어진술어구조가 그러하다.

⑦ 谁是我们的朋友? 누가 우리들의 친구인가?
⑧ 我们的朋友是谁? 우리들의 친구는 누구인가?

예⑦은 '특지의문사+是+NP' 문식이고 예⑧은 'NP+是+특지의문사' 문식이다. 이 두 문식은 자주 사용되며 어떤 것이 일반규칙이고 어떤 것이 비일반규칙이라고 말하기 어렵다. 하지만 두 문식의 화용의미에는 미세한 차이가 있다.[6]

주제어와 진술어의 선택과 어순은 밀접하게 연관되어 있다. 기본 사실이나 생각은 동일하지만 만약 주제어와 진술어의 어순이 다르면

6　王灿龙(2010)《"谁是NP"与"NP是谁"的句式语义》,《语言教学与研究》第2期.

주관적인 표현 의도에 영향을 미칠 수 있다. 여기에는 다음 두 가지 상황이 있다.

첫째, 기본 사실이 동일해도 동일한 문식이 서로 다른 단어를 주제어로 선택하면 표현의 초점에 영향을 미칠 수 있다.

① 《红楼梦》的作家 ㅣ 是曹雪芹。《홍루몽》의 작가는 조설근이다.
② 曹雪芹 ㅣ 是《红楼梦》的作家。조설근은 《홍루몽》의 작가이다.

이 두 예문의 문식은 모두 '판단' 의미를 나타내는 '是'자문이지만 주제어가 달라지면서 화자가 선택한 새 정보가 달라져서 표현의 초점도 달라진다. 예①은 '《红楼梦》的作家'가 설명의 대상이며 초점은 진술어 '曹雪芹'에 있다. 예②는 '曹雪芹'이 설명의 대상이며 초점은 '《红楼梦》的作家'에 있다.

둘째, 기본 사실이 동일해도 서로 다른 문식이 서로 다른 주제어를 선택하면 표현하는 문식의 화용의미에 차이가 있다.

③ 酒店门口 ㅣ 放着两只石狮子。호텔 입구에 돌 사자 두 마리가 놓여 있다.
④ 两只石狮子 ㅣ 放在酒店门口。돌 사자 두 마리가 호텔 입구에 놓여 있다.

예③은 'N장소+V着+N사물' 문식으로 '酒店门口'가 주제어이고 '放着两只石狮子'가 진술어이며 '어떤 곳에 어떤 방식으로 어떤 사물이 존재함'을 나타낸다. 예④는 'N사물+V在+N장소' 문식으로 '兩只石狮子'가 주제어이고 '放在酒店门口'가 진술어이며, '어떤 사물이 어떤 방식으로 어떤 곳에 위치함'을 나타낸다.

요컨대 주제어와 진술어의 기능은 다르기 때문에 동태적인 언어환경에서 이 둘은 서로의 대립관계를 이용하여 구조체 내 각 성분의 위치를 조정한다. 이렇게 새 정보와 옛 정보가 문장 내에서 위치이동을 함으로써 그 화용 기능과 가치를 조정하여 화용적 표현의 필요를 더욱 만족시킨다.

2.3 주제어진술어구조의 확정 방법

2.3.1 주제어진술어구조의 의미와 형식

표술의 의미측면에서 보면 주제어진술어구조는 '설명하고 설명되는' 관계로, '설명하는 대상'은 주제어이고, '설명대상을 설명하는 부분'은 진술어이다.

주제어의 의미에도 일정한 형식이 있다. 어떤 언어(한국어, 일본어, 마야어 등)는 엄격한 '주제어 표지'로 확정하기도 하는데 일본어의 'は'가 바로 주제어 형식표지이다. 엄격한 주제어 표지는 강제성, 전용성을 갖는다. 중국어에는 몇몇 허사들이 주제어를 나타내는 기능을 하지만 강제성이나 전용성이 없기 때문에 중국어에는 주제어를 나타내는 표지가 있다고 할 수 없다. 그러나 이 말은 중국어 주제어가 광의의 형식 특징이 없다는 것은 아니다. 중국어 주제어의 형식 특징은 다음 다섯 가지로 표현된다. (1) 위치 특징으로 표현된다. 주제어는 보통 진술어 앞에 위치한다. 예를 들면, '他办事我很放心。그가 일을 처리하면 나는

안심이에요'. (2) 멈춤 특징으로 표현된다. 주제어 뒤에는 긴 멈춤이 올 수 있으며 서면어는 쉼표를 써서 간격을 둘 수 있다. 예를 들면, '这件事, 你办的很好。 이 일은 당신이 잘 처리했어요'. (3) 문장의 주제어 앞에 주제어 기능을 나타내는 표지인 허사('关于, 对于, 至于' 등)가 올 수 있다. 예를 들면, '关于这件事, 咱们明天再谈吧。 이 일에 관해서는 우리 내일 다시 얘기합시다'. (4) 문장의 주제어 뒤에 주제어 기능을 나타내는 어기사('呢, 吧, 嘛, 啊, 呀' 등)가 올 수 있다. 예를 들면, '这件事嘛, 你办得很好。 이 일요, 당신이 잘 처리했어요'. (5) 주제어 뒤에 '是', '是不是'를 부가하여 긍정이나 반문을 나타낼 수 있다. 예를 들면, '他是死了母亲。 그는 어머님이 돌아가셨다', '他是不是身体有病。 그 사람 병 있는 거 아니야'.

2.3.2 의미와 형식을 결합한 방법으로 확정

의미와 형식을 서로 검증하는 방법을 써서 주제어를 확정할 수 있다. 주제어의 확정은 진술어의 범위를 확정하는 것을 의미한다. 만약 문장이 상술한 특정 형식을 가지고 있다면 주제어를 확정할 수 있다. 이를테면, '关于这个问题, 我们将进行研究 이 문제에 관해서는 우리는 연구할 예정이다'에서 '关于'는 '这个问题가 이 문장의 주제어임을 확정해준다. 어떤 문장은 특정 형식은 없지만 어떤 형식을 추가하여 확정할 수 있다. 이를테면, '小区的事情由小区居民讨论决定 단지의 일은 단지의 주민이 토론해서 결정한다'에서 '小区的事情' 앞에 '关于'를 붙이거나 또는 뒤에 멈춤을 나타내는 어기사를 부가하여 확정할 수 있다. 만약 '关于小区的事情, 由小区居民讨论决定', '小区的事情嘛, 由小区居民讨论

決定'이라고 할 수 있으면 '小区的事情'이 이 문장의 주제어이다. 어떤 문장은 앞뒤에 멈춤도 있고 특정 형식을 갖고 있더라도 앞뒤에 '설명되고 설명하는' 의미가 없으면 주제어진술어구조가 아니다. 예를 들면, '看样子啊, 是翠花爱上了您了 보아하니, 취화가 당신한테 반했군요'의 '看样子' 뒤에는 멈춤을 나타내는 어기사 '啊'가 올 수 있고 뒤에는 '是'도 올 수 있지만, '看样子'는 설명의 대상이 아니므로 주제어로 볼 수 없으며 문간도 주제어진술어구조라고 할 수 없다.

　문간에 '주제어+진술어'구조가 있고 없음에 따라서 중국어 문장을 주제어진술어문과 비주제어진술어문 두 가지 유형으로 구분할 수 있다. 주제어진술어문의 예로는 '中华人民共和国的首都是北京 중화인민공화국의 수도는 북경이다', '《红楼梦》我看过了 《홍루몽》을 나는 읽어봤다', '窗台上放着几盆花 창틀 위에 화분이 몇 개 놓여 있다' 등이 있다. 비주제어진술어문의 예로는 '下雨了! 비가 오네!', '立正! 차렷!', '一个晴朗的早晨 어느 쾌청한 아침', '好香的桂花! 향긋한 계수나무 꽃!' 등이 있다. 비주제어진술어문은 사실상 화용성분 혹은 진술어를 내포하고 있는데, 예를 들면 '好香的桂花!'에는 진술어 '好香'이 내포되어 있다. 어떤 경우에는 주제어를 내포하고 있는데, 예를 들면 '出太阳啦! 해가 떴어!'에는 주제어 '太阳'이 내포되어 있다. 그러나 언어환경(상하문, 대화 등)에서 주제어가 생략된 문장은 '비주제어진술어문'으로 볼 수 없다.

3. 주제어진술어구조의 주제어

주제어는 설명의 대상이며 사물(사람, 물건, 사건)을 지칭하는 명사성 성분으로 충당하고 비명사성 성분이 주제어가 될 때는 명물화 경향을 띤다.

3.1 주제어와 주어, 주사의 관계

주제어, 주어, 주사는 각각 다른 평면에 속하는데, 주어는 통사평면의 개념으로 술어와 상대되는 통사성분이고 주사는 의미평면의 개념으로 객사와 상대되는 의미성분이며[7] 주제어는 화용평면의 개념으로 진술어와 상대되는 화용성분이다.

3.1.1 주제어와 주어의 관계

주제어와 주어는 서로 연관되면서 구별된다.

첫째, 주제어와 주어가 연관되는 점은 바로 통사평면의 주어는 동시에 화용평면의 주제어이기도 하다는 것에 있다. 왜냐하면, 일반적으로 주어는 술어의 진술 대상이고 술어는 주어를 설명하기 때문이다. 사실 '진술 대상'은 주어가 나타내는 의미라기 보다는 주제어가 나타내는 의미이다. 赵元任(1979, p.45)은 "중국어에서 주어와 술어는 화제어와 설명[8]으로 이해하는 것이 적합하다"고 하였고, 朱德熙(1982, p.96)도 표현의 측면에서 '주어는 화제어'이고 술어는 주어를 '진술'하

---

7   范晓(1991) 《试论语义结构中的主事》, 《中国语言文学的现代思考》, 复旦大学出版社.

8   역주: 원문에서는 '话题'와 '说明'으로 표기함.

고 있다고 언급하여, 비슷한 견해를 갖고 있음을 알 수 있다. 이들이 언급한 '화제어와 설명' 또는 '화제어와 진술'은 본고에서의 '주제어와 진술어'에 해당한다. 즉, 진술 대상인 주어는 주제어와 중복되는 개념이다. 예를 들면, '我们爱祖国 우리는 조국을 사랑한다', '他很勇敢 그는 용감하다', '小李是大学生 소리는 대학생이다'에서 통사상의 주어는 화용표현상의 주제어이기도 하다.

둘째, 주제어와 주어가 구별되는 점은 주어와 주제어는 서로 다른 문법평면에 속한다는 것이다. 이는 다음 두 가지로 표현된다. (1) 주어와 술어를 담당하는 용언(동사와 형용사 포함) 간에 의미상 선택관계가 있다. 즉, "주어는 술어동사의 동원이자 술어의 진술 대상인 통사성분이다. 만약 문장 내 동원이면서 진술의 대상을 나타내는 단어가 두 개 이상이면 주사동원이 주어이고, 만약 주사가 두 개 이상이면 술어동사와 가장 긴밀하게 연관되어 있는 것이 주어이다."[9] 반면 주제어와 용언은 반드시 이러한 선택관계가 존재하는 것은 아니다. 동사와 형용사는 주어를 결정할 수 있지만 주제어를 결정할 수 없다. 예를 들면, '院子里他种了一棵树 정원에 그는 나무 한 그루를 심었다'에서 술어동사 '种'과 선택관계가 발생한 것은 주어 '他'이지 주제어 '院子里'가 아니다. (2) 주어는 반드시 주제어가 되지만 주제어는 반드시 주어가 되는 것은 아니므로, 이 둘은 완전히 일치하지 않는다.

① 在那遥远的地方, 有位好姑娘。 저 먼 곳에 착한 아가씨가 있었네.
   ('在那遥远的地方'은 주제어이고 주어는 아님)

---

9   范晓(1998)《汉语句法结构中的主语》,《语言研究的新思路》, 上海教育出版社.

② 鱼, 河豚鱼最好吃。 생선은, 복어가 가장 맛있다. ('鱼'는 주제어이고 주어는 아님)

③ 大门上他贴了一幅对联。 대문 위에 그는 대련 한 쌍을 붙였다. ('大门上'은 주제어이고 주어는 아님)

④ 对于这种事他很有经验。 이런 일에 대해서는 그가 경험이 풍부하다. ('对于这种事'는 주제어이고 주어는 아님)

3.1.2 주제어와 주사의 관계

주제어와 주사는 서로 연관되면서 구별된다.

첫째, 주제어와 주사가 연관되는 점은 다음과 같다. 문장 내 술어동사와 연관된 주사가 주어 위치에 출현하면 동시에 주제어도 담당한다. 예를 들면, '老王喝了一杯酒 노왕은 술을 한 잔 마셨다'에서 술어는 동작동사이고 주사 중의 시사 '老王'은 문두에서 주어가 되기 때문에 이 때는 주사와 주제어가 일치한다. 또 다른 예를 들면, '房子倒塌了 집이 무너져 내렸다'에서 술어는 상태동사이고 주사 중의 계사 '房子'는 문두에서 주어가 되기 때문에 이 때도 주사가 주제어와 일치한다.

둘째, 주제어와 주사가 구별되는 점은 다음과 같다. 주사는 반드시 주제어가 되는 것은 아니다. 예를 들면, '老虎被武松打死了 호랑이는 무송한테 맞아 죽었다'에서 '武松'은 주사 중 시사이고 주제어는 아니다. 반대로 주제어 역시 반드시 주사(시사, 계사, 기사)인 것은 아니다. 주사가 아닌 그 밖의 성분, 즉 객사(수사, 성사 등), 여사, 도구, 시간, 장소, 영사, 속사 등도 문장에서 주제어가 될 수 있기 때문에 주제어와 주사가 완전히 일치하지는 않는다.

① 这个问题不好解决。 이 문제는 해결하기가 쉽지 않다.(객사 중 수
사 '这个问题'가 주제어)

② 这口井他们挖得太浅了。 이 우물은 그들이 너무 얕게 팠다.(객사
중 성사 '这口井'이 주제어)

③ 小王, 我送给他新书。 소왕, 내가 자네에게 새로운 책을 주겠네.(여
사 '小王'이 주제어)

④ 这把刀呢, 我专用于切肉。 이 칼은요, 제가 고기 썰 때만 써요.(도
구 '这把刀'가 주제어)

⑤ 大厅里他挂了一幅油画。 로비에 그는 유화 한 폭을 걸었다.(장소
'大厅里'가 주제어)

⑥ 晚上, 吃得太饱不好。 저녁에는, 너무 배불리 먹으면 안 좋다.(시간
'晚上'이 주제어)

⑦ 她啊, 眼睛好大! 그녀는요, 눈이 정말 커요!(영사 '她'가 주제어)

⑧ 亲戚他很多, 只是没来往。 친척이라면 그가 많은데, 왕래는 없어
요.(속사 '亲戚'가 주제어)

3.2 주제어의 유형

단문으로 구성된 주제어진술어구조의 주제어는 서로 다른 평면에
서 분류할 수 있다.

첫째, 주제어와 진술어 간의 표술관계에 따라 주제어는 다음 다섯
가지로 구분할 수 있다. (1) 서술 대상이 되는 주제어. '我爱我的故乡
나는 나의 고향을 사랑한다'. (2) 묘술 대상이 되는 주제어. '山上的树木郁
郁葱葱的 산 속의 나무는 아주 울창하다'. (3) 기술 대상이 되는 주제어. '湖

<u>面上</u>飘着碧绿的浮萍 호수 위에 청록색의 부평초가 떠있다'. (4) 해설 대상이 되는 주제어. '<u>小吴</u>是学生 소오는 학생이다'. (5) 평술 대상이 되는 주제어. '<u>大家</u>应该多做善事 여러분 선행을 많이 해야 합니다'.

둘째, 주제어를 담당하는 단어의 통사 성질에 따라 주제어는 다음 두 가지로 구분할 수 있다. (1) 명사성 주제어. '<u>我</u>爱我的故乡'. (2) 비명사성 주제어, '<u>写作</u>很不容易 글쓰기가 정말 쉽지 않다'.

셋째, 주제어 위치에 출현하는 단어의 의미 성질에 따라 주제어는 다음과 같이 구분할 수 있다. (1) 시사주제어. '<u>她</u>喜欢跳舞 그녀는 춤 추는 걸 좋아한다'. (2) 계사주제어. '<u>今天的天气</u>很好 오늘 날씨는 정말 좋다'. (3) 기사주제어. '<u>他</u>是工程师 그는 엔지니어다'. (4) 수사주제어. '<u>这件事</u>我来办 이 일은 제가 처리할게요'. (5) 성사주제어. '<u>这个洞</u>挖得很深 이 구멍은 아주 깊게 팠다'. (6) 여사주제어. '<u>这孩子</u>我已经送过压岁钱了 이 아이는 내가 이미 세뱃돈을 줬다'. (7) 장소주제어. '<u>石头上</u>刻着几个大字 돌 위에 큰 글자 몇 개가 새겨져 있다'. (8) 시간주제어. '<u>昨天晚上</u>下了一场大雨 어제 저녁에 비가 한 바탕 내렸다'. (9) 영사주제어. '<u>王冕</u>七岁时死了父亲 왕면은 일곱 살에 아버지가 돌아가셨다', '<u>老李</u>的确身体不太好 노리는 확실히 건강이 그다지 안 좋다'.

3.3 주제어화에 관한 문제

단문의 상식문常式文에는 '핵심문'과 '파생문'이 있다.[10] 핵심문의 문

---

[10] 상식문 중 핵심문은 내부성분의 어순이 정태구 어순(통사어순과 의미어순 포함)에 따라 구성되기 때문에, 그 어순 규칙이 정태구 어순 규칙과 완전히 일치한다. 파생문은 핵심문에서 파생된 문장으로 어순과 주제어에 변화가 많다. 范晓(2001) 《关于汉语的语序问题》,《汉语学习》第5-6期 참조.

간은 주어, 주사, 주제어가 일치하며 주제어화에 관한 문제도 없다. 주어가 아닌 통사성분(목적어, 부사어, 관형어 등)과 주사가 아닌 의미성분(수사, 여사, 도구, 장소, 시간 등)은 핵심문에서 '주제어'가 될 수 없으나, 파생문에서는 주제어가 될 수 있다. 그렇기 때문에 이른바 '주제어화'는 주어가 아니고 주사도 아닌 성분이 주제어 위치에 출현하여 주제어가 되는 현상을 가리킨다. 다시 말해, 상식 핵심문에서 주제어가 아닌 주어를 제외한 통사성분이나 주사를 제외한 의미성분이 문두에서 주제어가 되는 것을 주제어화라고 한다. 주제어화 과정은 실제로 핵심문이 파생문으로 변환하는 과정이다. 이를테면, '我看过这个电影了 나는 이 영화를 봤었다'는 핵심문에 속하며, 이 문장의 '我'는 주어이면서 주사이고, 주제어이다. 그러나 '这个电影我看过了 이 영화는 나 봤었다'와 같은 파생문으로 변하면 이 때의 '我'는 여전히 주어이지만, '这个电影'은 수사목적어 주제어화가 된다. 주제어화는 주제어로 변하면서 문장의 구조나 배치가 조정되며, 이에 따라 옛 정보 역시 바뀌어 상하문 맥락의 연관성이 강화되는 등 여러 가지 화용 목적을 달성하게 된다.

대부분 주어를 제외한 통사성분과 주사를 제외한 의미성분은 화용의 필요에 따라 주제어화를 통해서 주제어가 된다. 예를 들면, '这本书我读过了, 那本书还没读呢 이 책은 내가 읽었었는데, 저 책은 아직 안 읽었다'는 수사목적어 주제어화, '这个洞挖得很深 이 구멍은 아주 깊게 팠다'은 성사목적어 주제어화, '小明嘛, 我已经送过礼了 소명은 말이야, 내가 이미 선물을 줬어'는 여사목적어 주제어화, '这支笔我写字, 那支笔我画画 이 붓은 글자를 쓰고, 저 붓은 그림을 그린다'는 도구부사어 주제어화, '半山

坡上他种了许多果树 산 중턱 비탈에 그는 많은 유실수를 심었다'는 장소부
사어 주제어화, '在战略上我们要藐视敌人, 在战术上我们要重视敌人
전략면에서 우리는 적을 얕잡아 봐야 하지만, 전술면에서 우리는 적을 중요하게
여겨야 한다'은 부사어 주제어화, '今天晚上我有个重要会议 오늘 저녁에
나는 중요한 회의가 있다'는 시간부사어 주제어화, '这张桌子断了一条腿
이 탁자는 다리 하나가 부러졌다'는 영사관형어 주제어화, '亲戚他很多, 只
是没来往 친척이라면 그가 많은데 왕래는 없다'은 속사중심어 주제어화이
다. 그 밖에도 동격어 주제어화가 있는데, 이는 동격어를 문두로 끌어
냄으로써 전체 문장의 주제어가 되는 것이다.

① 小李, 我送过他礼物。 소리, 내가 그에게 선물을 줬다. ('小李'는 여
　　사목적어 '他'의 동격어로, 문두에 나와 주제어가 됨)
② 王刚, 他的弟弟在北京。 왕강, 그의 남동생이 북경에 있다. ('王刚'
　　은 영사관형어 '他'의 동격어로, 문두에 나와 주제어가 됨)
③ 这个人, 我认识他。 이 사람, 나는 그를 안다.('这个人'은 수사목
　　적어 '他'의 동격어로, 문두에 나와 주제어가 됨)
④ 这把刀我用它切肉。 이 칼 내가 그걸로 고기를 썬다. ('这把刀'는
　　도구부사어 "它'의 동격어로, 문두에 나와 주제어가 됨)

3.4 복문 주제어진술어구조의 주제어

　　복문의 절 대부분은 각각의 주제어를 가지고 있으며, 어떤 복문은
전체 문장의 주제어가 통일되어 각 절의 주제어가 같지만, 어떤 복문
은 전체 문장의 주제어가 없고 각 절의 주제어도 다르다.

3.4.1 각 절의 주제어가 동일한 경우

(1) 동일한 단어로 연계

각 절의 주제어를 담당하는 단어가 동일한 경우로, 동일한 주제어가 앞뒤를 연계하는 형식을 가리킨다.

① 北京是中华人民共和国的首都, 北京也是全国的文化中心。

북경은 중화인민공화국의 수도이자, 북경은 전국의 문화중심지이다.

② 我爱热闹, [ ]也爱冷静 ; [ ]爱群居, [ ]也爱独处。 나는 시끌벅적한 것도 좋아하지만 조용한 것도 좋아하며, 모여 사는 것도 좋아하지만 혼자 사는 것도 좋아한다.

예①의 '北京'과 예②의 '我'는 전체 문장의 주제어이자 각 절의 주제어이다. 이러한 복문은 전체 문장에 통일된 주제어가 있고 앞뒤 절의 주제어는 동일한 단어로 충당된다. 하지만 중국어는 중의가 생기지 않는 상황이라면 화용상 간결하게 말하기 위해 후속문의 주제어를 생략하기도 하는데, 예②의 뒷절에는 주제어 '我'가 생략되어 있다.

(2) 다른 단어로 대체

주제어가 지칭하는 것은 동일하지만 각 절에서 사용한 단어가 달라서, 뒷절의 주제어 단어(간략한 지칭이나 대명사 사용)는 앞절 단어를 '대체'하는 기능을 한다.

③ 中华人民共和国是中国唯一合法政府, 中国历来坚持这一原

321

則。중화인민공화국은 중국의 유일한 합법 정부로, 중국은 유사이래 이 원칙을 지키고 있다.

④ <u>露易丝</u>是个非洲姑娘, <u>她</u>皮肤微黑, <u>身材</u>丰满结实, <u>她</u>非常健康。루이스는 아프리카 아가씨로, 그녀는 피부가 검으며 몸이 풍만하고 튼실하니, 그녀는 참 건강하다.

예③은 앞절 주제어 '中华人民共和国'의 간략한 지칭인 '中国'로 뒷절 주제어를 대체하였으며 예④는 앞절 주제어인 고유명사 '露易丝'를 지칭하는 인칭대명사 '她'로 뒷절 주제어를 대체한 것이다.

3.4.2 각 절의 주제어가 다른 경우

(1) 영속순차

앞뒤 절의 주제어 단어는 영속관계(전체와 부분 관계)이다.

① <u>安娜</u>已经上了年纪, <u>但身材</u>苗条, <u>皮肤</u>细嫩。안나는 이미 나이가 들었지만, 몸매가 날씬하고 피부도 곱다.

② <u>鲁庄公</u>病死, <u>那些弟弟</u>为争夺君位而相互厮杀。노장공이 병으로 죽자, 그 동생들이 왕위를 뺏으려고 서로 싸우고 죽었다.

예①의 뒷절 주제어 '身材, 皮肤'와 앞절 주제어 '安娜'는 영속관계이고 예②의 뒷절 주제어 '那些弟弟'와 앞절 주제어 '鲁庄公' 역시 영속관계이다.

(2) 병렬대구

뒷절의 주제어와 앞절의 주제어가 병렬대구관계이다.

③ <u>冬天</u>来了, <u>春天</u>也不远了。겨울이 왔으니, 봄도 멀지 않았구나.
④ <u>姐姐</u>在弹琴, <u>弟弟</u>在唱歌, <u>妹妹</u>在跳舞。언니는 가야금을 타고, 남동생은 노래를 부르고, 여동생은 춤을 춘다.

예③의 앞뒤 절 주제어는 서로 다른데, 앞절 주제어 '冬天'과 뒷절 주제어 '春天'은 병렬대구관계이고 예④의 앞뒤 절 주제어 역시 서로 다른데, 첫 번째 절 주제어는 '姐姐', 두 번째 절 주제어는 '弟弟', 세 번째 절 주제어는 '妹妹'로 병렬대구관계이다.

(3) 전사前辭반복

뒷절의 주제어가 앞절의 진술어 마지막 단어와 전사반복된다.

⑤ <u>人</u>不犯我, <u>我</u>不犯人。남이 나를 건드리지 않으면, 나도 남을 건드리지 않는다.
⑥ <u>大堂正中</u>摆着一张方桌, <u>桌子上</u>有一个大盘, <u>盘里</u>放着各种水果。홀 한 가운데에는 사각 테이블이 놓여 있고, 테이블 위에는 큰 접시가 있으며, 접시에는 각종 과일이 놓여 있다.

예⑤의 앞뒤 절 주제어가 서로 다른데, 앞절의 주제어는 '人'이고 뒷절의 주제어는 '我'로, 이때 '我'는 앞절의 목적어 '我'와 맞물린 것이다.

예⑥의 앞뒤 절 주제어 역시 서로 다른데, 첫 번째 절 주제어는 '大堂正中', 두 번째 절 주제어는 '桌子上', 세 번째 절 주제어는 '盘里'로, 이들은 모두 앞절의 목적어 '方桌', '大盘'과 맞물린 것이다.

4. 주제어진술어구조의 진술어

진술어는 주제어를 설명하는 부분으로 '평론어'나 '설명어'라고도 한다. 진술어는 일반적으로 술어성의 단어로 충당된다(용언이 생략되거나 내포된 문장은 명사성 성분도 진술어가 될 수 있음).

4.1 진술어와 술어의 관계

진술어와 술어는 문법의 서로 다른 평면에 속하는 용어이며 서로 연관되면서 구별된다.

진술어와 술어가 연관되는 점은 둘 다 진술 혹은 서술의 기능을 갖는다는 것이다. 그래서 일반적인 상황에서 진술어 부분과 술어 부분은 일치한다.

① 张三是工人。 장삼은 노동자이다.

② 李四在演戏。 이사는 연극을 하고 있다.

③ 她很漂亮。 그녀는 아주 예쁘다.

④ 他应该来。 그는 와야 한다.

위의 예에서 밑줄 친 부분은 진술어이자 일반 문법서에서 말하는 술어이다. 주술문에서 술어와 진술어는 보통 일치하며 술어도 진술어를 나타낼 수 있다.

진술어와 술어의 구별되는 점은 술어는 보통 문장의 진술어이지만, 진술어가 반드시 문장의 술어인 것은 아니다.

⑤ 在山岗上, <u>有个牧童在唱歌</u>。 언덕 위에서 어떤 목동이 노래를 부르고 있다.

⑥ 关于这件事, <u>还是由我来办</u>吧。 이 일에 관해서는 역시 내가 처리할게.

예⑤와 예⑥은 모두 '비주술문'으로, 문두의 '在山岗上', '关于这件事'는 주제어이지만 주어는 아니고, '有个牧童在唱歌', '还是由我来办'은 진술어이지만 술어는 아니다.

4.2 진술어의 유형

단문의 진술어는 서로 다른 측면에서 분류할 수 있다.

첫째, 진술어를 충당하는 단어의 특징에 따라 다음 네 가지로 분류할 수 있다. (1) 동사성 단어로 충당하는 동사성 진술어. '妹妹<u>睡觉</u>了 여동생은 잠들었다'. (2) 형용사성 단어로 충당하는 형용사성 진술어. '她的脸<u>红扑扑的</u> 그녀의 얼굴이 발그레하다'. (3) 명사성 단어로 충당하는 명사성 진술어. '天上<u>一片乌云</u> 하늘이 온통 먹구름이다'. (4) 주술구 진술어. '他嘛, <u>身体很棒啊</u>! 그 사람 말이야, 몸이 아주 좋아!'.

325

둘째, 문장 내에서 주제어에 대한 기능에 따라 진술어를 다음 다섯 가지로 분류할 수 있다. (1) 서술성 진술어. 주제어의 동작, 상태 또는 사건의 시간 전개 및 변화 등을 서술한다. '他<u>正在喝咖啡</u> 그는 커피를 마시고 있다'. (2) 묘술성 진술어. 주제어의 성질이나 상태를 묘사한다. '红的<u>火红</u>, 绿的<u>碧绿</u> 붉은 것은 새빨갛고, 푸른 것은 시퍼렇다'. (3) 기술성 진술어. 주제어가 나타내거나 발생하는 상태나 상황을 기록한다. '地上<u>铺着一条新疆地毯</u> 바닥에 신강 카펫이 깔려있다'. (4) 해설성 진술어. 주제어와 진술어에 반영되는 사물 간의 관계를 판단 및 해설한다. '他<u>是上海人</u> 그는 상해 사람이다'. (5) 평술성 진술어. 주제어에 반영된 사물이나 문장에 반영된 사건에 대해서 주관적 평가를 한다. '他<u>可能不来</u> 그는 아마도 안 올 것이다'.

4.3 복문 주제어진술어구조의 진술어

병렬복문에서 각 절의 진술어와 진술어 간 관계는 매우 다양하다.

(1) 동일어로 연계

각 절의 진술어가 같은 단어이다.

① 小李<u>是湖南人</u>, 小王<u>是湖南人</u>, 小张也<u>是湖南人</u>。 소리는 호남 사람이고, 소왕은 호남사람이며, 소장도 호남사람이다.

② 风<u>来了</u>, 雨<u>来了</u>, 和尚背着谷<u>来了</u>。 바람이 왔고, 비가 왔고, 승려가 곡식을 짊어지고 왔다.

(2) 다른 표현으로 대구

앞뒤 절의 진술어를 나타내는 표현이 다르고, 뒷절의 진술어는 앞절의 진술어와 의미에 있어서 상반 또는 관련되어 있다.

③ 真正的勇敢者, <u>胜不骄</u>, <u>败不馁</u>。 진정으로 용감한 자는 이겨도 교만하지 않고 패배해도 낙담하지 않는다.

④ 他是<u>一个诗人</u>, <u>又是一个画家</u>。 그는 시인이자 화가이다.

(3) 다른 표현으로 선후순차

앞뒤 절의 진술어를 나타내는 표현이 서로 다르며 뒷절의 진술어는 앞절의 진술어와 시간상 논리에 있어서 선후순차 연속관계이다.

⑤ 大家<u>先排队</u>, <u>买好票</u>, <u>然后才上车</u>。 여러분 먼저 줄을 서시고, 표를 산 다음에 차를 타세요.

⑥ 他们<u>走下车来</u>, <u>绕到车后</u>, <u>帮助推车</u>。 그들은 차에서 내려서 차 뒤로 돌아간 다음, 차를 미는 것을 도왔다.

수식어중심어복문의 각 절은 그 관계가 매우 복잡하여 본고에서는 다루지 않는다.

5. 주제어진술어문의 유형

5.1 문장 내 주제어 수에 따른 분류

하나의 문장이 여러 개의 주제어를 가질 수 있는지에 대해서는 학계의 견해가 다르다. 어떤 학자는 하나의 문장은 하나의 주제어만 가질 수 있다고 하고 또 어떤 학자는 하나의 문장에 주제어가 여러 개 있을 수 있다고 주장한다. 본고는 구체문을 대상으로 분석해야 한다고 생각한다. 어떤 문장은 주제어가 하나인데, 이러한 문장을 '단일주제어 주제어진술어문('단일주제어문'으로 약칭)'이라고 한다. 또 어떤 문장은 주제어가 두 개 이상인데, 이러한 문장을 '다중주제어 주제어진술어문('다중주제어문'으로 약칭)'이라고 한다.

5.1.1 단일주제어문

단일주제어문은 전체 문장에 하나의 주제어만 있는 것을 가리킨다. 단문은 대다수가 단일주제어문에 속한다. 예를 들면, '她喜欢跳舞 그녀는 춤 추는 걸 좋아한다', '天上飘着白云 하늘에 흰구름이 떠다닌다' 등이 있다. 복문에는 단일주제어문이 적은 편으로, 만약 '주제어진술어절'이 하나이면 다른 절은 주제어가 내포된 '비주제어진술어절'인데, 이러한 복문이 단일주제어문이다. 예를 들면, '下雨啦, 刮风啦, 小猫小狗打架啦 비가 오다가, 바람이 불다가, 날씨가 변덕스럽네' 등이 있다.

5.1.2 다중주제어문

단문과 복문에는 모두 다중주제어문이 있다. 단문용언 앞에 만약 명사성 성분이 여러 개 있으면 주제어도 여러 개일 가능성이 있다. 왜냐하면 이런 단문의 근간부분인 '주제어진술어구조'의 진술어 내부를 다시 '주제어+진술어'구조로 분석해낼 수 있기 때문이다. 문두의 주제어는 전체 문장의 주제어('주요 주제어', '제1주제어'라고도 함)가 되고 다른 것은 부차적 주제어가 되어 왼쪽에서 오른쪽으로 선후순서에 따라 제1주제어, 제2주제어, 제3주제어, 제4주제어 등이 된다.[11] 문장의 정보전달은 '옛 정보→새 정보→옛 정보→새 정보'로 이어지면서 한층 한층 겹겹이 쌓여서 다중주제어단문은 층차성 또는 연결성을 갖게 된다. 예를 들면, '这个问题我现在脑子里一点印象也没有了 이 문제는 나는 지금 머리 속에 조금도 남아있지 않다' 등이 있다. 복문 다중주제어문은 아주 많은데, 예를 들면, '我是山东人, 他也是山东人, 我们都是山东人 나는 산동사람이고, 그도 산동사람이고, 우리는 모두 산동사람이다', '大堂正中摆着一张方桌, 桌子上有一个大盘, 盘里放着各种水果 홀 한 가운데에는 사각 테이블이 놓여 있고, 테이블 위에는 큰 접시가 있으며, 접시에는 각종 과일이 놓여 있다', '因为今天下雨, 所以气温较低 오늘 비가 와서 기온이 낮은 편이다' 등이 있다.

5.2 문장 내 진술어 수에 따른 분류

단문과 복문에는 모두 '단일진술어문'이 있다. 단문이 만약 다중주제어문이라면 서로 다른 층차에서 서로 다른 주제어에 대해 서로 다른 설명 부분이 있게 되며 이는 다시 말해 다중진술어문을 말한다. 복문

---

[11] 문간의 주어, 목적어, 관형어가 각각 주술구조로 이루어진 경우, 이때의 주어는 주제어로 분석할 필요가 없다. 예를 들면, '我知道他是学生 나는 그가 학생인 것을 안다'의 '他'는 제2주제어가 아니다.

은 대부분 다중진술어문에 속하며 예를 들면, '大雪纷飞, 天气酷冷, 我
们不能不去公园散步了 눈발이 날리고 날씨가 춥지만, 우리는 공원으로 산책
을 가지 않을 수 없다', '姐姐在弹琴, 弟弟在唱歌, 妹妹在跳舞, 我在欣赏他
们的表演 언니는 가야금을 타고, 남동생은 노래를 부르고, 여동생은 춤을 추고,
나는 그들의 공연을 감상하고 있다' 등이 있다. 그러나 어떤 복문에는 '주제
어진술어구조의 절'이 하나 뿐이고 그 외의 다른 절은 진술어를 내포하
고 있는 '비주제어진술어문'이다. 이러한 복문은 단일진술어문이며
예를 들면 '寂静的山庄, 黑沉沉的夜, 远处传来一阵阵狼嚎声 적막한 산
장, 칠흑 같이 깊은 밤, 먼 곳에서 간간이 늑대 울음 소리가 들려왔다' 등이 있다.

5.3 문간의 표술 용도(기능)에 따른 분류

문간의 표술성은 주제어진술어구조의 진술어가 주제어에 대한 설
명으로 표현된다. 단문에서 진술어는 서술성 진술어, 묘술성 진술어,
기술성 진술어, 해설성 진술어, 평술성 진술어로 구분할 수 있으며, 이
에 상응하여 서술문, 묘술문, 기술문, 해설문, 평술문 등 다섯 가지 단
문의 기본 문류가 형성된다.

(1) 서술문('서사문', '사건문'이라고도 함)

서술문의 문간은 서술성 진술어로 이루어지며 주제어 사물의 활동
이나 사건의 시간 전개를 표술하는 데 목적이 있다. 예를 들면, '他正在
写文章 그는 글을 쓰고 있다'. 이런 문장은 다시 하위분류할 수 있는데 주
동문('张三批评了李四 장삼은 이사를 혼냈다'), 피동문('李四被张三批评
了 이사는 장삼한테 혼났다'), 처치문('张三把李四批评了 장삼은 이사를 혼

냈다'), 사동문('虛心使人他得到了进步 겸허는 사람으로 하여금 발전하게
한다')이 있다. 서술문은 보통 서사문敍事文에 쓰이며 논설문이나 응용
문(실용문)에는 잘 쓰이지 않는다.

(2) 묘술문('묘사문', '표태문表態文'이라고도 함)

묘술문의 문간은 묘술성 진술어로 이루어지며 주제어 사물의 성질
및 상태를 묘사하는 데 목적이 있다. 예를 들면, '这孩子真勇敢 이 아이
는 정말 용감하다'. 이런 문장은 다시 하위분류할 수 있는데, 성질문('桃
花红, 柳叶绿 복숭아 꽃은 붉고, 버들 잎은 푸르다'), 상태문('麦苗绿油油
的 보리싹은 푸릇푸릇하다')이 있다. 묘술문은 주로 문학작품에 쓰이며
설명문이나 논설문에는 자주 쓰이지 않고 응용문(실용문)에는 쓸 수
없다.

(3) 기술문('기재문記載文'이라고도 함)

기술문의 문간은 기술성 진술어로 이루어지며 주제어 사물의 표현
양상 및 발생 상태나 상황을 기술하는 데 목적이 있다. 기술문은 다시
하위분류할 수 있다. 주제어 단어의 의미 특징에 따라 다음 두 가지로
나눌 수 있는데, 하나는 장소양상문(일반적으로 '존현문'으로 칭함)으
로, 장소를 나타내는 단어가 주제어로 쓰여 존재, 출현, 소실을 나타낸
다. 예를 들면, '门口坐着一个老人 입구에 노인 한 사람이 앉아 있다', '烟囱
里冒起青烟 연통에서 파란 연기가 올라온다'. 다른 하나는 사물양상문('발
생문'이라고도 함)으로, 사물을 나타내는 단어(사람이나 물건)가 주제
어로 쓰여 그 소속 사물의 존재, 출현, 소실, 손실 등을 나타낸다. 예를

들면, '王冕七岁时死了父亲 왕면은 일곱 살에 아버지가 돌아가셨다', '女人流着眼泪 여인은 눈물을 흘리고 있다'. 출현하거나 발생한 시간, 과정, 상태에 따라 사물양상문은 존재문('门口坐着一个老人', '女人流着眼'), 출현문('前面来了几个人 앞쪽에서 몇 사람이 왔다', '树梢长出了嫩芽 나뭇가지 끝에서 새싹이 자라났다'), 소실문('村里死了一条牛 마을에 소 한 마리가 죽었다', '老张伤了一条腿 노장은 한쪽 다리를 다쳤다')으로 나눌 수 있다. 기술문은 보통 기재문이나 문학작품에 많이 쓰이며 평론문이나 응용문(실용문)에는 적합하지 않다.

(4) 해설문('판단문'이라고도 함)

해설문의 문간은 해설성 진술어로 이루어지며 사물 간의 관계를 판단하고 해설하는 데 목적이 있다. 해설 의미에 따라 하위분류할 수 있는데, 예를 들면, 판단문('当归是一种中药 당귀는 한약의 일종이다'), 비유문('湖水像一面镜子 호수는 거울과 같다'), 비교문('广州的生活水平高于贵州 광주의 생활수준은 귀주보다 높다'), 소유문('他有两个弟弟 그는 남동생이 둘 있다'), 주석문('兔子尾巴长不了 토끼는 꼬리가 길어질 수 없다')이 있다.[12] 해설문의 용도는 넓은 편이어서 설명문, 논설문에 많이 쓰이고 응용문에도 쓸 수 있다.

---

12 헐후어는 중국어의 독특한 문장으로, 이는 아주 특별한 '해설문(진술어가 주제어에 대해서 주해함)'으로 볼 수 있다. 필자는 일찍이 이러한 문장을 '주술복문'이라 칭했다.(《谈一种特殊类型的复句》, 《汉语学习》, 1984年 第1期 참조) 당시에는 주술관계가 '피진술과 진술'관계라는 전제에 근거해 추론해낸 것이다. 지금은 '주술문'이 아니라 '주제어진술어문'으로 본다.

(5) 평술문('평의문'이라고도 함)

평술문의 문간은 평술성 진술어로 이루어지며 주제어를 평술하는 데 목적이 있다. 평술 의미에 따라 하위분류할 수 있는데, 평가문('他可能明天回来 그는 아마도 내일 돌아올 것이다', '这个问题很值得研究 이 문제는 연구할 만한 가치가 있다'), 의욕문意欲文('我想找个好工作 나는 좋은 직장을 구하고 싶다', '他要去北京玩 그는 북경에 놀러 가려고 한다')이 있다. 평술문은 주로 논설문에 쓰이며 설명문에도 쓸 수 있지만 응용문에는 잘 쓰이지 않는다.

[참고문헌]

曹逢甫(1990)《从主题—评论的观点谈中文的句型》,《第二届世界华语文教学研讨会论文集》, 台湾
陈昌来(2003)《现代汉语语义平面问题的研究》, 学林出版社
范继淹(1985)《无定NP主语句》,《中国语文》第5期
范晓(1991)《试论语义结构中的主事》,《中国语言文学的现代思考》, 复旦大学出版社
范晓(1998)《汉语句法结构中的主语》,《语言研究的新思路》, 上海教育出版社
范晓(1999)《略说句系学》,《汉语学习》第6期
范晓(2001)《关于汉语的语序问题》,《汉语学习》第5-6期
范晓(2003)《说语义成分》,《汉语学习》第1期
范晓(2004)《三维语法阐释》,《汉语学习》第6期
范晓(2006)《语用的动态分析和静态分析》,《语言科学》第5卷1期
范晓(2010)《关于句式问题》,《语文研究》第4期
范晓(2010)《试论句式意义》,《汉语学报》第3期
范晓(2012)《略论句干及其句式》,《山西大学学报》第3期
张斌·胡裕树(1989)《汉语语法研究》, 商务印书馆
高顺全(2004)《三个平面的语法研究》, 学林出版社
高顺全(1999)《与汉语话题有关的几个问题》,《语言教学与研究》第4期
李讷·汤姆逊(1983)《汉语语法》(黄宣范译), 台湾文鹤出版有限公司
吕叔湘(1984)《"谁是张老三?"="张老三是谁?"》,《中国语文》第4期

沈家煊(2017)《汉语有没有主谓结构》,《现代外语》第1期
石毓智(2001)《汉语的主语与话题之辨》,《语言研究》第2期
汤廷池(1978)《主语与主题的划分》,《语文周刊》(台湾)第1523期
王灿龙(2010)《"谁是NP"与"NP是谁"的句式语义》,《语言教学与研究》第2期
吴中伟(2001)《现代汉语句子的主题研究》, 北京大学出版社
吴中伟(2004)《试论汉语句子的主述结构》,《语言教学与研究》第3期
温锁林(2001)《现代汉语语用平面研究》, 北京图书馆出版社
徐烈炯·刘丹青(1998)《话题结构与功能》, 上海教育出版社
袁毓林(1996)《话题化及其相关的语法过程》,《中国语文》第4期
张国宪(1987)《试谈主题的形式标记》,《淮北煤师院学报》第3期
赵元任(1979)《汉语口语语法》, 商务印书馆
朱德熙(1982)《语法讲义》, 商务印书馆

▌원문은《汉语学报》2017年 第3期에 게재

제12장

중국어의 어순

1. 서론

1.1 어순의 중요성

어순은 중요한 문법형식이며 문법수단이다. 어떠한 언어이든 그 문법에는 모두 어순문제를 가지고 있다. 어순은 문법구조와 문법의미의 형식을 나타낼 뿐만 아니라 언어표현과 수사修辭를 나타내는 수단이다.

인구어의 일부 언어는 단어의 형태변화가 풍부하여 의미를 어순이 아닌 형태변화로 나타내기 때문에 어순이 상대적으로 자유롭다[1]. 중국어는 서양 언어와 달리 형태변화가 다양하지 않기 때문에 문법의미를 주로 어순으로 나타내고 중국어의 문장유형도 어순으로 나타내기 때문에 어순은 중국어 문법에서 특히 중요하다.

1.2 중국어 어순연구 현황

중국어 문법학계는 줄곧 중국어 어순연구를 중요시하였다. 1950년

---

[1]   그러나 어순이 중요하지 않은 것은 아니다. 왜냐하면, 한편으로 일부 어순은 마음대로 바꿀 수 없고(예컨대, 러시아어에서 일치성을 나타내는 관형어의 위치와 일부 'SVO'문은 임의로 어순을 바꿀 수 없다), 또 다른 한편으로는 어떤 일정한 화용적 필요에 의해 어순을 변환할 수 있기 때문이다.

대 이전에 많은 학자들이 이미 중국어 어순문제에 관심을 갖고 연구하였다. 예컨대, 黎锦熙는 "고립어인 중국어는 단어의 배열을 통해서 의미를 表現한다"고 말하면서 "문장은 '정상문(어순이 정상적인 문장)'과 '변식문(어순이 도치된 문장)'이 있다"고 하였다. 吕叔湘은 "중국어의 서사문敍事文은 '정상순서'와 '변화순서'가 있다"고 하였다. 王力는 '도치법'을 언급하며 "목적어, 묘사어, 서술어 등이 때로 그것들이 있어야 할 정상적인 위치에 있지 않는 것을 우리는 도치법이라고 부른다"라고 하였다. 30년대 말부터 '문법혁신'토론이 시작되었을 때, 학자들은 어순문제를 매우 중요시하였고, 그 중에서 张世禄는 "어순에 근거하여 범주가 정립되고 범주가 모여서 체계를 이룬다"라고 하면서 문법연구에서 어순의 역할을 가장 높은 위치에 놓았다[2].

1950~60년대 학계에서도 어순을 매우 중시하였다. 吕叔湘과 朱德熙는 《语法修辞讲话》에서 "문장의 구조는 기본적으로 각 성분의 순서를 정하는 문제이다"라고 하였다. 赵元任은 《汉语口语语法》에서 "일반적으로 중국어의 문법은 통사이고 중국어의 통사는 모두 단어순[3]이다"라고 하였다. 단어순은 중국어문법에서 매우 중요하다. 예를 들면, '好人 좋은 사람'과 '人好 사람이 좋다', '狗咬人 개가 사람을 문다'과 '人咬狗 사람이 개를 문다'가 그렇다.[4] 그 당시 중국어 문법학계는 주어와 목적어 문제에 관한 토론을 대대적으로 진행하면서 주어와 목적어의 확

2　黎锦熙(1992)《新著国语文法》p7, 商务印书馆. 吕叔湘(1982)《中国文法要略》pp.28-41, 商务印书馆. 王力(1985)《中国现代语法》p317, 商务印书馆. 张世禄(1939)《因文法问题谈到文言白话的分界》,《语文周刊》第30, 31, 32期 참조.

3　역주: 원문은 '词序'이며 '단어의 배열순서'를 의미.

4　吕叔湘·朱德熙(1952)《语法修辞讲话》p.205, 开明书店. 赵元任(1979)《汉语口语语法》p.135, 商务印书馆 참조.

정 문제에서 학자들은 어순을 매우 중시하여 어순에 따라 주어와 목적어를 결정하자고 주장하였다. 즉 명사가 동사 앞에 있으면 주어이고 뒤에 있으면 목적어라는 것이다. 토론 과정에서 어순이 우세를 차지하였으며 이는 구조주의 언어학이 구조형식을 중시하는 경향을 반영한 것이다. 그 당시 또 일부 간행물은 중국어 어순을 다루는 논문들을 발표하였다. 예를 들면 洪笃仁의《从现代汉语的词序看所谓"倒装"》, 丁勉哉의《论句成分倒装的语法特点》, 胡竹安의《谈词序的变化》, 刘涌泉의《机器翻译中词序问题》등이 있다[5].

1980년대 이후 어순문제는 더욱 중요시되어 다음과 같은 현상이 나타났다. 첫째, 어순문제에 관한 주제연구 논문이 다수 발표되었다. 예컨대, 陆俭明의《汉语口语句法里的易位现象》, 胡附와 文练의《汉语语序研究中的几个问题》, 屈承喜의《汉语的词序及其变迁》, 邵敬敏의《从语序的三个平面看定语的移位》, 戴浩一의《时间顺序和汉语的语序》, 汤廷池의《关于汉语的语序类型》, 吳为章의《语序重要》[6] 등이 있다. 둘째, 중국어 문식변환과 관련된 토론에서도 어순문제가 대대적으로 언급되었다. 셋째, 어순문제에 관한 주제토론이 전개되었다. 예컨대, 간행물에서 '자리이동'문제에 대한 토론이 전개되었다.

5   洪笃仁(1955)《从现代汉语的词序看所谓"倒装"》,《厦门大学学报》第4期. 丁勉哉(1957)《论句成分倒装的语法特点》,《华东师大学报》第4期. 胡竹安(1959)《谈词序的变化》,《语文学习》第9期. 刘涌泉(1965)《机器翻译中的词序问题》,《中国语文》第3期.

6   陆俭明(1980)《汉语口语句法里的易位现象》,《中国语文》第1期. 胡附 · 文炼(1984)《汉语语序研究中的几个问题》,《中国语文》第3期. 屈承喜(1984)《汉语的词序及其变迁》,《语言研究》第1期. 邵敬敏(1987)《从语序的三个平面看定语的移位》,《华东师大学报》第4期. 戴浩一(1988)《时间顺序和汉语的语序》,《国外语言学》第1期. 汤廷池(1988)《关于汉语的语序类型》,《汉语词法句法论集》, 台湾学生书局. 吳为章(1995)《语序重要》,《中国语文》第6期 참조.

1994년 10월에는 어순문제에 관한 주제 학술토론회가 개최되었다[7]. 상술한 어순연구를 간단히 회고해보면 중국어 어순연구는 적지 않은 연구성과를 거두었다. 특히 중국어 통사성분의 배열순서에 관하여 많은 논저가 이미 일련의 규칙들을 총괄해내었지만 의미성분의 배열순서와 화용성분의 배열순서에 관한 연구는 아직 공백상태라고 할 수 있다. 이외에도 이론과 방법의 차이로 어순연구의 많은 문제에 있어서 이견이 존재하고 있다. 따라서 중국어의 어순문제는 전면적이고 체계적이며 심도있는 연구를 진행할 가치가 있다.

1.3 중국어 어순연구에서의 이견

중국어 문법학계는 어순이 매우 중요하여 관련 연구에서 어느 정도 성과를 거두었지만 여전히 서로 다른 이해와 견해가 존재하고 있으며 이는 주로 다음과 같다.

1.3.1 용어의 사용과 그 개념에 대한 이견

중국어문법 연구자들은 '단어순'이라는 용어를 사용하기도 하고 '어순'이라는 용어를 사용하기도 한다. 예컨대 黎錦熙, 趙元任, 屈承喜, 劉涌泉 등은 '단어순', 張世祿, 文練, 胡附, 戴浩一, 湯廷池 등은 '어순'을 사용하고 있다. 또한 呂叔湘, 朱德熙는 '단어의 순서'를 사용하였다. 이런 용어의 차이는 일부 언어학 사전에서도 나타나고 있다. 예컨대, 陳望道의 《辭海》, 王維賢의 《語法學詞典》에서는 '어순'을 사용하고

---

7   이 회의에서 토론된 중국어 어순에 관한 관점에 대해서는 朱景松(1995) 《关于语序的几个问题》, 《语言教学与研究》第3期 참조.

있으며 张涤华의 《汉语语法修辞词典》은 '단어순'을 사용하고 있다. 黄长著의 《语言与语言学词典》은 '단어순'만을 사용하고 있다.[8] 이 두 개의 용어를 장기적으로 혼용했기 때문에 일반적으로 단어순과 어순을 동일시하고 있다.

'단어순'과 '어순'의 함의에 대하여 학자들의 견해도 다르다. 赵元任 (1968)은 단어의 배열순서, 《辞海 · 语言学分册》(1987)는 문법단위 (형태소, 단어, 구, 절 포함)의 배열순서, 刘涌泉(1965)은 문법구조에서 통사성분의 배열순서, 张涤华의 《汉语语法修辞词典》은 광의의 어순은 형태소, 단어, 구, 절 등의 언어단위를 포함하는 배열순서이고 협의의 어순은 어구語句에서의 배열위치라고 하였다. 어떤 학자는 문법단위의 배열순서이며 동시에 구조성분의 배열순서라고 하였다. 吴为章(1995)은 광의의 어순은 형태소순, 단어순, 구어순, 절어순, 문장어순, 단락어순, 단어형성성분순서, 통사성분순서라고 하였다.

1.3.2 중국어 어순의 고정론과 비고정론 간의 대립

중국어 문법학계에는 '어순고정'론이 있다. 王力는 "어순고정은 중국어의 큰 특징이다." 洪笃仁도 "중국어의 어순은 안정적이다"[9]라고 하였다. 이들은 형태변화가 풍부한 언어의 어순이 다소 융통성이 있고 중국어는 형태변화가 부족하여 어순이 고정되어 있다고 여겼다. 그러

---

8 陈望道(1987) 《辞海 · 语言学分册》, 上海辞书出版社. 王维贤(1992) 《语法学词典》, 浙江教育出版社. 张涤华(1988) 《汉语语法修辞词典》, 安徽教育出版社. 黄长著(1981) 《语言与语言学词典》, 上海辞书出版社.

9 王力(1985) 《中国现代语法(下册)》(1944), 商务印书馆. 洪笃仁(1955) 《从现代汉语的词序看所谓"倒装"》, 《厦门大学学报》第4期 참조.

나 '어순비고정'론도 있다. 어순비고정론자는 중국어 구조성분의 어순이 다소 자유로워서, 표현상의 필요에 따라 융통성 있게 변할 수 있다고 하였다.

이 두 가지 견해는 표면적으로는 대립되지만 완전히 상반되는 것은 아니다. 만약 어순에 상대적인 고정성이 없다면 이렇다 할 어순 관련 규칙이 없게 되고, 만약 융통성이 없다면 어순은 운용상에 있어서 너무 경직되어 버린다. 상술한 두 가지 견해는 사실 착안점이 다를 뿐이다. 즉 '어순고정'론자는 정태구에서의 어순에 착안한 것이고 '어순비고정'론자는 주로 동태문에 착안한 것이다.

1.3.3 어순에 '도치'가 존재하는지에 대한 논쟁

1950년대에 어순도치 문제에 대한 토론이 있었다. 토론 중 대다수의 학자들은 어순에 도치현상이 있다고 하였는데 도치의 범위에 대해서는 서로 견해가 다르다. 어떤 학자는 시사가 동사 뒤에 오고, 수사가 문두에 오면 모두 도치라고 하였고 어떤 학자는 단어의 증감 없이 전체를 환원할 수 있어야 도치라고 하였다. 또 도치의 범위는 너무 넓어서는 안 되며 도치문의 범위를 최대한 축소시켜야 한다고 했다. 그러나 洪笃仁은 중국어의 문장은 어떻게 변하든지 간에 어순은 불변(주어는 앞에, 술어는 뒤에, 동사는 앞에, 목적어는 뒤에)하기 때문에 '도치설'에 동의하지 않았다.[10] 呂叔湘은 "도치라는 말은 안 쓰는 것이 가장 좋다. 왜냐하면 '비도치'와 '도치'는 문장성분의 위치를 절대화한 것으로 하나의 문장성분은 일정한 조건 하에서 몇 개의 다른 위치에 올 수 있

---

10 洪笃仁(1955)《从现代汉语的词序看所谓"倒装"》,《厦门大学学报》第4期.

기 때문이다.""라고 하였다.

1.3.4 구체적인 어순분석에 대한 이견

(1) 목적어의 위치 문제

목적어는 동사 뒤에 온다는 것이 보편적인 견해이다. 그러나 목적어가 동사 앞에 올 수 있는지의 문제에 대하여 이견이 존재한다. 어떤 이는 목적어가 동사 앞에 올 수 없고 어떤 이는 목적어가 동사 앞에 올 수 있을 뿐만 아니라 주어 앞(문두)에도 올 수 있다고 하였다. 또 어떤 이는 목적어는 일정한 조건 하에서는 동사 앞에 올 수 있지만 주어 앞인 문두에는 절대 올 수 없다고 하였다.

(2) 주어의 위치 문제

주어가 일반적으로 술어동사 앞에 온다는 것은 학자들이 동의하고 있지만 주어가 술어동사 뒤에 올 수 있는가 하는 문제에 대해서는 이견이 존재하고 있다. 어떤 학자는 주어도 술어동사 뒤에 올 수 있다고 여긴다. 즉 '주어도치'이다. 그러나 어떤 학자는 주어는 술어동사 뒤에 올 수 없으며 단지 특수한 상황 하에서만 술어 뒤에 올 수 있다고 하였다.

(3) 관형어의 위치 문제

관형어가 일반적으로 중심어 앞에 온다는 것은 모두가 공감하지만 일정 조건 하에서 관형어가 뒤에 올 수 있는지, 또 중심어와 떨어져서 동사 앞(관형어중심어구가 목적어일 경우)에 올 수 있는지에 대해서

---

11 呂叔湘(1978)《汉语语法分析问题》p.68, 商务印书馆.

는 이견이 분분하다. 어떤 학자는 관형어가 뒤에 올 수 있다고 하였고, 어떤 학자는 올 수 없다고 하였다. 어떤 학자는 관형어가 중심어와 떨어져서 동사 앞에 올 수 있다고 하였고 또 어떤 학자는 올 수 없다고 하였다.

2. 어순의 성질과 어순연구의 목적 및 방법

2.1 어순의 성질

문법현상에서는 두 가지 어순이 존재한다. 하나는 각종 문법단위의 배열순서인 '단위순서'이다. 문법단위체계에서의 형태소, 단어, 구, 절 등은 그것들 보다 더 큰 문법구조체에서 나타날 때 모두 배열순서문제가 존재한다. 다른 하나는 문법구조체(주로 구나 문장) 내에서 각종 구조성분의 배열순서인 '성분순서'이다. 어떠한 문법구조의 구조성분(주어와 목적어의 어순, 시사와 수사의 어순 등)이든 모두 배열순서문제가 존재한다.

중국어 문법연구의 관련 문헌에는 '어순'과 '단어순'이 혼용되고 있다. 필자는 어순과 단어순은 다르기 때문에 엄격하게 구별해야 한다고 생각한다. 즉 '어순'은 문법구조 내의 구조성분배열('성분순서')이고 '단어순'은 협의와 광의로 나눌 수 있는데, 협의의 단어순은 문법구조 내의 단어순서이고 광의의 단어순은 문법구조 내의 형태소, 단어, 구, 절의 순서('단위순', 또는 '단어의 배열')이다. 어순은 구조성분의 서열이고 단어순은 문법단위(또는 단어)의 서열이기 때문에 어순과 단어순은 각기 속한 층차가 서로 다르다. 따라서 필자는 '어순'과 '단어순'이 서로 다른 술어이고 서로 다른 문법개념을 나타낸다고 여긴다. 만약에 영어로 번역한다면 '단어순'은 'word order', '어순'은 'constituent order' 이다.

2.2 어순과 단어순의 관계

어순과 단어순은 연관되어 있으며 또 구별된다.

2.2.1 어순과 단어순의 연관성

문법구조의 성분은 문법단위와 긴밀하게 연관되어 있다. 그래서 어순과 단어순도 긴밀하게 연관되어 있으며 연관성은 주로 다음과 같다.

첫째, 문법구조에서 단어순의 변화는 종종 어순의 변화를 가져오고 어순의 변화도 반드시 단어순의 변화를 통해서 나타난다. 바꿔 말하면, 어순이 변하면 단어순도 변하고 어순이 다르면 단어순도 다르다.

> 我喝过这种汤了 나는 이런 국을 먹어봤다 → 我这种汤喝过了 나는 이런 국 먹어봤다 → 这种汤我喝过了 이런 국은 내가 먹어봤다(주동목 → 주목동 → 목주동)

위의 예에서 단어 '这种汤'은 구조 내에서 위치가 변하였다. 즉 단어순이 변하자 목적어의 위치도 상응하게 변하였다. 반대로 목적어 어순의 변화는 단어순의 변화로 실현되었다.

둘째, 일부 문법현상은 어순 측면에서 연구할 수도 있고 단어순 측면에서 연구할 수도 있다. 예컨대, 중국어의 주어와 목적어 문제를 만약 어순 각도에서 본다면 주어, 목적어와 동사 간의 배열순서에 어떤 규칙이 있는지를 연구해야 하고 단어순 측면에서 본다면 어떤 명사가 동사 앞 또는 뒤에 와서 주어와 목적어의 어순에 어떤 영향을 주는지를 연구해야 한다.

2.2.2 어순과 단어순 구별

어순은 구조성분의 서열이고 단어순은 문법단위(단어)의 서열이다. 둘은 연계되면서도 구별된다.

첫째, 단어순이 다르다고 어순이 다른 것은 아니다.

> ① 狗咬猫 개는 고양이를 물었다 ←→ 猫咬狗 고양이는 개를 물었다
> ('狗, 猫'의 단어순은 다르지만 어순은 같아서 모두 주동목, 시사동핵수사이다)
> ② 传统语法 전통문법 ←→ 语法传统 문법전통 ('传统, 语法'의 단어순은 다르지만 어순은 같아서 모두 관형어중심어구조이다)

둘째, 단어순이 변하면 통사구조도 변한다. 통사구조가 변하는 것은 어순이 변하는 것과 같은 것이 아니다.

> ① 天气好 날씨가 좋다 ←→ 好天气 좋은 날씨('天气, 好'의 단어순이 변해서 통사구조도 변했다. 주술→관형어중심어)
> ② 下雨了 비가 내렸다 ←→ 雨下了 비는 내렸다('下, 雨'의 단어순이

변해서 통사구조도 변했다. 술목→주술)

셋째, 일부 부사와 허사는 단어순이 변해도 어순에 반드시 영향을 주는 것은 아니다.

① 你是不好 너는 나쁘다 ←→ 是你不好 네가 나쁘다(어기부사 '是'의 위치변화는 이 문장의 어순에 영향을 주지 않는다)
② 他是昨天进的城 그는 어제 시내에 갔다 ←→ 他是昨天进城的 그는 어제 시내에 갔다(조사 '的'의 위치변동이 이 문장의 어순에 영향을 주지 않는다)

단어순은 문장의 의미를 바꾸는 수단이자 통사구조와 의미구조를 바꾸는 수단이며 또 화용과 수사修辭의 수단이기도 하다. 물론 단어순 연구는 의심의 여지없이 매우 중요하다. 그러나 본문에서는 주로 어순을 연구하기 때문에 중국어의 어순문제에 대해서만 토론하고자 한다.

2.3 어순연구의 목적

모든 문장은 문법구조가 있고 문법구조는 모두 일정한 어순을 통해서 이루어진 것이다. 그래서 어순을 연구하는 목적은 문법구조의 어순규칙을 묘사하여, 정태문의 기본 유형과 동태문의 어순변화 특징을 잘 귀납하고 개괄하는 것이다.

어순연구는 다음 두 가지를 포함한다. 첫째, 정태적인 문법구조에서 모든 언어는 일반적인 어순규칙을 가지고 있다. 예컨대 중국어의

'人吃饭'은 중국어 문법구조의 정태적인 일반규칙에 부합하지만, '人饭吃', '饭人吃', '饭吃人'이라고 말할 수 없다. 둘째, 동태적인 문법구조에서 어순은 변화가 발생할 수 있다. 중국어에는 아래와 같은 세 가지 문장이 있다.

① 这个<u>人</u>把一锅<u>饭</u>都<u>吃</u>了。 이 사람이 한 솥 밥을 먹었다. (人饭吃)
② 这锅<u>饭</u>被那个<u>人</u><u>吃</u>了。 이 한 솥 밥은 그 사람이 먹었다. (饭人吃)
③ 这锅<u>饭</u><u>吃</u>了十个<u>人</u>。 이 한 솥 밥은 열 명이 먹었다. (饭吃人)

상술한 문장에서 부가된 각종 문장완성성분을 빼버리면 어순은 '人饭吃', '饭人吃', '饭吃人'으로 변하게 된다. 대화 속의 구체적인 문장에서 표현의 필요에 따라 적당하게 선택하는 동태적인 변화인 것이다. 정태적인 일반규칙과 동태적인 변화규칙은 모두 중요하다. 즉 한 언어의 어순에서 정태적인 일반규칙을 이해하면 핵심문(기초문)을 만들어 낼 수 있고, 동태적 어순변화규칙을 이해하면 화용목적에 따른 파생문이나 변식문(핵심문, 파생문, 변식문에 대해서는 아래의 '句子的常规语序和非常规语序' 논문 참조)을 만들어 낼 수 있다.

중국어에서 어순은 문장유형과 밀접한 관계가 있기 때문에 문형, 문모, 문류를 구분하고 확정하는 중요한 수단이다. 그래서 어순을 연구하는 것은 또한 문장의 유형을 묘사하고 설명하기 위해서이기도 하다. 다음은 어순변화가 문장유형(문형과 문모 포함)과 관련 있음을 보여주고 있다.

① a. 我看过这本书了。나는 이 책을 본 적이 있다.

(문형: 주어+동사+목적어, 문모: 시사+동핵+수사, 문류: 시사주제어서술문)

b. 我这本书看过了。나는 이 책 본 적이 있다.

(문형: 주어+목적어+동사, 문모: 시사+수사+동핵, 문류: 시사주제어서술문)

c. 这本书我看过了。이 책 나는 본 적이 있다.

(문형: 목적어+주어+동사, 문모: 수사+시사+동핵, 문류: 수사주제어서술문)

② a. 十个人吃了一锅饭。열 명이 한 솥 밥을 먹었다.

(문형: 주어+동사+목적어, 문모: 시사+동핵+수사, 문류: 시사주제어서술문)

b. 一锅饭吃了十个人。한 솥 밥은 열 명이 먹었다.

(문형: 주어+동사+목적어, 문모: 수사+동핵+시사, 문류: 수사주제어공사供使문)

③ a. 主席团坐在台上。주석단이 단상에 앉아 있다.

(문형: 주어+동사+목적어, 문모: 시사+동핵+장소, 문류: 시사주제어서술문)

b. 主席团在台上坐着。주석단이 단상에 앉아 있다.

(문형: 주어+부사어+동사, 문모: 시사+장소+동핵, 문류: 시사주제어서술문)

c. 台上坐着主席团。단상에 주석단이 앉아 있다.

(문형: 부사어+주어+동사, 문모: 장소+동핵+시사, 문류: 장

347

소주제어묘사문)

2.4 어순연구의 방법

어순을 올바르게 연구하고 과학적인 결과를 얻기 위해서는 어순연구의 방법을 연구해야 한다.

2.4.1 세 가지 서로 다른 어순을 구별해야 한다.

문법연구는 문법의 삼개평면, 즉 통사평면, 의미평면, 화용평면을 구별해야 한다. 그렇기 때문에 세 가지 서로 다른 문법성분 즉 통사성분, 의미성분, 화용성분을 구별해야 하며 이에 상응하게 세 가지 서로 다른 어순 즉 통사어순(통사성분의 순서, 예컨대 주어와 술어의 순서, 관형어와 중심어의 순서 등), 의미어순(의미성분의 순서, 예컨대 시사와 수사의 순서, 영사와 속사의 순서 등), 화용어순(화용성분의 순서, 예컨대 주제어와 진술어의 순서)을 구별해야 한다. 그러나 과거에는 사람들이 통사어순(예컨대, 주어는 술어 앞에, 목적어는 동사 뒤에 등)만을 논하고 의미어순과 화용어순을 소홀히 하였다. 또는 세 가지 어순을 구별하지 않고 한데 뒤섞어 논하여 많은 문제들이 속출하였다. 예컨대, '台上坐着主席团'에 대하여 과거 어떤 학자는 "주어가 뒤에 왔다"라고 하였으며, 이는 의미성분의 자리이동과 통사성분의 자리이동을 한데 뒤섞어 논한 것이다.

현재 많은 학자들이 통사, 의미, 화용 이 세 가지 어순을 구별해야 한다고 주장하고 있지만 어떻게 이해할 것인가에 대해서는 여전히 이견이 존재하고 있다.

① 你看我。 너는 나를 본다. → 我看你。 나는 너를 본다.

② 客人来了。 손님은 왔다. → 来了客人。 손님이 왔다.

③ 你哥哥来了吗? 네 오빠는 왔니? → 来了吗, 你哥哥? 왔니, 네 오빠?

어떤 학자는 예①은 의미어순의 변화, 예②는 통사어순의 변화, 예 ③은 화용어순의 변화라고 한다. 이러한 견해는 토론의 여지가 있다. 필자는 '你看我', '我看你' 이 두 문장은 의미성분의 배열이 모두 '시사 동핵수사'이므로 의미어순은 변화가 없으며, 만약 무슨 변화가 있다고 한다면 문장의 구체적인 뜻(시사와 수사가 가리키는 구체적인 사람)에 변화가 있다. 왜냐하면 시사와 수사가 되는 구체적인 단어의 배열이 바뀌었기 때문이다. '客人来了'와 '来了客人', 이 두 문장은 통사구조가 주어+술어, 술어+목적어로 다르기 때문에 '어순이 다르다'기 보다는 단어순이 다르거나 단어순의 변동이 통사구조의 변화를 야기한 것이다. '你哥哥来了吗?'와 '来了吗, 你哥哥?'는 주술구조 내부의 주어와 술어의 위치가 바뀌어 통사어순에 변화가 생긴 것으로 이러한 변화는 화용과 관계가 있다.

2.4.2 정태적 어순과 동태적 어순을 구별해야 한다.

정태적 어순은 정태적 문법구조(정태적 구와 정태적 고립문의 문법구조 포함)에서 귀납해낸 어순을 말하며, 정태적 문법구조의 통사어순, 의미어순, 화용어순은 상대적으로 고정적이고 그 어순 규칙은 일반성, 보편성을 가지고 있다. 동태적 어순은 동태적 문법구조에서 귀납해낸 어순으로, 이러한 어순은 화용표현의 필요에 따라 배열하기 때문에 그 구조성분의 어순은 정태적 어순과 일치하거나 달라지기도 한다. 따라서 어순을 연구하는 것은 정태적 어순의 일반적인 규칙을 총괄해야 하며 또 동태적 어순의 변화를 총괄해야 한다.

2.4.3 도치문이동과 비도치문이동을 구별해야 한다.

문장어순에 변화가 일어나는 것은 성분의 위치가 이동했다는 것을 의미하기 때문에 일반적으로 자리이동이라 칭한다. 성분의 자리이동은 '도치자리이동'과 '비도치자리이동' 두 가지가 있다.

(1) 도치자리이동

도치자리이동은 동일한 문장유형의 내부성분 어순이 바뀐 것으로, 성분이 도치된 후에도 문형은 바뀌지 않는다. 도치자리이동이 구성하는 문장은 변식문이다.

① 怎么啦, 他? 왜 저래, 쟤는?
② 永远过去了, 那种困难的日子。 영원히 지나가버렸다, 그런 힘든 날들은.

상술한 문장을 '他怎么啦? 쟤는 왜 저래?', '那种困难的日子永远过去了 그런 힘든 날들은 영원히 지나가버렸다'와 비교하면 술어가 주어 앞에 나왔지만 문형은 여전히 주술문이다.

(2) 비도치자리이동

일반적인 이동인 비도치자리이동은 문장유형을 바꿀 수 있다. 예컨대, SVO(주어+동사+목적어, 시사+동핵+수사) 중의 O가 이동하여 SOV(주어+목적어+동사, 시사+수사+동핵), OSV(목적어+주어+동사, 수사+시사+동핵) 등의 문장유형을 형성할 수 있다. 비도치자리이동이 형성하는 문장은 핵심문에서 파생한 상용문식이며 변식문으로 보아서는 안 된다.

2.4.4 개별어순연구와 유형어순연구는 구별해야 한다.

첫째, 개별어순연구는 구체적인 구나 문장에서 문법성분의 배열을 연구하는 것이다. 즉 구체적인 문법구조체의 개별적인 것을 구체적으로 분석하는 것이다. 이러한 개별적인 것은 모두 구체적인 단어로 구성된 것이다.

① 我饭吃过了。 나는 밥 먹었다.
② 饭我吃过了。 밥 나는 먹었다.

정태적이고 일반적인 어순규칙에 따르면, 목적어는 동사 뒤에 와야 하기 때문에 '我吃饭'은 '我饭吃', '饭吃我'로 말할 수 없다. 그러나 위의 두 가지 예문에서는 '饭'이 목적어인가의 여부는 문법체계에 따라 견해가 다를 수 있으며, 주로 다음 두 가지이다. 하나는 '饭'은 여전히 목적어이며 자리이동을 한 것으로 어순문제에 속한다는 것이고 다른 하나는 '饭'은 주어로 단어순이 변한 것이며 어순문제가 아니라는 것이다.

둘째, 유형어순연구는 추상적인 문법구조체의 어순을 연구하는 것이다. 유형은 대량의 구체적인 사례를 분석하여 귀납한 것으로, 유형 중의 단어는 동류의 단어로 대체할 수 있다. 예컨대, '新衣服 새 옷', '好天气 좋은 날씨', '高水平 높은 수준', '木头房子 나무집' 등은 구체적인 단어로 이루어진 실례이지만 여기서 '관형어+중심어'라는 추상적인 구조유형을 추출(귀납)할 수 있다. 다른 예로 '我看书 나는 책을 본다', '你唱歌 너는 노래를 부른다', '她跳舞 그녀는 춤을 춘다' 등은 SVO(주어+동사+목적어, 시사+동핵+수사)구조를 추출해낼 수 있다. 추상적인 구조유형의 어순을 연구하는 목적은 어순의 기본적인 배열규칙을 찾으려는 것이다. 중국어의 관형어는 중심어 앞에 온다는 규칙과 주어는 동사 앞에, 목적어는 동사 뒤에 온다는 규칙은 실례들을 연구하여 추상적으로 추출한 것이다.

개별연구와 유형연구는 밀접한 관계가 있다. 개별연구는 유형연구의 기초이자 전제이고 유형의 규칙은 대량의 개별연구를 기초로 하여 추상적으로 추출한 것이다. 그래서 개별연구 없이는 유형의 규칙도 있을 수 없다. 반대로, 각종 구조유형의 어순규칙에 대한 연구가 잘 선행되어야 구체적인 개별연구가 이루어진다.

3. 통사어순

3.1 중국어의 통사어순

통사어순은 통사평면의 어순을 말한다. 즉 구와 문장의 통사구조 내 통사성분의 배열순서이다. 언어마다 통사어순은 차이가 있다. 동사와 목적어의 어순을 예로 들면, 한국어와 일본어는 OV식이고 중국어는 VO식이다. 또 중국어의 관형어는 앞에, 중심어는 뒤에 오지만, 미얀마어의 관형어는 뒤에, 중심어는 앞에 온다. 러시아어의 경우는 두 가지인데 형용사성 관형어는 중심어 앞에, 명사성 관형어는 중심어 뒤에 온다. 중국어의 부사어는 보통 중심어 앞에 오고 영어의 부사어는 통상적으로 뒤에 온다.

중국어 통사성분의 배열순서는 정태구에서 주어는 앞에, 술어는 뒤에, 술어(동사와 형용사성 단어)는 앞에, 목적어(또는 보어)는 뒤에, 수식어(관형어, 부사어)는 앞에, 중심어는 뒤에 온다. 동태문에서는 일반적으로 구와 비슷하지만 정태구의 규칙을 깰 수도 있다. 예컨대, 주어는 때로 술어 뒤에, 목적어는 동사 앞에, 보어도 때로는 동사 앞에, 관형어와 부사어도 때로는 중심어 뒤에 오기도 한다. 아래에서는 중국어의 통사성분의 순서를 구체적으로 분석하였다.

3.2 주어와 술어의 어순

3.2.1 정태구에서 주어와 술어의 어순

정태구에서 주어와 술어의 어순규칙은 주어는 앞에, 술어는 뒤에 오는 것이다. 이러한 배열순서는 고정적이며 임의로 위치를 바꿀 수 없다. 만약 어순이 바뀌면 다음 두 가지 상황이 발생한다.

첫째, 어순이 바뀌면 통사구조가 바뀌고, 심지어 의미도 바뀐다.

① '好天气 좋은 날씨'를 '天气好 날씨가 좋다'로 말하면 주술구조가 관형어중심어구조로 바뀐다.

② '他想 그는 생각한다'을 '想他 그를 생각한다'로 말하면 주술구조가 술
목구조로 바뀌고 의미도 바뀐다.

둘째, 어순이 바뀌면 의미가 통하지 않고 문장이 성립하지 않는다.
① '鸡叫 닭이 울다'를 '叫鸡'로 말할 수 없다.
② '他休息 그는 휴식한다'를 '休息他'로 말할 수 없다.

3.2.2 동태의 구체문에서 주어와 술어의 어순

동태의 구체문에서 주어와 술어의 어순은 보통 정태구에서의 주어
와 술어의 어순규칙과 일치하여 주어는 술어 앞에 온다. 그러나 표현
의 필요에 따라 이 규칙을 깨고 어떤 주어는 술어 앞에 올 수 있다.

① 多么清新啊, 这早晨的空气! 얼마나 맑고 신선한가, 이 새벽 공기가!
('这早晨的空气多么清新啊!'의 도치문)
② 几点了, 现在? 몇 시 됐어, 지금? ('现在几点了?'의 도치문)
③ 怎么了, 老爷子? 왜 저래, 어르신은? ('老爷子怎么了?'의 도치문)

주어 도치는 술어가 나타내는 새 정보를 부각시키기 위해서이다.
구체적인 대화에서 새 정보를 부각시키는 이유는 여러 가지가 있다.
예①처럼 감탄을 나타내거나 예②처럼 촉박함을 나타내거나 예③처
럼 긴장감을 나타낸다. 이러한 문장의 형식적 특징은 술어와 주어 사
이에 멈춤이 있고 글에서는 술어 뒤에 쉼표가, 문말에 느낌표나 물음
표가 있다.

3.3 술어와 목적어의 어순

술어의 어순은 보통 동사가 술어이므로 동사와 목적어의 어순이라고 할 수 있다.

3.3.1 정태구에서 동사와 목적어의 어순

정태구에서 동사와 목적어의 어순규칙은 동사는 앞에, 목적어는 뒤에 오는 것이다. 이러한 배열순서는 고정된 것으로, 임의로 위치를 바꿀 수 없다. 만약 어순이 바뀌면 다음 상황이 발생한다.

첫째, 어순이 바뀌면 의미가 통하지 않아 성립하지 않는다.

① '读书 책을 읽는다'를 '书读'라고 하면 성립하지 않는다.

② '踢足球 축구를 찬다'를 '足球踢'라고 하면 성립하지 않는다.

둘째, 어순이 바뀌면 통사구조와 의미가 변한다.

① '想他 그를 생각한다(동목구조)'를 '他想 그는 생각한다(주술구조)'이라고 하면 구조와 의미가 변한다.

② '笑他 그를 비웃는다(동목구조)'를 '他笑 그는 웃는다(주술구조)'라고 하면 구조와 의미가 변한다.

3.3.2 동태의 구체문에서 동사와 목적어의 어순

동태의 구체문에서 목적어는 보통 동사 뒤에 오지만 표현의 필요에 따라 목적어는 동사 앞에 올 수도 있다. 목적어가 동사 앞에 오는 경우는 다음과 같다.

(1) 통사의 강제성이 목적어가 동사 앞이나 뒤에 오는 것을 결정

1) 목적어가 의문대사이거나 '의문대사+명사'가 관형어인 경우, 뒤에 '也, 都'가 호응한다.

① 他什么都不懂。 그는 아무것도 모른다.

② 我哪儿都不去。 나는 아무데도 안 간다.

③ 他什么事都不知道。 그는 무슨 일이든 다 모른다.

2) 목적어 앞에 '一'가 있고, 뒤에 부정을 나타내는 '不'나 '没'가 있는 경우, '……也(都)……不(没)'문형을 이룬다.

① 他一个人都不认识。 그는 한 사람도 모른다.

② 他一句话也不说。 그는 한 마디도 하지 않는다.

③ 一句话他都没说。 한 마디도 그는 하지 않았다.

3) 목적어가 다수를 나타내는 경우, 뒤에 범위를 나타내는 부사 '都'가 온다.

① 这些问题都研究过了。 이러한 문제들은 모두 연구한 적이 있다.

② 这里的人他都认识。 여기 사람들은 그가 다 안다.

4) 대칭을 이루는 문장의 경우, 뒤에 보통 '也'나 '都'가 온다.

① 她饭也不吃, 觉也不睡, 身体要垮的。 그녀는 밥도 안 먹고, 잠도

안 자니, 몸이 망가질 것이다.

② 他<u>大事</u>也管, <u>小事</u>也管, <u>样样事</u>都要管。그는 큰일도 관여하고, 작은 일도 관여하고 사사건건 다 관여하려고 한다.

5) 일부 형식동사(进行, 加以)가 구성하는 문장인 경우

① 这个问题我们正在进行讨论。이 문제는 우리들이 토론을 진행하고 있는 중이다.

② 这件事你们必须加以解决。이 일은 너희들이 반드시 해결을 봐야 한다.

상술한 문장에서 동사 앞의 목적어가 지칭하는 대상은 3)과 5)처럼 언어환경에서 어떤 특정한 것을 가리키거나 1)과 2)처럼 임의의 대상을 가리키거나 4)처럼 한 종류의 사물 전체를 가리키기도 한다.

(2) 화용상 필요에 따라 목적어는 조건부로 동사 앞이나 문두 위치
1) 급히 말하거나 새 정보를 부각할 경우

① <u>他会帮助你的</u>, 我相信。<u>그는 너를 도울 것임을</u>, 나는 믿는다.
② <u>这全为的是我</u>, 我知道。<u>이것은 전부 나를 위한 것임을</u>, 나는 안다.

2) 목적어가 주제어화 될 경우

① <u>你送来的东西</u>, 我已经收到了。<u>네가 보내온 것은</u>, 나는 이미 받았다.

② <u>这事</u>阿Q后来才知道。 <u>이 일은</u> 아큐가 나중에야 알았다.

이러한 문장의 통사어순이 변했다 또는 변하지 않았다는 것에 대하여 학계에는 이견이 존재한다. 어떤 학자는 이러한 문장에서 원래 목적어인 명사가 동사 앞으로 와서 주어가 되었다라고 주장하고, 또 어떤 학자는 이러한 문장에서 원래 목적어인 명사가 동사 앞에 와서 통사성분이 변하지 않았기 때문에 여전히 목적어라고 주장한다. 또 어떤 학자는 목적어의 위치 변화는 단지 술어범위 내, 즉 동사 앞에만 올 수 있고 문두(주어 앞)에는 올 수 없다고 한다. 이렇게 전치된 목적어는 1)처럼 급히 말하거나 새 정보를 부각시키거나, 2)처럼 주제어화할 필요, 즉 목적어가 나타내는 것은 옛 정보여서 문두에 나와 주제어화 시킬 필요가 있기 때문이다. 이러한 전치목적어는 동사 뒤로 옮길 수 있다.

3) 개사('把, 连, 对' 등)를 사용하여 전치할 경우

① 你对<u>这件事</u>不了解。 너는 <u>이 일에</u> 대하여 이해하지 못한다.
② 我把<u>这本书</u>读了两遍。 나는 <u>이 책을</u> 두 번 읽었다.
③ 他连<u>这个数学</u>题都不会做。 그는 <u>이 수학문제</u>조차 풀 줄 모른다.

개사를 사용하여 앞으로 이동하는 것은 동작대상을 부각시키거나 처치하려는 사물을 강조하려는 것이다. 원래의 목적어는 전치되면서 개사의 목적어가 되었고 개사구는 부사어가 되었다. 개사가 이끄는 문

장은 일부 변환할 수 있다. 예①은 '你不了解这件事'로 변환할 수 있고 예②와 예③은 변환할 수 없다.

주의해야 할 것은 동태문에서 화용상의 필요 때문에 목적어는 동사 뒤의 부가성분 뒤에 올 수 있다.

① 他说过吗, <u>这句话</u>? 그는 말한 적 있니, <u>이 말을</u>?

② 你通知了没有, <u>明天开会</u>? 당신은 통지했습니까, <u>내일 회의 연다고</u>?

③ 我已经跟他说过三次了, <u>这件事</u>。 나는 이미 그에게 세 번이나 말했다, <u>이 일을</u>.

이러한 문장의 특징은 목적어가 옛 정보를 나타내며 새 정보를 부각시키기 위하여 문미에 위치해 새 정보를 보충하는 역할을 한다는 것이다.

3.4 술어와 보어의 어순

3.4.1 정태구에서 술어와 보어의 배열순서

정태구에서 술어는 앞에, 보어는 뒤에 온다. 이러한 순서는 고정되어 있으며 임의로 위치를 바꿀 수 없다. 만약 위치가 바뀌면 다음 두 가지 현상이 발생한다.

첫째, 의미가 통하지 않아 문장이 성립하지 않는다.

① '吃饱'는 '饱吃'로 말할 수 없다.

② '走一趟'은 '一趟走'로 말할 수 없다.

둘째, 문장이 성립한다고 하더라도 통사구조가 달라져서 의미가 변할 수 있다.

① '说错'와 '吃多'는 술보구조이고, '错说'와 '多吃'는 부사어중심어
구조이다.

② '跑下去'(술보구조)는 '下去跑'(연동구조)로 말할 수 없다. 통사구
조가 변하면 의미도 변한다.

3.4.2 동태문에서 술어와 보어의 배열순서

동태문에서 보통 술어가 앞에, 보어가 뒤에 온다. 그러나 동작의 횟
수를 부각시키기 위해서 동량보어가 때로는 술어 앞에 오기도 한다.

① 一次说不明白, 就说两次。 한 번 말해서 잘 모르겠으면, 두 번 말한
다.(단독으로 '一次说'라고 말하는 것은 성립하지 않는다)

② 一趟去解决不了, 就去两趟。 한 번 가서 해결할 수 없으면, 두 번 간
다.(단독으로 '一趟去'라고 말하는 것은 성립하지 않는다)

만약 술어 뒤에 보어가 있고 목적어도 있으면 술어 뒤에 보어와 목적
어의 어순문제가 발생한다. 중국어에서 보어와 목적어의 어순은 다음
과 같은 일정한 규칙이 있다.

(1) 결과보어는 목적어 앞에 온다(吃饱饭, 打败敌人).

(2) 방향보어와 목적어의 어순규칙은 다음 두 가지가 있다.

1) 단순방향동사가 보어일 경우, 보어는 목적어 앞에 온다. 예를 들

면, '走来一个人 한 사람이 걸어온다/拿出一本书 책 한 권을 꺼낸다'
이다.

2) 복합방향동사가 보어일 경우, ① 보어는 목적어 앞에 온다. 예를
들면, '走出来一个人 한 사람이 걸어 나온다/拿出来许多钱 많은 돈을
꺼낸다'이다. ② 목적어는 보어 앞에 온다. 예를 들면, '走了一个人
出来 한 사람이 걸어 나왔다'/拿了许多钱出来 많은 돈을 꺼냈다'이다.
③ 복합방향동사가 두 개의 보어로 분리될 때, 목적어는 두 개의 보
어 사이에 온다. 예를 들면, '走出一个人来/拿出许多钱来'이다.

(3) 동량보어와 목적어의 어순규칙은 다음 두 가지가 있다.

1) 대사가 목적어일 때, 보어는 목적어 뒤에 온다. 예를 들면, '打他一
顿 그를 한 번 때린다/看他一眼 그를 한 번 본다/帮过他三次 그를 세 번
도운 적이 있다'이다.

2) 명사가 목적어일 때, 보어의 위치는 상대적으로 자유롭다. 예를
들면, '去了一趟北京 북경에 한번 갔다 ⇌ 去了北京一趟'이다.

3.5 관형어와 중심어의 어순

3.5.1 정태구에서 관형어와 중심어의 배열순서

정태구에서 관형어는 앞에, 관형어가 수식하거나 제한하는 중심어
는 뒤에 온다. 이러한 배열순서는 고정된 것으로 임의로 위치를 바꿀
수 없다. 만약 어순이 바뀌면 다음과 같은 상황이 발생한다.

첫째, 의미가 통하지 않아 문장이 성립하지 않는다.

① '木头房子'는 '房子木头'로 말할 수 없다.

361

② '女孩子'는 '孩子女'로 말할 수 없다.

둘째, 통사구조 또는 의미가 변한다.
① '黄头发'(관형어중심어구조)를 '头发黄'(주술구조)으로 말하면 구조가 변한다.
② '玻璃窗'을 '窗玻璃'로 말하면 구조는 모두 그대로 관형어중심어 구조이지만 의미가 달라진다.

3.5.2 동태문에서 관형어와 중심어의 배열순서

동태문에서 관형어와 중심어의 배열순서는 정태문과 같지만 때로 화용표현의 필요로 관형어가 후치되기도 한다.

① 他们曾经和党内的机会主义倾向作斗争, <u>右的和左的</u>。 그들은 일찍이 당내의 기회주의적 경향과 투쟁한 적이 있다, <u>우파와 좌파</u>.
② 这是煤气费账单, <u>301室的</u>。 이것은 가스비 명세서이다, <u>301호의 것</u>.
③ 他买了肉<u>1斤</u>、 <u>鱼2斤</u>、 青菜3斤。 그는 고기 <u>한 근</u>, 생선 <u>두 근</u>, 청경 채 <u>세</u> 근을 샀다.

관형어 후치는 예①과 예②처럼 보충하여 추가 설명하는 역할을 하거나 예③처럼 나열하는 역할을 하기도 한다. 후치 관형어는 일반적으로 가볍게 읽는다.

이외에도 동태문에서 관형어가 주제어화되기도 한다. 즉 관형어가 문두에 놓여 문장의 주제어가 된다. 아래의 문장에서 예③이 주제어화된 경우이다.

① 墙壁上贴满了<u>红的、绿的、黄的</u>标语。 벽에는 <u>빨갛고, 푸르고, 노</u>
<u>란</u> 표어가 가득 붙어 있다. (관형어는 중심어 앞에 있다)

② 墙壁上贴满了标语<u>红的、绿的、黄的</u>。 벽에는 표어가 <u>빨간 것, 푸</u>
<u>른 것, 노란 것</u>이 가득 붙어 있다. (관형어는 중심어 뒤에 있다)

③ <u>红的、绿的、黄的</u>, 墙壁上贴满了标语 。 <u>빨간 것, 푸른 것, 노란 것</u>,
벽에는 표어가 가득 붙어 있다. (관형어는 문두 앞에서 주제어로
쓰였다)

3.6 부사어와 중심어의 어순

3.6.1 정태구에서 부사어와 중심어 어순

정태구에서 부사어는 앞에, 부사어가 수식하거나 제한하는 중심어
는 뒤에 온다. 이러한 배열순서는 고정적이어서 임의로 순서를 바꾸면
다음과 같은 상황이 발생할 수 있다.

첫째, 의미가 통하지 않아 문장이 성립하지 않는다.

① '刚来 방금 왔다'를 '来刚'으로 말할 수 없다.

② '忽然爆炸 갑자기 폭발했다'를 '爆炸忽然'으로 말할 수 없다

둘째, 통사구조가 변한다.

① '错说 틀리게 말했다'는 부사어중심어구조, '说错 잘못 말했다'는 술
보구조이다.

② '认真学习 열심히 공부한다'는 부사어중심어구조, '学习认真 학습에

363

열심이다'은 주술구조이다.

3.6.2 동태문에서 부사어와 중심어 어순

동태문에서 부사어와 중심어의 어순은 정태문에서와 마찬가지로 부사어는 중심어 앞에 온다. 그러나 화용표현의 필요로 일부 부사어는 일반적인 규칙을 깨고 중심어 뒤에 오기도 한다.

① 如果我能够, 我要写下我的悔恨和悲伤, <u>为子君, 为自己</u>。 만약 내가 할 수 있다면, 나는 내 회한과 슬픔을 써내려 가야겠다, <u>자군을 위해서, 나를 위해서</u>.

② 她走过去了, <u>轻轻地、轻轻地</u>。 그녀는 지나가버렸다, <u>살포시, 살포시</u>.

③ 他回来了, <u>也许</u>。 그는 돌아왔다, <u>아마도</u>.

일부 부사어는 문두, 즉 주어 앞에 오기도 한다.

① <u>静悄悄地</u>, 她走过来了。 <u>조용조용히</u>, 그녀는 걸어왔다.

② <u>也许</u>他看过这个电影了。 <u>아마도</u> 그는 이 영화를 보았다.

③ <u>院子里</u>, 他种上了一棵桂花树。 <u>정원에</u>, 그는 계수나무 한 그루를 심었다.

④ <u>在战略上</u>, 我们要藐视敌人, <u>在战术上</u>, 我们要重视敌人。 <u>전략면에서</u>, 우리는 적을 무시해야 하고, <u>전술면에서</u>, 우리는 적을 중시해야 한다.

부사어 전치도 화용표현의 필요 때문이며 예①과 예②처럼 동작의
상황과 어기를 돌출하거나 강조하기 위해서 또는 예③과 예④처럼 부
사어를 주제어화하기 위해서이다.

3.7 병렬어의 어순

3.7.1 정태구에서 병렬어 어순

정태구에서 병렬어의 어순규칙은 병렬어가 의미상 대등할 때 어순
을 바꿀 수 있다.

> ① 桌子和椅子 탁자와 의자 ⇌ 椅子和桌子 의자와 탁자
> ② 中国和美国 중국과 미국 ⇌ 美国和中国 미국과 중국

그러나 다음과 같이 임의로 바꿀 수 없는 경우도 있다.
첫째, 병렬한 단어의 어순이 이미 습관이 된 경우

> ① 盐酱醋 소금 간장 식초 → *盐油酱醋→*酱盐油醋 → *醋酱油盐
>   → *酱油盐醋
> ② 笔墨纸砚 지필연묵 → *纸笔墨砚 → *墨纸笔砚 → *砚墨纸笔 →
>   *纸墨笔砚

둘째, 병렬어가 논리순서를 반영하는 경우

> ① 春夏秋冬 춘하추동 → *冬夏春秋 → *秋春冬夏 → *冬秋夏春 →

365

＊夏冬秋春

② 恢复和发展회복과 발전 → ＊发展和恢复

3.7.2 동태문에서 병렬어 어순

동태문에서 병렬어의 어순규칙은 의미가 대등하고 대화의 논리적
순서를 강조하지 않으면 어순을 바꿀 수 있다. 그렇지 않은 경우 어순
은 바꿀 수 없다.

① <u>李老师和他的学生</u>都来了。 <u>이선생님과 그의 학생은</u> 모두 왔다. →
＊ <u>他的学生和李老师</u>都来了。 (어순변동 불가)

② <u>老师和学生</u>都来了。 <u>선생님과 학생은</u> 모두 왔다. → <u>学生和老师</u>都
来了。 <u>학생과 선생님은</u> 모두 왔다. (어순변동 가능)

3.8 통사어순와 문형의 관계

통사어순과 문형은 밀접한 관계가 있다. 즉 통사어순은 문형을 결
정할 수 있으며 특히 비도치문의 어순 변동은 문형의 어순 변동에 영향
을 주며 SVO, SOV, OSV가 그러하다.

① 我读过这《红楼梦》了。 나는 이《홍루몽》을 읽은 적이 있다.(주동
목 문형)

② 我《红楼梦》读过了。 난《홍루몽》을 읽은 적이 있다. (주목동 문형)

③ 《红楼梦》我读过了。 《홍루몽》은 난 읽은 적이 있다.(목주동 문형)

위의 세 문장에서 '《红楼梦》'의 위치가 달라지자 문형도 달라졌다. 그러나 도치문(주어를 술어 뒤로 옮기거나 부사어 또는 관형어를 중심어 뒤로 옮기는 것)은 동일한 문형 내부성분의 어순변동으로, 문장의 기본틀을 바꾸지 않기 때문에 문형에는 영향을 주지 않는다.

4. 의미어순

4.1 의미어순의 함의

문장의 기저를 이루는 의미구조는 동사가 중심이 되는 동핵구조이다. 동핵구조 내의 의미성분인 동핵(핵심의미성분)과 그것이 연계하는 동원(동핵이 연계하는 강제성 의미성분)의 배열순서는 심층에서는 순서가 없지만 그것들이 반영하는 표층 통사구조는 순서가 있다. 그래서 의미어순은 통사구조가 반영하는 의미성분의 배열순서를 가리킨다. 즉 구나 문장의 의미구조 내 의미성분의 배열을 말한다. 의미어순과 통사어순은 연계되어 있으며 또 구별된다.

의미어순과 통사어순의 연계는 주로 대응관계로 나타나서 의미어순은 통사어순의 변화에 따라 변화를 일으킨다.

① 他不喝水了。그는 물을 마시지 않게 되었다. ⇌ 他水不喝了。그는 물 마시지 않게 되었다.

② 我给他礼物了。나는 그에게 선물을 주었다. ⇌ 我礼物给他了。난 선물을 그에게 주었다.

예①의 통사어순은 주동목 ⇌ 주목동, 의미어순은 시사동핵수사 ⇌ 시사수사동핵이다. 예②의 통사어순은 주동목목 ⇌ 주목동목, 의미어순은 시사동핵여사수사 ⇌ 시사수사동핵여사이다. 의미어순과 통사어순은 꼭 대응하여 나타나는 것은 아니어서, 통사어순은 변하지 않았는데 의미어순은 변할 수 있다.

① 武松把老虎打死了 무송은 호랑이를 때려 죽었다 ⇌ 老虎被武松打死了 호랑이는 무송에게 맞아 죽었다(주어부사어동사/시사수사동핵 ⇌ 주어부사어동사/수사시사동핵)

② 两个人骑了一匹马 두 사람은 말 한 필을 탔다 ⇌ 那匹马骑了两个人 그 말은 두 사람을 태웠다(주동목/시사동핵수사 ⇌ 주동목/수사동핵시사)

4.2 중국어 의미성분의 배열순서

중국어의 구나 문장에서 의미성분의 어순은 임의로 배열할 수 있는 것이 아니고 일정한 배열규칙이 있다. 동작동사가 구성하는 주술구나 주술문이 반영하는 중국어 의미성분의 배열순서는 다음과 같다.

4.2.1 정태구 의미구조에서 의미어순 규칙

기초적인 의미구조는 동핵구조와 명핵구조(명핵구조에서 가장 중요한 것은 영속관계가 있는 영속구조이다)[12]가 있다. 동핵구조는 주로

---

12 동핵구조에 관해서는 范晓(1991)《动词的"价"分类》,《语法研究和探索(五)》, 语文出版社. 范晓(2000)《动词配价研究中大几个问题》,《配价理论与汉语语法研究》, 北京语文出版社. 명핵구조에 관해서는 范晓(2000)《论名核结构》,《语言问

정태적인 주술구를 통해 나타난다. 명핵구조의 영속구조는 주로 정태적인 관형어중심어구를 통해 나타난다.

(1) 정태주술구가 나타내는 동핵구조의 의미어순 규칙

1) '시사동핵'어순. 시사가 동핵 앞에 온다.

我走 나는 간다 / 鸟飞 새가 난다 / 她笑 그녀는 웃는다

2) '시사동핵'어순. 계사가 동핵 앞에 온다.

他醉 그는 취한다 / 房子倒塌 집이 무너진다 / 头脑清醒 머리가 맑다

3) '시사동핵수사'어순. 시사는 동핵 앞에, 수사는 동핵 뒤에 온다.

他喝茶 그는 차를 마신다 / 我看电影 나는 영화를 본다 / 小王踢足球 소왕은 축구를 한다

4) '시사동핵여사수사'어순. 시사는 동핵 앞에, 여사는 동핵 뒤에, 수사는 여사 뒤에 온다.

我给他书 나는 그에게 책을 준다 / 他送我礼物 그는 나에게 선물을 준다 / 她借我钱 그녀는 나에게 돈을 빌린다

5) '시사여사동핵'어순. 여사는 시사와 동핵 사이에 온다.

他向我道歉 그는 나에게 사과한다 / 我为你着想 나는 너를 고려한다 /

題再认识》, 上海教育出版社. 영속구조에 관해서는 范晓(1999)《领属成分在汉语句子中的配置情况考察》, 《汉语现状和历史的研究》, 中国社会科学出版社 참조.

学生向老师鞠躬 학생은 선생님에게 인사한다

6) '시사여사동핵수사' 어순. 여사는 시사와 동핵 사이에, 수사는 동
핵 뒤에 온다.

我跟你商量事情 나는 너와 일을 상의한다 / 他跟我讨论问题 그는 나

와 문제를 토론한다

(2) 정태관형어중심어구에서 영속구조의 의미어순 규칙

1) 영속구조인 관형어중심어의 의미어순 규칙은 영사는 속사 앞에
온다.

我的手 내 손 / 他的书 그의 책 / 你的弟弟 네 남동생

2) 다층적 관형어구조인 관형어중심어구의 의미성분 배열규칙은
다음 두 가지가 있다.

A. 영사→장소→지시→수량→출처→성상→속성→명물

她的梳妆台上那一把从福建买来的精美的牛角梳子。그녀의
화장대 위 복건성에서 사온 정교한 소뿔 머리빗.

B. 장소→영사→지시→수량→출처→성상→속성→명물

梳妆台上的她的那一把从福建买来的精美的牛角梳子。화장
대 위의 그녀의 그 복건성에서 사온 정교한 소뿔 머리빗.

4.2.2 동태문 의미구조에서의 의미어순 규칙

동태의 구체문에서 의미성분의 어순규칙은 통상 정태구 의미어순

규칙과 일치한다. 그러나 표현의 필요에 따라 때로 정태구의 의미어순 규칙을 깨뜨리기도 한다.

(1) 일부 동태문에서 문장의 의미어순은 정태주술구의 '시사동핵수사' 어순규칙을 깰 수 있다.

1) 피동문에서 수사는 관련된 동작 앞에 올 수 있다.

<u>老虎</u>被武松打死了。/ <u>大门</u>被他关上了。<u>대문</u>은 그에 의해 닫혔다.

2) 把자문에서 수사는 관련된 동작 앞에 올 수 있다.

武松把<u>老虎</u>打死了。/ 他把<u>大门</u>关上了。그는 <u>대문</u>을 닫았다.

3) 목적어가 주제어화된 문장에서 수사는 시사와 관련된 동작 앞에 올 수 있다.

<u>这件事</u>我来办吧。<u>이 일</u>은 내가 처리할 게. / <u>这个问题</u>我已经说过好几遍了。<u>이 문제</u>는 내가 이미 여러 번 얘기한 적 있다.

4) 수사재귀문에서 수사는 시사와 관련된 동작 앞에 올 수 있다.

<u>这个人</u>, 我曾经批评过他。<u>이 사람</u>, 나는 일찍이 그를 비평한 적이 있다. / <u>小王</u>我认识他。소왕, 나는 그를 안다.

5) 수사와 수량이 분리된 문장에서 수사는 시사와 관련된 동작 앞에 올 수 있다(문두에서 주제어가 된다).

<u>苹果</u>我只吃了一个。<u>사과</u>는 내가 하나만 먹었다. / 中午, 我<u>饭</u>吃了两

碗, <u>菜</u>吃了一盆。점심에 나는 <u>밥은</u> 두 공기 먹었고, <u>요리는</u> 한 접시 먹었다

6) 수사가 묘사대상인 묘사문에서 수사는 관련된 동작 앞에 올 수 있다(문두에서 주제어가 된다).

<u>大门</u>紧紧地关着。대문은 꽉 닫혀져 있다. / <u>奴隶们</u>解放了! <u>노예들은</u> 해방되었다!

7) 일부 초래문招來文에서 수사는 관련된 동작 앞에 올 수 있다(문두에서 주제어가 된다).

<u>这个南瓜</u>吃得他拉肚子了。<u>이 호박</u> 먹었더니 그는 배탈이 났다. / <u>这篇文章</u>可把我写苦了。<u>이 글</u> 난 쓰다가 지쳤다.

8) '양면성 동사'가 술어동사인 문장에서 수사는 관련된 동사 앞에 올 수 있다.

<u>他</u>淋雨了。<u>그는</u> 비에 젖었다. / <u>那人</u>盖了一条厚厚的被子。<u>그 사람은</u> 두툼한 이불을 덮었다.

(2) 일부 동태문에서 문장의 의미어순은 정태적 주술구의 '시사동핵'과 '계사동핵' 어순규칙을 깨뜨릴 수 있다.

1) 시사목적어문에서 시사는 관련된 동작 뒤에 올 수 있다.

<u>大门口</u>站着<u>两个卫兵</u>。대문 입구에 <u>두 호위병이</u> 서있다. / <u>家里</u>来<u>客人</u>了。집에 <u>손님이</u> 왔다.

2) 계사목적어문에서 계사는 관련된 성상 뒤에 올 수 있다.

王冕七岁上死了<u>父亲</u>。왕면은 7살 때 <u>부친</u>이 죽었다. / 他瞎了一只<u>眼睛</u>。그는 <u>눈</u> 하나가 멀었다.

3) 일부 '사역형식'의 문장에서 계사는 관련된 성상 뒤에 올 수 있다.

他跌伤了<u>腿</u>。그는 넘어져 <u>다리</u>를 다쳤다. / 她哭哑了<u>嗓子</u>。그녀는 울어서 <u>목소리가</u> 쉬었다.

(3) 일부 동태문에서 문장의 의미어순은 정태관형어중심어구의 '영사는 속사 앞에 온다'는 어순규칙을 깰 수 있다.

1) 속사를 나타내는 단어가 주제어가 되는 문장에서 속사는 영사 앞에 올 수 있다.

<u>老毛病</u>他又犯了。<u>고질병이</u> 그는 또 도졌다. / <u>亲戚</u>他很多, 只是没来往。<u>친척이</u> 그는 많지만, 왕래가 없을 뿐이다.

2) 영속관계문(속사+是/属于+'영사+的')에서 속사는 영사 앞에 올 수 있다.

<u>这本书</u>是你的。<u>이 책은</u> 네 것이다. / <u>这幢房子</u>属于老赵的。<u>이 집은</u> 조씨 것이다.

3) 영사가 주어나 주제어가 되는 문장에서 속사는 영사 뒤에 오더라도 다른 단어에 의해 분리된다.

<u>她</u>昨天把眼睛哭肿了。<u>그녀는</u> 어제 울어서 눈이 부었다. / <u>她</u>哭得眼

晴都哭肿了。<u>그녀는</u> 어제 눈이 부을 정도로 울었다. / <u>祥林嫂死了丈夫。</u>
<u>상림형수는</u> 남편이 죽었다. /<u>他跌伤腰了。</u> <u>그는</u> 넘어져 허리를 다쳤다

4.3 의미어순과 문형, 문모, 문류의 관계

의미성분의 배열순서는 문모를 결정하며 문형과 문류에 영향을 준다. 여기서는 동사술어문을 예로 들어 설명하고자 한다. 동사술어문에서 일부는 동핵구조가 자동사이고 일부는 타동사이다.

첫째, 자동사가 나타내는 동작의 시사 위치가 다르면 문형과 문모도 차이가 있다.

① 台上坐(着)主席团。('부사어-동사-목적어'문형, '장소-동핵-시사'문모, 묘사문)
② 主席团坐(在)台上。('주어-동사-목적어'문형, '시사-동핵-장소'문모, 서술문)

둘째, 타동사가 나타내는 동작의 시사나 수사 위치가 다르면 문형과 문모도 차이가 있다.

① 张三批评了李四。('주어-동사-목적어'문형, '시사-동핵-수사'문모, 일반 주어동사문)
② 李四被张三批评了。('주어-부사어-동사'문형, '수사-시사-동핵'문모, 피동문)
③ 张三把李四批评了。('주어-부사어-동사'문형, '시사-수사-동

핵'문모, 처치식주어동사문)

5. 화용어순

5.1 화용어순의 함의

화용어순은 화용평면의 어순을 가리킨다. 즉 문장의 화용구조에서의 화용성분 배열순서이다. 문장의 화용구조는 주술구조(화용성분은 주제어와 진술어), 삽입어중심어구조(화용성분은 삽입어와 중심어), 초점배경구조(화용성분은 초점과 배경)가 있다. 이러한 화용구조에서 화용성분은 일정한 배열순서가 있고, 이것이 화용어순이다.

화용어순과 통사어순은 각각 다른 문법평면에 속한 것으로 서로 다르다. 그러나 화용어순(주술구조 내의 성분순서)과 통사어순은 서로 연계되어 있어서 문장의 주제어가 일정한 통사성분으로 나타난다. 예컨대, 주제어가 주어로 나타나면 주어와 주제어가 일치하여 '주어주제어화'라고 하고, 만약 주제어가 목적어로 나타나면 목적어와 주제어가 일치하여 '목적어주제어화'라고 하며, 주제어가 부사어로 나타나면 부사어와 주제어가 일치하여 '부사어주제어화'라고 한다.

현재 문법학계는 화용이 야기하는 통사어순의 변동을 화용어순에 속하는 것으로 보고 있다. 예컨대, '他读过这本书了', '他这本书读过了', '这本书他读过了' 이 세 가지 문장은 화용어순이 다른 것으로 여긴다. 그러나 필자는 이 세 문장은 '주동목', '주목동', '목주동' 어순으로 통사어순이 다른 것이며, 이러한 변화는 물론 화용이 야기하여 주제어가 달라진 것이지만 화용어순은 모두 '주제어+진술어'(주제어가 진술어 앞에 위치)로 변화가 없다고 생각한다. 또 다른 견해로는 특수어순은 화자의 주관적인 선택으로 인해 정보의 중심이 옮겨진 것으로, 이를 전형적인 화용어순이라고 여긴다.[13] 예컨대 관형어와 부사어가 중심어 뒤에 오는 것을 화용어순으로 여기는 것이다. 그러나 이것은 화용의 영향으로 통사어순이 바뀐 것이다. 그래서 화용어순의 변동과 화용의 영향으로 인한 통사어순의 변동은 구별해야 한다.

5.2 중국어 화용성분의 배열순서

화용어순을 연구할 때 정태고립문(핵심문)과 동태맥락문을 구별해야 한다.[14]

5.2.1 중국어 고립문의 화용구조에서 화용성분의 어순

첫째, 주술구조에서 주제어는 진술어 앞에 온다. 이것은 옛 정보는 앞에 오고 새 정보는 뒤에 온다는 원칙이 결정한 것이다.

① 这件事你办得很好。 <u>이 일은</u> 네가 아주 잘 처리했다.
② 这本书我早已读过了。 <u>이 책은</u> 내가 일찍이 읽은 적이 있다

둘째, 삽입어중심어구조에서 삽입어 중 호응어, 감탄어, 평의어는 문두에 오고, 주석어는 주석하려고 하는 성분 뒤에 온다.

---

13 吴为章(1995)《语序重要》,《中国语文》第6期 참조.
14 고립문과 맥락문에 관해서는 范晓(1993)《关于句子合语法或不合语法问题》,《中国语文》第5期 참조.

① <u>老王</u>, 你看那是什么? 노왕, 당신 보기에 그것이 뭡니까?/啊呀, 我上当了。 <u>아이코</u>, 나 속았네./<u>看样子</u>, 天气快要下雨了。 보아하니, 날이 곧 비가 오겠네.

② 他这个学期要开设两门新课：<u>语义学、语用学</u>。 그는 이번 학기에 새로운 과목인 <u>의미학, 화용학</u> 두 개를 개설하려고 한다.

셋째, 초점배경구조에서 초점은 새 정보에 맞춰져 문미의 통사성분에 있게 된다. 이러한 초점은 일반초점이라고 한다.

① 他去<u>北京</u>了。 그는 <u>북경</u>에 갔다.

② 我肚子吃<u>饱</u>了。 나는 <u>배불리</u> 먹었다.

5.2.2 중국어 맥락문의 화용구조에서 화용성분의 어순

맥락문에서 화용성분의 어순은 고립문 화용성분의 어순과 일치하지만 다음과 같은 경우 고립문의 어순규칙을 깨뜨리기도 한다.

첫째, 맥락문에서 새 정보를 부각시키거나 빨리 말하기 위해서, 먼저 새 정보의 진술어를 표현한 후 옛 정보를 나타내는 주제어(진술어와 그 뒤의 주제어 사이에 비교적 긴 멈춤이 있으며 서면어에서는 쉼표로 나타냄)를 말하는데, 이때 주제어는 진술어 뒤에서 추가보충하는 역할을 한다.

① 你办得很好, <u>这件事</u>。 너는 아주 잘 처리했다, <u>이 일을</u>.

② 我早已读过了, <u>这本书</u>。 나는 일찍이 읽은 적이 있다, <u>이 책을</u>.

둘째, 삽입어중심어구조에서 삽입어의 위치는 상대적으로 자유로워서 문두, 문중, 문미에 올 수 있다.

① 看样子, 天气快要下雨了。 <u>보아하니</u>, 날이 곧 비가 오겠네.

② 天气, <u>看样子</u>快要下雨了。 날씨가, <u>보아하니</u> 곧 비가 오겠네.

③ 天气快要下雨了, <u>看样子</u>。 날씨가 곧 비가 오겠네, <u>보아하니</u>.

셋째, 동태맥락문에서 초점은 대비초점이다. 이러한 초점은 매우 융통성이 있어서 문장 내의 통사성분은 모두 초점이 될 수 있다. 화자가 어떤 성분을 부각시키거나 강조(일반적으로 중음 혹은 어떤 표지어를 사용)하려고 할 때 그 성분이 바로 초점이 된다.

① <u>张英</u>昨天吃了两个苹果。 <u>장영은</u> 어제 사과 두 개를 먹었다. ('누가 어제 사과 두 개를 먹었는지'를 설명)

② 张英<u>昨天</u>吃了两个苹果。 장영은 <u>어제</u> 사과 두 개를 먹었다. ('장영이 언제 사과 두 개를 먹었는지'를 설명)

③ 张英昨天<u>吃</u>了两个苹果。 장영은 어제 사과 두 개를 <u>먹었다</u>. ('장영이 어제 사과 두 개를 어떻게 했는지'를 설명)

④ 张英昨天吃了<u>两个</u>苹果。 장영은 어제 사과 <u>두 개를</u> 먹었다. ('장영이 어제 사과 몇 개를 먹었는지'를 설명)

⑤ 张英昨天吃了两个<u>苹果</u>。 장영은 어제 <u>사과</u> 두 개를 먹었다. ('장영이 어제 무엇 두 개를 먹었는지'를 설명)

6. 어순제약의 요소

6.1 어순제약의 요소에 대한 연구방법

어순제약의 요소를 연구하는 것은 어순의 규칙성을 이해하는 데 도움을 준다. 이 문제를 연구할 때 아래 두 가지를 주의해야 한다.

6.1.1 '어순일반규칙' 제약요소와 '어순변동규칙' 제약요소를 구별해야 한다.

정태구에서의 통사어순규칙과 의미어순규칙 및 정태고립문에서의 어순규칙은 일반규칙이고 동태맥락문에서의 어순규칙(통사어순, 의미어순, 화용어순 포함)은 일반규칙과 일치하며, 때로는 일반규칙을 위배하기도 한다. 그래서 어순제약의 요소를 연구할 때는 어순일반규칙의 제약요소와 어순변동규칙의 제약요소를 구별하여 설명해야 한다.

6.1.2 내부요소와 외부요소에 대한 설명을 모두 중요시해야 한다.

어순규칙은 문법규칙의 중요한 구성부분이다. 문법의 어순규칙을 어떻게 설명할 것인가 또는 어순규칙을 제약하는 요소를 어떻게 설명할 것인가는 문법이론이 다르면 설명도 달라진다. 국내외의 문법이론을 종합하여 살펴보면 다음 세 가지로 개괄할 수 있다. 첫째, 내부요소를 강조하여 언어내부요소 측면에서 설명하는 것이다. 둘째, 외부요소를 강조하여 언어외부요소 측면에서 설명(주로 화용표현, 인지심리, 사유논리, 역사문화, 언어습관 등으로 설명)하는 것이다. 셋째, 언어의 내부요소와 외부요소를 결합하여 설명하는 것이다. 일부 어순규칙은 내부요소로만 설명할 수 있고 일부 어순규칙은 외부요소로만 설명할 수 있으며 또 일부는 내부요소와 외부요소를 결합하여 설명해야 하기 때문에, 본문에서는 세번째 견해를 채택하고자 한다.

6.2 정태구조의 '어순일반규칙' 제약요소

정태구조의 어순일반규칙을 제약하는 요소는 사유논리요소, 인지 심리요소, 화용표현요소, 습관요소가 있다. 이러한 요소는 대립하는 것이 아니고 서로 연계하고 있다.

6.2.1 사유논리요소

사유논리요소는 객관적 사실과 밀접한 관계가 있다. 예컨대, 논리 순서인 시간순서는 문법구조의 성분배열순서에 반영될 수 있다. 중국어의 통사어순, 의미어순도 시간순서원칙을 따른다.

① 学习并贯彻 학습하고 관철한다/研究并解决 연구하고 해결한다 (병렬구조)
② 开门走出去打电话 문을 열고 나가서 전화를 한다/提了水桶到河里去打水 물통을 들고 강에 가서 물을 긷는다(연동구조)

위의 병렬구조와 연동구조 속 성분의 배열순서는 시간구조의 제약을 받고 있다. 시간순서원칙이 제약하는 어순을 논리어순(자연어순)이라고 한다.

6.2.2 인지심리요소

인지언어학 또는 심리언어학은 인류의 인지기제가 문법구조의 어순을 제약하는 중요한 요소의 하나로 보고 있다. 예컨대, 모국어가 중국어인 중국 사람은 전체가 부분에 우선하고 큰 것이 작은 것에 우선하며 피종속이 종속에 우선하는 심리를 가지고 있다. 이러한 인지심리는 중국어문법의 문법구조 어순에 반영될 수 있다.

① 牛的头 소의 머리 / 马的尾巴 말의 꼬리 / 房屋的地基 건물의 지반
② 江苏省苏州市 강소성 소주시 / 春天的早晨 봄날의 아침 / 操场的中心 운동장의 중심
③ 北京大学的图书馆 북경대학의 도서관 / 他妈妈 그의 엄마 / 小王的老师 소왕의 선생님

위의 종속구조에서 영사는 전체를 나타내고 속사는 부분을 나타낸다. 영사가 속사 앞에 오는 어순규칙은 중국인의 인지심리가 반영된 것이다.

6.2.3 화용표현요소

모든 문법구조의 성립과 목적은 화용표현을 위해서이다. 그래서 화용표현상의 필요에 따라 어순을 제약할 수 있다. 예컨대, '이미 알고 있는 것이 새롭게 아는 것보다 우선'하는 원칙은 본질적으로 화용표현원칙이다. 이 원칙은 정상적인 화용어순을 제약하고 있다. 주제어는 '이미 알고 있는 것'을 반영하기 때문에 보통 '새롭게 아는 것'을 반영하는

진술어 앞에 온다. 이러한 화용어순은 반대로 또 통사어순과 의미어순에 영향을 준다. 또한 '부각'시키는 원칙도 본질적으로 화용표현원칙의 하나로, 이 원칙도 초점의 위치를 제약하고 있다. 고립문에서 문미성분은 문장이 중점적으로 표현하려는 일반초점이며 이는 '부각'시키는 원칙이 제약한 결과이다.

6.2.4 언어습관요소

언어습관요소는 약정속성의 결과로 민족의 특징을 나타낸다. 같은 문법구조라도 서로 다른 언어에서 그 구조성분은 배열순서가 다를 수 있다. 예컨대, 동목구조가 중국어는 VO식이고 한국어는 OV식이다. 주소, 날짜의 배열순서가 중국어는 큰 것에서 작은 것(2000년 10월 1일)으로 쓰지만 영어는 작은 것에서 큰 것(1일 10월 2000년)으로 쓴다. 또한 중국어의 일부 동사가 나타내는 동작의 여사(동작 대상)는 동사 앞에 오지만 일부 언어에서는 동작의 여사가 동사 뒤에 온다. 예컨대, 중국어에서 '小王和小李结婚了 소왕과 소리는 결혼했다', '学生和老师见面了 학생과 선생님은 만났다'라고 말하지만, 어떤 언어는 '小王结婚了小李', '学生见面了老师'라고 말한다. 이로써 알 수 있듯이 일반어순규칙이 모두 같은 것은 아니다. 이는 민족마다 습관이 다르기 때문이라고 설명할 수밖에 없다.

6.3 동태맥락문의 '어순변동규칙' 제약요소

동태맥락문의 어순변동규칙을 제약하는 요소는 통사요소, 의미요소, 화용요소가 있다.

6.3.1 통사요소

정태적인 일반규칙에서 목적어나 객사[15]의 위치는 동사 뒤에 오지만 통사요소의 제약을 받아 동사 앞에 오기도 한다. 통사요소가 목적어나 객사 어순을 제약하는 상황은 다음과 같다.

첫째, 일부 목적어나 객사가 동사 앞에만 오고 동사 뒤에는 올 수 없다면 이것은 통사틀이 결정(상세한 내용은 앞에서 말한 '통사의 강제성이 목적어는 반드시 동사 앞이나 문두에 나오게 한다' 참조)한 것이다.

① 他什么都知道。 그는 아무것도 모른다. (*他都知道什么。)
② 我一个人也不认识。 나는 한 사람도 모른다. (*我也不认识一个人。)

둘째, 어떤 목적어나 객사가 동사 앞에만 오고 동사 뒤에는 올 수 없다면 이것은 대칭성이 있는 통사틀이 결정한 것이다.

① 她饭也不吃, 觉也不睡, ……그녀는 밥도 먹지 않고, 잠도 자지 않고, …… (?她也不吃饭, 也不睡觉, ……)
② 他大事也管, 小事也管…… 그는 큰일도 관여하고, 작은 일도 관여하고, …… (?他也管大事, 也管小事 ……)

---

15 객사는 동핵이 연계하고 있는 객체동원으로, 수사, 성사(결과), 지사, 사사, 위사 등을 포함한다. 范晓(2000) 《动词配价研究中大几个问题》, 《配价理论与汉语语法研究》, 北京语文出版社 참조.

셋째, 동사 뒤의 목적어나 객사가 자리 이동할 수 없다면 이것은 때로 통사구조의 성질과 관련이 있다.

① 我知道他明天回来。나는 그가 내일 돌아올 거라는 것을 안다.

　　→ 他明天回来, 我知道。그는 내일 돌아올 거라고, 나는 안다.

② 我奉劝他明天回来。나는 그에게 내일 돌아오라고 권한다.

　　→*他明天回来, 我奉劝。

위의 두 문장은 표면상으로 볼 때 모두 '인칭대사+동사+인칭대사+시간명사+동사'로 이루어져 있지만 문장의 통사구조 성질은 다르다. 정확히 말하면, 술어가 되고 있는 동사성 구의 통사구조 성질이 다르다. 예①의 술어는 술목구가 충당한 것으로 주술구 '他明天回来'는 동사 '知道'의 목적어이자 객사로 전치할 수 있다. 예②의 술어는 겸어구가 충당한 것으로 '他'는 '奉劝'의 목적어이자 객사이고 또한 '明天回来'의 주어이자 주사[16]이지만 '奉劝'의 목적어나 객사가 아니기 때문에 전치할 수 없다.

넷째, 목적어나 객사가 자리이동할 수 있는 지의 여부는 때로 동사의 통사기능과 관련이 있다. 예컨대, 타동사가 구성하는 동결식이 이끄는 목적어는 동사 앞(把자문이나 被자문 구성)에 올 수 있지만 자동사가 구성하는 동결식이 이끄는 목적어는 앞에 올 수 없다.

16　주사는 동핵이 연계하고 있는 주체동원으로, 시사, 계사, 기사 등을 포함한다. 范晓(1991)《试论语义结构中的主事》,《中国语言文学的现代思考》, 复旦大学出版社. 范晓(2000)《动词配价研究中大几个问题》,《配价理论与汉语语法研究》, 北京语文出版社 참조.

① 他踢伤了小王。 그는 소왕을 (발로)차서 다치게 했다.(他把小王踢
伤了。/ 小王被他踢伤了。)

② 他跌伤了腿。 그는 넘어져 다리를 다쳤다.(他把腿跌伤了。/ *腿被
他跌伤了。)

6.3.2 의미요소

어떤 목적어나 객사가 동사 앞에 올 수 있는 것은 의미요소의 제약을
받았기 때문이다.

첫째, 문장에서 목적어나 객사가 동사 앞에 오는 것은 목적어 명사
자체의 의미특징과 관련이 있다. 예컨대, 'SVO'문에서 O(수사목적어)
가 사람을 나타내는 명사라면 개사 '把'를 사용하지 않고서는 동사 앞
에 올 수 없다.

① 张三看过这本书了。 장삼은 이 책을 본 적이 있다. (张三这本书看
过了。)

② 张三批评过李四了。 장삼은 이사를 비평한 적이 있다. (*张三李四
批评过了。)

예①의 목적어 '书'는 의미특징이 '무생명 사물'이어서 전치할 수 있
다. 예②의 목적어 '李四'는 의미특징이 '유생명 사람'이어서 전치할 수
없다.

둘째, 동결식 목적어의 자리이동 여부는 보어의 의미지향과 관련이
있다. 모든 동결식이 把자문이나 被자문으로 변환할 수 있는 것은 아

니다. 즉 동결식 뒤의 목적어나 객사가 동사 앞 또는 문두에 나올 수 있다.

① 我们打败了敌人。우리는 적을 물리쳤다 → 我们把敌人打败了。 → 敌人被我们打败了。

② 我们打胜了敌人。우리는 적을 물리쳐 이겼다 → *我们把敌人打胜了。 → *敌人被我们打胜了。

이는 보어의 의미지향과 관련이 있어서, 보어가 의미상 목적어를 지향하는 동결식이면 把자문이나 被자문으로 변환할 수 있기 때문에 예①처럼 목적어나 객사는 동사 앞에 올 수 있다. 보어가 의미상 주어를 지향하는 사역형식이면 把자문이나 被자문으로 변환할 수 없어서 예②처럼 목적어나 객사는 동사 앞에 올 수 없다.

셋째, 목적어나 객사의 어순변동은 때로 동사의 의미성질과도 관련이 있다.

① 他吃苹果 그는 사과를 먹는다 → 他吃过这种苹果 그는 이런 사과를 먹어본 적이 있다 → 他这种苹果吃过了 그는 이런 사과 먹어본 적이 있다 → 这种苹果他吃过了 이런 사과 그는 먹어본 적이 있다

② 他是学生 그는 학생이다 → *他是过学生 → *他学生是过了 → *学生他是过了

③ 这件事你们应该加以解决 이 일은 당연히 너희가 해결해야 한다 → *你们必须加以解决这件事

위의 세 예문은 동사의 의미성질이 서로 다르기 때문에, 목적어나 객사가 전치할 수 있는지에 영향을 준다. 예①의 동사 '吃'는 동작동사로 목적어나 객사는 일정한 조건하에서 전치할 수 있다. 예②의 동사 '是'는 관계동사로 목적어나 객사는 전치할 수 없다. 예③의 동사 '应该'는 평의동사로 목적어나 객사는 전치할 수 없다.

6.3.3 화용요소

화용요소는 매우 다양하며 주로 다음과 같다.

(1) 어순변동은 주제어화와 관련이 있다.

주제어화는 어순변동에 대한 제약성이 필요하며 이는 '옛 정보는 앞에 온다'는 화용원칙이 결정한 것이다.

① 这个人, 我不认识。 이 사람, 나는 모른다.

   (수사목적어 '这个人'의 전치는 주제어화의 필요에 의해서이다)

② 墙上, 他挂了一幅画。 벽에 그는 그림 하나를 걸었다.

   (장소부사어 '墙上'의 전치는 주제어화의 필요에 의해서이다)

(2) 어순변동은 새 정보나 초점을 부각시키기 위해서이다.

새 정보는 언어전달에서 옛 정보 뒤에 출현하여 옛 정보를 설명하는 부분이며 일반적으로 술어로 표현된다. 문장 술어동사의 목적어는 초점이 된다. 일부 술어나 목적어가 앞에 나오는 것은 새 정보나 초점을 부각시키기 위해서이다.

387

① <u>都过去了</u>, 最困难的日子! <u>모두 지나갔다</u>, 가장 힘들었던 날들이!

(술어는 새 정보를 나타내며 문두에 온 것은 새 정보를 부각시키기 위해서이다)

② <u>他上海</u>也去过了, <u>北京</u>也去过了。 그는 <u>상해도</u> 간 적이 있고, <u>북경도</u> 간 적이 있다.

(목적어가 동사 앞에 온 것은 초점과 대비시키기 위해서이다)

(3) 어순변동은 명사의 지칭성과 관련이 있다.

목적어로 충당되는 명사는 어떤 것은 확정이고 또 어떤 것은 비확정이다. 확정 수사목적어는 보통 앞에 오지만 비확정 수사목적어는 앞에 올 수 없다.

① <u>那一个苹果我吃了</u> <u>그 사과는</u> 내가 먹었다('苹果'는 확정) *一个苹果我吃了('苹果'는 비확정)

② <u>那几本书他买了</u> <u>그 몇 권의 책은</u> 그가 샀다('书'는 확정) *几本书他买了('书'는 비확정)

그 외 주동, 피동, 사동, 처치, 공양供讓, 존현 등의 문식에서 나타나는 어순변동은 모두 화용과 관련되어 있다. 일반어순과 비교하면 특수어순은 주관적인 감정, 언어의 수사적 색채를 표현하는 데 있어 매우 중요한 역할을 한다.

7. 일반어순과 특수어순

7.1 어순의 고정성과 비고정성에 대한 문제

어순은 고정적인가? 비고정적인가? 어떤 학자는 어순이 고정되어 있다고 하고 어떤 학자는 비고정성이 있다고 한다. 각각의 주장은 타당한 이유가 있다. 만약 어순이 고정적이지 않다면 어순에 대한 규칙을 총괄해낼 수 없고 만약 어순에 비고정성이 없다면 변화가 많은 화용표현 필요를 만족시키지 못할 것이다. 어순연구는 변증법을 사용하여 정태와 동태, 구와 문장, 일반규칙과 구체적인 운용을 구별해야 한다. 어순의 고정적인 면과 비고정적인 면을 보아야 한다. 이 양자는 모순적인 것처럼 보이지만 정태와 동태를 상호결합하는 원칙으로 어순을 연구한다면 이 모순은 어렵지 않게 설명이 된다. 정태구에서 어순은 상대적으로 고정되어 있다. 예컨대, '我吃饭'은 '饭吃我', '吃饭我', '我饭吃'라고 말할 수 없다. 즉 중국어에서 '주어-동사-목적어' 통사어순과 '시사-동핵-수사'의 의미어순은 정태구에서 상대적으로 고정되어 있다. 그러나 동태문에서는 표현의 필요로 일정한 제약조건(일부 특정단어를 더하거나 일정한 맥락) 하에서 어순은 비고정성을 가질 수 있다. 예컨대, '我吃饭'은 다음과 같은 문장들을 구성할 수 있다.

① 我今天吃了两碗饭。 나는 오늘 밥 두 그릇을 먹었다.('주어-동사-목적어', '시사-동핵-수사')

② [过会儿谈吧], 我饭还没吃呢。 [잠시 후에 얘기하자], 나는 밥 아직 안 먹었다.('주어-목적어-동사', '시사-수사-동핵')

③ <u>饭</u><u>我</u><u>不吃</u>了,[已经吃饱了]。 <u>밥</u>은 <u>난</u> <u>안 먹겠다</u>.[이미 배불리 먹었다].('목적어-주어-동사', '수사-시사-동핵')

④ 这锅<u>饭</u><u>吃了</u>十个<u>人</u>。 이 솥 <u>밥</u>은 열 명이 <u>먹었다</u>.('주어-동사-목적어', '수사-동핵-시사')

⑤ 剩下的<u>饭</u>都<u>被</u><u>我</u><u>吃</u>了。 남은 <u>밥</u>은 모두 <u>내</u>가 <u>먹었다</u>.('주어-부사어-동사', '수사-시사-동핵')

⑥ <u>我</u>把剩下的<u>饭</u>都<u>吃</u>了。 <u>나</u>는 남은 <u>밥</u>을 모두 <u>먹었다</u>.('주어-부사어-동사', '시사-수사-동핵')

⑦ <u>吃饭</u>了吗, <u>你</u>? <u>밥 먹었니, 너</u>?('동사-목적어-주어', '동핵-수사-시사')

7.2 어순의 일반식과 변동식

문장의 어순에는 일반식과 변동식이 있다. 일반식은 '일반어순'을 가리키며 일반적으로 자주 사용하는 어순틀을 말한다. 변동식은 '비일반어순'으로 도치된 어순을 가리키며 자주 사용하지 않는 어순틀을 말한다. 일반어순으로 형성된 문장을 일반문, 변동식 어순으로 형성된 문장을 변동문이라고 칭한다.

7.2.1 일반문

일반문에는 핵심문과 파생문 두 가지가 있다. 핵심문 내부성분의 어순은 정태구어순(통사어순과 의미어순 포함)으로 구성된 것이어서 어순규칙은 정태구의 어순규칙과 완전히 일치한다. 중국어에서 'SV', 'SVO' 등 기본적인 문식이 핵심문이다. 예컨대, 정태구 '我吃饭'은 SVO식이 핵심문(我吃过饭了, 我今天吃了两碗饭)이다. 파생문은 핵심문에서 파생되어 자주 사용하는 문식이다. 파생문은 정태구와 비교할 때, 어순은 다소 변화가 있어서 어순에 자리이동이 생기지만 이러한 자리이동은 비도치 자리이동이다. 목적어나 수사가 이동하여 구성하는 SOV, OSV, O被SV, S把OV 등의 문식은 파생문(我饭还没吃呢, 饭我不吃了, 这锅饭吃了十个人, 剩下的饭都被我吃了, 我把剩下的饭都吃了)에 속한다.

7.2.2 변동문

변동문은 일반문과 상대되는 것으로, 언어에서 나타나는 비일반적인 특수문식이다. 이러한 문식은 어순이 변동하여 생긴 것으로 내부성분의 자리이동은 도치에 의한 것이고 수사학에서는 이것을 수사修辭의 하나인 '도치격'으로 보고 있다. 중국어에서 주어가 술어 뒤에 오는 문식(终于过去了, 最困难的日子!)과 부사어가 동사 뒤에 오는 문식을 변동식(大家都来了, 从祖国的四面八方。 모두가 왔다, 조국의 사방팔방에서.)으로 보고 있다.

7.3 일반식과 변동식 구별방법

일반식과 변동식의 경계(범위)에 대하여 학자들은 의견이 일치하기도 하고 불일치하기도 한다. 아래의 문장에 대해서는 일반적으로 변동문 또는 도치문이라고 공감하고 있다.

① 她走过去了, 轻轻地轻轻地。 그녀는 지나가버렸다, 살포시, 살포시.(부사어가 중심어 뒤에 온 도치어순)

② 快进来, 你! 빨리 들어와라, 너!(주어가 술어 뒤에, 시사가 동작 뒤에 오는 도치어순)

③ 我们已经讨论过三次了, 这件事。우리는 이미 세 번이나 토론한 적이 있다, 이 일.(주제어가 진술어 뒤에 오는 도치어순)

그러나 일부 문장이 변동문인지 도치문인지에 대하여 문법학계에서는 이견이 존재한다. 예컨대, 黎锦熙는《新著国语文法》에서 '我三杯酒都喝干了 나는 술 세 잔을 모두 마셔버렸다', '这本书我已经读完了 이 책은 내가 이미 다 읽었다', '茶棚里坐着许多工人 노점 찻집에 많은 노동자들이 앉아있다'을 변동식으로 칭하고 있다. 吕叔湘은《中国文法要略》에서 '他什么都要管 그는 무엇이든 관여한다', '他把窗户关上 그는 창문을 닫았다', '他被他哥哥骂了一顿 그는 형한테 한바탕 혼났다', '这件事记得 이 일은 기억한다'를 변동식[17]으로 칭하고 있으며, 王力는《中国现代语法》에서 '嫂子连我也不认得了 형수는 나조차 알아보지 못한다', '一句也不敢多说 한 마디도 감히 더 하지 못한다', '胡道长我是知道的 호도장은 내가 안다', '村里有死了一个人 마을에 한 사람이 죽었다'을 도치문으로 칭하고 있다. 이러한 문장분석에 대해서 많은 이견이 존재하고 있다.

일반문과 변동문을 구별하려면 어순의 변동이 도치된 것인지를 봐야 한다. 즉 성분이 자리이동 후 문장의 구조에 변화가 있는지 없는지를 봐야 한다. 비도치 자리이동, 즉 이동 후 구조틀에 변화가 생긴 문장은 일반문이고 도치 자리이동 후 구조틀에 변화가 생기지 않으면 변동문이다. 도치 자리이동 변동문에는 다음 네 가지 특징이 있다. 첫째,

---

17　역주: 원문은 '变次句'이며, '변동문'을 의미.

문장의 강세가 앞부분에 있고 후치된 부분은 가볍게 읽는다. 둘째, 표현중심이 전치부분에 있고 후치성분은 강조대상이 될 수 없다. 셋째, 도치된 성분은 모두 원래의 위치로 이동할 수 있고 원위치로 이동한 후에도 문형과 의미구조, 문장의 기본적인 의미는 변하지 않는다. 넷째, 문미의 어기사는 후치된 부분 뒤에 나타날 수 없고 반드시 전치된 부분 뒤에 나타난다[18]. 위의 예①, 예②, 예③은 변동문의 특징에 부합한다. 黎锦熙, 吕叔湘, 王力가 제기한 이러한 문장들은 분명 변동문으로 볼 수 없고, 일반문으로 봐야 한다. 왜냐하면 첫째, 이러한 문장의 구조성분 배열과 핵심문을 비교해보면, 다소 변화가 있고 자리이동이 있다 하더라도 도치된 어순이 아니다. 둘째, 이러한 문장의 구조틀은 핵심문과 비교해서 차이가 있어 문형이 다르다 하더라도 그것들은 핵심문에서 파생된 '파생문'으로 언어 중에서도 자주 사용된다. 셋째, 이러한 문장들은 상술한 변동문의 네 가지 특징을 갖추고 있지 않다.

[참고문헌]

戴浩一 · 薛凤生主编(1994)《功能主义与汉语语法》, 北京语言学院出版社
范晓(1996)《三个平面的语法观》, 北京语言学院出版社
胡壮麟等(1989)《系统功能语法概论》, 湖南教育出版社
廖秋忠等(1994)《语言研究论集》, 北京语言学院出版社
廖秋忠(1991)《也谈形式主义与功能主义》,《国外语言学》第2期
吕叔湘(1979)《汉语语法分析问题》, 商务印书馆
徐烈炯(1988)《生成语法理论》, 上海外语教育出版社
俞如珍 · 金顺德编著(1994)《当代西方语法理论》, 上海外语教育出版社
张伯江 · 方梅(1996)《汉语功能语法研究》, 江西教育出版社

▎원문은《汉语学习》2001年 第5, 6期에 게재

---

18 陆俭明(1980)《汉语口语句法里的易位现象》,《中国语文》第1期 참조.

제4부
삼차원문법론과 중국어 문장

문장의 기능에 관하여

1. 서론

문장은 언어의 가장 큰 단위이면서, 담화의 가장 작은 단위이다.[1] 언어단위로서의 문장은 그보다 작은 언어단위(단어, 구 등)로 구성되어 있다. 담화단위로서의 문장은 문군[2], 단락, 편장 등을 구성할 수 있다. 문장은 문법연구의 출발점이다. 언어단위인 문장은 통사, 의미, 화용의 세 가지 평면을 포함하며 문장 내부에는 '통사-의미'구조가 있고 외부에는 '화용'기능이 있다. 문법연구의 목적과 역할은 문장의 통사구조, 의미구조, 화용기능의 규칙을 설명하고 특정한 문법체계를 구축하는 것이다. 본고는 문장의 기능을 중심으로 토론하고자 한다.

문장의 기능에 대해 중국 문법학자들은 주로 다음 두 가지 이견을 가지고 있다. 하나는 '일련의 문장에서의 지위와 역할'이라고 보는 것이고[3] 다른 하나는 문장의 용도 또는 '말을 하는 목적'이라고 보는 것이

---

[1] '담화'는 언어의 결과물(입으로 내뱉은 말이나 글로 써낸 문장 포함)이다. 范晓 (1994)《语言、言语和话语》,《汉语学习》第2期 참조.

[2] 역주: 원문에서는 句群이라고 함.

[3] 吕叔湘(1979)《汉语语法分析问题》pp.53-54, 商务印书馆. 庄文中(1990)《句群》, 人民教育出版社. 吴为章(1994)《关于句子的功能分类》,《语言教学与研究》第1 期 참조.

다.[4] 국외에서는 프라그학파 마테시우스의 문장기능에 대한 견해가 비교적 영향력이 있는데 그는 문장의 기능을 정보전달의 표현기능이라고 하였다.[5] 또한 할리데이(Halliday)는 절의 기능을 언급하며 절에는 개념기능, 교제기능, 텍스트기능이 있다고 하였다.[6] 본고에서 말하는 문장의 기능은 담화에서의 역할이나 용도를 가리킨다. 문장의 '통사-의미'구조와 문장의 기능은 서로 연관된 개념으로, 전자는 문장 내부의 통사성분과 의미성분의 배치를 가리키고 후자는 외부 관계에서의 지위, 역할 또는 용도를 가리킨다. 문장의 내부구조는 문장기능이 실현될 수 있는 기초이고 문장의 외부기능은 내부의 '통사-의미'구조 성분의 배치와 문식의 선택에도 영향을 미친다. 문장의 기능에 대한 국내외 견해를 참조하여 본고는 언어단위로서의 문장은 주로 표의기능, 교제기능, 텍스트기능을 갖는다고 생각한다.[7]

2. 문장의 표현기능

문장의 표현기능은 문장의 표의기능(내용을 표현하는 기능[8])에서

---

4 张志公(1959)《汉语知识》p.193, 人民教育出版社. 刘月华(1990)《句子的用途》 p.1, 人民教育出版社. 徐杰(1987)《句子的功能分类和相关标点的使用》,《汉语学习》第1期 참조. 현대중국어 문법교재는 대부분 이러한 관점을 채택.

5 戚雨村(1996)《现代语言学的特点和发展趋势》pp.68-70, 上海外语教育出版社. 张惠萍(2000)《浅析句子功能观》,《中国海洋大学学报》第4期 참조.

6 胡壮麟·朱永生·张德录(1989)《系统功能语法概论》, 湖南教育出版社 참조.

7 본문에서 말하는 문장의 세 가지 기능은 체계기능문법에서 말하는 기능(개념기능ideational function, 교제기능interpersonal function, 텍스트기능textual function)과 공통점도 있고 차이점도 있다.

8 '표의'는 문장이 표현하는 '내용'을 가리킨다. 张斌·胡裕树(1989)《汉语语法研

나타나고 문장과 사유형식, 인지방식과의 관계에서도 나타난다.

2.1 표의기능

2.1.1 생각과 감정을 표현하는 기능

첫째, 문장의 표의기능 중 가장 중요한 것은 생각을 표현하는 기능이다. 생각은 담화 속에 존재하여 담화의 내용이 되고 담화는 문장으로 이루어져 있다. 따라서 생각은 문장으로 표현된다. 구체적인 문장은 생각의 매개체라고 할 수 있으며 정치, 경제, 문화, 과학기술, 군사, 생활 등을 포함한 각양각색의 생각을 표현할 수 있다. 구체문이 나타내는 구체적인 생각은 백과지식의 범주에 속한다.[9]

둘째, 문장에는 감정을 표현하는 기능이 있다. 감정은 인간의 뇌가 외부의 자극을 받아 야기하는 비교적 강렬한 심리반응이다. 사람들의 감정도 문장을 통해 드러난다. 주지하다시피, 담화 속의 감탄문은 사람의 감정을 표현할 수 있다. 그러나 일부 문장은 감탄문은 아니어도 일정한 감정적 색채를 띨 수 있다.

셋째, 문장에는 사물의 소리를 표현하는 기능이 있다. 물체는 각양각색의 소리를 낸다. 인간의 뇌는 외부 물체의 소리에 자극을 받으면, 심리 음상音像을 일으킬 수 있다. 이러한 심리적 음상은 물리적인 소리의 심리적 흔적으로, 단어를 통해서 표현할 수도 있고 문장을 통해서

究》p.97, p.109, 商务印书馆 참조.

[9] 담화 속의 구체문은 언어와 생각의 결합체로, 종이의 양면에 비유하면 한 면은 구체적인 생각이고 다른 한 면은 언어형식이다. 만약 구체문을 놓고 보면, 문장과 그 문장에 담긴 생각은 내부관계 또는 포함관계가 있다. 그러나 본고는 구체적인 생각을 제거한 것을 언어형식으로 삼는 추상문에 중점을 두어, 문장과 내용의 관계는 당연히 외부관계 또는 상대관계가 있다고 본다.

표현할 수도 있다. 담화 속의 의성어는 사물의 소리 음상을 표현한 것
이다. 생각, 감정, 음상 등의 내용은 모두 문장을 통해서 표현해야 한
다. 문장을 떠나면 생각, 감정, 음상도 밖으로 드러날 수 없다. 문법학
은 구체문이 나타내는 구체적인 생각, 감정, 음상 등의 내용을 연구하
지는 않지만 생각, 감정, 음상을 나타내는 문장의 언어형식은 연구해
야 한다.[10]

2.1.2 표의기능에 따른 문류

표의기능에 따라 언어 속의 문장을 분류하면 크게 순리純理문, 순정
純情문, 융합融合문, 의성문으로 나눌 수 있다.

(1) 순리문

감정적 색채를 띠지 않고 생각을 표현하는 이성적인 문장을 가리킨
다. 이성적인 생각은 문장의 의미구조와 밀접한 관계를 가지기 때문에
순리문은 문장내부에 이성적인 설명이 있는 의미구조를 갖는다. 예를
들면, '시사+동핵', '시사+동핵+수사', '계사+동핵', '기사+동핵+지사'
등의 구조가 있다.[11]

그 那只鸟飞走了。그 새는 날아갔다. / 我看了一个电影。나는 영화 한
편을 봤다.

---

[10] 담화 단위인 문장은 생각, 감정, 음상이 내용이고 언어가 형식이다. 언어부호체계
인 문장은 담화 속 문장의 형식평면이기 때문에 언어학에서 연구하는 것은 언어
부호체계의 문장 즉 담화 속 문장의 언어형식이다.
[11] 의미구조에 대해서는 范晓·张豫峰(2003)《语法理论纲要》, 译文出版社 참조.

这孩子很聪明。이 아이는 총명하다. / 他是北京人。그는 북경 사람이다.

(2) 순정문

감정적 색채를 띠는 문장을 가리킨다.[12] 내부에 뚜렷한 의미구조가 없는 문장도 있고 일정한 의미구조를 내포하고 있는 문장도 있다. 어떤 문장은 일반적인 감정을 표현하고 어떤 문장은 강렬한 감정을 담고 있다.

哈哈! 하하! / 唉! 어! / 天哪! 맙소사! / 滚蛋! 꺼져! / 蛇! 뱀! / 我的妈呀! 어머나!

(3) 융합문

이성적이면서도 감정적인 문장을 가리킨다. 문장 내부에 의미구조가 포함되어 있지만 감정적인 색채가 있는 단어 또한 포함되어 있다. 말할 때 어기, 말투 또는 어조에 감정을 띠고 있다. 감정적인 색채를 띠면서 일정한 의미구조를 가진 문장이 바로 융합문이다. 이러한 문장 중, 어떤 것은 이성에 치중하고 어떤 것은 감정에 치중한다.

您快把这件事给忘了吧! 이 일을 빨리 잊어버리세요! / 世界人民大团结万岁! 세계 인민 대단결, 만세! / 你的苦头难道还吃得不够多?! 너의 고생이 설마 아직 충분하지 않다는 말이냐?!

---

[12] 구어에서 일반적인 감정을 띠는 일부 호응문('嗨!', '喂!', '嗯!', '您好!')을 이러한 유형에 포함시킬 수 있다.

401

(4) 의성문

사람의 청각에서 얻은 심리 음상을 모사한 문장으로, 문장에 의성어 만 있고 이성적인 의미구조는 없는 것이 특징이다. 물리적인 소리를 모사한 의성어만으로 구성된 문장이 바로 의성문이다.

> **轰隆隆!轰隆隆!**(天空中响起了雷声) 우르릉! 우르릉! (하늘에서 천둥 소리가 울렸다)
>
> 咔嚓咔嚓!咔嚓咔嚓!咔嚓嚓!……(火车摩擦铁轨声) 철커덕 철커덕! 철커덕 철커덕! 철커덕!……(기차가 철로에 마찰하는 소리)
>
> 噼里啪啦!噼里啪啦!呼嘭呼嘭!吱吱吱!(鞭炮声烟火声) 탁탁! 탁탁! 쿵쿵! 찍찍찍!(폭죽 소리, 연기와 불 소리)

2.2 사유규칙을 표현하는 기능

2.2.1 사유규칙(형식논리와 인지논리 포함)

생각을 표현하는 것은 문장의 가장 중요한 표의기능이다. 그러나 문법은 특정한 문장이 나타내는 특정한 생각을 연구하지 않고, 언어단 위인 문장이 어떻게 생각을 표현하는지를 연구하며, 생각을 형성하는 추상적인 사유규칙이나 사유논리가 어떻게 문장을 통해 표현되는지 를 연구해야 한다. 일부 논저는 사유와 인지를 별개로 간주하지만 본 고는 넓은 의미의 사유는 인지를 포함할 수 있다고 생각하며, 인식론 의 측면에서 봤을 때 심리적 인지는 본질적으로 사유의 범주에 속한다 고 생각한다. 인지에도 규칙이 있어야 하며 인지규칙은 바로 감지기제 의 규칙이다. 만약 판단추리규칙을 '형식논리'라고 한다면 인지규칙은 '인지논리'라고 할 수 있을 것이다. 형식논리와 인지논리 모두 인간의 뇌가 세계를 반영하고 인식하는 두뇌활동의 규칙이다. 다만 전자는 이성적인 사고에 치중하고, 후자는 감성적인 사고에 치중한다.

사유과정에서의 이성적인 사유형식규칙(형식논리)과 인지방식규칙(인지논리)은 문장의 구조를 제약하기도 하고 영향을 미치기도 한다. 문장은 사유의 형식규칙과 인지규칙을 반영한다. 따라서 문장격식의 형성 원인을 분석할 때 사유의 형식논리와 인지논리를 연계하여 해석할 수도 있다. 인지방식과 사유형식은 모두 넓은 의미의 사유범주에 속하고 모두 문법 속의 의미평면과 직접적인 관계를 맺으며 의미와 통사를 통해 연결된다. 그러나 이 두 가지는 차이점도 있다. 형식논리는 이성적인 사유에 편중되어 있고 각 민족은 공통성을 가지고 있다. 인지방식은 감성적인 사고에 편중되어 있고, 각 민족은 공통성과 개별성을 모두 가지고 있다. 인지는 사람과 환경에 따라 달라서 같은 사건이나 같은 상황, 다른 사람이나 같은 사람이라 하더라도 시각이 달라지거나 주목하는 점이 달라지면, 뇌에서 형성된 이미지 도식도 달라지기 때문에 문장에 반영되는 바가 반드시 일치하지는 않는다.

2.2.2 사유형식의 논리규칙을 표현하는 기능

이성적 사유의 형식규칙을 형식논리라고 하는데 이는 이성적 사유의 판단, 추리의 형식 및 그 규칙을 의미한다. 문법과 형식논리는 관계가 매우 밀접하다. 일반적으로 개념은 단어와 구로 표현되고 명제, 판단, 추리는 문장으로 표현된다. 사유형식을 표현하는 문장의 기능은 주로 다음과 같다.

첫째, 문장에는 명제와 판단을 표현하는 기능이 있다. 간단문은 보통 하나의 명제나 판단을 표현할 수 있다.

① 曹雪芹是《红楼梦》的作者。 조설근은《홍루몽》의 저자이다. / 小张喜欢唱流行歌曲。 소장은. 유행가 부르는 것을 좋아한다. / 他吃过午饭了。 그는 점심을 먹었다.

② 小王不是上海人。 소왕은 상해사람이 아니다. / 他不会跳舞。 그는 춤을 출 줄 모른다. / 小刘还没吃午饭呢。 소유는 아직 점심을 먹지 않았어.

상술한 단문은 형식논리 속의 간단한 명제를 나타낸다. 예①은 긍정판단, 예②는 부정판단을 나타낸다. 복문은 형식논리 속의 복합명제와 복합판단을 나타낼 수 있다.

① 哥哥在跳舞, 妹妹在唱歌。 형은 춤추고 있고, 여동생은 노래하고 있다. / 中国出口的商品不但数量多, 而且质量也好。 중국이 수출하는 상품은 수량이 많을 뿐만 아니라, 품질도 좋다.

② 如果工作不努力, 就不可能取得成绩。 열심히 일하지 않으면, 성과를 낼 수 없다. / 只要功夫深, 铁杵也能磨成针。 공을 들여야 쇠절굿공이도 갈아서 바늘을 만들 수 있다.

상술한 문장은 복합명제를 나타낸다. 예①은 복합판단 중 연합판단, 예②는 복합판단 중 가정판단을 나타낸다.

둘째, 문장에는 추리를 표현하는 기능이 있다. 사유 속의 추리는 문장과 대응하지 않지만 추리는 반드시 문장형식을 통해서만 표현될 수 있다. 어떤 추리는 인과관계가 있는 복문으로 표현된다.

① 客观规律是不以人们的意志为转移的；经济规律是客观规律；所以经济规律不以人们的意志为转移的。객관적인 법칙은 사람들의 의지로 전이되지 않으며, 경제법칙은 객관적인 법칙이다. 따라서 경제법칙은 사람들의 의지로 전이되지 않는다.

② 直角三角形内角之和是180度，锐角三角形内角之和是180度，钝角三角形内角之和是180度；直角三角形、锐角三角形、钝角三角形是全部的三角形；可见一切三角形内角和都是180度。직각삼각형 내각의 합은 180도, 예각삼각형 내각의 합은 180도, 둔각삼각형 내각의 합은 180도이다. 직각삼각형, 예각삼각형, 둔각삼각형은 모두 삼각형이어서, 모든 삼각형 내각의 합은 180도임을 알 수 있다.

이 두 개의 복문은 세 개의 절로 구성되어 있고 세 개의 절은 세 개의 명제를 나타내며 이는 전형적인 '삼단론법'이다. 예①은 연역적 추리, 예②는 귀납적 추리이다. 두 개의 절로 구성된 인과복문은 때로 추리를 나타낼 수도 있다.

由于他每天坚持锻炼身体，所以平时很少生病。그는 매일 꾸준히 신체를 단련하기 때문에, 평소에 거의 병이 나지 않는다.

이 문장 역시 연역추리를 나타내며 단지 작은 전제가 생략되었을 뿐이다. 인과관계를 나타내는 복문이나 추리를 나타내는 단문 외에 문장과 문장이 조합된 인과관계를 가진 문군도 추리를 나타낼 수 있다.

所谓隐逸, 在本质上, 就是对于人世的逃避。他不满意于社会的现状, 却无力突破, 又不能忍受。其结果, 他当然只有逃世一途。

은둔이라는 것은 본질적으로 인간 세상에 대한 도피이다. 그는 사회의 현실에 만족하지 못하고, 돌파할 힘이 없었고 참을 수도 없었다. 그 결과, 그는 당연히 도망갈 수밖에 없었다.

셋째, 사유형식을 나타내는 측면에서 명제의 판단유형에 따라 문장을 분류하면 긍정명제문과 부정명제문으로 나눌 수 있다. 예를 들면, 전자는 '老张是山东人 노장은 산동사람이다', 후자는 '老张不是山东人 노장은 산동사람이 아니다'이다. 만약 추리의 방법에 따라 문장을 분류하면, 연역추리문과 귀납추리문으로 나눌 수 있다. 예를 들면, 전자는 '凡花都会凋落, 菊花是花, 所以菊花也会凋落 모든 꽃은 시들어 떨어진다. 국화는 꽃이다. 따라서, 국화도 시들어 떨어진다', 후자는 '金能导电, 银能导电、铜能导电、铁铁能导电, 金银铜铁等都是金属, 可见金属都能导电 금도 전기가 통하고, 은도 전기가 통하고, 구리도 전기가 통하고, 철도 전기가 통하고, 금, 은, 동, 철은 모두 금속이므로, 금속은 모두 전기가 통한다는 것을 알 수 있다'이다. 만약 추리에서 차지하는 역할에 따라 문장을 분류하면 문장은 전제문(대전제문과 소전제문 포함)과 결론문으로 나눌 수 있다. 예를 들면, '客观规律是不以人们的意志为转移的 ; 经济规律是客观规

律 ; 所以经济规律不以人们的意志为转移的。'라는 추리문에서 앞
두 문장은 전제문이고 뒷 문장은 결론문이다.

2.3 사유인지의 논리규칙을 표현하는 기능

인지방식의 논리규칙은 대뇌가 감각, 지각, 상상을 통해 얻은 현실
세계에 대한 주관적인 이미지의 틀('도식'이라고도 함)과 그 구조규칙
이다.[13] 경험을 바탕으로 하는 인지구조는 문법과 밀접한 관계가 있고
문장은 인지방식과 수많은 관계를 가진다. 문장이 인지규칙을 표현하
는 기능은 다양하다.

첫째, 문장에는 인지구조를 표현하는 기능이 있다. 인지구조의 기
본틀은 객관적인 사건이나 상황을 반영하는 '모형'이자 인간의 뇌가
경험에 근거하여 구축한 물체와 물체의 관계 또는 물체와 그 동작, 속
성, 상태와 관련된 모식이다. 문장의 의미구조, 특히 기간동핵구조와
기본'문모+문형'결합체(문간)는 인지구조 속의 '철체凸體-동작', '철체-
동작-친체襯體', '철체-성상', '철체-관계-친체' 등과 같은 기본인지틀을
나타낼 수 있다.[14] 문장이 인지구조의 기본틀을 표현하는 기능에 따라

---

13 '이미지'는 인간의 뇌가 객관적인 사물이나 사건의 상황을 인식하고 모방하여 뇌
에서 형성되는 심리적 인상이나 영상을 가리킨다. 이미지는 물체의 이미지와 사
건의 이미지로 구분된다. 사건의 이미지 도식은 물체 사이의 관계를 반영하거나
물체가 행한 동작, 성상 등의 배경을 반영한 것으로 일정한 구성방식을 가지고 있
다. 문장은 사건을 반영한 이미지 도식을 나타낸다.

14 '철체'와 '친체'는 인지언어학 용어이다. 철체는 동작, 성상, 관계를 지배하는 물체
(주체)를 가리키고 친체는 철체와 상대되는 참조 물체를 가리키며 동작, 성상, 관
계는 주체 물체의 속성이다. (역주: '철체'는 한국어로는 '내적표현'이나 '내적구조'
로 번역할 수 있으며 개념이나 의미를 표현하는 내적구조나 내재적인 표현을 가
리킨다. 인지언어학에서는 주로 언어의 의미와 관련된 개념을 설명하거나 연구
할 때 사용된다. 친체는 한국어로는 '조건화된 형태'나 '조건화된 구조' 등으로 번
역할 수 있으며 언어 현상에서 특정 조건이나 맥락에 따라 변형되거나 조건화 되

동작문, 성상문, 관계문으로 나눌 수 있다.

① 宏儿已经睡了。홍아는 이미 잠들었다. / 敌人逃跑了。적이 도망
쳤다. / 她哭了。그녀는 울었다.

② 他吃了一个苹果。그는 사과 하나를 먹었다. / 我看了一场电影。
영화 한 회를 봤다. / 老方买了一本书。노방은 책 한 권을 샀다.

③ 今天的月亮很圆。오늘 달은 둥글다. / 这孩子很聪明。이 아이는
총명하다. / 田野里的麦苗绿油油的。들판의 보리싹이 파릇파릇
하다.

④ 他是山东人。그는 산동사람이다. / 鲸鱼属于哺乳动物。고래는
포유동물에 속한다. / 小花的身材像她妈。소화의 몸매는 그녀의
어머니를 닮았다.

예①은 활동문이고 의미구조는 '시사+동핵'이며 인지틀은 '철체-동
작'을 나타낸다. 예②도 활동문이고 의미구조는 '시사+동핵+수사'이
며 인지틀은 '철체-동작-친체'를 나타낸다. 예③은 성상문이고 의미구
조는 '계사+동핵'이며 인지틀은 '철체-성상'을 나타낸다. 예④는 관계
문이고 의미구조는 '기사+동핵+지사'이며 인지틀은 '철체-관계-친체'
를 나타낸다.

둘째, 문장에는 인지 속의 '도형圖形-배경'을 표현하는 기능이 있다.
도형과 배경도 일종의 인지 구조이다.[15] 도형은 감지하여 얻은 두드러

는 형태나 구조를 가리킨다.)

15 도형과 배경은 게슈탈트 심리학의 인지용어에서 비롯된 것이다. 도형은 감각과
지각에서 돌출된 부분(초점 부분)을 가리키고 배경은 돌출된 도형을 뒷받침하는

진 실체적 인상印像이고 배경은 감지하여 얻은 도형을 돋보이게 하는
실체적 인상이다. 사람들은 특정한 실체적 인상을 감지할 때 항상 배
경에서 도형을 감지한다. 이러한 '도형-배경' 또한 문장을 통해서 표현
해야 한다.

① 窗台上放着一盆鲜花。창턱에 화분이 놓여 있다. / 墙上挂着一
  幅画。벽에 한 폭의 그림이. 걸려있다. / 草原上奔驰着一匹骏
  马。초원에 준마 한 마리가 달리고 있다.

② 这个星期进入了梅雨季节，下着连绵不断的毛毛雨，天气总是
  阴沉沉的。我心里充满了抑郁、烦闷和愤慨。我诅咒这梅
  雨似的天气，因为它唤起了我创痛的回忆。이번 주는 장마철로 접
  어들어, 보슬비가 계속 내리면서, 날씨가 항상 흐리다. 내 마음은 우울, 번민,
  분노로 가득 차있다. 나는 이 장마철 같은 날씨를 저주한다. 왜냐하면 그것이
  나의 고통스러운 기억을 불러일으키기 때문이다.

　예①의 문장은 'V着'식 존재문이다. 이러한 문장의 의미구조는 '장
소+동사+着+사물'(어떤 곳에 어떤 방식으로 어떤 사물이 존재한다는
것을 나타냄)으로, 인지 속의 '배경-도형'구조를 나타낸다. 문두의 장

　부분을 가리킨다. (역주: 게슈탈트 심리학에서의 '도형'과 '배경'은 중요한 개념으
로, 인식과 인지의 기본적인 원리를 설명하는 데 사용된다. 도형은 관심을 끄는 중
심 요소, 즉 시각적인 입력이나 경험에서 중심이 되는 요소나 객체를 의미하고 주
로 주목해야 할 대상으로 인식되며 주변 환경과 구별된다. 배경은 도형을 둘러싸
고 있는 주변 환경이나 배경으로, 도형이나 중심 요소가 있는 컨텍스트를 제공하
고 도형과 상호작용하여 인식하는 데 중요한 역할을 한다. 배경은 주로 도형에 대
한 정보를 보충하거나 강조하는 데 사용된다. 이러한 도형과 배경의 관계는 주의
력과 인식에 큰 영향을 미친다.)

소는 배경이면서 도형을 돋보이게 하는 부분이다. 문미의 존재주체는 도형인데 표현에서 두드러진 부분으로[16], 몇 가지 의미에서 관련된 문장이 서로 연결되어 있으며 '배경-도형'구조를 구성할 수도 있다. 예②의 일부 문장은 배경문이 되는데 직선으로 밑줄 친 부분이 그러하다. 또 어떤 문장은 도형문이 되는데 물결로 밑줄 친 부분이 그러하다.

셋째, 문장에는 인지구조방식에서 성분배열순서를 나타내는 기능이 있다. 객관적인 사건의 성분배열은 순서가 있고 인지에도 반영되며 인지구조방식 또한 순서가 있다. 문장 내부성분의 구조순서가 바로 인지순서에 대한 도상성 표현이다. 문장이 인지 속의 순서기능을 나타내는 것은 각종 언어에 보편적으로 존재하지만 중국어에서는 특히 뚜렷하게 나타난다.[17] 중국어의 연동문, 연관복문 또는 연관형식의 문군 내부에 모두 반영될 수 있다.

① 他下了飞机直奔旅馆租房间。그는 비행기에서 내려 여관으로 직행해서 방을 얻었다. / 大家走下车来, 绕到车后, 帮助推车。모두들 차에서 내려, 차 뒤로 돌아가 차 미는 것을 도왔다.

② 房间正中摆着一张写字台, 台上放着一个花瓶, 花瓶里插着几支腊梅花。방 한가운데에는 책상이 놓여 있고, 그 위에는 꽃병이 놓여 있는데 꽃병에는 납매화가 몇 가지 꽂혀 있다."

---

16 만약 상반되게 감지感知한다면, 문장의 형식은 다른 모습이 된다. 예를 들면, 那盆鲜花放在窗台上。그 화분은 창턱에 놓여 있다. / 那幅画挂在墙上。그 그림은 벽에 걸려 있다. / 那匹骏马奔驰在草原上。그 준마는 초원을 질주하고 있다.

17 戴浩一(1988)《时间顺序和汉语的语序》,《国外语言学》第1期 참조. 沈家煊(1999)《认知心理和语法研究》pp.229-230,《语法研究入门》, 商务印书馆.

③ 老人带我们走进一座挺幽雅的院子，里边有两眼泉水。老人
围着泉水转了转说：“这是’梦赶泉’。”接着，他又给我们讲了
一个皇帝来此游山的故事。 노인은 우리를 데리고 아주 아늑한 정
원으로 들어갔는데, 그 안에는 샘물이 두 개 있었다. 노인은 샘물을 에워
싸고 빙빙 돌며 말했다. “이것은 ’몽간천’이다.” 이어서, 그는 또 우리에게
한 황제가 이곳에 와서 산을 유람한 이야기를 들려주었다.

예①은 연동문, 예②는 연관복문, 예③은 두 개 이상의 문장으로 구
성된 문군이다. 위의 문장이나 문군에서 문장 내부성분과 문장 간의
배열순서는 사건 발생의 선후순서를 나타내거나 반영한다.[18]

넷째, 문장에는 인지 속의 연상을 표현하는 기능이 있다. 비유는 인
지과정에서 심리적 연상이 자극하여 한 사물이나 사건을 다른 사물이
나 사건으로 비유하는 중요한 인지방식이다. 비유되는 것을 ’본체’라
고 하고 비유하는 사물이나 사건을 ’유체喩體’라고 한다. 보통 익숙한
것으로 익숙하지 않은 것, 간단한 것으로 복잡한 것, 구체적인 것으로
추상적인 것을 비유한다. 인지에서 연상이 자극하는 비유는 문장으로
표현할 수 있다. 즉, 비유문(관계문에 속함)이나 비유적인 담화로 표
현할 수 있다. 비유에서는 ’像, 好像, 是, 像/如……一样/一般’ 등으로
본체와 유체를 연결한다.

---

[18] 동작, 원인 및 결과의 관계는 객관적으로 항상 동작이나 원인이 먼저이고 결과가
나중이다. 인지방식 또한 동작이나 원인이 먼저이고 결과가 나중임을 반영한다.
인지방식을 나타내는 문장은 이러한 시간의 순서를 반영한다. 예를 들면, 他跌伤
了. 그는 넘어져서 다쳤다. / 由于这里是地震带，经常会发生地震，所以人们就不太愿
意在这里长期居住下去，致使这里人烟稀少. 이곳은 지진대여서 지진이 자주 발생하기 때
문에, 사람들이 이곳에 오래 머무르기를 꺼려해서 인가가 드물다.

411

① 时间就是金钱, 就是生命。 시간은 돈이고, 생명이다.

② 希望本是无所谓有, 无所谓无的。 这正如地上的路, 其实地上
本没有路, 走的人多了, 也便成了路。 희망은 있어도 좋고 없어도
좋다. 이것은 마치 땅 위의 길과 같아서, 사실 땅에는 원래 길이 없지만,
걸어 다니는 사람이 많으면 길이 된다.

예①은 비유문으로, 사물과 사물 사이의 비유를 나타내며 본체와 유
체는 일반적으로 명사적인 단어로 표현한다. 예②는 비유적인 담화
로, 사건과 사건 사이의 비유이며 본체와 유체는 문장으로 표현한다.
본체를 나타내는 문장이 본체문이고 유체를 나타내는 문장이 유체문
이다.

3. 문장의 교제기능

문장의 교제기능이란 문장이 교제 요구에 맞추기 위해 주관적인 태
도를 가지는 기능을 말한다. 주로 문장의 화용 목적(용도)을 전달하는
기능과 정보처리기능으로 나타난다.

3.1 화용목적을 전달하는 기능

사람들이 문장을 말할 때는 반드시 일정한 주관적인 화용 목적이 있
다. 예를 들면, 다른 사람에게 어떤 일을 진술하거나 어떤 문제를 묻거
나 어떤 요구를 제기하거나 자신의 감정을 토로하는 것 등이다. 문장

의 어기는 문장의 화용 목적을 반영하기 때문에 화용 목적에 따라 문장을 분류하는데 이것이 바로 일반적으로 말하는 문장의 어기분류이다. 이러한 분류는 화용평면에서 문장의 가장 기본적인 용도를 반영한다. 그리고 이러한 화용분류는 포괄범위가 넓어서 모든 문장은 이러한 분류 속의 한 종류에 귀속될 수 있다. 따라서 문장의 화용 목적에 따른 분류는 문장의 교제기능에서 가장 중요하다. 중국어에서 문장의 화용 목적을 나타내는 기능은 일반적으로 어기(또는 어조)로 표현된다.

첫째, 진술문은 진술어기로 진술기능을 표현하는 문장이다. 진술문은 긍정진술문과 부정진술문으로 나눌 수 있다.

① 他去北京了。그는 북경에 갔다. / 他已经走了。그는 이미 갔다. / 他很聪明。그는 총명하다. / 他是学生。그는 학생이다.

② 他不去北京。그는 북경에 가지 않는다. / 他没走。그는 가지 않았다. / 他并不聪明。그는 결코 총명하지 않다. /他不是个学生。그는 학생이 아니다.

예①은 긍정진술문, 예②는 부정진술문(서술어 앞에 부정부사 '不'나 '没'가 있음)이다.

둘째, 의문문은 의문어기로 의문기능을 표현하는 문장이다. 의문문은 시비의문문, 특지의문문, 정반의문문, 선택의문문으로 나눌 수 있다. 예①은 시비의문문, 예②는 특지의문문, 예③은 정반의문문, 예④는 선택의문문이다.

① 他在睡觉? 그는 자고 있나요? / 你去北京吗? 당신은 북경에 가나요?

/ 这件事你知道么? 이 일을 당신은 알고 있나요?

② 谁是你的朋友? 누가 당신의 친구인가요? / 你去哪里? 당신은 어디

를 가나요/ 明天天气怎么样? 내일은 날씨가 어떤가요?

③ 你去不去北京? 당신은 북경에 가나요 안 가나요? / 他是不是学生?

그는 학생인가요. 아닌가요? / 那声音你听见没听见? 그 소리 들었

나요 못 들었나요?

④ 他是老师还是学生? 그는 선생님인가요 아니면 학생인가요? / 你去

北京还是去天津? 당신은 북경에 가나요 아니면 천진에 가나요?

각종 의문을 나타내는 문장은 모두 그 특징을 가지고 있다. 시비의
문문은 의문점을 '是' 또는 '非'로 나타내는 의문문이며 '吗, 么'와 같은
문미 어기사로 표시한다. 특지의문문은 의문대사로 특정한 의문점을
제기하는 의문문이며 특정한 의문대사로 표시한다. 정반의문문은 술
어의 긍정과 부정이 서로 겹치는 형식으로 구성된 의문문이며, 'V不V'
또는 'V没V'형식으로 표시한다. 선택의문문은 선택할 수 있는 두 개 이
상의 의문점을 제시하는 의문문이며 '是……还是……'형식으로 표시
한다. 이밖에 또 특수한 용도의 의문문이 있다. 즉 의문형식은 있지만
기능적으로 의문을 표시하지 않는 것이다. 이런 문장은 두 가지 용도
가 있는데 하나는 의문형식으로 진술을 표시하는 것이고, 다른 하나는
의문형식으로 명령을 표시하는 것이다. 전자는 '반어문', 후자는 '명령
조 의문문'이라고 한다. '반어문'은 표면적으로는 묻고 있지만 실제로
는 진술기능(감정색채를 띠고 있음)을 나타낸다. 반어문의 부정형식

은 긍정을 나타낸다. '他不是睡了吗? 그는 잠들지 않았습니까?' 이다. 긍
정형식은 부정을 나타낸다. '都知道的事还说干吗? 다 아는 일을 더 말해
서 뭐해?' 이다. '명령조 의문문'은 표면적으로는 묻고 있지만 실제로는
명령기능을 나타낸다. '명령조 의문문'이 나타내는 명령은 비교적 완
곡하게 상의하는 어투를 띤다. '吃了饭走可以吗? 밥 다 먹으면 가도 될까
요?'이다.

셋째, 기사祈使文은 명령어기로 명령(청구, 명령, 권고, 재촉 등 포
함)기능을 나타내는 문장이다. 어기의 강약 정도에 따라 기사문은 명
령기사문, 완곡기사문, 겸양기사문으로 나눌 수 있다. 예①은 명령기
사문, 예②는 완곡기사문, 예③은 겸양기사문이다.

① 开步走! 앞으로 가! / 加油! 화이팅! / 快进去!어서 들어가! / 给我
滚! 꺼져! / 别说了! 말 마! / 不要胡来! 함부로 나대지 마라! / 不准
讲话! 말하지 마!

② 咱们一起走吧! 우리 같이 갑시다! / 你早点来啊! 일찍 오세요! / 不
要这样嘛!그러지 마! / 你尝尝看! 먹어봐! / 不早了，该起床了!
늦었어, 일어나야지!

③ 请再说一遍! 다시 한 번 말씀해 주세요! / 麻烦您来一下! 좀 와 주세
요! / 劳驾, 把那本书递给我! 실례합니다만, 그 책을 저에게 건네주
세요! / 求您行行好吧! 자비를 베풀어 주세요!

명령기사문은 솔직함이나 무례함을 나타내는 기사문이며 명령이
나 금지의 강한 말투를 띠고, 강조점에 뚜렷한 강조중음이 있으며 말

하는 기세가 다급하다. 완곡기사문은 예의 바르며 말투의 강약이 중성적인 기사문이며 완곡하고 의논하는 말투를 띠고, 어기사 '吧, 啊, 嘛' 등을 사용한다. 겸양기사문은 공손하고 겸손한 기사문이며 부탁이나 애원하는 약세의 말투를 띠고 경어 '请, 麻烦, 劳驾' 또는 어기조사 '吧' 를 사용한다.

넷째, 감탄문은 감탄어기를 사용해서 감정(기쁨, 칭찬, 분노, 혐오, 슬픔, 놀라움 등을 포함)기능을 나타내는 문장이다. 감탄문은 찬탄문, 경이문, 비애문, 분개문, 동정문 등 다섯 종류로 나눌 수 있다.

① 祖国的河山多美啊! 조국의 강산이 얼마나 아름다운가! / 好香的桂花! 향기로운 계수나무 꽃! / 他身体真棒! 그는 몸이 정말 좋다!

② 哎呀! 真险! 아이고! 위험해! / 发生这样的事, 多可怕啊! 이런 일이 생기면, 얼마나 무서운가! / 咦! 怎么回事? 어! 어떻게 된 거야?

③ 妈呀! 痛死我了! 어머! 아파 죽겠어!/ 天哪! 我没法活了。맙소사! 난 못 살아. / 这场景真惨呀! 이 장면은 정말 비참하구나!

④ 气死我了! 화가 나 죽겠다! / 哼!好大的架子! 홍! 엄청 뻐기네! / 太不像话! 말도 안 돼!

⑤ 多可怜的孩子! 얼마나 불쌍한 아이인가! / 他没能成功太可惜了! 그가 성공하지 못해서. 너무 안타깝다! / 真叫人痛心! 정말 가슴 아프다!

예①은 찬탄문이며 기쁨이나 칭찬의 감정을 나타낸다. 예②는 경이문이며 놀라고 의아한 감정을 나타낸다. 예③은 비애문이며 비통하고 슬픈 감정을 나타낸다. 예④는 분노문이며 분노와 경멸의 감정을 나타낸다. 예⑤는 동정문이며 동정의 감정을 나타낸다.

다섯째, 호응문은 호응어기로 부르거나 응답을 표현하는 문장이다. 호응문은 부르는 문장인 호문呼文과 응답하는 문장인 응문應文으로 나눌 수 있다. 호문은 상대방의 주의를 끄는 문장을 가리키고 응문은 부르는 문장에 답하는 문장을 가리킨다. 예①은 호문에 속하고 예②는 응문에 속한다.

① 老王!老王!(小心路滑!) 노왕! 노왕!(길이 미끄러우니 조심하세요!) / 喂!喂!(小莉在吗?)여보세요! 여보세요!(소리 있어요?) / 您好! 안녕하세요!

② 嗯!嗯!(知道了。) 웅! 웅!(알았어.) / 哦!(她不在。)어!(그녀는 없다.) / 好的!(我就去。) 알았어! (내가 갈게.)

호문은 대부분 호칭사나 감탄사로 이루어진 일어문一語文이다. 때로 '您好!', '晚上好!' 등과 같이 구로 이루어진 상용형식의 문장도 있다. 호문은 일부 감탄문과 구별해야 한다. 예를 들면, '嗨! 你找谁?어이! 누구 찾아요?'의 '嗨!'는 호문이고, '唉! 我真倒霉!아이고! 난 정말 재수가 없어!'의 '唉!'는 감탄문이다. 또한 호문은 일부 기사문과 구별해야 한다. 예를 들면, '救命啊! 救命啊! 살려주세요! 살려주세요!'는 표면적으로는 사람들을 부르는 것이지만, 실질적으로는 기사문에 속한다. '응문'은 의문문에 '답하는 문장'인 답문答問과 구별해야 한다. '응문'은 호문과 짝을 이루고, '답문'은 의문문과 짝을 이룬다. '호문:老王! 노왕!―응문:咳! 허!'('咳! 허!'는 '호문'에 '응답'하는 것이다), '의문문:你是北京人吗? 당

417

신은 북경 사람입니까? – 답문: 是! 네!('是!'는 '의문문'에 답하는 것이다.)

3.2 정보처리를 표현하는 기능

정보처리는 정보를 처리하는 의도와 새 정보, 옛 정보를 전달하는 방식 두 가지 측면에서 분석할 수 있다.

3.2.1 정보를 처리하는 의도

정보를 처리하는 의도는 두 가지가 있다. 하나는 정보저장으로, 화자가 전달한 정보를 대뇌에 저장하는 것이다. 다른 하나는 정보반응이다. 즉, 화자가 전달한 정보에 대해 청자가 반응하는 것이다. 이에 상응하는 문장도 정보저장문과 정보반응문 두 종류로 나눌 수 있다. 진술문과 감탄문은 화자가 전달하는 정보에 대해 청자가 반응할 것을 요구하지 않기 때문에 정보저장문에 속한다. 의문문과 기사문은 화자가 전달하는 정보에 대해 청자가 반응하도록 요구하는 경향이 있기 때문에 정보반응문에 속한다. 호응문은 두 가지 상황이 있다. 호문은 화자가 전달하는 정보에 대해 청자가 반응하도록 요구하기 때문에 정보반응문에 속한다. 응문은 화자가 전달하는 정보에 대해 청자가 반응할 것을 요구하지 않기 때문에 정보저장문에 속한다.

3.2.2 새 정보와 옛 정보 전달방식

(1) 새 정보와 옛 정보 전달의 선택

화자가 청자에게 정보를 전달하는 각도에서 보면 정보저장문 중의 진술문과 감탄문은 모두 화자가 청자에게 어떤 새로운 정보를 전달하

는 것이다. 중국어 문장은 새 정보를 전달할 때, 주로 '주제어와 진술어'
두 부분으로 구성된다. 주제어는 문장이 서술하는 대상이나 출발점으
로, 옛 정보나 이미 알고 있는 정보를 나타낸다. 진술어는 주제어를 서
술하는 부분이며 새 정보나 미지의 정보를 나타낸다. '주제어+진술어'
구조는 정보를 표현하는 화용구조라고 할 수 있다. 주제어와 진술어의
선택은 새 정보와 옛 정보를 전달하기 위한 선택이기도 하며 주관적인
태도를 띤다. '北京是中国的首都 북경은 중국의 수도이다'와 '中国的首都
是北京 중국의 수도는 북경이다'은 기본의미는 같지만 주관적인 서술대
상의 착안점(옛 정보)이 다르기 때문에 선택한 주제어 또한 다르다.

(2) 정보전달에서 '주제어+진술어'구조 채택여부에 따른 분류

정보를 전달하는 과정에서 '주제어+진술어'구조 채택여부에 따라
분류하면 문장은 '주제어진술어문(주제어문)'과 '비주제어진술어문
(비주제어문)' 두 종류로 나눌 수 있다.

① 巴黎是法国的首都。 파리는 프랑스의 수도이다. / 经商他没经
  验。 사업은 그는 경험이 없다. / 这山水多美啊! 이 산수는 얼마나 아
  름다운가!
② 立正! 차렷! / 啊呀! 아야! / 下雨了。 비가 온다. / 啊, 好香呀! 아,
  향기롭다!

예①은 '주제어+진술어'로 구성된 문장, 즉 '주제어진술어문'이다.
이런 문장의 일반적인 어순은 옛 정보를 나타내는 주제어가 앞에 오고

새 정보를 나타내는 진술어가 뒤에 온다. 예②는 진술어만 있거나 주제어가 숨겨져 있는 문장, 즉 '비주제어진술어문'이다. 중국어 문법교과서에서 언급하는 주술문을 화용평면에서 기능분석하면 대부분 '주제어+진술어'문이고 '비주술문'은 대부분 '비주제어진술어문'이다. 그러나 실제 상황은 그렇게 간단하지 않다. 주어와 주제어는 서로 다른 문법개념으로, 전자는 통사평면에 속하고 후자는 화용평면에 속한다. 주술문의 주어와 주제어진술어문의 주제어는 종종 일치한다. '这个学生很聪明 이 학생은 아주 총명하다'의 '这个学生'은 통사평면에서 분석하면 주어이고 화용평면에서 분석하면 주제어이다. 그러나 주술문의 주어는 때로 주제어와 일치하지 않는 경우도 있다. '树丛里, 几只鸟儿在唱歌 숲 속에서 몇 마리의 새가 노래를 부른다'에서 '树丛里'는 주제어이고 '几只鸟儿'는 주어이다. 또한 일부 문장에는 주제어만 있고 주어는 없는 경우도 있다. '在那遥远的地方, 有位好姑娘 저 먼 곳에 참한 아가씨가 있다'에서 '在那遥远的地方'은 주제어이지 주어가 아니다. 이 문장은 통사평면에서는 주어가 없으므로 비주술문으로 분석할 수 있지만, 화용평면에서는 '주제어진술어문'에 속한다.

(3) 주제어진술어문의 분류

중국어의 주제어진술어문은 정보전달에 있어서 사용빈도가 가장 높고 가장 광범위하다. 만약 주제어진술어의 기능에 근거해서 진술어를 분류하면 '주제어진술어'문은 서술문, 묘사문, 해석문, 평의문 네 가지 유형으로 나눌 수 있다. 서술문은 주제어가 나타내는 사물의 동작행위 과정, 발전, 변화를 진술어가 서술하는 문장이다. 묘사문은 주제어가 반영하는 사물의 성질이나 상태를 진술어가 묘사하거나 기술하는 문장이다. 해석문은 진술어 속의 사물과 주제어 사물 사이의 모종의 관계를 진술어가 해석하는 문장이다. 평의문은 주제어가 반영하는 사물이나 사건에 대해 진술어가 주관적인 평의를 하는 문장이다.

① 大家都笑了。모두 웃었다. / 他正在写文章。그는 글을 쓰고 있는 중이다. / 这孩子一天天成长了。이 아이는 나날이 성장했다.

② 小明很聪明。소명은 똑똑하다. / 大门紧紧地关着。대문이 굳게 닫혀 있다. / 墙上挂着一幅色彩鲜艳的油画。벽에는 색깔이 선명한 유화 한 폭이 걸려 있다.

③ 他是大学生。그는 대학생이다. / 小明像他爸爸。소명은 그의 아버지를 닮았다. / 我有一支金笔。나는 금촉 만년필 한 자루를 가지고 있다.

④ 他可能是湖南人。그는 아마 호남사람일 것이다. / 你可以来这里。여기로 오셔도 됩니다. / 这件事应该认真讨论一下。이 일은 진지하게 토론을 좀 해야 한다.

예①은 서술문, 예②는 묘사문, 예③은 해석문, 예④는 평의문이다. 만약 필요하다면 주제어진술어문의 서술문, 묘사문, 해석문, 평의문을 재분류할 수 있다. 서술문은 서술상태에 따라 주동문(张三批评了李四 장삼이 이사를 비판했다), 처치문(张三把李四批评了 장삼이 이사를 비판했다), 피동문(李四被张三批评了 이사가 장삼에게 비판당했다) 등으로 나눌 수 있다. 묘사문은 묘사상태에 따라 성질문(桃花红, 柳叶绿 복

421

숭아 꽃이 붉고 버드나무 잎이 푸르다), 상황문(她的脸红彤彤的 그녀의 얼굴이 빨갛다), 존재문(门口坐着个老人 입구에 노인이 앉아 있다) 등으로 나눌 수 있다. 해석문은 해석상태에 따라 판단문(他是广东人 그는 광동 사람이다), 비교문(她像她妈妈 그녀는 그녀의 엄마를 닮았다), 소유문(他有两个妹妹 그는 여동생이 둘 있다) 등으로 나눌 수 있다. 평의문은 평의상태에 따라 추측성평의문(他可能明天回来 그는 아마 내일 돌아올 거다), 염원성평의문(我明天要去美国 나는 내일 미국에 가려고 한다) 등으로 나눌 수 있다.

4. 문장의 조편組篇기능

문장의 조편기능은 문장을 구성하여 텍스트를 만드는 기능을 가리킨다.[19] 조편기능은 두 가지 측면에서 분석할 수 있다. 하나는 단락 내 문장의 배치기능이고 다른 하나는 문군에서 문군구조성분을 충당하는 관계기능이다.

4.1 단락이나 텍스트에서의 문장배치기능

첫째, 문장은 단락 배치에 있어서 '배치기능'을 가지며 이러한 기능에 따라 문장을 분류할 수 있다. 呂叔湘이 말한 문장기능은 바로 이러

---

19 '텍스트'란 '어편語篇('편장篇章'이라고도 함)'이며 입으로 내뱉거나 글로 써낸 일련의 연속된 문장, 문군, 단락이 구성한 담화 전체를 가리킨다. 텍스트기능은 기능어법에서 말하는 텍스트기능과 유사하다. 차이점은 후자는 절에 착안하고 전자는 문장(단문과 복문 포함)에 착안한다.

한 종류의 기능을 가리킨다. 그는 "일부 문장은 하나의 단락을 이루는데, 문장과 문장 사이에는 의미상의 연계가 있고 종종 형식상의 연계도 있다.……따라서 단락에서 기능에 따라 문장을 분류하는 것도 불가능하지는 않다"고 했다. 또 "하나의 문장이 일련의 문장 속에서 차지하는 지위와 역할, 즉 기능에 따라 분류하면 시발문始發文과 후속문으로 나눌 수 있다"고 했다. 庄文中과 吴为章은 吕叔湘의 관점에 따라 문장을 '시발문', '후속문', '종지문'으로 나누었다.[20] 이보다 앞선 문법책에서도 두 종류로 나누었다. 예를 들면, 《马氏文通》은 '기문'과 '결문'(기문은 시발문에 해당하고 결문은 종지문에 해당)[21]으로 구분하였다.[22] 본고는 문장보다 큰 담화단위에서 문장의 배치기능에 따라 시발문과 후속문 두 종류로 나눌 수 있다고 생각한다. 시발문과 후속문은 서로 대응된다. 시발문이 없으면 후속문도 없고 후속문이 없으면 시발문도 없다.

둘째, 시발문은 텍스트나 단락의 앞부분에 위치하며 전체 텍스트나 단락의 의미가 확장되는 기점문이다. 후속문은 시발문의 뒤에 위치하며 시발문을 이어서 연결해주는 역할을 한다. 즉, 시발문에 이어서 이야기를 전개한다.

20 吕叔湘(1979)《汉语语法分析问题》pp.53-54, 商务印书馆. 庄文中(1990)《句群》, 人民教育出版社. 吴为章(1994)《关于句子的功能分类》,《语言教学与研究》第1期.
21 역주: 원문에서는 기문은 '起句', 결문은 '结句'하고 함.
22 《马氏文通》은 "단락이 길면 대개는 기문이 있다", "기문은 모두 단락의 시작에서 비롯되며 먼저 정의를 세운 다음 문장의 지평을 넓힌다고 생각한다", "단락의 결문은 한 단락의 뜻을 끝맺는다"라고 하였다.(马建忠《马氏文通》〈论句读卷之十〉) '기문'은 '시발문'에 해당하고 '결문'은 '종지문'에 해당함을 알 수 있다.

① 我们现在看见的是这样一座茶馆。一进门是柜台与炉灶。屋子里面摆着长桌与方桌，长凳与小凳，都是茶座儿。隔窗可见后院搭着凉棚。凉棚下也有茶座儿。屋里和凉棚下都有挂鸟笼的地方。 우리가 지금 보고 있는 것은 다음과 같은 찻집이다. 문에 들어서자 계산대와 부뚜막이 있다. 방 안에는 긴 탁자와 네모난 탁자, 긴 의자와 작은 의자가 놓여 있는데, 모두 찻집 좌석이다. 창문 너머로 뒤뜰에는 차양이 쳐져 있는 것을 볼 수 있다. 차양 아래에도 찻집 좌석이 있다. 집안과 차양 아래에 모두 새장을 거는 곳이 있다.

② 幕启：王大妈独坐檐下干活，时时向街门望一望，神情不安。赵大爷自外来。 막계: 왕씨 아주머니는 처마 밑에 홀로 앉아 일을 하면서, 시시각각 대문을 바라보며 불안한 표정을 지으셨다. 조씨 할아버지는 외지에서 오셨다.

③ 我问："像这样一窝蜂，一年能割多少蜜?" 老梁说："能割几十斤。" "이런 벌집 하나면 1년에. 얼마나 많은 꿀을 수확할 수 있습니까?"라고 내가 묻자. 노양이 "수십 근을 수확할 수 있습니다."라고 했다.

④ 什么是路? 就是从没有路的地方走出来的，从只有荆棘的地方开辟出来的。 무엇이 길인가? 길이 없는 곳에서 걸어서 만들어진 곳. 가시덤불만 있는 곳에서 개척된 곳이다.

위 담화단락의 앞부분에 직선으로 밑줄 친 문장은 모두 시발문이고 시발문 뒤의 물결로 밑줄 친 문장은 모두 후속문이다. 시발문과 후속문은 의미상의 관련 외에 형식상의 관련도 있다. 예를 들면, 시발문에는 '你, 我'의 대명사를 사용할 수 없고 주어와 목적어를 생략할 수 없다. 후속문은 일반적으로 앞문장을 이어 받는다(그러나 다음 문장의 시작을 겸하는 경우도 있다. 예를 들어, '首先 우선', '第一 제일', '一方面 한 측면'으로 서두를 여는 문장은 모두 뒷 문장을 시작하는 역할을 한다). 대화에서 가장 먼저 말하는 사람의 첫 마디는 반드시 시발문이고 의문문도 대다수가 시발문이다. 의문에 대답하는 답문은 반드시 후속문이다.

셋째, 시발문과 후속문은 다음 세 가지 관계가 있다. (1) 화제와 서술의 관계이다. 시발문은 화제문이고 텍스트나 단락 또는 문군 속의 서술대상이다.[23] 후속문은 화제에 대해 서술하는 문장이다. 예①이 그러하다. (2) 배경과 전경前景의 관계이다. 후속문은 '전경문'으로, 문군에서 두드러진 주요 사건이나 상황을 나타내는 문장이다. 시발문은 배경문으로, 전경문이 나타내는 사건이나 상황을 돋보이게 하는 역할을 한다. 위 예②가 그러하다. (3) 문답관계(자문자답 포함)이다. 시발문은 통상 물어보는 문장이고, 후속문은 대답하는 문장이다. 예③과 예④가 그러하다.

어떤 후속문 앞에는 가끔 '总之 요컨대', '由此可知 이로부터 알 수 있듯이', '由此看来 이로부터 미루어 보면', '归根到底 결국'와 같은 관련어나 대사(앞 문장이나 문군을 가리킴) '这/那……', '这表明 이것은……을 나타낸다' 등은 앞의 문장과 연결되고 그 뒤에는 더 많은 문장 나아가 문군이나 단락이 있다.

---

[23] 본고는 주제어와 화제를 구분한다. 문장 속의 표술대상을 주제어라고 하고 텍스트, 단락, 문군 속의 표술대상을 화제라고 한다.

① ……<u>由此可知</u>, 任何过程如果有多数矛盾存在的话, 其中必定
有一种是主要的, 起着领导的、决定的作用, 其他则处于次要
和服从的地位。……<u>이로부터 알 수 있듯이</u>, 모든 과정에 다수의 모순
이 존재한다면, 그 중 하나는 반드시 주요한 것으로 주도적이고 결정적
인 역할을 하며, 나머지는 부수적이고 종속적인 지위에 있다.

② ……<u>由此看来</u>, 认识的过程, 第一步, 是开始接触外界事情, 属
于感觉的阶段 ; 第二步, 是综合感觉的材料加以整理和改造,
属于概念、判断和推理的阶段。……<u>이로부터 미루어 보면</u>, 인식의
과정 첫 번째 단계는 외부 세계의 상황과 접촉을 시작하는 것으로 감각
에 속하는 단계이다. 두 번째 단계는 감각의 재료를 종합하여 정리하고
개조하는 것으로, 개념, 판단, 추리에 속하는 단계이다.

③ 有的学生理解力强, 有的理解力差 ; 有的是急性子, 有的慢性
子 ; 有的关心集体, 有的冷漠自私。<u>这表明</u>学生的心理有着
个性特点, 即个性心理特征。어떤 학생은 이해력이 높고, 어떤 학
생은 이해력이 떨어진다. 어떤 학생은 성질이 급하고 어떤 학생은 성질
이 느긋하다. 어떤 학생은 단체에 관심을 가지고, 어떤 학생은 냉소적이
고 이기적이다. <u>이것은</u> 학생의 심리에 개성적인 특징, 즉 개성적인 심리
특징이 있음을 <u>나타낸다</u>.

(4) 종지문

종지문은 후속문 중 가장 마지막에 오는 문장이다. 텍스트나 단락
에는 반드시 시발문과 후속문이 있고 종지문은 텍스트나 단락의 끝부
분에 있으며 텍스트 전체 또는 단락 전체에 대해 의미상의 종결을 나타

낸다. 필자는 종지문은 후속문에 속하며 후속문의 하위 분류일 뿐이라
고 생각한다. 후속문도 두 가지로 하위분류할 수 있다.

첫째, 일부 종지문은 후속문과 같다. 즉, 후속문 자체가 종지문이다.
다음 예①과 예②의 물결로 밑줄 친 문장이 그러하다.

① 北京是中国的首都。这是一个既古老又现代的美丽的城市。
북경은 중국의 수도이다. 이곳은 오래되기도 하고 현대적이기도 한 아름
다운 도시이다.

② 我该去哪里工作呢?——还是去祖国最需要的地方吧! 나는 어
디로 가서 일해야 할까?—역시 조국이 가장 필요로 하는 곳으로 가자!

둘째, 종지문은 여러 개의 후속문 중 가장 마지막에 나타나는 문장
이다. 다음 예①과 예②의 물결로 밑줄 친 문장이 그러하다.

① 新的历法是那个时代最好的历法。当时，祖冲之才30多岁的
年轻人。他就已经攀登了那个时代的科学高峰。새 역법은 그
시대 최고의 역법이다. 당시 조충지는 겨우 서른이 갓 넘은 젊은이였다.
그는 이미 그 시대 과학의 최고봉에 올라섰다.

② 什么是知识?自从有阶级的社会存在以来, 世界上的知识有两
门, 一门叫做生产斗争知识, 一门叫做阶级斗争知识。自然科
学和社会科学就是这两门知识的结晶。哲学则是关于自然知
识和社会知识的概括和总结。무엇이 지식인가? 계급이 있는 사회
가 존재한 이래로, 세계의 지식은 두 부류가 있는데, 하나는 생산투쟁지

식이고 하나는 계급투쟁지식이다. 자연과학과 사회과학은 바로 이 두 가지 지식의 결정체이고, 철학은 자연지식과 사회지식에 대한 개괄과 총결이다.

4.2 문군성분을 충당하는 기능

문군은 의미와 구조상 밀접한 관련이 있는 각각의 독립적인 문장들로 구성된 문장보다 큰 담화단위이다. 문군은 주로 단락 내에 존재하지만 어떤 것은 스스로 단락을 만들 수도 있다. 문군은 형식상 두 개 이상의 문장으로 구성되며 두 개 이상의 문장조합을 포함한다. 내용상 각 문장의 의미는 서로 관련이 있고 앞뒤가 연관되어 하나의 중심의미를 나타낸다. 구조내부 제1층차에서 직접성분 간의 관계에 따라 문군은 주로 연합문군, 편정문군, 보충문군 세 가지로 나뉜다. 이에 상응하여 문군성분을 충당하는 문장의 기능 또한 연합문군의 구조성분을 충당하는 기능, 편정문군의 구조성분을 충당하는 기능, 보충문군의 구조성분을 충당하는 기능이 있다.

(1) 연합문군의 구조성분을 충당하는 기능

연합문군은 병렬문군, 연관문군, 점층문군, 선택문군 네 종류로 나눌 수 있다. 연합문군 내부의 직접적인 구조성분은 두 개 이상일 수 있으며 구조에서 연합성분은 편정 또는 주종의 구별 없이 지위가 같다. 따라서 연합문군에서 문군의 구조성분을 만드는 문장의 지위도 같다.

① 当着不变更生产关系生产力就不能发展的时候，生产关系的变更就起了主要的决定的作用。当着上层建筑阻碍着经济基

础的发展的时候，政治上和文化上的革新就成为主要的决定的东西。생산관계를 변경하지 않아서 생산력이 발전할 수 없을 때, 생산관계의 변경이 주요한 결정을 한다. 상부구조가 경제기초의 발전을 가로막고 있을 때 정치적, 문화적 혁신이 주요한 결정한다.

② 周萍由饭厅走上来, 望望花园, 冷清清的, 没有一个人。她走到书房门口, 书房里是空的, 也没有人。然后她又走到窗户前开窗门, 看着外面绿荫荫的树丛。주평이 식당에서 걸어올라와 화원을 바라보니, 적막한 것이 한 사람도 없었다. 그녀가 서재 입구에 도착하니, 서재는 비어 있고 역시 아무도 없었다. 그리고 그녀는 다시 창문 앞으로 가서 창문을 열고 바깥의 녹음이 우거진 숲을 바라보았다.

③ '入世'后世贸组织的成员国都将给中国以最惠国待遇。而且, 中国可以参与贸易规则的决策过程, 这有利于使中国的合法权益得到反映。甚至, 在发生国际贸易争端时, 还可把争端递交到世组织的仲裁机关处理, 免受不公正处罚。'세계무역기구 가입' 후, 세계무역기구의 회원국들은 모두 중국을 최혜국 대우할 것이다. 그리고 중국은 무역원칙 결정과정에 참여할 수 있을 것이며, 이것은 중국의 합법적 권익을 반영하는 데 유리하다. 심지어 국제무역분쟁 시, 분쟁을 세계무역기구의 중재기관에 교부하여 처리함으로써 불공정한 처벌을 면할 수 있다.

④ 在群众运动中, 我们是站在他们的前头领导他们呢?还是站在他们的后头指手画脚地批评他们呢?还是站在他们的对面反对他们呢? 민중운동에서 우리는 그들의 앞에 서서 그들을 이끌어야. 하는가? 아니면 그들의 뒤에 서서 손짓, 몸짓을 하며 그들을 비판해야 하

는가? 아니면 그들의 맞은 편에 서서 그들을 반대해야 하는가?

병렬문군 내부의 직접구조성분은 병렬관계가 있다. 병렬성분이 되는 문장은 주로 '同样 마찬가지로, 另外 그밖에, 相反 반대로, 一方面……另一方面…… 한편으로…… 다른 한편으로……'과 같은 관련어로 연결하지만 예①과 같이 관련어를 사용하지 않는 경우도 있다. 연관문군 내부의 직접구조성분은 연관관계가 있어 문장이 나타내는 몇 가지 사건이 선후 연달아 발생한다. 연관 성분이 되는 문장은 항상 '接着 이어서, 然后 다음에, 于是 그리하여, 先……然后…… 먼저……그리고……'와 같은 관련어를 사용하는데 예②가 그러하다. 점층문군 내부의 직접구조성분은 점층관계가 있다. 즉, 문장이 나타내는 몇 가지 사건이 의미상 점차 심화된다. 점층성분이 되는 문장 사이에는 '而且 그리고, 并且 게다가, 甚至 심지어, 何况 하물며, 进一步说 한걸음 더 나아가서 말하면' 등과 같은 관련어가 자주 사용되는데 예③이 그러하다. 선택문군 내부의 직접구조성분은 선택관계가 있다. 즉 문장이 나타내는 몇 가지의 사건을 선택할 수 있다. 선택성분이 되는 문장은 '或者 또는, 要不 그렇지 않으면, 特别是 특히, 或者……或者…… 또는……또는……, 是……还是…… 이면……아니면, 要么……要么…… 또는……또는……' 등과 같은 관련어를 자주 사용하는데 예④가 그러하다.

(2) 편정문군의 구조성분을 충당하는 기능

편정문군은 인과문군, 전환문군, 조건문군, 대비문군 네 종류로 나눌 수 있다. 편정문군 내부의 직접구조성분은 단 두 개 뿐이고 주종의 구분이 있다. 이 문군에서 '정正'성분을 충당하는 문장은 '정문' 또는 '중심문'이고 '편偏'성분을 충당하는 문장은 '편문' 또는 '상문狀 文'이다.

① 因为孩子是明天, 是希望, 是祖国的花朵, 是我们的生命的延续。还因为孩子天真, 烂漫, 真诚, 心地纯洁, 不说谎。所以人们都喜欢孩子。 아이는 미래이자 희망이며, 조국의 꽃이고, 우리의 생명을 이어준다. 또한 아이는 천진난만하고, 진실하며, 마음이 순수하고, 거짓말을 하지 않는다. 그래서 사람들이 모두 아이를 좋아한다.

② 生产力、实践、经济基础, 一般地表现为主要的决定的作用。但是, 生产关系、理论、上层建筑等, 在一定条件之下, 又转过来表现其为主要的决定的作用。 생산력, 실천, 경제기초는 일반적으로 주요한 결정적인 역할을 한다. 그러나 생산관계, 이론, 상부구조 등은 일정한 조건하에서 재전환 되어 주요한 결정적인 역할을 한다.

③ 全国人民一定要团结起来, 努力工作, 发愤图强。只有这样, 才能把我国建成一个繁荣富强的国家, 中华民族才能复兴, 中国人民才能在世界上扬眉吐气。 전국민은 반드시 단결해야 하고, 열심히 일해야 하며, 강해지려고 분발해야 한다. 오직 이렇게 해야만, 우리나라를 번영하고 부강한 나라로 건설할 수 있고, 중화민족이 부흥할 수 있으며, 중국인민이 세계에서 기염을 토할 수 있다.

④ 冬天, 一个冰冷的晚上。马路旁边的疏枝交横的树下。他孤零零的一个人正等候一辆末班汽车。他衣著单薄, 冷风吹得

他蜷缩着身子。等了很长时间，汽车还没来。寂寞、孤独、寒冷，侵蚀得他心中发怵。 겨울철, 차가운 밤. 길 옆 성긴 가지가 가로로 뻗은 나무 아래. 그는 외롭게 혼자서 막차를 기다리고 있다. 그는 옷차림은 얇고 몸을 웅크려야 할 정도로 찬바람이 불고 있다. 오랫동안 기다렸는데 차는 여전히 오지 않고 있다. 적막함, 외로움, 추위가 그의 마음이 두려울 정도로 파고들었다.

인과문군 내부의 직접구조성분은 인과관계가 있다. 편문은 원인을 나타내고 정문은 결과를 나타낸다. 편문 앞에는 관련어 '因为 왜냐하면, 由于 때문에', 정문 앞에는 관련어 '所以 그래서', '因此 그리하여' 등을 사용하는데 예①이 그러하다.

전환문군 내부의 직접구조성분은 전환관계가 있다. 즉, 정문과 편문은 의미상 상반되거나 상대적이다. 편문과 정문에는 관련어 '虽然 비록, 然而 그러나, 但是 그러나, 可是 그러나, 不过 그러나' 등을 사용하는데 예②가 그러하다.

조건문군 내부의 직접구조성분은 조건관계가 있다. 즉, 정문은 결과이고 편문은 조건이다. 편문과 정문 사이에는 '不管……을 막론하고, 只有这样 이렇게 해야만, '才 비로소, 除非 오직……해야' 등을 사용하는데 예③이 그러하다.

대비문군 내부의 직접구조성분은 대비(돋보임과 돋보이게 함)관계가 있다. 정문은 문군의 중심사건이고 편문은 중심사건이 발생했을 때의 시간이나 장소 등을 나타내는데 예④가 그러하다.

(3) 보충문군의 구조성분을 충당하는 기능

보충문군은 주석성 보충문군, 설명성 보충문군, 서술성 보충문군, 묘사성 보충문군 네 종류로 나눌 수 있다(보충문군의 실제 상황은 훨씬 복잡하다. 일부 문군에서는 때로 주석, 설명, 서술, 묘사 등이 한데 뒤섞여 있다). 보충문군 내부의 직접구조성분도 단 두 개 뿐이다. 보충문군의 구조성분은 보충성분과 피보충성분으로 나뉜다. 피보충성분을 충당하는 문장은 '중심문'이고 보충 및 설명되는 대상이며 어떤 사물이나 사건을 강조한다. 보충성분을 충당하는 문장은 '보충문'이며 중심문을 설명하는 문장이다. 화용표현의 각도에서 분석하면 보충문은 일반적으로 보충문군의 표현중심이 된다.

① 人在实践过程中，开始只是看到过程中各个事物的现象或各个片面，看到各个事物之间的外部联系。例如人们到某地来考察, 头一二天, 他们看到了地形、街道等, 听到了各种说话, 这些是事物的现象，事物的各个片面以及事物的外部联系。
사람은 실천과정에서 처음에는 그 과정 속에 있는 각 사물의 현상이나 각각의 단면을 보고, 개별 사물 사이의 외적 연계만을 보게 된다. 예를 들면, 사람들이 어느 지역을 답사하러 가면 처음 하루이틀은 지형과 거리 등을 보고 여러 가지 말을 듣는데, 이것들은 사물의 현상, 사물의 각 단면 그리고 사물의 외적 연계이다.

② 蜂蜜在治疗方面有很多功效。可润肠通便，对便秘的防治很有效。可润肺止咳, 特别是肺虚引起的咳嗽。可解毒, 用于缓解食物中毒。可医疮、止痛, 将蜂蜜涂擦在皮肤或伤口上, 有

433

消炎、止痛、止血的作用。꿀은 치료에 많은 효능이 있다. 장을 부드럽게 하여 통변할 수 있어서, 변비 예방치료에 효과가 있다. 폐를 윤택하게 하여 기침, 특히 폐가 허약해서 야기되는 기침을 멎게 할 수 있다. 또한 해독이 가능하여 식중독을 완화시키는 데 쓰인다. 종기를 치료하고 통증을 멎게 하며, 피부나 상처에 꿀을 바르면 소염, 진통, 지혈 작용이 있다.

③ 我爱夜晚的星天。幼时在家乡七、八月的夜晚，每当在庭院里纳凉的时候，我最爱看天上密密麻麻的繁星，并要妈妈说出各种星星的名字。现在每当夜晚我还是喜欢星天，我会呆呆出神忘记一切，仿佛回到了母亲的怀里似的。나는 밤에 별이 떠있는 하늘을 좋아한다. 어린시절 고향에서 7, 8월 밤이면 마당에서 더위를 식힐 때마다, 하늘에 빽빽하게 떠있는 무수한 별들을 보는 것을 좋아해서, 엄마한테 별들의 이름을 말해달라고 했다. 지금도 밤마다 나는 여전히 별이 떠있는 하늘을 좋아해서, 멍하니 모든 것을 잊고는 하는데, 마치 어머니의 품으로 돌아간 것 같다.

④ 这平铺着，厚积着的绿，着实可爱。她松松的皱缬着，像少妇拖着的裙幅；她轻轻的摆弄着，像跳动的初恋的处女的心；她滑滑的明亮着，像涂了“明油”一般，有鸡蛋清那样软，那样嫩，令人想着所曾触过的最嫩的皮肤。이 평평하게 깔려있고 두껍게 쌓여있는 초록은 정말 사랑스럽다. 그것은 느슨하게 주름진 것이 마치 젊은 부인이 끌고 있는 치마폭 같다. 그것은 가볍게 펼쳐져 있는 것이 마치 요동치는 첫사랑 처녀의 마음 같다. 반질반질하게 빛이 나는 것이 마치 기름칠을 한 것 같아서, 달걀 흰자처럼 그렇게 보드랍고 부드러

워서 만져본 것 중 가장 부드러운 피부를 생각나게 한다.

주석성 문군 내부의 직접구조성분은 주석과 피주석 또는 증명과 피증명의 관계가 있다. 이 문군에서 중심문은 피주석성분이고 보충문은 주석성분이며 중심문을 주석 보충한다. 이때 보충문 앞에는 항상 관련어 '例如 예를 들면, 比如 비유하면, 换句话说 다시 말하면, 也就是说 말하자면' 등이 있는데 예①이 그러하다.

설명성 문군 내부의 직접구조성분은 설명과 피설명의 관계가 있다. 이 문군에서 중심문은 피설명성분이고 보충문은 중심문을 설명하는 성분이며 부분적인 보충설명이나 전체적인 보충설명을 하는데 예②가 그러하다.

서술성 문군의 중심성분과 보충성분 사이에는 서술과 피서술의 관계가 있다. 이 문군에서 중심문은 서술의 대상이 된다. 보충문은 중심문 속의 사물이나 사건을 서술하는 성분이며 중심문을 서술 보충하는데 예③이 그러하다.

묘사성 문군의 중심성분과 보충성분 사이에는 묘사와 피묘사의 관계가 있다. 이 문군에서 중심문은 묘사의 대상이 된다. 보충문은 중심문 속의 사물이나 사건을 묘사하는 성분이며 중심문을 묘사보충하는데 예④가 그러하다.

[참고문헌]

陈忠(2006)《认知语言学研究》, 山东教育出版社
戴浩一(1988)《时间顺序和汉语的语序》,《国外语言学》第1期
范晓·张豫峰(2003)《语法理论纲要》, 译文出版社

胡壮麟·朱永生·张德录(1989)《系统功能语法概论》, 湖南教育出版社
刘月华(1990)《句子的用途》, 人民教育出版社
吕叔湘(1979)《汉语语法分析问题》, 商务印书馆
戚雨村(1996)《现代语言学的特点和发展趋势》, 上海外语教育出版社
沈家煊(1999)《认知心理和语法研究》,《语法研究入门》, 商务印书馆
徐杰(1987)《句子的功能分类和相关标点》,《汉语学习》第1期
吴为章(1994)《关于句子的功能分类》,《语言教学与研究》第1期
吴中伟(2004)《现代汉语句子的主题研究》, 北京大学出版社
张惠萍(2000)《浅析句子功能观》,《中国海洋大学学报》第4期
庄文中(1990)《句群》, 人民教育出版社
赵艳芳(2001)《认知语言学概论》, 上海外语教育出版社

▌ 원문은《汉语学习》2009年 第5期에 게재

제14장

문장의 문법 적합과 부적합 문제

문장의 성립 여부는 넓은 의미에서 말하면 언어적 요소와 비언어적 요소, 문법적 요소와 비문법적 요소 등 언급해야 할 요소가 많다. 본고에서 말하는 성립과 비성립의 문제는 전적으로 문법적인 측면만을 고려한 것으로, 문법이 적합한 문장은 성립문, 부적합한 문장은 비성립문으로 부른다. 문장의 문법 적합과 부적합 문제는 문법적 측면에서 문장이 적합한지 아닌지를 논의하는 것이며, 본 연구주제는 이론적 의의 뿐 아니라 실용적 가치도 높다고 할 수 있다.

1. 언어학계의 다양한 견해

1.1 쟁점이 되는 몇 가지 예문

문장의 문법 적합과 부적합의 문제는 일찍이 국내외 언어학계에서 논의된 바 있으며 다음 예문(영어 예문은 촘스키, 중국어 예문은 邢公畹에서 인용)이 대표적이다.

① Sincerity may frighten the boy. 성실함은 그 소년을 두려워하게 만

든다.

② 这是个主要问题。 이것이 주요 문제이다.

③ Furiously sleep ideas green colorless. 맹렬하게 잠자고 싶은 생각은 녹색의 무색이다.

④ 所有的死都石头了。 모든 죽음은 다 돌이 되었다.

⑤ Colorless green ideas sleep furiously. 색깔이 없는 녹색 생각은 맹렬하게 잠이 든다.

⑥ 所有的石头都死了。 모든 돌은 다 죽었다.

⑦ Sincerity bought the boy. 성실함은 그 소년을 샀다.

⑧ 我喝饭。 나는 밥을 마신다. / 小王吃拖拉机。 소왕은 트랙터를 먹는다. / 小王修理三角形。 소왕은 삼각형을 수리한다.

위의 예①과 예②는 문법적 측면에서 성립문이므로 논쟁이 되지 않고, 예③과 예④는 문법적 측면에서 비성립문이므로 역시 논쟁이 되지 않는다. 그러나 예⑤, 예⑥, 예⑦, 예⑧이 성립문인지 아닌지는 견해가 서로 다르다.

1.2 국외학계의 쟁점

촘스키《Syntactic Structures》에서는 예⑤를 의미는 없지만 문법 성립문으로 여겼는데, 그 이유는 '문법이 적합하다(grammatical)'는 개념이 의미상에서 '뜻이 있다(meaningful)'거나 '의미가 있다(significant)'는 개념과 같을 수 없기 때문이라고 하였다.[1] 그러나《Revisiting Chinese

---

1   乔姆斯基(1957)《句法结构》pp.8-9, 黄长著 · 林书武역(1979年), 中国社会科学

translation of terminologies in Aspect of the Theory of Syntax》에서 촘스키는 자신의 견해를 수정하여 예⑤와 예⑦은 문법 부적합이라고 여겼으며 그 이유는 이러한 문장은 동사의 통사특징이 제약하고 있는 동사와 명사 간의 선택제한을 위배하였기 때문이라고 하였다. 즉 '사다'라는 동사의 통사조합특징을 살펴보면 주어는 사람을 가리키는 명사이어야 하고 목적어는 추상명사가 올 수 없는데, 예⑦의 주어는 사람을 가리키는 명사가 아니기 때문에 문법 부적합이 된다. 이러한 원칙에 근거하여 'The boy bought Sincerity 그 소년은 성실함을 샀다' 역시 문법 부적합인데 이는 목적어가 추상명사이기 때문이다.[2]

촘스키가 주장하는 단어조합의 선택제한이 문법에 속한다는 것에 동의하지 않는 맥커리는《语义在语法中的作用》,《关于转换语法的基础部分》,《名词词组从何而来》등에서 선택제한에 대한 문제를 제기하였으며, 단어조합의 선택제한은 의미에 속하는 것이지 문법에 속하는 것이 아니라고 주장하였다. 즉 예⑤와 예⑦은 의미상의 선택제한을 위배한 것이지 문법을 위배한 것은 아니라고 하였다.[3]

1.3 국내학계의 쟁점

邢公畹은 예④, 예⑥, 예⑧을 문법이 부정확하고 의미도 틀린 문장이라고 여겼으며, 그 이유는 "문법구조공식의 정확성은 진실성과 관련이 있어서 만약 단어조합이나 문장에 진실성이 결여되면 문법상 부정확한 것이다"라고 하였다.[4]

出版社.

2 徐烈炯(1990)《语义学》pp.149-155, 语文出版社 참조.
3 徐烈炯(1990)《语义学》pp.150-155, 语文出版社.

文炼은 邢公畹의 관점을 반박하며 '小王吃拖拉机', '小王修理三角形'은 문법에 있어서는 성립문이지만 단어선택에 문제가 있다고 여겼다. 文炼은 "단어의 선택관계를 고려하지 않은 채 공식에 따라 '小王吃拖拉机'와 같은 말도 안 되는 문장을 만들어낸 것이다. 그렇다고 이 문장이 공식의 오류를 뜻하지는 않으며 다만 단어상의 선택이라는 중요한 조건을 잊고 문장을 만든 것이다"라고 지적하였다.[5] 文炼의 관점은 呂叔湘과도 일치한다. 呂叔湘은 일찍이 "문법상의 선택과 단어상의 선택을 구분해야 한다"고 언급하였으며 '看见们', '又星'과 같은 조합은 문법상의 선택문제이고, '甜星', '吃床'과 같은 조합은 단어상의 선택문제라고 하였다.[6]

常敬宇는 "단어조합의 성질은 결국 의미(혹은 논리, 이치) 문제이며", "언어구조공식의 정확성은 진실성에 기초를 두고", "의미는 문법구조를 결정한다"고 여겼다. 이러한 관점은 邢公畹과 동일하지만 예 ⑥과 예⑧의 분석은 邢公畹과 다르다. 邢公畹은 이러한 문장의 의미에 오류(진실성 결여)가 있기 때문에 문법도 부적합하다고 주장한 반면, 常敬宇는 이러한 문장의 문제는 문법에 있지 않으며 논리적 이치를 위배하여 의미상 맞지 않는 것이라고 주장하였다.[7] 常敬宇의 관점은 맥커리와도 일맥상통한다고 할 수 있다.

宋玉柱는 邢公畹과 常敬宇의 정확성과 진실성의 관점에 동의하지 않았다. 宋玉柱는 "단어조합의 정확성과 진실성은 구분해야 하며",

---

4   邢公畹(1978)《词语搭配问题是不是语法问题》,《安徽师范大学学报》第6期.

5   文炼(1982)《词语之间的搭配关系》,《中国语文》第1期.

6   呂叔湘(1958)《语言和语言学》,《语文学习》第2号.

7   常敬宇(1990)《语义再词语搭配中的作用》,《汉语学习》第6期.

"정확성은 어떤 구조가 문법상의 선택에서 적합한 것이고, ……진실성은 언어표현의 내용이 이치에 부합하는 것이다. ……전자는 문법문제이고 후자는 논리문제이다"라고 주장하였다. 하지만 예⑥과 예⑧을 분석할 때는 常敬宇의 관점과 큰 차이가 없으며, 이러한 문장은 문법은 적합하지만 표현에 있어서 이치나 논리에 맞지 않는다고 하였다.[8]

呂叔湘·朱德熙는 "문법은 수사학이 아니어서 허자虛字의 용법만 논의하며 '喝饭'의 '喝'와 같이 단어 의미가 맞게 쓰였는지 아닌지는 논의하지 않는다"고 하였는데, 이는 '喝饭'은 문법의 문제가 아닌 수사의 문제로 여기는 것이다.[9] 상해언어학계에서도 일찍이 '我喝饭'의 문제를 논의한 바 있는데 몇몇 학자는 이 문장이 통하지 않는 것은 수사상의 문제이지 문법상의 문제가 아니라고 주장하였다.[10]

汤廷池는 문장의 '문법 적합'과 '문법 부적합' 문제에 대해서 통사상의 '적합'과 '부적합', 의미상의 '유의미'와 '무의미', 화용상의 '타당'과 '비타당'으로 구분하여 논의하였다. 汤廷池는 한 문장 안에서 "통사상의 부적합과 의미상의 무의미는 별개의 개념이다"라고 하였으며, '胖的人都很瘦 뚱뚱한 사람은 아주 말랐다'와 '太阳从西边出 태양이 서쪽에서 뜬다'를 예로 들어 의미상 무의미이지만 통사상 적합하다고 하였다.[11]

1.4 소결

상술한 내용을 종합하면, 예⑤, 예⑥, 예⑦, 예⑧이 문법 적합인지 아

---

8 宋玉柱(1991) 《关于词语搭配的正确性和真实性》, 《汉语学习》第2期.

9 吕叔湘·朱德熙(1952) 《语法修辞讲话》 p.4, 开明书店.

10 郭绍虞(1979) 《汉语语法新探(上册)》 p.192, 商务印书馆.

11 汤廷池(1978) 《从句子的"合法"与"不合法"说起》, 《语文周刊》第1515期.

닌지의 문제는 크게 두 가지 관점이 있는데, 이러한 문장은 문법 적합
이라는 관점과 문법 부적합이라는 관점이다. 이 두 가지 관점은 다시
다음 다섯 가지 관점으로 세분화할 수 있다. (1) 문법 적합이지만 단어
선택에 있어서 문제가 있다. (2) 문법 적합이지만 의미선택에 있어서
문제가 있다. (3) 문법 적합이지만 수사상 문제가 있다. (4) 문법 부적
합으로, 단어의 통사특징이 제약하는 단어조합의 선택제한을 위배하
였다. (5) 문법 부적합으로, 문장 내용의 진실성 결여가 문법의 부적합
을 결정하였다. 필자는 일찍이 《词语组合的选择性》과 《谈谈词语的
搭配》에서 단어조합이나 그 선택성 문제에 대해서 '통사상의 선택',
'의미상의 선택', '화용상의 선택'을 구분해야 한다고 언급하였으며 이
러한 문장은 문법은 적합하지만 의미상 문제가 있다고 여겼다.[12] 필자
는 그간의 연구를 통해서 더 발전된 견해를 갖게 되었으며 구체적인
내용은 다음 장에서 논의하고자 한다.

2. 문장의 문법 적합 기본조건

2.1 삼개평면에 근거한 문장의 성립도

문장의 문법 적합과 부적합 문제는 문법의 삼개평면(통사평면, 의
미평면, 화용평면)에서 논의해야 한다. 학교문법에서는 문법 오류를
언급할 때 '단어사용 부적당'이나 '단어조합 부적당', '성분조합 부적당

---

12 范晓(1985) 《词语组合的选择性》, 《汉语学习》第3期. 范晓(1986) 《谈谈词语的搭
    配》, 《中国语文天地》第1期 참조.

(주어술어조합 부적당, 동사목적어조합 부적당, 동사보어조합 부적당, 부사어중심어조합 부적당, 관형어중심어조합 부적당)' 등으로 설명한다. 사실 이러한 설명은 모호하다고 할 수 있다. 넓은 의미에서 보면 가능할 수 있기 때문에 몇몇 문법서에서는 이렇게 분석하기도 한다. 하지만 좁은 의미에서 보면 너무 개략적이고 모호하다. 만약 삼개 평면의 이론과 방법에 근거하여 문장의 문법 적합 및 부적합 문제를 분석한다면, 더욱 정밀하고 실질적인 분석을 할 수 있을 것이다.

2.2 통사상 통사규칙에 부합

문장이 통사평면에서 문법에 맞으려면 반드시 통사규칙에 부합해야 하는데, 이는 단어 간의 결합이 품사 기능상의 선택에 부합해야 함을 가리킨다. 즉 품사가 통사배치에서의 분포규율에 맞아야 한다는 것이다. 통사규칙에 부합하는 것은 '합법合法', 부합하지 않는 것은 '불합법不合法'이다. 이를테면, 동사나 형용사는 통사상 부사의 수식을 받을 수 있지만 명사는 부사의 수식을 받을 수 없다. 또한 동사나 형용사는 술어나 술어중심어로 쓰일 수 있지만 명사는 술어로 쓰일 수 없으며 목적어도 가질 수 없다. 부사는 부사어로 쓰일 수 있으나 술어로는 쓰일 수 없다. 어떤 문장의 문법 오류는 통사평면에서 단어조합의 통사규칙을 위배하여 발생한다.

① 参加这次会议, 我感到非常荣誉和高兴。이번 회의에 참가하게 되어 매우 영예이고 기쁩니다.
② 小王很智慧, 很勇敢。소왕은 아주 지혜이고 용감하다.

443

③ 我愿望我们间有更多地接触。나는 우리 사이에 더 많이 만날 수 있 기를 바람이다.

예①과 예②는 통사상 부사어중심어 부적당인데, 이는 '非常荣誉' 와 '很智慧'가 명사를 수식할 수 없다는 부사의 통사규칙을 위배했기 때문이다. 예②는 주어술어 부적당인데, 이는 '智慧'가 명사여서 문장 의 술어를 담당할 수 없기 때문이다. 예③은 동사목적어 부적당인데, 이는 명사 '愿望'이 목적어를 수반할 수 없다는 통사규칙을 위배했기 때문이다. 따라서 예①, 예②, 예③은 모두 문법에 부합하지 않는 비성 립문이다.

2.3 의미상 의미규칙에 부합

문장이 의미평면에서 문법에 맞으려면 반드시 의미규칙에 부합해 야 하는데, 이는 단어 간의 조합이 의미상의 선택에 부합해야 함을 가 리킨다. 즉 단어의 의미특징 유형이 의미구조에서의 선택규칙에 맞아 야 한다는 것이다. 의미규칙에 부합하는 것은 '합리合理', 부합하지 않 는 것은 '불합리不合理'이다. 이를테면, 동핵구조의 동사와 동원 조합 에서 동사는 일정한 '가價'가 있고, 명사와 동사 간에 일정한 '격'관계가 있어서 '시사-동핵', '계사-동핵', '시사-동핵-수사'와 같은 의미구조[13]를 구성할 수 있다. 또한 사람을 가리키는 명사는 시사가 될 수 있지만 추 상명사는 시사가 될 수 없다. 의미구조에서는 하위범주의 의미조합규 칙이 있어서 서로 다른 동사는 서로 다른 동원과 조합하며, 서로 다른

---

13 范晓(1991)《动词的"价"分类》,《语法研究和探索(五)》, 语文出版社 참조.

동사와 명사가 각각의 의미특징을 가지면 서로 다른 의미조합을 선택하게 된다. 어떤 문장의 문법 오류는 통사상의 문제가 아닌 의미상의 오류로, 의미상의 선택규칙이나 선택제한을 위배하여 발생한다.

① 革命先烈的英雄事迹将永远活在我们的心中。 혁명 선열의 영웅 사적은 영원히 우리 마음에 살아있다.

② 人们尽情地呼吸着海水、阳光和新鲜空气。 사람들은 바닷물, 햇볕 그리고 신선한 공기를 마음껏 들이마셨다.

③ 一踏进大楼, 最触目的感觉是又脏又乱。 건물에 들어서자, 가장 눈길을 끄는 느낌은 지저분하고 어지럽다는 것이다.

예①은 주어술어 의미상 조합 부적당으로, 동사 '活'는 생명이 있는 명사를 주어로 수반해야 하는데 '事迹'는 생명이 있는 명사가 아니어서 '죽다, 살다' 등의 동작행위를 할 수 없기 때문이다. 예②는 동사목적어구조의 단어의미 부적당으로, 동사 '呼吸'의 수사는 기체를 나타내는 명사여야 하는데 '海水', '阳光'은 모두 기체가 아니므로 의미평면에서 '동핵-수사'구조를 이룰 수 없기 때문이다. 예③은 관형어중심어구조의 단어조합 부적당으로, '感觉'는 뇌의 기능 및 느끼거나 인지하는 의미를 나타내는 심리상의 행위이므로 '触目'와는 조합할 수 없기 때문이다. 여기서 예①, 예②, 예③은 모두 불합리의 비성립문이다. 앞서 언급한 '我喝饭', '所有的石头都死了', '小王吃了拖拉机' 등도 이 유형에 속한다.

2.4 화용상 화용규칙에 부합

문장이 화용평면에서 문법에 맞으려면 반드시 화용규칙에 부합해야 하는데 이는 단어의 조합이나 문장의 변화가 화용의 선택에 부합해야 함을 가리킨다. 즉 일정한 언어환경에서 표현의 필요에 부합해야 한다는 것이다. 화용규칙에 부합하는 것은 '합용合用', 부합하지 않는 것은 '불합용不合用'이다. '합용'과 '불합용'은 정확하고 적절하게 생각을 표현할 수 있는지도 결정한다. 어떤 문장의 오류는 통사나 의미의 문제가 아닌 화용상의 문제로, 화용의 선택규칙을 위배해서 발생한다.

① 我们一定要反对批判唯心主义。 우리는 관념론을 반대하고 비판해야 한다./우리는 관념론을 비판하는 것을 반대해야 한다.

② 为了帮助这几个学生改正错误， 王老师对他们进行了尖刻的批评。 이 몇몇 학생들의 잘못을 고쳐주기 위해서 왕 선생님은 그들을 신랄하게 혼냈다.

③ 请您来讲一次, 想来您也会觉得荣幸的。 오셔서 말씀 한번 해주세요, 귀하께서도 영광을 느끼시리라 생각합니다.

예①은 중의문으로 '唯心主义'를 '反对批判'의 목적어로 볼 수도 있지만 '批判唯心主义'를 '反对'의 목적어로 볼 수도 있다. 이 문장은 오해를 불러일으켜 잘못된 정보를 전달할 수 있으므로 불합용이다. 예②의 '尖刻'는 말이 신랄하고 매몰차다는 뜻으로, 선생님이 학생의 잘못을 지적하고 도와주는 것은 '尖刻'라고 할 수 없으며 주로 '尖锐'를 사용한다. 이 문장 역시 표현이 올바르지 않기 때문에 불합용이다. 예③의 '觉

得榮幸'은 초대하는 사람이 초대받는 사람에게 사용하였는데, 이 역시 적당하지 않기 때문에 불합용이다. 이로써 예①, 예②, 예③은 모두 불합용의 비성립문이다.

2.5 통사규칙과 의미규칙의 관계

일반적으로 단어의 통사기능상의 선택은 의미상의 선택을 기초로 한다. 이를테면, 명사가 형용사와 결합할 수 있는 것은 명사는 대부분 사물을 나타내며 사물은 보통 성질 특징을 가지고 있고 형용사는 성질을 나타내기 때문이다. 의미상 사물은 성질과 조합하여 쓰일 수 있으며 이는 통사기능에서 명사가 형용사와 결합하여 쓰이는 것으로 표현된다. 하지만 통사기능상의 선택과 의미상의 선택은 때에 따라 충돌될 수 있다. 즉 '甜星', '喝饭'과 같이 통사상 합법이지만 의미상 불합리인 경우 '问题主要', '孩子男'과 같이 의미상 합리지만 통사상 불합법인 경우가 있다. 왜냐하면, 전자는 의미상 하위범주분류와 관련되어 있기 때문이다. 이를테면, 형용사 '甜'은 미각의 의미특징을 가지고 있으며 음식을 나타내는 명사와 조합해야 하는데 '星'은 음식이 아니므로 '甜星'은 불합리이다. 후자는 통사상 더 세밀한 규칙과 관련되어 있기 때문이다. 의미상 조합할 수 있는 단어라고 하더라도 일정한 통사규칙에 따라 조합해야 한다. '主要问题', '男孩子'는 통사규칙에 맞지만 도치해서 쓰면 통사규칙에 위배된다.

2.6 화용규칙과 화자의 표현의도 및 언어환경의 관계

합법 합리의 문장은 일반적으로 합용이기도 한 반면, 불합법 불합리 혹은 합법 불합리, 합리 불합법의 문장은 불합용인 경우가 많다. 그러나 이 역시 결코 절대적이지는 않다. 경우에 따라 합법 합리여도 불합용인데, 이를테면 '我们一定要反对批判唯心主义', '王老师对他们进行了尖刻的批评' 등이 그러하다. 반대로 어떤 문장은 일정한 조건이 갖춰지면 합법 불합리 또는 합리 불합법, 심지어 불합법 불합리의 상황에서도 합용인 경우가 있다.

① 石头不会死, 因为它没有生命。 돌은 죽을 수 없는데, 이는 생명이 없기 때문이다.

② 我只有"杂感"而已。 连"杂感"也被"放进了应该去的地方"时, 我于是只有"而已"而已。 내게는 '잡감'만 있었을 따름이다. '잡감'마저도 '마땅히 가야 할 곳으로 던져넣어 버릴' 때면 그리하여 '따름'만이 있을 따름이다.

③ "又星"和"看见们"是不合语法的组合。 '또 별'과 '봤다들'은 문법에 맞지 않는 조합이다.

예① '石头死'는 불합리이지만 부정구조에서는 합용의 문장이다. 예② '而已'는 감탄사이므로 문장의 술어중심어 위치에서 목적어를 이끄는 것은 불합법이지만, 鲁迅은 《而已集·题辞》에서 수사적 기법으로 동사 '叹气' 대신 '而已'를 사용하였기 때문에 합용이라고 할 수 있다. 예③ '又星', '看见们'은 불합법 불합리이지만 판단문의 주어로 쓰였기 때문에 합용이다.

3. 단어상의 선택과 의미상의 선택

3.1 단어상의 선택과 의미상의 선택에 대한 해석

단어상의 선택과 의미상의 선택이라는 말은 자주 사용되지만 학자마다 이해하는 바가 다르다. 그렇다면 단어상의 선택은 무엇이고 의미상의 선택은 무엇인가? 또 문법의 합법 또는 불합법과는 무슨 관계인가? 이러한 질문에 정확하고 적절한 해석이 있어야 한다. 만약 범위를 한정하지 않으면 문장이나 단어조합의 언어적 요소와 비언어적 요소, 문법적 비문법적 요소가 한데 뒤섞여서 문법상의 오류문을 비문법적 오류문으로, 비문법적 오류문을 문법적 오류문으로 여기게 된다.

3.2 단어상의 선택에 관하여

단어상의 선택에 대해서는 몇 가지 이견이 있다. 하나는 呂叔湘의 견해가 대표적이며 단어상의 선택은 단어의 문제이지 문법의 문제가 아니라고 여긴다.[14] 叶圣陶도 이와 비슷한 견해를 갖고 있으며 '喝饭', '打败巡逻' 등은 모두 단어상의 조합이 맞지 않는다고 여겼다.[15] 다른 하나는 文炼의 견해가 대표적이며 단어상의 선택은 '甜星', '吃床' 등의 유형 외에 또 다른 유형이 있다고 여긴다. 즉 '我们一定要克服骄傲 우리는 반드시 자부심을 극복해야 한다'에서 '克服'와 '骄傲'가 조합할 수 없는 것도 단어상의 선택으로 보았다. 그는 "여기서 말하는 단어상의 선택은 '甜星', '吃床'류와는 다르다. '吃床'의 문제는 단어가 가리키는 의미에서 설명할 수 있는

---

14 呂叔湘(1958)《语言和语言学》,《语文学习》第2号.
15 叶圣陶(1950)《类乎"喝饭"的说法》,《人民日报》5月24日 참조.

것과 달리, '克服骄傲'는 언어습관에서 설명할 수 밖에 없다. 이러한 습관에서 그 규율을 찾아낸다면……결국 문법상의 설명이다"라고 언급하였다.[16] 이로써 文炼은 단어상의 선택을 두 가지로 분류하였음을 알 수 있다. 즉 '吃床'류는 순수한 단어상의 선택이고 '克服骄傲'류는 단어상의 선택이자 문법상의 선택이다. 필자는 삼개평면이론으로 위의 두 유형을 분석한다면 모두 문법상의 선택에 속한다고 여긴다. '甜星', '吃床'과 '喝饭', '石头死'는 같은 유형에 속하며 모두 문법의 의미평면에서 불합리로 의미상 선택제한을 위배한 것이다. 반면, '克服骄傲'는 '打败巡逻'와 같은 유형으로 비술어목적어동사는 술어목적어를 수반하지 못한다는 통사규칙을 위배하여 모두 문법의 통사평면에서 불합법이다.

3.3 단어상의 선택과 문법상의 선택 구분

단어와 문법은 언어에서 서로 다른 층차의 범주에 속하기 때문에 단어상의 선택과 문법상의 선택은 엄격하게 구분해야 한다. 다시 말해, 단어조합의 선택에서 단순한 단어문제와 문법문제를 구분해야 하며 단어상의 선택에 대해서 적절한 해석을 해야 한다.

① 凡高校本科毕业生或具有同等学历的都可报考。대학 학부졸업생 또는 동등한 학력을 가진 자는 모두 응시할 수 있다.

② 明天咱们去公园白相好吗? 내일 우리 공원으로 놀러 가는 거 어때요?

③ 他们正在开垦地。그들은 땅을 개간하고 있다.

---

[16] 文炼(1982)《词语之间的搭配关系》,《中国语文》第1期.

이러한 문장은 문법상 합법 합리이며 모든 오류는 단어에 있다. 예 ①은 단어의미의 오해로 '学力'를 '学历'로 잘못 사용한 것이다. 예②의 '白相'은 방언이므로 표준어 문장에 사용하는 것은 적절하지 않다. 예 ③의 '开垦地'는 평소 잘 사용하지 않으며 주로 '开垦荒地'라고 한다. 단 어상의 선택은 비문법적 요인에 해당하여 단어조합이 맞지 않거나 단 어사용 부적절에 한정시키는 것이 합당하다.

3.4 의미상의 선택에 관하여

의미상의 선택에 대한 견해는 학자마다 다르며 크게 두 가지로 구분 할 수 있다. 하나는 협의의 의미상 선택으로, 의미를 문법범주 내로 제 한하여 의미상의 선택을 문법의 의미평면에서 단어조합상 선택으로 보았다. 이를테면, '我喝饭', '石头死' 등이 의미상의 선택제한을 위배 한 것이다. 문법의 삼개평면 구분을 주장하는 학자가 이 견해를 갖고 있으며 필자 역시 이 견해를 갖고 있다. 다른 하나는 광의의 의미상 선 택으로, '喝饭', '石头死' 등을 의미상의 선택으로 여겼을 뿐 아니라 단 어의미, 논리의미, 심지어 관념의 문제도 의미상의 선택으로 간주하 였다. 예를 들면, 맥커리는 '那个电子是绿色的 그 전자는 녹색이다'는 의 미상의 선택제한을 위배하였기 때문에 문장으로 성립하지 않는다고 주장하였다.[17] 常敬宇, 宋玉柱 역시 이러한 견해를 갖고 있으며 '一个骆 驼掉在茶杯里淹死了 낙타가 찻잔에 빠져 익사했다' 등과 같은 문장은 내 용상 황당무계하여 의미조합상의 문제라고 여겼다.[18]

---

[17] 徐烈炯(1990)《语义学》pp.150-155, 语文出版社.

[18] 常敬宇(1990)《语义再词语搭配中的作用》,《汉语学习》第6期. 宋玉柱(1991)《关于词语搭配的正确性和真实性》,《汉语学习》第2期.

3.5 문법상의 의미와 이치의미, 논리의미, 단어의미의 관계

단어의미와 논리의미, 심지어 관념의 문제도 의미상 선택으로 간주하기도 하는데 이것은 문법에서의 의미와 단어의미, 논리의미, 관념을 한데 섞어놓은 것이다. 이들의 차이를 구분해야 하지만 그렇다고 이들 간에 어떠한 관계도 없다고 여기는 것은 문제가 있다. 사실 이들 간에는 연관되는 점도 있고 구분되는 점도 있다. 하나의 문장이 문법상 의미평면에 문제가 있으면 이는 이치의미, 논리의미, 단어의미와도 일정한 관련이 있다. 예를 들면, '石头死了'는 문법상의 의미선택제한을 위배한 것이지만 근원을 살펴보면 이치와 논리를 위배함으로써 단어의미에 있어서 조합할 수 없게 된 것이다. 이것은 이치의미와 논리의미는 단어의미의 기초이고, 단어의미 역시 문법상의 의미의 기초가 되기 때문이다. 하지만 문법상의 의미와 단어의미, 논리의미, 이치의미는 필연적인 관련이 있는 것은 아니다.

① 鲸鱼是鱼。 고래는 물고기이다.
② 太阳从西边升起来了。 태양이 서쪽에서 떠올랐다.
③ 大学生应该刻苦学习, 我不是大学生, 所以不必刻苦学习。 대학생은 열심히 공부해야 하는데, 나는 대학생이 아니므로 열심히 공부할 필요가 없다.
④ 儿子三岁了, 明天是他的寿辰, 我要送给他一件礼物。 아들이 3살 되었는데, 내일이 아들의 생신이라서, 나는 아들에게 선물을 주려고 한다.

위의 예문은 모두 문제가 있다. 그러나 이들은 '我喝饭', '石头死' 유형과는 차이가 있다. 이 문장들은 결코 문법상의 의미선택제한을 위배하지 않았으며 문법의미 외의 의미에 문제가 있는 것이다. 예①과 예②는 모두 이치의미에 문제가 있는데, 이는 문장이 반영하는 내용이 객관적 현실과 맞지 않기 때문이다. 예③은 결론이 전제 범위를 벗어나는 논리적 오류를 범하였다. 예④는 '生日'라고 써야 하는 자리에 '壽辰'이라고 잘못 사용하였는데, 이는 단어의미를 오해하여 발생한 오류이다. 위의 분석을 통해서 문법상의 의미와 이치의미, 논리의미, 단어의미가 비록 관련이 있다 하더라도 완전히 일치하는 것은 아님을 알 수 있다. 이로써 문법상의 의미선택제한은 문법의 의미평면에 제한하는 것이 적합하며 광의의 의미로 확대하는 것은 맞지 않다.

3.6 문법에 부합하지 않는 것과 사실에 부합하지 않는 것

문장구조의 문법 부합 여부와 문장 내용의 사실 부합 여부는 별개이다. 전자는 문법범주에 속하고 후자는 백과지식범주에 속한다. 따라서 문장이 문법에 맞는지 아닌지를 판단할 때 문장의 문법구조가 합법인지 아닌지 또는 합리인지 아닌지는 문장의 내용이 객관적 사실에 부합하는지 아닌지와 구분해야 한다. 어떤 문장은 명제가 거짓이거나 내용이 사실에 맞지 않아도 문법구조는 합법 합리이다. 예를 들면, '鯨魚是鱼', '那个电子是绿色的', '一加一小于一 일 더하기 일은 일보다 작다,' '太阳从西边升起来了' 등이 그러하다. 이러한 문장이 통사상 합법이라는 데는 논쟁의 여지가 없다. 하지만 의미상 합리라고 하더라도 상식적으로 이해하기 어려운 경우가 있다. '鯨魚'와 '鱼'는 이 문장에서 주어와 목적어로 기사와 지사의 관계를 갖기 때문에 의미상 합리이다.

'一加一小于一' 역시 진실에는 맞지 않지만 동사 '小于'의 목적어가 수사이므로 '小于'의 의미상 선택규칙에 부합하기 때문에 이 문장 역시 의미상 합리이다. 거짓말쟁이가 하는 말은 그 내용이 종종 진실은 아니지만 문장의 구조 자체는 불합법 불합리가 아닐 수 있다. 신화나 동화, 문학작품 속의 문장들은 담고 있는 내용이 현실에 존재하지 않는 경우가 있지만, 문장구조는 합법 합리이다. 사람들의 지식 부족으로 사실에 맞지 않는 문장을 말할 수 있는데 이러한 문장도 불합법 불합리가 아닐 수 있다. 그 밖에 과학계에서 최근 논쟁이 되는 이슈들이 있는데 서로 다른 관점에서 보면 누가 맞고 누가 틀리다고 판단하기 어렵다. 서로 다른 관점을 나타내는 문장 역시 모두 합법 합리일 수 있다. 반대로 내용이 사실에 부합하더라도 문법상 오류가 있을 수 있다.

4. 고립문과 맥락문

4.1 고립문과 맥락문의 구별

문장이 합법인지 불합법인지를 판단하기 위해서는 결국 구체적인 하나하나의 문장(이하 '구체문'으로 칭함)[19]에 주안점을 두고 살펴보아야 한다. 이러한 구체문에는 고립문과 맥락문 두 가지가 있다. 비록 이 두 종류의 문장은 구체적인 단어가 일정한 문법틀에 따라 조합되었으나 실제 상황은 꼭 그런 것만은 아니어서 이 둘을 구분하지 않고 포괄

---

[19] 구체적인 단어로 구성된 구체문은 추상화해 낸 품사범주로 구성된 추상문('명사+동사+어기' 등의 유형)과는 구분된다.

적으로 문장의 합법 불합법을 논의한다면 하나의 결론에 도달하기 어려울 것이다.

고립문은 언어환경에서 벗어나 현실과는 무관하게 고립되어 존재하는 문장이며 정태적인 측면이 나타나므로 정태문이라고도 한다.

> ① 今天是星期日。오늘은 일요일이다. (선생님이 수업에서 판단문을 설명할 때의 예문)
>
> ② 他来吗?그는 옵니까? (선생님이 수업에서 의문문을 설명할 때의 예문)

맥락문은 일정한 언어환경이나 어떤 구체적인 현실과 연관된 문장이며, 동태적인 측면이 나타나므로 동태문이라고도 한다.

> ① 萧长春忘了吃饭, 瞪着两只眼睛听着。领导讲的话一句一句都吃到他的心里了。소장춘은 밥 먹는 것도 잊고 두 눈을 동그랗게 뜬 채 듣고 있었다. 상사가 하는 말 한 마디 한 마디가 그의 마음에 와닿았다.
>
> ② 上面那石头有点儿不高兴。위에 있는 그 돌은 조금 언짢았다.
>
> ③ 甲问：今天是星期几?乙答：今天是星期六。갑이 묻기를, 오늘은 무슨 요일이죠? 을이 대답하기를, 오늘은 토요일이에요.

예①은 문학작품에서, 예②는 동화에서 인용하였으며, 예③ '今天是星期六'는 1992년 2월 1일에 한 말(그날이 바로 토요일임)이다. 상기예문은 모두 맥락문인데, 이는 언어환경이나 현실과 연관되어 있기 때

문이다. 하지만 '领导讲的话一句一句都吃到他的心里了', '上面那石
头有点儿不高兴' 등의 문장을 따로 떼어내면 언어환경에서 벗어나기
때문에 고립문이 된다.

4.2 고립문으로는 문법 적합이지만 맥락문으로는 문법 부적합

동일한 형식의 고립문과 맥락문이 합법인지를 판단할 때 그 결과가
반드시 일치하는 것은 아니다. 어떤 문장은 고립문으로 보면 문법상
적합하지만 맥락문으로 보면 적합하지 않을 수도 있다.

① 你别明天来, 我去找你。 내일 오지 마세요, 제가 찾아 갈게요.
② 北方能大量种水稻吗? 북방에서는 벼를 대량으로 심을 수 있어요?
　 (신문의 표제어. 본 기사는 일부 사람들이 북방에서는 벼를 대
　 량으로 심을 수 없다고 생각하는 것을 바꾸는 데 목적이 있다.)
③ 小朋友为您服务。 어린이들이 당신을 위해서 봉사합니다.

예①에서 '你别明天来'를 고립문으로 보면 의심의 여지 없이 문법에
적합하다. 그러나 맥락문으로 보면 문제가 있는데 뒤에 이어지는 문장
으로 미루어보아 부정의 강조점이 '来'에 있어야 하기 때문이다.[20] 만약
'你明天别来'나 '明天你别来'라고 한다면 앞뒤 문맥이 통하게 된다. 지
금 이 문장은 부정의 강조점이 '明天'에 있기 때문에 이어지는 문장 '我
去找你'와 호응하기 어렵다. 따라서 이 문장은 문법의 화용평면에 문
제가 있는 불합용이다. 예②는 언어환경을 배제하고 고립문으로 보면

20　 吕叔湘(1985) 《疑问 · 否定 · 肯定》, 《中国语文》第4期 참조.

문법에 맞는 성립문이다. 그러나 맥락문이면 불합용이 된다. 반문의 의미의 '北方不能大量种水稻吗?'로 고치면 합용이 된다. 예③에서 '小朋友'는 원래 호칭어로 뒤에 쉼표를 써서 간격을 두어야 한다. 하지만 지금은 '小朋友'가 시사주어가 되어서 이 가게의 판매원이 모두 어린이가 되었기 때문에 불합용이다. 예컨대, '我们应当避免今后工作上不发生错误 우리는 앞으로 업무상 착오가 생기지 않는 것을 피해야 한다', '这是五千年前出土的文物 이것은 오천 년 전에 출토된 문물이다' 등의 문장은 고립문으로서는 문법에 적합하지만 맥락문으로는 불합용이 된다.

4.3 고립문으로는 문법 부적합이지만 맥락문으로는 문법 적합

어떤 문장은 고립문으로 보면 부적합하지만 맥락문으로 보면 적합하다.

① 一个被称为"钢牙"的法国人，迄今已吃掉10辆自行车、7台电视机和数不清的刀片、玻璃瓶。…… "钢牙"已被列入吉尼斯世界记录大全。'강철이빨'로 불리는 프랑스 사람은 지금까지 벌써 자전거 10대, TV 7대, 그리고 셀 수 없이 많은 칼, 유리병을 먹어 치웠다. …… '강철이빨'은 이미 기네스북 세계 기록에 등재되었다.

② 鞋子听了老工人的话，觉得奇怪起来。신발은 늙은 장인의 말을 듣고 이상하다고 느꼈다.

③ 小王小李今天都戴了帽子，小王是皮帽子，小李是呢帽子。소왕과 소리는 오늘 모두 모자를 썼는데, 소왕은 가죽모자이고, 소리는 모직모자이다.

예①은 신문보도로 객관적으로 존재하는 사실이다. 만약 이 맥락문에서 고립문 '一个人吃掉10辆自行车'를 따로 떼어내면 '小王吃拖拉机', '我喝饭' 등과 같은 유형의 문장이 된다. 즉 의미상 불합리이자 화용상 불합용이다. 하지만 위와 같은 맥락문에서는 합용이 된다. 예②는 叶圣陶의 동화에서 인용한 것으로, 만약 동화에서 따로 떼어내서 언어환경을 벗어난 고립문이 되면 의미상 불합리이자 화용상 불합용이 된다. 물론 동화에서는 합용이다. 예③에서 '小王是皮帽子', '小李是呢帽子'를 따로 떼어내서 고립문으로 보면 판단동사 '是' 앞뒤의 동원이 동일하거나 비슷한 속성을 가져야 한다는 의미규칙을 위배하였기 때문에 의미상 불합리이자 화용상 불합용이 된다. 하지만 맥락문으로 보면 앞 문장의 도움으로 일정한 의미성분이 생략되었거나 내포되었음을 알 수 있기 때문에 오해의 소지가 없어져 합용이다. 문학작품의 수사적 언어환경에서 고립문이면 불합용이지만 맥락문이면 합용이 되는 사례는 많이 찾아 볼 수 있다.

4.4 고립문의 적합 부적합을 판단하는 기준

고립문은 정태적이기 때문에 통사상 합법과 의미상 합리는 문법이 적합한지 아닌지를 판단하는 주요 기준이 된다. 고립문의 적합 부적합 상황은 다음 네 가지로 개괄할 수 있다.

(1) 합법 합리의 문장은 성립문이다. '今天星期六 오늘은 토요일이다'

(2) 합리 불합법의 문장은 비성립문이다. '这个问题主要 이 문제는 주요한'

(3) 합법 불합리의 문장은 비성립문이다. '我喝了两碗饭 나는 밥 두 그

릇을 마셨다'

(4) 불합법 불합리의 문장은 비성립문이다. '所有的死都石头了 모든
죽음은 모두 돌이 되었다'

추가적으로 설명을 하자면, 어떤 고립문에서는 문장을 구성하는 일
부 성분의 조합이 합법 불합리이거나 합리 불합법 또는 불합법 불합리
이지만 전체 문장은 오히려 합법 합리의 성립문이 될 수 있다. 예를 들
면, 일부 '是'자문('又是 또 별', '看见们 봤다들', '所有的死都石头了'等都
是错误的组合体 모든 죽음은 모두 돌이 되었다' 등은 모두 잘못된 조합체
이다), 맥커리가 언급한 내포구조의 문장(我梦见牙刷怀孕了 나는 꿈 속
에서 칫솔이 임신한 것을 봤다)과 일부 부정구조의 문장(石头不会得糖尿
病 돌은 당뇨병에 걸릴 수 없다)이 모두 위의 상황에 속한다.

4.5 맥락문의 적합 부적합을 판단하는 기준

맥락문은 동태적인 것으로, 일정한 표현목적을 가지고 현실생활에
서 사용되기 때문에 문법에 적합한지 아닌지를 판단할 때는 통사와 의
미 외에 화용적 측면도 봐야 한다. 합용인지 아닌지는 문법상 적합한
지 아닌지를 판단하는 주요 기준이다. 맥락문의 상황은 다음 여덟 가
지로 개괄할 수 있다.

(1) 합법 합리 합용의 문장은 완전히 문법에 맞는 성립문이다. '我躺
在父亲的怀里, 心里安静多了 나는 아버지의 품에 누우니, 마음이 많이
안정되었다'

(2) 불합법 불합리 불합용의 문장은 완전히 문법에 맞지 않는 비성
립문이다. 정신병 환자가 하는말은 아무도 이해하지 못하는 불

합법 불합리의 문장이다.

(3) 합법 합리이지만 불합용의 문장은 비성립문이다. '今年游行, 女
同志一律不准穿裤子 올해 시위에서 여성동지는 모두 바지를 입어서는
안 된다'(시위준비위원회 회의에서 한 여성동지가 선포함)(呂叔
湘의 예문)

(4) 합법 불합리 불합용의 문장은 비성립문이다. '今天到会的人十
分茂盛……没有到的请举手 오늘 회의에 온 사람이 아주 무성했으
며……오지 않은 사람은 손 드세요'(군벌 韓復榘가 말한 것으로 전해짐)

(5) 합리 불합법 불합용의 문장은 비성립문이다. '我愿望我们间有
更多地交往, 以便增进友谊 우의를 증진할 수 있도록 우리 사이에 더
많은 교류가 있기를 바람이다'.

(6) 합법 불합리이지만 합용의 문장은 성립문이다. '鞋子听了老工
人的话, 觉得奇怪起来 신발은 늙은 장인의 말을 듣고 이상하다고 느꼈
다'(叶圣陶의 동화작품 속 예문)

(7) 합리 불합법이지만 합용의 문장은 성립문이다. '或者因为高等
动物了的缘故吧, 黄牛水牛都欺生, 敢于欺侮我 아마도 고등동물
이라는 이유인가, 황소와 물소는 모두 텃세를 부리며 감히 나를 우롱하였
다.(鲁迅《社戏》의 문장)

(8) 불합리 불합법이지만 합용의 문장은 성립문이다. '香稻啄余鹦
鹉粒, 碧梧栖老凤凰枝 쌀알은 앵무새 알갱이를 쪼고, 벽오동 나무는 봉
황 가지에 서식한다'(杜甫《秋兴》의 시구)

현실의 담화에서 (1)유형은 절대다수를 차지하며 (2)유형은 거의
사용되지 않는다. 문법적 오류문에는 주로 (3)(4)(5)유형이 있으며

(6)(7)(8)유형은 비록 합용이지만 자주 사용되지 않고 일부 문학작품에서 찾아볼 수 있다. 이 유형은 언어환경을 벗어나면 성립할 수 없다.

[참고문헌]

常敬宇(1990)《语义在词语搭配中的作用》,《汉语学习》第6期
胡裕树・范晓(1985)《试论语法研究的三个平面》,《新疆师范大学学报》第2期
吕叔湘(1958)《语言和语言学》,《语文学习》第2号
宋玉柱(1991)《关于词语搭配的正确性和真实性》,《汉语学习》第2期
汤廷池(1979)《国语语法研究论集》, 台湾学生书局
文炼(1982)《词语之间的搭配关系》,《中国语文》第1期
邢公畹(1978)《词语搭配问题是不是语法问题》,《安徽师范大学学报》第6期
徐烈炯(1990)《语义学》, 语文出版社
N・乔姆斯基(1979)《句法结构》(邢公畹译), 中国社会科学出版社

▌원문은 《中国语文》1993年 第5期에 게재

삼차원문법으로 본 문장분석

1. 서론

문장분석은 중국어 문장에 대한 문법교육의 주요 내용이다. 문장은 문간부분과 어기부분으로 구성되는데, 둘 중 어느 하나도 빠져서는 안 된다.[1] 따라서 문장분석은 문간분석(문장구조분석이라고도 함)과 어기분석, 두 가지 측면에서 이루어져야 한다. 일반 문법서는 이 두 가지 내용을 다루지만 문간의 통사구조분석에 중점을 두고 있다. 예를 들면, 통사성분분석(주어, 술어, 목적어, 관형어, 부사어, 보어 등)과 문형분석(동사술어문, 형용사술어문, 명사술어문 등)이 있다. 문장을 분석할 때 때로 의미와 화용의 내용도 언급하기는 하지만 전면적이지는 않다. 문장분석방법을 예로 들면, 전통문법학의 '중심어분석법('성분분석법'이라고도 함)'과 구조주의의 '층차분석법'은 문간의 통사분석에 그치고 있다.

삼차원문법(삼개평면이론)은 다각도에서 전방위적으로 문법을 인식하고 연구하는 학설로, 문법의 내용을 확장시켰다. 본 이론은 문법

---

1 문간은 范晓(1999)《略说句系学》,《汉语学习》第6期. 范晓(2012)《略论句干及其句式》,《山西大学学报》第3期 참조.

에 통사, 의미, 화용 삼개평면이 있고 문장은 '통사, 의미, 화용'의 통일
체이자 종합체이며 추상문은 '문형, 문모, 문류'의 결합체라고 생각한
다. 이는 본체론일 뿐만 아니라 방법론이기도 하다.[2] '삼차원문법'에
입각한 문장분석은 단순히 통사분석을 하는 것이 아니라 통사, 의미,
화용을 분리하기도 하고 결합하기도 하여 문장을 분석하는 새로운 방
식을 채택하였다. 이러한 문장분석은 전면적이어서 문장의 실제에 부
합할 뿐만 아니라 더욱 실용적인 가치를 가진다.

1990년대 이후 일부 교과서는 문장을 분석할 때, '삼개평면'이론을
활용해서 문장분석을 시도했다. 예를 들면, 黃伯荣 · 廖序东의 《现代
汉语》는 "문장분석을 할 때 문장의 '삼개평면'에 대해 분석하면서 통사
분석, 의미분석, 화용분석 이 세 가지를 확실하게 구분하는 것은 문법
연구의 시야를 넓히는 데 도움이 되며 이 세 가지를 결합시키면 전면적
으로 문법연구를 할 수 있다. 또한 그것은 큰 성과를 거둘 수 있는 미개
척분야로 모두가 열심히 노력을 기울여야 한다."[3]고 하였는데, 이는 매
우 훌륭한 견해이다. 또 다른 예를 들면, 徐阳春 · 刘纶鑫의 《现代汉
语》도 문장분석을 할 때 '삼개평면'에서 분석하고 "문법연구에 있어서
반드시 '삼개평면'을 구별해야 하며 구체적인 문장을 분석할 때 다시
삼자를 결합시켜야 한다. 즉 통사, 의미, 화용의 구분 및 결합 원칙을
관철해야 한다."고 언급하였다.[4] 또 일부 문법책은 비록 '삼개평면'이

---

2   范晓(2004) 《三维语法阐释》, 《汉语学习》第6期. 范晓 · 张豫峰(2003) 《语法理论
     纲要(前言)》 p.2, 译文出版社. 陈昌来(2005) 《现代汉语三维语法论》, 学林出版社
     참조.
3   黄伯荣 · 廖序东(2002) 《现代汉语(增订三版下册)》 p.134, 高等教育出版社. 黄伯
     荣·廖序东(2007) 《现代汉语(增订四版下册)》 p.104, 高等教育出版社 참조.
4   徐阳春 · 刘纶鑫(2008) 《现代汉语》 p.169, 高等教育出版社 참조 .

론으로 문장분석을 해야 한다고 언급하지는 않았지만 일부 의미분석
과 화용분석의 내용도 추가하였다.[5] 결론적으로 말하면 현재 많은 문
법서가 문장분석에 있어서 이미 문장의 '삼개평면'에 주의를 기울이기
시작하였다. 그러나 의미분석과 화용분석은 통사분석에 비해 많이 부
족하다. 그 이유는 문장의 의미와 화용평면에 대한 학술연구가 아직
성숙하지 않았기 때문이기도 하고 어떤 문제는 학자들의 의견이 아직
완전히 일치하지 않아서 기존의 연구성과를 교재에 반영하는 시간이
필요하기 때문이기도 하다. 본고는 삼차원문법에 대한 필자의 이해와
기존 연구성과를 바탕으로 삼차원문법을 활용하여 문장분석을 하는
참신한 생각과 기본방법에 대해 체계적으로 설명하고자 한다.

2. 문장분석의 목적과 내용

문장분석의 목적은 무엇인가? 일반적으로 문장분석을 통해 문장의
의미를 이해하는 것이라고 생각한다. 일부 학자들은 "문장분석의 궁
극적인 목적은 문형을 확정하기 위한 것이다", "어떤 문형에 속하는지
를 확정해야 문장분석의 목적이 완성된다"고 생각한다.[6] 이러한 견해
는 다음과 같은 단점이 있다. 첫째, 문장에는 통사, 의미, 화용 삼개평

---

5 예를 들면, 邢福义(1997)《汉语语法学》, 邵敬敏(2001)《现代汉语通论》, 沈阳 ·
   郭锐(2014)《现代汉语》 등의 논저들은 비록 '삼개평면'이론으로 문장을 분석하는
   것을 명확히 제기하지는 않았지만 일부 문장을 분석할 때는 이 세 가지 측면과 관
   련된 내용도 있다.
6 张斌 · 胡裕树(1989),《汉语语法研究》p.63, 商务印书馆 참조.

면이 존재하는데 만약 단순히 통사평면에서만 문장분석을 하면 완정하지 않다.[7] 둘째, 단순한 통사분석은 '문장의미의 이해'라는 목적에 도달할 수 없다. 예를 들면, '张三批评了李四 장삼이 이사를 비판했다, 张三死了父亲 장삼은 아버지가 돌아가셨다, 张三是个画家 장삼은 화가이다', 이 세 문장은 일반적으로 '주술목'문형('주동목'문형이라고도 하며 보통 'SVO'로 표기함)으로 분석하지만, 의미구조는 기본의미와는 전혀 다르다. 만약 이 문장을 의미평면에서 분석하지 않으면 이 세 문장의 의미차이를 이해할 방법이 없다. 이와 반대로, 기본의미는 같은 문장이지만 서로 다른 문형으로 나타낼 수 있다. 예를 들면, '大灰狼咬死了小山羊 늑대는 새끼염소를 물어 죽였다, 大灰狼把小山羊咬死了 늑대는 새끼염소를 물어 죽였다, 小山羊被大灰狼咬死了 새끼염소는 늑대에게 물려 죽었다', 이 세 문장은 문형을 분석해내기는 했어도 기본의미가 같은 문장을 왜 서로 다른 문형으로 표현하는지를 묻는다면 화용측면에서 분석해야만 이해할 수 있다. 이로써 단순히 통사적으로만 문장분석을 해서 문형을 확정하면 문장분석의 역할을 완수하지 못한다는 것을 알 수 있다. 통사, 의미, 화용 세 가지를 결합하여 종합적으로 분석해야만 문장의 의미를 전면적으로 이해할 수 있고 문장분석의 역할이 완성된다. 셋째, 문장분석에서 어기분석도 언급해야 한다. 문장분석의 궁극적인 목적을 문형확정에만 두면, 이는 문장분석에서 어기분석을 배제하는

---

[7] 만약 문간 통사분석의 궁극적인 목적이 문형을 확정하기 위한 것이라고 한다면 그런대로 수용할 수 있다. 그러나 문간의 통사분석으로 문형을 확정하는 것과 전체 문장을 분석하는 것은 다르다. 문간의 통사분석은 문장분석의 내용 중 하나일 뿐이다. 문간에는 문모분석과 문류분석도 있기 때문에 문간 통사분석의 궁극적인 목적이 문형을 확정하기 위해서라고 하는 것은 허점이 있다.

것이다.

'삼차원문법'은 통사분석만으로 그 문형을 확정하면 미흡하다고 생각한다. 문장분석의 궁극적인 목적은 문장이 나타내는 모든 의미를 이해해야 하는 것이므로, '문간이 나타내는 의미'와 '어기가 나타내는 의미'를 포함해야 한다. 문장분석은 문간분석과 어기분석을 포함해야 하고, 통사분석과 문형확정의 토대 위에서 의미분석과 문모확정 그리고 화용분석과 문류 및 그 밖의 각종 화용의미를 확정해야 한다. 더 나아가 '삼자결합'을 통해서 전체 문장의 통사적, 의미적, 화용적 의미를 종합적으로 이해해야 한다.

본고는 문장분석의 선후순서에 따라 다음 여섯 가지 내용을 중점적으로 논의하고자 한다. (1) 문장의 어기분석, (2) 문간의 주제어진술어 구조분석, (3) 문간의 통사분석, (4) 문간의 의미분석, (5) 문간의 '문식의미'분석, (6) 문간의 주관적인 정태의미분석을 중점적으로 논의하고자 한다.

3. 문장의 어기분석

사람들이 의사소통을 할 때 구사하는 문장은 반드시 일정한 교류행위의 목적(의문, 진술, 명령, 감탄)을 나타내기 때문에, 어기의미는 매우 중요한 화용의미가 된다. 어기가 나타내는 의사소통의미는 문장 내에 반드시 있기 때문에, 어기의미가 없으면 구사한 단어가 아무리 많아도 문장이 될 수 없다. 중국어의 어기는 어조(문조文調)와 문말 어기사로 나타낸다[8]. 어기가 나타내는 의사소통의 행위유형을 '문류'라고 한다. 일반적으로 진술문, 의문문, 명령문, 감탄문 네 종류로 나뉘는데, 필자는 '喂喂! 여보세요!', '老王! 왕씨!', '嗯! 응!', '是啊! 그래!', '你好! 안녕하세요!'와 같은 호응문을 추가할 수 있다고 생각한다.[9] 어기분석에 관하여 필자는 문류분석 외에 다음 두 가지 분석도 강화해야 한다고 생각한다.

첫째, 어기를 나타내는 문식(어기를 나타내는 형식 또는 격식)의미 분석. 예를 들면, '의문'어기를 나타내는 유형의 문장에는 서로 다른 문식이 있는데, 이를 비교하면 다음과 같다.

① 你去北京吗? 당신은 북경에 갑니까?('吗'자문식)

② 你去不去北京? 당신은 북경에 갑니까 안 갑니까?('V不V'문식)

③ 你去北京? 당신이 북경에 갑니까?('상승조'문식)

④ 北京你去还是不去?북경, 당신은 갑니까 아니면 안 갑니까? ('V还是不V'문식)

위의 문장이 나타내는 기본의미와 어기는 같지만, 문식은 다르다. 문식이 다르면, 반드시 화용의미에 차이가 있다. 그러나 안타깝게도 아직까지 연구가 미흡해서 각 교재에서는 서로 다른 문식만 묘사할 뿐 각 문식에 대한 화용의미나 화용가치의 차이는 상세하게 설명하지 못

---

8 일부 문장의 어기 또한 문장 내의 어떤 단어나 형식을 사용해서 표현할 수 있다. 예를 들면, 질문의 어기를 표현할 경우 때로 의문대사('谁, 什么, 怎么样' 등)나 문간 내 술사(동사와 형용사 포함)로 구성된 'V不/没V'형식으로 표현할 수 있다('去不去갑니까 안 갑니까', '研究没研究연구했습니까 안 했습니까', '美不美아름답습니까 안 아름답습니까' 등).

9 호응문은 일상 구어에서 상당히 많이 쓰이므로 호응문을 중시해야 한다.

하고 있다.

둘째, 어기부분의 '말투'[10] 의미(화용의미에도 속함) 분석. 사실상 문류에 따라 표현자의 주관적인 감정과 태도를 분석할 수 있는데 주로 강조, 완곡, 호불호, 포폄, 존비(존중, 찬탄, 경시, 불만, 혐오 등)로 표현되고 이는 말투에 속한다. 동일한 문류인데 감정과 태도가 다르면 말투도 다르다. 예를 들면, '명령' 어기를 나타내는 유형의 문장은 서로 다른 문식이 있는데 이를 비교하면 다음과 같다.

① 墙上挂着一块牌子 : <u>不准吸烟</u>! 벽에는 담배를 피우지 말라는 팻말이 걸려있다.

② 护士说 : 这是病房, <u>请别吸烟</u>! 간호사가 말하기를, 이 곳은 병실이니, 담배를 피우지. 마세요!

③ 保安对他说 : 这是公共场合, <u>你可以不吸烟吧</u>?! 경비원이 그에게 말하기를, 이 곳은 공공장소이니, 담배를 안 피우면 안 될까요?!

상술한 문장은 모두 '상대방이 담배를 피우지 않도록 명령하다'는 의미를 나타내지만, 예①은 명령이나 금지의 말투, 예②는 완곡한 요청의 말투, 예③은 완곡한 상의의 말투를 띠고 있다.

---

10 '말투'는 范晓 · 张豫峰(2003) 《语法理论纲要(第五篇第八章)》, 译文出版社. 孙汝建(1999) 《语气和口气研究》, 中国文联出版社 참조.

4. 문간의 주제어진술어구조 분석

　중국어 문장의 문간은 대부분 '주제어+진술어'로 이루어져 '주제어
진술어구조'를 구성하고 이러한 구조의 문간으로 이루어진 문장을 '주
제어진술어문'이라고 한다. 또한 '비주제어진술어구조'도 소수 있는
데 이러한 구조의 문간으로 구성된 문장을 '비주제어진술어문'이라고
한다.[11] Charles Li, Sandra Thompson은 중국어 문장의 "기본구조는 주
제어-진술어관계를 나타내지만, 주어-술어관계는 아니다"라고 언급하
는 한편, 중국어는 "주로 주제어-진술어라는 문법관계로 묘사하기에
편리하다."라고 하였다.[12] 이러한 견해는 일리가 있다. '주제어-진술어
구조'에서 주제어는 보통 특정한 지칭성분으로 진술어('진술'이라고도
함)의 대상이고 진술어('설명' 또는 '평론'이라고도 함)는 주제어를 서
술하는 부분이다. '주제어-진술어구조'는 정보를 전달하는 화용구조이
고 주제어와 진술어는 화용성분이다. 일반적으로 주제어는 옛 정보를
나타내고 진술어는 새 정보를 나타낸다. 문간 속 '주제어-진술어구조'
에 대해서는 '주제어-진술어 이분분석법'을 채택할 수 있다.

　'주제어-진술어구조'의 일반적인 어순은 주제어가 앞에 오고 진술
어가 뒤에 온다.[13] 예를 들면, 다음과 같다.

11　范晓 · 张豫峰(2003)《语法理论纲要》pp.293-306, 译文出版社. 温锁林(2001)《现
　　代汉语语用平面研究》pp.43-80, 北京图书馆出版社. 吴中伟(2001)《试论汉语句
　　子的主述结构》,《语言教学与研究》第3期. 高顺全(2004)《三个平面的语法研究》
　　pp.191-240, 学林出版社 참조.

12　吴中伟(2001)《试论汉语句子的主述结构》,《语言教学与研究》第3期 참조.

13　특정 언어환경에서는 진술어의 정보를 두드러지게 강조하기 위하여 주제어가 진
　　술어 뒤에 올 수 있다. 예를 들면 '多么美好啊, 祖国的河山!얼마나 아름다운가, 조국의
　　강산!', '我们已经研究过了, 这个问题。우리는 이미 연구했다, 이 문제.'의 '祖国的河山,

① 中华人民共和国的首都是北京。 중화인민공화국의 수도는 북경
   이다.

② 北京是中华人民共和国的首都。 북경은 중화인민공화국의 수도
   이다.

위 두 문장의 기본의미는 같지만 예①은 '中华人民共和国的首都'가
주제어이고 예②는 '北京'이 주제어이다.

주제어와 주어, 주사는 관련이 있을 뿐만 아니라 차이도 있다. 이들
은 서로 다른 평면에 속한다. 주제어는 화용평면의 용어이고 주어는
통사평면의 용어이며 주사는 의미평면의 용어이다[14]. 전형적인 주어
는 의미평면에서는 주사로 표현되고 화용평면에서는 주제어로 표현
된다. 이때의 주어, 주사, 주제어는 서로 겹친다. 예를 들면, '妈妈爱女
儿 엄마는 딸을 사랑한다', '麦苗绿油油的 밀싹은 파릇파릇하다', '鲸鱼是哺
乳动物 고래는 포유동물이다'에서 '妈妈, 麦苗, 鲸鱼'는 통사평면에서는
주어이고 의미평면에서는 동핵구조 속의 주사이며 화용평면에서는
주제어-진술어구조 속의 주제어이다.

그러나 주제어가 모두 주어나 주사인 것은 아니다. 즉, 주제어가 주
어나 주사와 같지 않을 수도 있다.

① 那龙皇庙嘛, 早已被洪水冲塌了。 그 용황묘는, 진작 홍수로 무너졌

这个问题가 바로 그러하다.

14 주사는 동핵과 연관된 주체사물이며 시사, 계사, 기사가 이에 속한다. 范晓(1991)
《试论语义结构中的主事》, 《中国语言文学的现代思考》, 复旦大学出版社. 范晓
(2003) 《说语义成分》, 《汉语学习》第1期 참조.

다.(수사주어가. 주제어이고, 주사는 주제어 뒤에 온다)

② <u>这件事呢</u>, 我后来才知道。<u>이 일에 대해서</u>, 나는 나중에서야 알았다.
(수사목적어가. 주제어이고, 주사주어는 주제어 뒤에 온다)

③ <u>院子里</u>, 他种植了许多花草。<u>정원에는</u>, 그가 많은 화초를 심었다.
(장소부사어가 주제어이고, 주사주어는 주제어 뒤에 온다)

④ <u>今年夏天</u>, 他们去青岛避暑了。<u>금년 여름에</u>, 그들은 청도로 피서를
갔다.(시간부사어가. 주제어이고, 주사주어는 주제어 뒤에 온다)

위 문간의 주제어는 모두 진술어의 통사구조 속 술어동사와 일정한
관계를 가진다. 예①의 주제어는 술어동사의 수사주어와 겹친다. 예
②의 주제어는 술어동사의 수사목적어와 겹치는데 이는 목적어의 주
제어화이고, 예③과 예④의 주제어는 술어동사의 부사어와 겹치는데
이는 부사어의 주제어화이다. 그러나 문두의 주제어가 진술어의 통사
구조 속 특정 명사와 의미적으로 밀접한 관계를 가지는 경우도 있다.

① <u>这个人</u>大家都不认识<u>他</u>。<u>이 사람은</u>, 모두가 <u>그</u>를 모른다.(주제어
'这个人'과 목적어명사 '他'는 같은 사람을 가리킨다)

② <u>张老师</u>, 大家都听过<u>他</u>的课。<u>장 선생님</u>, 모두가 <u>그</u>의 수업을 들어본
적이 있다.(주제어 '张老师'와 관형어명사 '他'는 같은 사람을 가
리킨다)

③ <u>鱼</u>, <u>河豚鱼</u>最鲜美。<u>생선은</u>, 복어가 가장 맛있다.(주제어 '鱼'와 주
어명사 '河豚鱼'는 상하예속관계가 있다)

④ <u>大象</u>嘛, <u>鼻子</u>很长。<u>코끼리는</u>, 코가 길다.(주제어 '大象'과 주어명

사 '鼻子'는 의미상 영속관계가 있다)

예①과 예②의 주제어는 통사구조 속 목적어명사와 관형어명사가 의미상의 '동격관계', 예③의 주제어는 통사구조 속 주어명사와 의미상의 '예속관계', 예④의 주제어는 통사구조 속 주어와 의미상의 '영속관계'가 있다.[15] 또한 일부 주제어는 진술어 속 통사구조의 통사성분과 직접적인 관계는 없고, 진술어 속 전체 주술구조와 모종의 연관관계만 갖는다.

① <u>这件事</u>我不怪你。<u>이 일에 관해서</u>, 나는 너를 탓하지 않는다.
('关于这件事, 我不怪你'라고 할 수도 있다)
② <u>经商</u>呢, 我没有经验。<u>장사에 관해서</u>, 나는 경험이 없다.
('至于经商嘛, 我没有经验'이라고 할 수도 있다)

한 문장의 주어를 어떻게 판정할 것인가에 대해서 현행 문법체계에서는 이견이 분분하다. 그러나 주제어를 정하는 것은 상대적으로 쉽다. 의미와 형식 결합원칙으로 주제어를 확정할 수 있다. 의미상 주제어는 지칭성분이고 진술어는 서술(진술)성분이며 주제어는 진술어의 서술대상(진술대상)이고 진술어는 주제어 사물에 대한 서술(진술) 부분이다. 형식상 중국어 주제어-진술어구조의 어순은 일반적으로 주제어가 앞에 오고 진술어가 뒤에 온다. 주제어와 진술어 사이에는 비

---

[15] 이 문장에서의 주제어 '大象'과 주어 '鼻子'는 통사상 관형어중심어관계를 내포하고 있으며, '관형어주제어화'로 볼 수 있다.

교적 큰 휴지休止가 있을 수 있고 '嘛, 啊, 呀, 呢, 吧' 등과 같은 허사를 삽입하거나 '是不是'를 삽입하여 정반의문문으로 바꿀 수 있으며 일부 주제어는 특정 주제어표기('关于, 至于' 등)를 수반할 수 있다. 주제어는 통상 명사성 단어이지만, 명물화나 지칭화된 술어성 단어가 서술대상이 될 때도 주제어로 분석될 수 있다. 예를 들면, '勤俭是一种美德 근검은 미덕의 일종이다', '散步嘛, 对健康有好处 산책은 말이야, 건강에 좋은 점이 있어' 등이 그러하다.

문간의 '주제어-진술어구조'를 분석할 때 진술어에 대해서도 분석할 수 있다. 진술어 중 어떤 것은 주술구로 충당되고 어떤 것은 술어성 단어로 충당된다(소수의 명사성단어로도 충당된다). 주제어에 대한 진술어의 화용의미(서술상태)에 따라 서술류, 묘사류, 해석류, 평의류로 나눈다.

① 张三正在写文章。 장삼은 글을 쓰고 있는 중이다. / 大家都笑了。 모두 다 웃었다. / 他这个任务他已经完成了。 그의 이 임무는 그가 이미 완성했다.

② 张三很聪明。 장삼은 똑똑하다. / 房屋倒塌了。 집이 무너졌다. / 墙上挂着一幅山水画。 벽에 산수화 한 폭이 걸려 있다.

③ 张三是北京人。 장삼은 북경사람이다. / 这个人姓王。 이 사람은 왕씨이다. / 小明的生肖属牛。 소명의 띠는 소띠이다.

④ 张三可能是北京人。 장삼은 아마 북경사람일 거다. / 他应该把这问题说清楚。 그는 이 문제를 분명히 말해야 한다. / 这个问题值得研究。 이 문제는 연구할만한 가치가 있다.

예①은 서술류에 속한다. 이런 종류의 진술어는 주제어가 나타내는 사물의 동작이나 변화과정을 서술하기 때문에 이러한 진술어로 문간을 구성하는 문장을 서술문('서사문'이라고도 함)이라고 할 수 있다. 예②는 묘사류에 속하다. 이런 종류의 진술어는 주제어가 나타내는 사물의 성질이나 표현상태를 묘사하거나 기록하기 때문에 이러한 진술어로 문간을 구성하는 문장을 묘사문이라고 할 수 있다. 예③은 해석류에 속한다. 이런 종류의 진술어는 진술어 속의 어떤 사물과 주제어가 나타내는 사물 사이의 관계를 해석하기 때문에 이러한 진술어로 문간을 구성하는 문장을 해석문('판단문'이라고도 함)이라고 할 수 있다. 예④는 평의류에 속한다. 이런 종류의 진술어는 주제어 사물에 대한 평가를 하거나 의논을 하기 때문에 이런 진술어로 문간을 구성하는 문장을 평의문이라고 할 수 있다.

5. 문간의 통사분석

통사평면에서 문간을 분석하는 것은 문간에서 실사나 구가 어떤 통사성분을 충당하는지 그리고 어떤 통사구조를 구성하는지를 분석하는 것으로, 최종 목적은 문형을 확정하는 것이다. 기존 문법서에는 통사성분인 주어와 화용성분인 주제어가 한데 섞여 있고 주어에 대한 설명이 분분해서 문형 묘사에 적지 않은 문제가 존재하므로 학습자들이 많은 어려움을 겪었다. 본고는 구체문을 분석할 때 주어와 주제어를 구분하고 주제어-진술어구조를 분석한 후에 다시 문간의 통사구조에 대해 단계적으로 통사분석을 한 다음, 마지막으로 이 구체문의 문형을 확정할 것을 주장한다.

5.1 주어와 주제어의 구분

많은 중국어 문법서의 통사분석에서 가장 문제가 되는 것이 '주어'에 대한 분석으로, 중국어 문간의 화용평면상의 '주제어-진술어구조'를 '주술문('주어+술어')'문형으로 분석한다. 즉, 동사 앞에 위치한 '진술대상'을 모두 주어로 분석하고, 진술부분을 술어로 분석한다. 이런 분석은 趙元任에서 기원한다.[16] 필자는 '진술대상'으로 주어를 정의하는 것은 허점이 있다고 생각한다. 왜냐하면 주어가 진술대상을 나타낼 수는 있지만 진술대상이 반드시 주어인 것은 아니기 때문이다. 예를 들면, '母亲爱女儿 어머니가 딸을 사랑한다', '北京是中国的首都 북경이 중국의 수도이다'에서 문간 속 '진술대상'은 주어로 분석할 수도 있고 주제어로 분석할 수도 있다. 즉 주어이면서 주제어이다. 그러나 '这件事我不怪你 이 일은 내가 너를 탓하지 않는다', '经商呢, 我没有经验 사업에 대해, 나는 경험이 없다', '这本书我看过三遍了 이 책, 나는 세 번 봤다'에서 문간 속 문두 주제어는 '진술대상'으로 볼 수 있지만 주어로 분석하기는 어렵다. 진술대상을 일률적으로 주어로 분석하면 주어와 주제어를 동일시하고 술어와 진술어를 동일시하게 되어, 주술구조와 주제어진술어

---

16 趙元任은 "중국어에서는 주어와 술어를 화제와 설명으로 보는 것이 적절하다"고 하였다. 그는 심지어 '为了这事情我真发愁 이 일때문에 걱정이다'와 '在这一年里我只病了一次 이 일 년 동안에 나는 오직 한 번 병이 났다'의 '为了这事情'과 '在这一年里'도 주어로 분석했는데, 이는 납득하기 어렵다. 趙元任(1979) 《汉语口语语法》 p.45, 呂叔湘역, 商务印书馆 참조.

구조를 혼동하게 되기 때문에 주어의 범위가 너무 넓어져서 학습자들이 이해하기 어렵다. 呂叔湘은 "문두의 명사를 모두 진술대상으로 여겨 주어로 분석하면 주어는 무의미한 명칭이 되고, 약간의 의미를 부여하게 되면 바로 문제가 생긴다"고 하였다.[17]

주어는 반드시 자신의 지위가 있어야 한다. 필자는 주어가 비록 통사개념이기는 하지만 의미, 화용과도 모두 관련이 있다고 생각한다. 의미측면에서 보면 주어는 동원과 관련이 있고, 화용측면에서 보면 주어는 서술대상 즉 진술대상과 관련이 있다. 따라서 주어는 동원을 나타내기도 하고 진술대상을 나타내기도 하는 통사성분이라고 할 수 있다. 형식상 주어는 술어동사 앞에 출현하고 개사를 대동하지 않는 명물名物이나 동원을 나타내는 단어이다 (일반적으로 명사성 단어이며, 술어동사 앞에 명사성 단어가 여러 개 있으면 주사를 나타내는 동원이 주어가 된다)[18]. 이로부터 다음과 같은 사실을 알 수 있다. 주어가 '진술대상'을 나타낼 수 있지만 진술대상이 반드시 주어인 것은 아니다. 따라서 문장에서 주어를 분석하는 의의가 단순히 '대상을 진술하는 것'이라고 할 수는 없다. 이를 위해, 본고는 문장의 문간을 분석할 때 먼저 주어와 주제어를 구분하고, 통사평면의 주술구조와 화용평면의 주제어-진술어구조를 엄격하게 구분한 후, 문간의 '주제어-진술어구조'를 분석하는 토대 위에서 다시 주술구조 내의 실사와 실사로 구성된 통사구조를 분석한다.

---

17 呂叔湘(1979)《汉语语法分析问题》p.71, 商务印书馆.
18 范晓(1998)《汉语句法结构中的主语》,《语言研究的新思路》, 上海教育出版社 참조.

5.2 통사분석의 방법과 절차

통사분석에 있어서 전통문법은 '성분분석법'을 중시하고 구조주의 문법은 '층차분석법'을 중시한다. 본고는 상술한 두 가지 분석법을 결합시켜 '성분층차분석법'을 채택해야 한다고 생각한다. 즉 통사성분을 분석해야 할 뿐만 아니라 각 성분 간의 층차관계도 분석해야 한다.[19] 통사분석의 절차는 다음과 같다.

1단계, 품사배열순서분석. 문간 내의 품사(단어의 통사기능유형. '명사, 동사, 형용사, 부사, 수사' 등) 배열순서에 근거해서 문간의 품사배열순서를 묘사한다.

2단계, 통사성분분석. 문간 내의 단어와 단어의 결합관계와 통사위치에 근거해서 품사배열순서 내의 각 실사가 통사구조에서 어떤 통사성분을 충당하는지를 분석한다('주어, 술어, 목적어, 보어, 관형어, 부사어, 중심어' 등).

3단계, 성분층차분석. 문간 내의 실사가 충당하는 통사성분 간의 층차관계에 근거해서 실사가 문장에서 어떤 통사구조의 구로 조합되는지를 분석한다('주술구, 술목구, 술보구, 관형어-중심어구, 부사어-중심어구' 등).

4단계, 문형분석. 문간 내의 실사나 구가 충당하는 통사성분과 통사성분 간의 층차관계에 근거해서 해당 문장이 어떤 문형에 속하는지를 확정한다(문장의 전체적인 통사틀. '주술문, 주술목문, 주술보문, 주술목목문' 등).[20]

---

19 范晓(1980)《谈谈析句问题》,《安徽师大学报》第4期 참조.

20 기본문형을 확정할 때, 중심단어와 그 주요성분을 중시해야 하지만 층차관계도 소홀히 해서는 안 된다. 예를 들어 '我知道他来나는 그가 오는 것을 안다'와 '我请他来

① 张三睡觉了。장삼은 잠을 잤다.

② 张三批评李四了。장삼은 이사를 비판했다.

③ 张三的弟弟打坏两个乒乓球了。장삼의 동생은 탁구공 두 개를 망
  가뜨렸다.

　예①과 예②는 실사의 수량이 적고 문장이 짧으며 분석도 비교적 쉽
다. 예① '명+동' 품사배열순서에서 명사 '孩子'는 주어, 동사 '睡觉'는
술어로 분석하고 '주술문'문형으로 규정할 수 있다. 예② '명+동+명'의
품사배열순서에서 명사 '张三'은 주어, 동목구 '批评李四了'는 술어로
분석하고 '주술목'문형으로 규정할 수 있다. 예③은 실사의 수량이 많
고 문장이 길며 분석이 상대적으로 복잡하다. 이 문간의 통사분석 절
차는 다음과 같다.

예문 단계	张三 的	弟弟	打	坏	两 个	乒乓球
1단계 품사배열순서	명사 조사	명사	동사	형용사	수사 양사	명사
2단계 성분분석	관형어	중심어	술어	보어	한정어	중심어
3단계 층차분석	관형어중심어구		술어보어구		관형어중심어구	
4단계 문형분석	주어		술어		목적어	

나는 그를 오라고 청한다'는 단어의 순서배열이 같지만('명사+동사+명사+동사'이다),
층차관계는 다르다(전자는 '我 I 知道 II 他来', 후자는 '我 I 请他 II 来'). 따라서 서로 다
른 문형이 된다.

479

위의 분석을 통해 알 수 있듯이 첫번째 단계는 품사(통사류)배열순서 분석으로, 이 문간은 '(명+的+명)+(동+형)+(수+양+명)'품사배열순서이다. 두번째 단계는 단어의 통사성분 분석으로, 실사가 담당하는 통사성분은 '관형어+중심어+술어+보어+관형어+중심어'이다. 세 번째 단계는 각 통사성분이 서로 대응하는 층차에 대한 분석으로, 이 문간은 '관형어+중심어구+술어+보어구+관형어+중심어'조합이 된다. 네번째 단계는 문형 분석으로, '성분-층차'분석을 하면 이 문간은 관형어+중심어구가 주어와 목적어를 충당하고 술어-보어구가 술어를 충당하는 '주술목(SVO)' 문형이며 '주술보목(SVCO)' 문형이라고도 할 수 있다.[21]

6. 문간의 의미분석

문장에 대한 의미분석은 바로 문간의 의미성분과 그것이 구성하는 의미구조를 분석하고 나아가 문모를 확정하는 것이다.[22] 의미구조에서 가장 중요한 것은 동핵구조이다. 문모는 일반적으로 동핵구조로 구성되며 이 동핵구조는 문장을 분석하고 이해하는 관건이 된다. 따라서 문장을 분석할 때는 동핵구조를 확실하게 파악해야 한다.[23] 의미분석

21　영어의 단문은 일반적으로 '주술(SV), 주술보(SVC), 주술목(SVO), 주술목목(SVOO), 주술목보(SVOC)'의 다섯 가지 기본 문형이 있다고 여긴다. 중국어의 단문에 얼마나 많은 기본문형이 있는지, 그리고 어떻게 각종 기본문형을 묘사하는지에 대한 학자들의 의견이 일치하지 않는데, 이는 깊이 연구할 만한 가치가 있다.

22　'문모'에 관해서는 范晓(1995)《句型、句模和句类》,《语法研究和探索(七)》, 商务印书馆, 朱晓亚(2001)《现代汉语句模研究》, 北京大学出版社 참조.

에 있어서는 주로 동핵구조분석법, 명핵구조분석법, 문모분석법을 사용하는데 이 분석법과 관련된 것으로는 의미배가분석법, 의미특징분석법, 의미지향분석법 등이 있다. 본고에서는 동핵구조분석법과 문모분석법에 대해 중점적으로 논하고자 한다.

6.1 동핵구조분석법

동핵구조는 동핵을 핵심으로 하는 의미구조를 말한다. 동핵구조는 의미성분인 동핵과 그것이 제약하는 관련 의미성분으로 구성된다. 동핵은 동핵구조의 핵심성분이고 동핵구조에서 기타 의미성분을 제약하는 성분이다. 동핵이 제약하는 의미성분에는 동원과 상원이 있는데 이 두 가지 의미성분은 논원으로 개괄할 수 있다[24]. 동핵을 둘러싼 동원과 상원은 모두 동핵에 속하지만 동원과 상원은 동핵구조에서 지위와 역할이 일치하지는 않는다. 동원은 동핵구조에서 동핵과 연계된 강제성 의미성분이며 동핵이 동핵구조를 구성하는 '필수' 의미성분이다. 동핵이 없으면 당연히 동핵구조를 형성할 수 없고 동원이 없으면 마찬가지로 동핵구조를 형성할 수 없다. 따라서 동핵과 동원은 동핵구조를 구성하는 기본요소로 동핵구조에서 없어서는 안 되는 의미성분이다.

---

23 '동핵구조'에 관해서는 范晓(1991) 《动词的"价"分类》(《语法研究和探索(五)》), 语文出版社. 范晓(2011) 《论动核结构》, 《语言研究集刊》第八辑, 上海辞书出版社 참조. 동핵구조 외에 명핵구조(특히 영속구조)도 문장에서 상당히 중요하며, 일부 문장에 대해 의미분석을 할 때 소홀히 해서는 안된다. 范晓(2011) 《论名核结构》, 《语言问题再认识》, 上海教育出版社 참조.

24 일부 문법서는 각 동사가 모두 자신의 논원구조(대체로 본고에서 말한 '동핵구조'에 해당)를 가지고 있다고 생각한다. 본고는 프랑스 언어학자 테스니에르(Tesniere)의 '종속관계문법'에 근거하여 동사와 관련된 의미성분을 '동원(행동원)'과 '상원(상태원)'으로 구분한다.

상원은 동핵구조에서 동핵과 연계된 비강제적인 의미성분이고 동핵이 동핵구조를 구성할 때의 '비필수' 의미성분으로 주로 일부 배경성 또는 주관성 정보를 증가시키는 데 사용되며, 이를 제거해도 동핵구조는 여전히 성립될 수 있다. 동핵과 동원으로 구성된 동핵구조는 '기간基干동핵구조'('张三看话剧 장삼이 연극을 본다')이고 동핵과 동원에 상원을 더하여 구성된 동핵구조는 '확장擴張동핵구조'('张三现在正在大剧院看话剧 장삼은 지금 대극장에서 연극을 보고 있다')이다.

동핵구조는 문장을 구성하는 의미 기저이다. 동핵구조가 문장을 생성할 때 반드시 화용상의 필요에 따라 통사배치를 해서 표리表裏관계인 '문형-문모'결합체(기본문간)를 형성하며 일정한 어조를 더하면 하나의 완정한 문장을 만들어낼 수 있다. 문간은 모두 동핵구조로 구성된다. 어떤 것은 하나의 동핵구조로 구성되고 어떤 것은 두 개 이상의 동핵구조로 구성된다.

① 张三喝酒了。 장삼은 술을 마셨다.

② 张三醉了。 장삼은 취했다.

③ 张三喝酒喝醉了。 장삼은 술을 마시고 취했다.

④ 张三喝醉酒驾驶汽车。 장삼은 술에 취해 차를 몰았다.

⑤ 张三喝醉酒驾驶汽车撞了桥栏。 장삼은 술에 취해 차를 몰다가 다리 난간을 들이받았다.

⑥ 张三喝醉酒驾驶汽车把桥栏撞坏了。 장삼은 술에 취해 차를 몰다가 다리 난간을 들이받아 부쉈다.

예①과 예②는 하나의 동핵구조(각각 '张三喝酒', '张三醉')이고 예
③은 두 개의 동핵구조(张三喝酒+张三醉)이며 예④는 세 개의 동핵구
조(张三喝酒+张三醉+张三驾驶汽车)이다. 예⑤는 네 개의 동핵구조
(张三喝酒+张三醉+张三驾驶汽车+汽车撞桥栏)이고, 예⑥은 다섯 개
의 동핵구조(张三喝酒+张三醉+张三驾驶汽车+汽车撞桥栏+桥栏坏)
이다.

6.2 문모분석법

의미평면에서 문장을 분석하는 최종 목적은 문모를 확정하는 것이
다. 문모는 동핵구조가 문간을 구성하는 기본의미모식이다. 즉 동핵
구조가 화용필요에 따라 통사배치를 해서 형성된 의미성분이 문간에
서 배치된 구조이기 때문에, 동핵구조는 문모를 형성하는 기초가 된
다. 문형과 문모는 표리관계로, 문형이 문간의 표층구조라면 문모는
문간의 심층구조라고 할 수 있다. 기본문모는 문간에서 문모를 구성하
는 동핵구조의 수량과 동핵의 성질에 근거해서 확정된다. 현대중국어
에 얼마나 많은 기본문모가 있는지는 깊이 연구할 필요가 있다. 필자
는 문모에 영향을 주고 문모를 결정하는 것은 다음과 같은 몇 가지 요
소가 있다고 생각한다.

첫째, 문장 속 동핵구조의 수량이 다르면 문모도 다르다. 상술한 '张
三喝酒了, 张三喝酒喝醉了, 张三喝醉酒驾驶汽车, 张三喝醉酒驾驶汽
车撞了桥栏, 张三喝醉酒驾驶汽车把桥栏撞坏了'는 문간 속 동핵구조
의 수량이 다르고 문모도 다르다.

둘째, 동사의 의미특징이 다르면 문모도 다르다. '张三批评李四 장

삼이 이사를 비판한다', '张三是学生 장삼은 학생이다'은 동핵구조의 수량은 같지만(모두 하나의 동핵구조) 문모는 다르다. 앞문장의 술어동사 '批评'의 의미특징은 '동작'이고, '시사+동작동핵+수사'문모를 구성한다. 뒷문장의 술어동사 '是'의 의미특징은 '관계'이고 '기사+관계동핵+지사'문모를 구성한다.

셋째, 의미지향이 다르면 문모도 다르다. '我知道他来北京 나는 그가 북경에 온 것을 알고 있다', '我邀请他来北京 나는 그를 북경에 초청한다'은 품사배열순서는 같지만 문모는 다르다. 앞문장의 술어동사 '知道'는 의미상 주어 '我'와 목적어 '他来北京'을 지향하고, '시사동핵수사'문모를 구성한다. 뒷문장의 술어동사 '邀请'은 의미상 주어 '我'와 목적어 '他'를 지향하고 보어 속의 동사 '来'는 의미상 내포된 주어 '他'와 위사목적어 '北京'을 지향하여, '시사동핵수사+[시사] +동핵위사'문모를 구성한다.[25]

넷째, 동사의 의미결합가가 다르면 문모도 다르다.

① 张三休息了。장삼은 쉬었다.
② 张三批评李四。장삼은 이사를 비판한다.
③ 张三送李四礼物。장삼은 이사에게 선물한다.

위 세 문간은 술어동사의 결합가가 다르기 때문에 문모도 다르다.

---

[25] '我知道他来北京나는 그가 북경에 온다는 것을 알고 있다'과 '我邀请他来北京나는 그를 북경에 오라고 초청한다'은 문모가 다를 뿐 아니라 문형도 다르다. 앞문장 속 '他来北京그가 북경에 온다'은 '知道'의 동원이고, 문형은 '주술목'형식이다. 뒷문장은 일반 문법서에서 '겸어문'으로 분석하고 있는데, 필자는 '주술보'문으로 분석한다. 즉, '邀请' 뒤의 성분을 보어로 분석한다. 范晓(2009) 《汉语句子的多角度研究》 p.199, 北京商务印书馆 참조.

예①의 술어동사 '休息'는 일가동사로 '시사-동핵'문모, 예②의 술어동
사 '批评'은 이가동사로 '시사동핵수사'문모, 예③의 '送'은 삼가동사로
'시사동핵여사수사'문모를 구성한다.

다섯째, 의미성분이 통사평면에서 나타내는 어순이 다르면 문모도
다르다. '10个人吃了一锅饭 10명이 밥 한 솥을 먹었다'과 '一锅饭吃了10
个人 밥 한 솥을 10명이 먹었다'은 동핵구조는 같지만 의미성분의 어순이
다르기 때문에 문모도 다르다. 앞문장은 '시사동핵수사'문모이고 뒷
문장은 '수사동핵시사'문모이다.

여섯째, 허사(특히 개사)의 유무나 차이에 따라 문모도 다를 수 있다.
'张三批评了李四', '张三把李四批评了', '李四被张三批评了'는 모두 동핵
이 시사, 수사와 연계하여 구성된 것이지만 문모가 서로 다르다. 각각 '시
사동핵수사', '시새[把]수사동핵', '수새[被]시사동핵' 문모에 속한다.

7. 문간의 문식의미 분석

문간문식은 일정한 문법형식(주로 품사배열순서를 가리키며 특정
단어, 고정격식 포함)으로 표현되고 일정한 문법의미와 문간의 추상
적인 문법구조를 나타낸다. 문간문식은 朱德熙가 언급한 문장의
'일정한 층차구조와 내부구조관계의 추상적인 품사배열순서'를 의미
하며[26] '문간의 문법구조'라고 볼 수도 있다.[27] 문간문식은 통사, 의미,

---

26   朱德熙(1986)《变换分析中的平行性原则》,《中国语文》第2期.

26   역주: 원문에서는 '构式'라고 함.

27   '구조식'에 관해서는 Goldberg(2007)《构式—论元结构的构式语法研究》, 吴海波

화용의 삼위일체이며 종합적으로 구성된 '문간의 추상적인 문법구조틀'이다.[28]

문간문식은 형식과 의미의 결합체로 형식은 주로 품사배열순서(어순, 허사, 고정형식 및 일부 특징단어 등 포함)로 표현되고 의미는 그전체적인 화용기능의미, 즉 '문식의미'를 가리킨다.[29] 이러한 의미는문간 내 동핵구조의 통사배치상의 동핵과 동원의 관계의미 및 동핵구조와 동핵구조 사이의 관계의미를 종합하여 구성된 것이다.

① <u>大黃狗咬小花猫</u>了。 누렁이는 얼룩 고양이를 물었다.
② <u>大黃狗把小花猫咬</u>了。 누렁이는 얼룩 고양이를 물었다.
③ <u>小花猫被大黃狗咬</u>了。 얼룩 고양이는 누렁이에게 물렸다.
④ <u>大黃狗咬伤花猫</u>了。 누렁이는 얼룩 고양이를 물어서 다치게 했다.

예①의 품사배열순서는 '명사+동사+명사'형식이고 통사평면에서는 '주술목'문형이며 의미평면에서는 '시사동핵수사'문모이고 문식의미는 '시사가 행한 동작이 수사에게 가해지다'이다. 예②, 예③, 예④는모두 두 개의 동핵구조로 구성되어있고 동핵구조의 기저는 같다. 그러나 이들 내부 동핵구조의 의미성분은 통사평면에서의 배열순서 배치

역, 北京大学出版社 참조. Goldberg의 '구조식'의 범위는 매우 넓다(문장, 구, 어소 등을 포함). 본문의 문간, 문식은 대체로 Goldberg가 말한 '문장 차원의 구조식'에 해당된다.

28 范晓(2010) 《关于句式问题》, 《语文研究》第4期. 范晓(2012) 《略论句干及其句式》, 《山西大学学报》第3期 참조.

29 문간 구조식의 '구조식의미'에 해당한다. '문식의미'에 관한 저술은 范晓(2010) 《试论句式意义》, 《汉语学报》第3期 참조.

가 다르고 문간에 허사가 있는지 없는지 또는 어떤 허사가 있는지가 다르기 때문에, 위의 세 가지 예문은 서로 다른 문식이고 문식의미 또한 다르다. 예②의 품사배열순서는 '명사+把명사+동사'형식이고 통사평면에서는 '주어-개사목적어-동사'문형('주어부사어중심어'문형이라고도 함)이며 의미평면에서는 '시사-把수사-동핵'문모이고, 문식의미는 '시사가 수사에 어떤 동작을 가해서 수사로 하여금 모종의 결과를 초래하게 하다'이다. 예③의 품사배열순서는 '명사+被명사+동사'형식이고 통사평면에서는 '주어-개사목적어-동사'문형('주어부사어중심어'문형이라고도 함)이며 의미평면에서는 '수사-被시사-동핵'문모이고, 문식의미는 '시사가 행한 어떤 동작을 수사가 받아서 자신이만든 모종의 결과를 야기하다'이다. 예④는 두 개의 동핵구조가 병합되어 구성된 것으로, 품사배열순서는 '명사+동사+동사+명사'형식이고, 통사평면에서는 '주어-동사보어-목적어'문형(동보구가 술어가 되는 '주어서술어목적어'문형이라고도 함)이며 의미평면에서 '黄狗咬花猫+花猫伤' 두 동핵구조가 병합되어 구성된 것으로 '시사동핵수사+계사동핵'문모이고 두 동핵 사이에는 '결과를 초래'하는 치사致使의미가 있으며, 문식의미는 '시사가 행한 어떤 동작이 수사에 가해져 수사가모종의 결과를 야기하다'이다.

8. 문간의 주관적인 감정표현 분석

어떤 사건을 어떻게 생각하고 표현하는지는 모두 화자 자신의 입장,

생각, 심정의 지배를 받으므로, 문간이 동핵구조나 문모 또는 생각의 내용을 표현할 때는 필연적으로 화자의 '자기표현을 나타내는 성분'이 동반되며 문간에 이러한 흔적을 남긴다.[30] 문간에서 이러한 흔적은 의미평면의 동핵구조나 문모에 속하지 않고 생각하는 내용에도 속하지 않으며 화자가 사건이나 생각에 부여한 자신의 관점, 태도, 취지, 감정, 어기 등은 모두 '주관적인 감정표현'으로 볼 수 있다. 주관적인 감정표현 성분이나 방식은 다양하여 주로 문식의 선택, 단어의 순서나 어순의 선택, 음운운률의 선택 등이 있다. 편폭의 한계로 본고에서는 문식의 선택, 단어의 선택, 음운운률의 선택에 대해서만 몇 가지 예를 들어 설명하고자 한다.

8.1 문식의 선택

문식은 모두 특정한 문식의미가 있고 서로 다른 문간문식은 서로 다른 화용의미가 있다. 사건이나 생각이 같더라도 표현의 필요에 따라 서로 다른 문간문식을 선택할 수 있다. 선택한 문식이 다르면 표현한 주관적인 감정 또한 다르다.

① a. 墙上挂着毕加索的油画。벽에 피카소의 유화가 걸려 있다.

　　b. 毕加索的油画挂在墙上。피카소의 유화가 벽에 걸려 있다.

② a. 大灰狼把小白兔咬伤了。늙은 이리가 작은 토끼를 물었다.

　　b. 小白兔被大灰狼咬伤了。작은 토끼가 늙은 이리에게 물렸다.

③ a. 十个人吃了一锅饭。열 사람이 밥 한 솥을 먹었다.

30 　沈家煊(2001)《语言的"主观性"和"主观化"》, 《外语教学与研究》第4期 참조.

b. 一锅饭吃了十个人。 밥 한 솥을 열 사람이 먹었다.

④ a. 最困难的日子已经过去了。 가장 힘든 날이 이미 지나갔다.

b. 已经过去了, 最困难的日子。 이미 지나갔다, 가장 힘든 날이.

예①의 a와 b를 비교하면 기본의미는 같지만 선택한 문식은 다르다. 전자는 'N장소+V着+N사물'문식을 선택하고 후자는 'N사물+V在+N장소'문식을 선택했다. 문식이 다르기 때문에 문식의미가 다르다. 전자는 주안점이 된 '장소'가 '주제어'가 되고 '어떤 장소에 어떤 사물이 존재하며 어떤 방식이나 상태로 존재하고 있다'는 문식의미를 나타낸다. 후자는 주안점이 된 '사물'이 '주제어'가 되고 '명물이 어떤 방식이나 상태로 어느 곳에 위치한다'는 문식의미를 나타낸다.[31] 예②의 a와 b를 비교하면 기본의미는 같지만 선택한 문식이 다르다. 전자는 '把'자문식을 선택하고 후자는 '被'자문식을 선택했다. 문식이 다르기 때문에 문태文態도 다르다. 전자는 주안점이 된 시사가 '주제어'가 되어 '능동적인 처치'를 강조하는 서술태이며, 문식의미는 '시사가 능동적으로 수사에 동작을 가해서, 수사가 모종의 결과를 야기한다'는 것이다. 후자는 주안점이 된 수사가 '주제어'가 되어 '피동'을 강조하는 서술태이며, '수사가 피동적으로 시사가 가하는 동작을 받아서 자신이 모종의 결과를 낳는다'는 것이다. 예③의 a와 b를 비교하면 기본의미는 같지만 선택한 문식은 다르다. 전자는 '(수량+N시사)+V了+(수량+N수사)'문식을 선택하고 후자는 '(수량+N수사)+V了+(수량+N시사)'문식

---

31 일반적으로 전자는 '존재문'이라고 하고 후자는 '정위定位문'이라고 한다. '정위문'에 관해서는 范晓(2013)《论语序对句式的影响》,《汉语学报》第1期. 范晓(2009)《汉语句子的多角度研究》 p.280, 商务印书馆 참조.

을 선택했다. 문식이 다르기 때문에 화용의미도 다르다. 전자는 '수량
+사람'이 출발점, '수량+사물'이 도착점이고 문식의미는 일정한 수의
'사람'이 일정한 수의 '사물'에 능동적으로 동작을 가하는 것을 서술한
다.[32] 예④의 a와 b를 비교하면 기본의미는 같지만 선택한 문식이 다르
기 때문에 표현하는 주관적인 감정표현에도 차이가 있다. 전자는 일반
적인 어순의 문식을 선택하여 일반적인 서술태를 나타낸다. 후자는 어
순이 전도된 변식문을 선택하여 특수한 서술태를 나타낸다(먼저 진술
어를 언급하여 특별히 강조함). 문식의 선택에는 여전히 여러 상황이
있고 표현하는 주관적인 감정표현 또한 다양하다.[33]

8.2 단어의 선택

화자의 생각을 표현할 때 선택하는 단어에 따라 특정한 주관적 감정
을 표현할 수 있다.

    ① a. 他<u>可能</u>喝酒了。 그는 <u>아마</u> 술을 마셨을 것이다.

       b. 他<u>应该</u>喝酒了。 그는 <u>당연히</u> 술을 마셨다.

       c. 他<u>可以</u>喝酒了。 그는 술을 마셔도 <u>된다</u>.

    ② a. 他<u>大概</u>吃过饭了。 그는 <u>아마</u> 밥을 먹었을 것이다.

---

[32] 이런 종류의 문장을 '공동供動문'이라고 한다. 范晓(2009) 《汉语句子的多角度研
究》 pp. 255-257, 商务印书馆 참조.

[33] 일부 문식은 원래 주관적인 의미를 가지고 있으며, 표현하는 사람이 객관적인 '원
형原型문식'을 주관화 또는 화용화하는 역사변천의 과정에서 축적한 정형화된 형
식이다. 동태적으로 사용하여 어떤 생각이나 내용을 표현할 때는 화용상의 필요
에 따라 특정한 문식을 선택해야 하는데, 이러한 '선택' 자체도 표현하는 사람의
주관성을 반영한다. '원형문식'에 관해서는 范晓(2013) 《论语序对句式的影响》,
《汉语学报》第1期 참조.

b. 他的确吃过饭了。 그는 <u>확실히</u> 밥을 먹었다.

c. 他难道吃过饭了。 그가 <u>설마</u> 밥을 먹었단 말인가.

③ a. 这任务<u>看样子</u>他没法完成。 이 임무는 <u>보아하니</u> 그가 완수할 수 없을 것 같다.

b. <u>毫无疑问</u>, 这任务他没法完成。 <u>의심의 여지 없이</u>, 이 임무는 그가 완수할 수 없다.

④ a. 他们<u>团结</u>在一起。 그들은 함께 <u>단결한다</u>.

b. 他们<u>勾结</u>在一起。 그들은 함께 <u>결탁한다</u>.

예①의 각 문장은 동일한 '시사동핵수사(他喝酒그가 술을 마신다)' 동핵구조로 동일한 사건이나 명제를 표현하지만 세 문장에서 선택한 평의동사('능원동사', '조동사'라고도 함. 이런 단어는 사건이나 명제에 대한 주관적인 평가나 의론을 나타내는 데 쓰임)가 다르기 때문에 문장이 표현하는 주관적 감정의미에 차이가 있다. 예①a의 '可能'은 추측, 예①b의 '应该'는 당위, 예①c의 '可以'는 허가를 나타낸다. 예②의 각 문간도 동일한 '시사동핵수사(他吃饭 그는 밥을 먹는다)'동핵구조로 동일한 사건이나 명제를 표현하지만 세 문간에서 선택한 평의부사(평주부사平注副詞[34]라고도 함. 주로 사건, 명제에 대한 주관적인 평가와 태도를 나타내는 데 쓰임)가 다르기 때문에 문장이 표현하는 주관적인 감정의미 또한 다르다. 예①a의 '大概'는 추측의 말투, 예①b의 '的确'는 확신의 말투, 예①c의 '难道'는 부정적인 평가의 말투를 나타낸

---

[34] '주석성 부사'에 관해서는 张谊生(2000)《现代汉语副词研究》 p.18, 学林出版社 참조. 이런 유형의 부사에는 '也许아마도, 幸亏다행히, 竟然의외로, 简直그야말로, 明明분명히, 务必반드시' 등이 있다.

다. 예③의 두 문간에는 모두 삽입어[35]가 있다. 이런 단어는 문간에서 통사구조의 성분을 충당할 수는 없지만 '쓸 데 없는 말'이 아니고 기본 문간이 표현하는 생각 외에 화자 자신의 주관적인 감정을 첨가한다. 예③a의 '看样子'는 주관적인 평가나 추측을 나타낸다('看来, 看起来, 想来, 想必, 料想' 등의 삽입어도 이런 의미를 나타낼 수 있음). 예③b 의 '毫无疑问 의심의 여지없이'은 긍정이나 강조의 말투를 나타낸다('无论如何 어쨌든, 老实说 솔직하게 말하면, 严格地说 엄격하게 말하면, 不用说 말할 필요없이' 등과 같은 삽입어도 이런 의미를 나타낼 수 있음). 예④는 긍정적인 의미와 부정적인 의미의 단어선택과 관련이 있다. 긍정적인 의미의 단어나 부정적인 의미의 단어를 선택하는 것으로도 서로 다른 주관적인 입장이나 감정적 색채를 나타낼 수 있다. 예를 들면, 예④a의 동사 '团结'와 예④b의 동사 '勾结'는 표면적으로는 모두 '결합하다, 집합하다'의 의미를 갖지만, 전자는 긍정적인 의미색채를 나타내어 긍정과 칭찬의 감정을 띠고 후자는 부정적인 의미색채를 나타내어 증오와 경멸의 감정을 띤다.

8.3 음운운률의 선택

음운운률은 다양(중음, 경성, 휴지, 억양 등 포함)하지만 본고에서는 중음의 선택에 대해 논하고자 한다. 구어에서 모든 문장이 다 중음을 가지는 것은 아니지만 화용상의 필요에 따라 문장 내 어떤 단어는 발음을 강하게 할 수 있다. 중음은 일반적으로 강조중음(감정중음이라고도 함)이라고 칭하는데, 주로 표현중점을 돌출시키거나 강조하

---

[35] 역주: '삽가어插加語', '천삽어穿插語', '삽설插說'이라고도 함.

는 데 사용된다. 예를 들면, '晓婧考上大学了 효정이는 대학에 합격했다'
는 평이하게 말하면 중음이 없다. 그러나 화자의 동기와 의도에 따라
특정성분을 강조하기 위해 특정 단어를 강하게 읽을 수도 있다.

① <u>晓婧</u>考上大学了。 <u>효정</u>이는 대학에 붙었다.
② 晓婧<u>考上</u>大学了。 효정이는 대학에 <u>붙었다</u>.
③ 晓婧考上<u>大学</u>了。 효정이는 <u>대학</u>에 붙었다.

예①의 중음은 '晓婧', 예②의 중음은 '考上', 예③의 중음은 '大学'에
있다. 상술한 각 문장에서 중음 위치의 차이는 화자의 표현중점의 차
이를 나타낸다.

9. 결론

문장은 추상문과 구체문으로 구분할 수 있기 때문에 문장분석은 반
드시 두 가지 측면의 내용(또는 두 가지 목적)과 관련된다. 첫째, 구체
문에 대한 분석을 통해서 구체문이 어떤 추상문(문형, 문모, 문류의 결
합체)에 귀속되는지 확정해야 하며 그 목적은 추상문의 추상적인 의
미를 이해하는 것이다. 둘째, 구체문 속 단어의 어휘의미와 문법 의미
를 결합시켜 분석해야 하며, 그 목적은 구체문이 표현하는 구체적인
의미를 분석하는 것이다.[36]

---

36   范晓(2015)《"三维语法"视角下的汉语句子教学》,《国际汉语教学研究》第1期 참조.

　문장분석에는 두 가지 전제가 있는데 어휘지식(주로 어휘의미)과 문법지식(주로 품사에 대한 지식, 구에 대한 지식, 문장 속 문형, 문모, 문류 및 각종 화용의미에 대한 지식)이다. 만일 단어의 어휘의미와 기본적인 문법지식을 모르면 문장을 분석하기 어렵다. 문장을 분석하는 과정은 '해독'의 과정으로, 형식에서 의미까지 문법해독을 해야 한다. 즉 문법형식에서 출발해서 형식을 통해서 문장이 나타내는 각종 의미를 발견해야 한다. 따라서 문장분석의 기본전략은 문장 속 구체적인 단어의 어휘지식과 문장의 기본문법 지식을 이해하는 토대 위에 문장의 품사배열순서와 각종 문법형식에 근거하여 통사, 의미, 화용 각 방면에서 문간과 어기를 해석해야 한다. 이렇게 해야만 하나의 완정한 문장의 의미를 이해할 수 있다.

　'삼차원문법'이론을 운용해서 문장분석을 하려면 삼차원(통사, 의미, 화용)을 구분하는 데 주의를 기울여야 할 뿐만 아니라 삼차원 사이의 연계와 상호제약에도 주의를 기울여야 한다. 또 반드시 의식적으로 적절하게 이러한 이론을 문장분석의 각 부분에 적용해야 한다. 문법교재 속 문장분석의 구체적인 내용과 문장분석의 일부 용어 및 설명, 해석은 서로 다른 교학대상, 교학목적과 관련되기 때문에 천편일률적이어서는 안 되고 실제상황에 따라 목적성 있게 상응하는 문법교재를 구성해야 한다.

　'삼차원문법'에 입각해서 문장을 분석하는 것은 새로운 방법이다. 본고는 전인과 당대 학자의 문장분석 연구에서 적지 않은 성과를 계승하고 받아들이기는 했지만 통사분석은 물론 의미분석, 화용분석 각 부분에서 혁신적인 견해를 제시했다. 본고의 관점이 타당한지에 대해 여

494

러 연구자들의 비판과 질정을 바란다.

[참고문헌]

陈昌来(2005)《现代汉语三维语法论》, 学林出版社
范晓(1980)《关于结构和短语问题》,《中国语文》第3期
范晓(1980)《谈谈析句问题》,《安徽师大学报》第4期
范晓(1991)《动词的"价"分类》,《语法研究和探索(五)》, 语文出版社
范晓(1991)《试论语义结构中的主事》,《中国语言文学的现代思考》, 复旦大
　　学出版社
范晓(1995)《句型、句模和句类》,《语法研究和探索(七)》, 商务印书馆
范晓(1996)《三个平面的语法观》, 北京语言学院出版社
范晓(1998)《汉语句法结构中的主语》,《语言研究的新思路》, 上海教育出版社
范晓(1999)《略说句系学》,《汉语学习》第6期
范晓 · 张豫峰(2003)《语法理论纲要》, 上海译文出版社
范晓(2001)《论名核结构》,《语言问题再认识》, 上海教育出版社
范晓(2003)《说语义成分》,《汉语学习》第1期
范晓(2004)《三维语法阐释》,《汉语学习》第6期
范晓(2009)《汉语句子的多角度研究》, 商务印书馆
范晓(2010)《试论句式意义》,《汉语学报》第3期
范晓(2011)《论动核结构》,《语言研究集刊》第八辑, 上海辞书出版社
范晓(2012)《略论句干及其句式》,《山西大学学报》第3期
范晓(2013)《论语序对句式的影响》,《汉语学报》第1期
范晓(2013)《及物动作动词构成的句干句式》,《对外汉语研究》第10期
范晓(2015)《"三维语法"视角下的汉语句子教学》,《国际汉语教学研究》第1期
胡裕树 · 范晓(1994)《动词、形容词的"名物化"和"名词化"》,《中国语文》第2
　　期
黄伯荣 · 廖序东(2002)《现代汉语(增订三版)下册》, 高等教育出版社
黄伯荣 · 廖序东(2007)《现代汉语(增订三版)下册》, 高等教育出版社
吕叔湘(1979)《汉语语法分析问题》, 商务印书馆
邵敬敏(2001)《现代汉语通论》, 上海教育出版社
沈家煊(2001)《语言的"主观性"和"主观化"》,《外语教学与研究》第4期
沈阳 · 郭锐(2014)《现代汉语》, 高等教育出版社
孙汝建(1999)《语气和口气研究》, 中国文联出版社
邢福义(1997)《汉语语法学》, 东北师范大学出版社
吴中伟(2001)《试论汉语句子的主述结构》,《语言教学与研究》第3期
吴中伟(2004)《现代汉语句子的主题研究》, 北京大学出版社

徐阳春·刘纶鑫(2008)《现代汉语》, 高等教育出版社

张谊生(2000)《现代汉语副词研究》, 学林出版社

赵元任(1979)《汉语口语语法》, 商务印书馆

朱德熙(1986)《变换分析中的平行性原则》,《中国语文》第2期

朱晓亚(2001)《现代汉语句模研究》, 北京大学出版社

Goldberg(1995)《构式—论元结构的构式语法研究》(吴海波역), 北京大学出版社2007年

Li&Thompson(1984)《主语与主题: 一种新的语言类型学》(李谷城편역),《国外语言学》第2期

▌ 원문은《语言研究集刊》第十五辑 上海辞书出版社 2015年에 수록

제16장

동사의 결합가와 중국어의 把자문

1. 서론

결합가문법은 동사[1]가 문장의 중심임을 강조하므로 동사중심론이라고 할 수 있다. 동사의 결합가는 문장의 생성과 밀접한 관련이 있으며 하나의 문장을 생성하고 분석하는 데 있어서 동사는 중요한 위치를 차지한다. 동사가 핵심인 동핵구조(혹은 술핵구조)는 문장 생성의 기초로, 문법수단을 통해서 일정한 통사구조와 결합함으로써 문모가 형성되고 화용가치가 생성된다.[2] 따라서 동사가 把자문을 생성하는 기제 및 把자문을 분석하기 위해서는 동사의 결합가와 把자문의 관계를 연구할 필요가 있다.

하나의 문장은 하나의 동핵구조 또는 두 개 이상의 동핵구조로 이루어진다. 문장의 의미가 다르면 동핵구조의 유형 역시 다르다. 동핵구조가 같은 문장이라고 하더라도 화용표현이 달라지면 문모 역시 달라질 수 있다. 따라서 把자문을 연구하기 위해서는 동핵구조와 관련된 문제들을 연구해야 한다. 이를테면, 어떤 동사가 把자문을 구성할 수

---

1   여기서의 동사는 '광의의 동사'로 술어라고도 하며 일반 문법서에서 말하는 동사와 형용사가 포함된 개념이다.
2   范晓(1996)《动词的配价与句子的生成》,《汉语学习》第6期 참조.

있는가? 동사의 목적어, 보어 및 기타성분은 把자문을 구성할 때 어떤
기능을 하는가? 어떤 동사가 단일동핵 把자문을 구성할 수 있는가? 어
떤 동사가 다수동핵 把자문을 구성할 수 있는가? 다수동핵 把자문은
몇 개의 동핵구조가 어떤 방식으로 구성되는가? 동핵구조의 동원과
상원은 把자문을 생성할 때 어떤 기능을 하는가? 동사와 관련된 시태
범주, 수량범주, 결과범주, 감정범주 등은 把자문을 구성할 때 어떤 제
약이 있는가? 동핵구조는 어떤 화용적 요구에 따라 把자문을 구성하
는가? 把자문과 그의 변환식은 화용적 가치에 있어서 어떤 차이가 있
는가? 만약 把자문을 전면적으로 연구하고자 한다면 언급해야 할 문
제가 셀 수 없이 많다. 본고에서는 동사 결합가에 중점을 두어 把자문
을 논의하고자 한다.

把자문의 동핵구조를 연구하기 위해서는 把자문에 출현하는 동사
에 대한 연구가 선행되어야 한다. 모든 동사가 把자문을 구성할 수 있
는 것은 아니라는 점은 이미 대다수의 연구에서 언급한 바 있으나, '어
떤 동사가 把자문을 구성할 수 있는지, 어떤 동사가 把자문을 구성할
수 없는지' 등과 같은 문제는 학자들 간 견해가 다르다. 王力는 "처치성
질을 나타내는 동사만이 把자문에 사용될 수 있다"고 하였고, 马真은
"把자문의 동사는 반드시 동작을 나타내는 타동사여야 한다"고 하였
으며, 崔希亮은 "把자문에 올 수 있는 동사는 동태동사이고 정태동사
는 올 수 없다"고 하였다. 그 밖에 金立鑫은 把자문에 올 수 없는 동사는
"대부분 비자주동사非自主動詞"라고 하였다.[3] 기존의 연구를 살펴보

---

3 王力(1943)《中国现代语法》p.83, 商务印书馆(1985年版). 马真(1981)《简明实用
   汉语语法》, 北京大学出版社. 崔希亮(1995)《关于把字句的若干句法语义问题》,
   《世界汉语教学》第3期. 金立鑫(1997)《把字句的句法、语义语境特征》,《中国语

면, 너무 단정적으로 주장하는 학자도 있었고 현상의 나열에 그치는 학자도 있었지만 나름대로 의미 있는 발견도 있었다. 동사가 구성하는 把자문의 규칙을 연구하는 데 어려운 점이 있다 하더라도 把자문의 동사 연구를 소홀히 할 수는 없다. 왜냐하면 동사는 "문장의 중심이자 핵심이므로 다른 성분들과 연결되어 있기 때문이다."[4] 따라서 기존의 연구성과를 기초로 把자문 동사에 대해 더욱 깊이 있는 연구가 필요하다.

본고에서는 동사와 그 동핵구조로 구성된 把자문의 규칙에 대해 중점적으로 논의하고자 한다. 서술의 편의를 위해 동사는 V, 주어는 S, 목적어는 O(목적어가 두 개일 경우 직접목적어는 O1, 간접목적어는 O2)로 표기한다.

2. 把자문의 동사

2.1 동사의 분류

동사는 서로 다른 분류기준에 따라 크게 세 가지로 나눌 수 있다. 첫째, 통사기능에 따라 타동사와 자동사로 분류할 수 있고, 둘째, 의미특징에 따라 동작동사(동작동사와 행위동사 포함), 경험동사, 성상동사(상태동사와 형용사 포함), 관계동사로 분류할 수 있으며, 셋째, 연관된 동원의 수량에 따라(동사의 결합가 분류) 일가동사, 이가동사, 삼가

文》第6期 참조.

4   呂叔湘(1987)《句型和动词学术讨论会开幕词》,《句型和动词》, 语文出版社.

동사로 분류할 수 있다. 이 세 가지 분류 모두 把자문과 관련이 있으나 把자문 생성측면에서 동사의 결합가 분류에 중점을 둘 예정이며, 다른 두 가지 분류는 결합가 분류와 연관시켜서 설명하고자 한다. 동사의 분류와 把자문의 관계를 명확히 하기 위해서 우선 동사의 체계에 대해 간단히 언급하고자 한다.

2.1.1 일가동사

동작동사(자동사, 준타동사 포함), 성상동사(상태동사와 형용사 포함), 방향동사가 있다. 자동사는 목적어가 없는 동작동사로 '休息, 咳嗽' 등이 있으며, 준타동사는 동사 자체가 목적어를 포함하는 동목식 이합동사로 '洗澡, 睡觉' 등이 있다. 상태동사는 사물의 상태를 나타내는 동사로 '醉, 倒塌' 등이 있으며, 형용사는 사물의 성질이나 속성을 나타내는 '高, 聪明' 등이 있다. 방향동사는 동작의 방향을 나타내는 '起来, 下去' 등이 있다.

2.1.2 이가동사

동작동사(수사동사, 결과동사, 결과초래동사, 정위定位동사, 상호동사, 대상동사), 경험동사(심리동사, 감지동사), 성상동사, 관계동사가 있다. 수사동사에는 '吃, 看', 결과동사에는 '造, 织', 결과초래동사에는 '美化, 振兴', 정위동사에는 '到, 在', 상호동사에는 '结婚, 约会', 대상동사에는 '求婚, 看齐', 경험동사에는 '知道, 看见, 遭遇', 성상동사에는 '陌生, 生疏', 관계동사에는 '是, 属于' 등이 있다.

2.1.3 삼가동사

교류동사, 방치동사, 사령使令동사, 상호동사가 있다. 교류동사에
는 '转交, 讨还', 방치동사에는 '放, 阁', 사령동사에는 '派, 强迫', 상호동
사에는 '商量, 交换' 등이 있다.

2.2 把자문의 술어중심어

把자문의 술어가 하나의 동사만으로 이루어졌다면 그 동사는 술어
중심어가 된다. 그러나 술어가 두 개 이상의 동사로 구성된 동사구라
면 술어중심어는 동사구 내의 주요 동사가 담당한다.

2.2.1 把자문의 술어중심어 위치에 일가동사가 오는 경우

① 要小心, 别把个犯人跑了。 조심해, 범인이 <u>도망가지</u> 않도록.
② 这天气把她冻得够呛。 이 날씨는 그녀를 꽁꽁 <u>얼게</u> 했다.
③ 这点酒就把他醉倒了。 이만큼의 술로 그는 <u>취해서</u> 넘어졌다.
④ 他们把简单问题复杂化了。 그들은 간단한 문제를 <u>복잡하게 만들었다</u>.
⑤ 这活儿可把他累坏了。 이 일은 그를 <u>피곤에</u> 지치게 했다.
⑥ 这件事把他忙了一阵子。 이 일로 그는 한동안 <u>바빴다</u>.

일가동사가 把자문의 술어중심어인 경우는 많지 않으며 주로 예①
과 예②의 '跑, 冻'과 같은 자동동작동사, 예③과 예④의 '醉, 复杂化'와
같은 상태동사, 예⑤와 예⑥의 '累, 忙'과 같은 형용사가 있다. 대부분
의 일가동사는 把자문의 술어중심어에 올 수 없으며 초래 또는 야기시

키는 의미를 가질 때만 把자문의 술어중심어로 쓰일 수 있고, 그렇지 않으면 把자문의 술어로 쓰일 수 없다. 그 밖에 把자문을 구성할 때 把 뒤의 목적어는 사사使事를 나타낸다.

① a. 別跑了犯人 ⟷ 別把犯人跑了 범인을 도망가게 하지 말아라

   b. 累了他 ⟷ 把他累了 그를 피곤하게 했다

② a. 睡了个人 ⟷ *把个人睡了 한 사람이 잤다

   b. 倒塌了一间房子 ⟷ *把一间房子倒塌了 집 한 채가 무너졌다

예①a의 '跑'와 예①b의 '累'는 초래의미로 쓰여서 把자문 술어 위치에 올 수 있으며 예②a의 '睡'와 예②b의 '倒塌'는 초래의미로 쓰이지 않았기 때문에 把자문의 술어 위치에 올 수 없다.

2.2.2 把자문의 술어중심어 위치에 이가동사가 오는 경우

① 张三把李四批评了。 장삼은 이사를 <u>비판했다</u>.

② 他把房间收拾干净了。 그는 방을 깨끗하게 <u>정리했다</u>.

③ 他把那东西扔了。 그는 그 물건을 <u>내다버렸다</u>.

④ 我把杂草铲除了。 그는 잡초를 <u>제거했다</u>.

⑤ 她把你恨死了。 그녀는 너를 죽도록 <u>미워했다</u>.

⑥ 我把这件事忘了。 나는 이 일을 <u>잊었다</u>.

把자문의 술어중심어로는 이가동사가 가장 많으며 예①~예④의

'批评, 收拾, 扔, 铲除' 등과 같은 타동성, 자주성의 이가동작동사가 많다. 그 밖에 예⑤와 예⑥의 '恨, 忘'과 같이 타동의 심리동사도 把자문의 술어중심어 위치에 올 수 있다. 이가의 정위동사, 대상동사, 경험동사, 관계동사는 일반적으로 把자문의 술어중심어로 쓰이지 않는다.

2.2.3 把자문의 술어중심어 위치에 삼가동사가 오는 경우

① 我把那本书给资料室了。나는 그 책을 자료실에 <u>주었다</u>.

② 他昨天就把这好消息告诉我了。그는 어제 바로 이 좋은 소식을 나에게 <u>알렸다</u>.

③ 我要把这件事跟他商量一下。나는 이 일을 그와 한번 <u>상의해봐야</u> 한다.

④ 公司派他去广州了。회사는 그를 광주로 <u>파견했다</u>.

⑤ 他把你称作财神。그는 당신을 재물신이라고 <u>부른다</u>.

⑥ 你把书放桌上吧。책을 책상 위에 <u>놓아라</u>.

把자문의 술어중심어로 삼가동사가 오는 경우도 적지 않으며 주로 타동성, 자주성의 삼가동작동사가 온다. 세분하면 다음 여섯 가지이다. 예①의 '给'와 같은 급여류 동사, 예②의 '告诉'와 같은 선고류 동사, 예③의 '商量'과 같은 상호작용류 동사, 예④의 '派'와 같은 사령류 동사, 예⑤의 '称作'와 같은 인정류 동사, 예⑥의 '放'과 같은 방치류 동사이다. 취득류 삼가동사('接到, 收受' 등)는 일반적으로 把자문의 술어중심어 위치에 오지 않는다.

2.2.4 把자문의 술어중심어 위치에 '동사+개사'구조가 오는 경우

把자문의 '把+명사' 뒤에 술어목적어구가 오기도 하는데, 이때 술어는 '동사+개사'구조이다. 이 '동사+개사'구조는 구로 보기도 어렵고 단어로 보기도 어려우며 동사의 '문법어'[5]에 해당한다.

① 他把字<u>写在</u>黑板上。그는 글자를 칠판<u>에 썼다</u>.
② 他把老王<u>护送到</u>车站。그는 노왕을 정류장<u>까지 호송했다</u>.
③ 司机把这些货物<u>运往</u>南京。운전기사는 이 화물들을 남경<u>으로 운송</u>
   <u>했다</u>.
④ 良英把小船<u>划向</u>湖中。양영은 작은 배를 호수 가운데로 <u>저어갔다</u>.
⑤ 老师把知识<u>传授给</u>学生。선생님이 지식을 학생<u>에게 전수한다</u>.
⑥ 小摊贩把劣质商品<u>卖给</u>顾客。노점상은 불량품을 손님<u>에게 판다</u>.

상술한 把자문의 '写在, 护送到, 运往, 划向, 传授给, 卖给'는 동사와 개사로 구성된 결합체로 삼가동사에 해당한다.

2.3 把자문의 술어 내 부차副次동사

把자문의 '把+명사' 뒤에는 술어보어구, 연동구 또는 겸어구가 오기도 한다. 이러한 동사성 구는 두 개 이상의 동사로 구성되며, 앞에 위치한 동사는 술어중심어로 주요동사이고 뒤에 위치한 동사는 부차동사이다. 이를테면, '把敌人打败了'에서 '打'는 주요동사, '败'는 부차동사이다.

---

5   역주: 원문에서는 '语法词'라고 함.

2.3.1 把자문의 부차동사가 일가동사인 경우

① 树枝把我的衣服刺破了。나뭇가지가 내 옷을 찔러서 <u>찢어 놨다</u>.

② 孩子的哭声把大家吵醒了。아이 울음소리가 모두를 <u>깨웠다</u>.

③ 张老师把她的学生都带进来了。장 선생님은 그녀의 학생들을 모두 데리고 <u>들어왔다</u>.

④ 他们把粮食都交出来了。그들은 양식을 모두 <u>내놓았다</u>.

⑤ 她把眼睛都哭肿了。그녀는 울어서 눈이 <u>부었다</u>.

⑥ 你把这件事说得严重了。당신은 이 일을 <u>심각하게</u> 말했다.

把자문의 부차동사는 주로 일가동사이며 다음 세 가지로 구분할 수 있다. 첫째, 예①과 예②의 '破, 醒'과 같은 상태동사, 둘째, 예③과 예④의 '进来, 出来'와 같은 방향동사, 셋째, 예⑤와 예⑥의 '肿, 严重'과 같은 형용사이다.

2.3.2 把자문의 부차동사가 이가동사인 경우

① 他把我气得<u>吐血</u>。그는 나를 피 토하게 할 정도로 화나게 했다.

② 他把窗帘拉上<u>避</u>阳光。그는 커튼을 쳐서 햇빛을 가렸다.

③ 经理把他派往北京<u>做</u>推销员。부장은 그를 영업사원으로 북경에 파견한다.

④ 我把他看<u>为</u>知己。나는 그를 친구로 생각한다.

⑤ 他把面揉<u>成</u>馒头。그는 밀가루를 반죽해서 찐빵을 만들었다.

⑥ 四周的山把山谷包围得**像**一口井。 사방의 산은 마치 우물처럼 계곡을 둘러싸고 있다.

把자문의 부차동사에 이가동사가 오는 경우는 드물며 다음 두 가지가 있다. 첫째, 예①~예③의 '吐, 避, 做'와 같은 동작동사, 둘째, 예④~예⑥의 '为, 成, 像'과 같은 관계동사이다.

2.3.3 把자문의 부차동사가 동사성 구인 경우

술어 내에 '得'가 오는 경우, '得' 뒤 부차동사 위치에 출현하는 구는 그 문법기능이 상태동사나 형용사와 비슷하다.

① 老张把小李批评得<u>一无是处</u>。 노장은 소리를 <u>아무런 이유도 없이</u> 비판했다.

② 我们把敌人打得<u>落花流水</u>。 우리는 적군을 <u>여지없이</u> 쳐부수었다.

③ 他把剧中的人物演得<u>活龙活现</u>。 그는 극 중의 인물을 <u>생생하게</u> 연기했다.

④ 孩子吵得妈妈<u>心烦意乱</u>。 아이는 엄마가 <u>정신 없을 정도로</u> 떠들었다.

⑤ 冰冷的大雨把她淋得<u>直打哆嗦</u>。 차가운 폭우가 그녀를 <u>흠뻑</u> 젖게 했다.

⑥ 他把事情弄得<u>越来越复杂</u>了。 그는 일을 <u>점점 더 복잡하게</u> 만들었다.

把자문의 부차동사 위치에 출현하는 '得'구조는 예①~예④의 '一无是处, 落花流水, 活龙活现, 心烦意乱'과 같은 고정구이거나 예⑤와 예

⑥의 '直打哆嗦, 越来越复杂'와 같은 일반적인 구이다. 이러한 구는 把자문의 보어가 된다.

3. 把자문의 의미구조

3.1 동핵구조로 구성된 把자문

의미측면에서 보면 모든 把자문은 동핵구조로 구성된다. 동핵구조는 두 개 이상의 의미성분으로 이루어지며 이 동핵구조에서 동사로 표현되는 동핵은 동핵구조의 핵심성분이고 동핵과 관련된 동원과 상원은 주변성분이다. 동원은 동핵의 내부성분이며 동핵과 함께 기본 동핵구조를 구성하고 상원은 동핵의 외부성분이며 기본 동핵구조에 부가되어 확장식 동핵구조를 구성한다. 예를 들면, '我把文章修改了 나는 글을 수정하였다'에서 '我修改文章'은 기본 동핵구조이고, 이 중에서 '修改'는 동핵, '我, 文章'은 동원이다. 만약 상원 '昨天, 图书馆'을 부가하여 '我昨天在图书馆把文章修改了 나는 어제 도서관에서 글을 수정하였다'라고 하면 확장식 동핵구조가 된다.

동핵구조는 把자문의 의미기저가 되며 '学校把他开除了(学校开除他) 학교는 그를 해고했다'와 같이 하나의 동핵구조로 이루어질 수도 있고, '把他跑累了(他跑+他累) 그를 뛰어서 지치게 했다'와 같이 두 개의 동핵구조나 '他把碗拿出来砸碎了(他拿碗+他砸碗+碗碎) 그는 그릇을 꺼내 깨서 부셨다'와 같이 두 개 이상의 동핵구조로 이루어질 수도 있다.

507

3.2 把자문 의미구조에서의 의미역할

把자문에서 동핵의 의미성질에 따라 관련되는 동원과 상원의 의미역할도 달라진다. 따라서 把자문의 동핵구조를 연구할 때 동사의 결합가 분류만 연구해서는 충분하지 않으며 동핵구조 내부에서 동핵, 동원, 상원을 담당하는 각종 의미역할도 연구해야 한다.

3.2.1 동핵의 의미역할

동핵의 의미역할은 1) 동작동핵: 동작행위동사로 표현, 2) 경험동핵: 경험동사로 표현, 3) 성상동핵: 성상동사로 표현, 4) 관계동핵: 관계동사로 표현, 이 네 가지가 있다.

3.2.2 동원의 의미역할

동원의 의미역할은 크게 주사主事(동사와 관련된 주체동원), 객사客事(동사와 관련된 객체동원), 여사與事(동사와 관련된 여체동원) 세 가지로 분류할 수 있다. 이 세 가지는 다시 다음과 같이 하위분류 할 수 있다.

첫째, 주사는 다음 네 가지로 분류할 수 있다. 1) 시사施事(동작동사와 관련된 주사), 2) 경사經事(경험동사와 관련된 주사), 3) 계사係事(성상동사와 관련된 주사), 4) 기사起事(관계동사와 관련된 주사).

둘째, 객사는 다음 일곱 가지로 분류할 수 있다. 1) 수사受事(수사동사와 관련된 객사), 2) 성사成事(결과동사와 관련된 객사), 3) 사사使事(치사致使동사와 관련된 객사), 4) 위사位事(정위동사와 관련된 객사), 5) 보사補事(사령동사와 관련된 객사), 6) 섭사涉事(경험동사와 관련된 객사), 7) 지사止事(관계동사와 관련된 객사).

셋째, 여사는 다음 두 가지로 분류할 수 있다. 1) 당사當事(대상동사와 관련된 여사), 2) 공사共事(상호동사와 관련된 여사).

3.3 把자문의 문모

3.3.1 문모의 기초

동사로 구성된 동핵구조는 把자문에서 통사구조와 결합하여 문모를 형성한다. 하나의 동핵구조로 이루어진 문모는 단일동핵문모라고 하고 여러 개의 동핵구조로 이루어진 문모는 다수동핵문모라고 한다. 다수동핵문모에는 두 개 이상의 동핵구조로 이루어진 이중동핵문모와 세 개의 동핵구조로 이루어진 삼중동핵문모가 있다. 두 개 이상의 동핵구조로 이루어진 문모는 동핵구조 간에 일정한 의미관계가 있다. '주어+(把+명)+술어보어구'로 구성된 이중동핵문모를 살펴보면, 두 개의 동핵구조 간에는 초래야기의 관계(술어를 담당하는 동사는 V1, 보어를 담당하는 동사는 V2, 초래야기관계는 → →로 표기)가 있으며, 이러한 의미관계는 다음 두 가지로 분류할 수 있다.

1) '(把+명)+V1V2'식: V1V2는 동결식 구 또는 동추식 구로, V1은 시사가 행한 동작이고 보어 V2는 V1 동작 후 수사나 시사에 미친 결과나 방향을 설명한다. 주어가 시사이면 V2는 의미상 동작의 수사를 지향한다. 예를 들면, '武松把老虎打死了 무송은 호랑이를 때려 죽였다(武松打老虎 → → 老虎死)'. 또 주어가 수사이면 V2는 의미상 시사를 지향한다. 예를 들면, '这篇文章把我写苦了 이 글은 내가 힘들게 썼다(我写文章 → → 我苦)'.

2) '(把+명)+V1得V2'식: 동사 V1 뒤에 得가 와서 V2 보어를 이끈다. V1은 시사가 행한 동작이고 보어 V2는 V1 동작 후 수사나 시사에 영향을 미친 상황을 나타낸다. 주어가 시사이면 V2는 의미상 동작의 수사를 지향한다. 예를 들면, '我们把敌人打得大败 우리는 적을 크게 무찔렀다(我们打敌人 → → 敌人大败)'. 또 주어가 수사이면 V2는 의미상 시사를 지향한다. 예를 들면, '这事把他激动得流泪了 이 일은 그를 감동시켜 눈물을 흘리게 했다(这事激动他 → → 他流泪)'.

위의 1)과 2)에서 수사가 주어인 문장은 '把' 뒤의 명사가 사사이며 이 경우 '把'는 '使'로 바꿀 수 있다. 예를 들면, '这篇文章把我写苦了'는 '这篇文章使我写苦了'라고 할 수 있으며, '这事把他激动得流泪了'는 '这事使他激动得流泪了'라고 할 수 있다.

3.3.2 일가동사가 술어중심어로 쓰인 把자문 문모

일가동사가 술어중심어로 쓰인 把자문 문모는 다음 세 가지가 있다.

1) 시사+사사+동작동핵. '你别把犯人跑了 범인을 도망가게 하지 말아라'로, 동작동사로 이루어진 단일동핵문모이다.

2) 시사+사사+성상동핵. '他把问题简单化了 그는 문제를 단순화했다', '你把我急死了 너 때문에 급해 죽겠다'로, 성상동사로 이루어진 단일동핵문모이다.

3) 시사+사사+성상동핵 → → 계사+성상동핵. '这活儿把他累垮了 이 일은 그를 피곤해서 녹초가 되게 했다', '这点酒就把他醉倒了 요만큼의 술이 그를 취해서 쓰러지게 했다'로, 성상동사로 이루어진 이중동핵문모이다.

3.3.3 이가동사가 술어중심어로 쓰인 **把자문 문모**

이가동사가 술어중심어로 쓰인 把자문 문모는 다음 열 가지가 있다.

1) 시사+수사+동작동핵. '他把那个菜吃了 그는 저 음식을 먹었다', '他 们把商品价格提高了 그들은 상품 가격을 올렸다'이며 수사동사로 이루 어진 단일동핵문모이다.

2) 시사+수사+동작동핵 → → 계사+성상동핵. '我们把敌人打败了 우리는 적을 크게 무찔렀다', '她把孩子打扮得很漂亮 그녀는 아이를 아주 예 쁘게 단장해주었다'이며 수사동사가 주요동사, 성상동사가 부차동사인 이중동핵문모이다.

3) 시사+수사+동작동핵 → → 시사+동작동핵+위사. '我把他拉上 山岗 나는 그를 언덕에 끌어다 놓았다', '他把球踢入球门里 그는 공을 차서 골 문으로 넣었다'이며 수사동사가 주요동사, 정위동사가 부차동사인 이중 동핵문모이다.

4) 시사+성사+동작동핵. '他把洞挖好了 그는 구멍을 다 팠다', '我们把 合同签订了吧 우리는 계약서에 서명했지요'이며 결과동사로 이루어진 단 일동핵문모이다.

5) 시사+성사+동작동핵 → → 계사+성상동핵. '工人们把隧道挖通 了 노동자들은 터널을 뚫었다', '他们把洞挖得很深 그들은 구멍을 깊게 팠다' 이며 결과동사가 주요동사, 성상동사가 부차동사인 이중동핵문모 이다.

6) 시사+수사+동작동핵 → → 기사+관계동핵+지사. '他把面揉成 了馒头 그는 밀가루를 반죽해서 만두를 만들었다'이며 수사동사가 주요동

511

사, 관계동사가 부차동사인 이중동핵문모이다.

7) 시사+성사+동작동핵 → → 기사+관계동핵+지사. '他把洞挖得像口井 그는 구멍을 우물처럼 팠다'이며 결과동사가 주요동사, 관계동사가 부차동사인 이중동핵문모이다.

8) 시사+사사+동작동핵. '他把事实颠倒了 그는 사실을 뒤바꾸었다', '工业废水把河流都污染了 공업용 폐수가 하천을 오염시켰다'이며 치사동사로 이루어진 단일동핵문모이다.

9) 시사+동작동핵+사사 → → 시사+동작동핵. '他把舌头伸了出来 그는 혀를 내밀었다'이며 치사동사가 주요동사, 방향동사가 부차동사인 이중동핵문모이다.

10) 시사+동작동핵+사사 → → 기사+관계동핵+지사. '他把眼睛眯得像根线 그는 눈을 실처럼 가늘게 떴다'이며 치사동사가 주요동사, 관계동사가 부차동사인 이중동핵문모이다.

3.3.4 삼가동사가 술어중심어로 쓰인 把자문 문모

삼가동사가 술어중심어로 쓰인 把자문 문모는 다음 여덟 가지가 있다.

1) 시사+수사+동작동핵+당사. '公司把一套房子奖给他了 회사는 집한 채를 그에게 상으로 주었다', '他把这个好消息告诉我了 그는 이 좋은 소식을 나에게 알려줬다'이며 '급여'의미와 '담화'의미의 대상동사로 이루어진 단일동핵문모이다.

2) 시사+수사+동작동핵 → → 시사+동작동핵. '他把东西讨过来了 그는 물건을 구걸해왔다', '我把那套书买回来了 나는 그 책 전집을 사왔다'이

며 '취득'의미의 대상동사가 주요동사, 방향동사가 부차동사인 이중동핵문모이다.

3) 시사+수사+당사+동작동핵. '我把这些情况向上级报告了 나는 이런 상황들을 상사에게 보고했다', '他把自己的心情向我表白了 그는 자신의 심정을 나에게 털어놨다'이며 '담화'의미의 대상동사로 이루어진 단일동핵문모이다.

4) 시사+당사+동작동핵+수사. '人们把北京称为文化城 사람들은 북경을 문화도시라고 부른다', '我们把三个平面的语法简称三维语法 우리는 삼개평면문법을 삼차원문법이라고 약칭한다'이며 '호칭'의미의 대상동사로 이루어진 단일동핵문모이다.

5) 시사+수사+동작동핵+보사. '他们把张老师请过来了 그들은 장 선생님을 모셔왔다', '领导上把他派去买原材料 상부에서는 그를 파견하여 원자재를 사게 하였다'이며 사령동사로 이루어진 단일동핵문모이다.

6) 시사+수사+동작동핵+위사. '他把书放到书橱里去了 그는 책을 책장에 꽂았다', '我把那幅油画挂在墙上 나는 그 유화를 벽에 걸었다'이며 방치동사로 이루어진 단일동핵문모이다.

7) 시사+수사+동작동핵. '我们把这个问题讨论讨论 우리 이 문제를 좀 토론하자', '你们把这件事商量一下 당신들이 이 일을 한번 논의해봐라'이며 상호동사로 이루어진 단일동핵문모이다.

8) 시사+수사+공사+동작동핵. '我把这件事再跟他商量商量吧 나는 이 일을 그와 다시 논의해 보겠다'이며 상호동사로 이루어진 단일동핵문모이다.

4. 把자문의 문식

4.1 현대중국어 把자문의 주요 문식

把자문은 술어 내부구조의 특징에 따라 몇 가지 문식으로 나눌 수 있다. 모든 동사가 把자문에 쓰일 수 있는 것은 아니며 把자문에 쓰일 수 있는 동사라도 把자문의 모든 문식에 쓰일 수 있는 것은 아니다. 또한 각종 문식의 동핵구조 상황도 다르다. 현대중국어 把자문 문식은 다음 열 가지로 개괄할 수 있다. (1) 단일동사식 把자문. 술어부분이 '把这个提议取消 이 제의를 취소하다, 把两眼紧闭 두 눈을 꼭 감다, 把敌人歼灭 적을 섬멸하다'. (2) 동태動態식 把자문. 술어부분이 '把信寄了 편지를 부치다, 把日子误了 날짜를 놓치다'. (3) 동결식 把자문. 술어부분이 '把敌人打败了 적을 무찔렀다, 把大树刮倒了 큰 나무를 쓰러뜨렸다, 把球踢飞了 공을 차서 날려버렸다'. (4) 동추식 把자문. 술어부분이 '把信寄出去 편지를 보내다, 把话说出来 말을 꺼내다, 把水提上来 물을 끌어 올리다'. (5) 동개식 把자문. 술어부분이 '把书放在桌上 책을 책상 위에 놓다, 把钱上交给国家 돈을 국가에 상납하다, 把船划向湖心 배를 호수 가운데로 저어 가다'. (6) 동목식 把자문. 술어부분이 '把鞋穿了个窟窿 신발을 구멍이 날 정도로 신었다, 把大门上了闩 대문에 빗장을 질렀다, 把衣服包了个包袱 옷을 보자기에 쌌다'. (7) 동득식 把자문. 술어부분이 '把门关得紧紧的 문을 꼭 닫다, 把敌人打得大败 적을 크게 무찌르다, 把地基夯得很结实 지반을 단단하게 다지다'. (8)동량식 把자문. 술어부분이 '把这书看了两遍 이 책을 두 번 읽었다, 把工作放一下 일을 좀 내려 놓다, 把东西收拾收拾 물건을 좀 정리하다'. (9) 동부動副식 把자문. 술어부분이 '把你想死了 당신이 보

고 싶어 죽겠다, 把小英恨透了 소영이를 몹시 미워한다, 把南京城跑遍了 남
경을 구석구석 다녔다'. (10) 부동副動식 把자문. 술어부분이 '把头一扬 머
리를 치켜 올리다, 把东西乱扔 물건을 마구 내버리다, 把他朝后推 그를 뒤로
밀다'.

4.2 각종 把자문 문식

4.2.1 단일동사식 把자문

단일동사식 把자문은 '把+명' 뒤에 동사만 오는 문장이며 이러한 문
장은 하나의 동핵구조로 이루어지며 단일동핵문모에 속한다.

① 你别把简单的事情复杂化。너는 간단한 일을 복잡하게 만들지 마라.
② 我不听你的话, 你能把我怎么样! 내가 네 말을 듣지 않는다고 네가
   날 어쩔테냐!
③ 我们一定能把这股敌人消灭。우리는 이 무리의 적을 반드시 물리
   칠 수 있다.
④ 把入学标准降低, 为的是多招些学生。입학기준을 낮추는 것은
   학생을 많이 모집하기 위해서이다.
⑤ 我建议大会把这个提案取消。나는 대회가 이 제안을 취소할 것을
   건의한다.
⑥ 我出了家门把车上, 一头撞上了老大娘。나는 집을 나서서 차를
   타다가 할머니와 부딪쳤다.

단일동사식 把자문은 많지 않다. 단일동사가 술어로 쓰일 때는 일

반적으로 일정한 언어환경이 있어야 하는데, 예①의 '别'와 같이 '把' 앞에 명령 의미의 어휘가 오는 경우가 있고 예②와 예③의 '能'과 같이 '把' 앞에 평의 의미의 어휘가 오는 경우도 있으며, 예④와 같이 把자문이 복문의 절로 쓰이는 경우도 있다. 또한 예⑤와 같이 '(把+명)+V'가 문장에서 통사성분을 담당하기도 하고 예⑥과 같이 설창문예에서만 출현하기도 한다. 단일동사식 把자문에 쓰이는 동사는 주로 이가동작동사이며 대부분이 다음절 동사이다.

4.2.2 동태식 把자문

동태식 把자문은 '把+명' 뒤에 '동사+동태조사(了, 着, 过)'가 오는 문장이며 '동사+了'가 가장 많이 쓰인다. 이러한 把자문은 하나의 동핵구조로 이루어지며 단일동핵문모에 속한다.

① 他要小心, 别把个犯人<u>跑了</u>。그는 범인이 도망가지 않도록 조심해야 한다.
② 他们把牦牛<u>杀了</u>。그들은 야크 한 마리를 잡았다.
③ 他已经把酒<u>戒了</u>。그는 이미 술을 끊었다.
④ 工厂把他<u>解雇了</u>。공장은 그를 해고했다.
⑤ 他把这件事<u>忘了</u>。그는 이 일을 잊었다.
⑥ 战士们把敌人的武装<u>解除了</u>。전사들은 적군의 무장을 해제시켰다.

위의 예문에서 동사 뒤에 부가된 '了'는 완성태(실현태)를 나타낸다. 이러한 문식에 출현하는 동사는 대부분 이가동사이며 일가동사는 매우 드물게 나타난다. 그 밖의 동태식 把자문은 다음과 같다.

    ① 他把嘴张着。그는 입을 벌리고 있다.

    ② 我曾把这篇文章研究过。나는 일찍이 이 논문을 연구한 적이 있다.

    ③ 我们把实验室建立起来了。우리는 실험실을 세우기 시작했다.

    ④ 你把文章念下去! 너는 글을 계속해서 읽어라!

    ⑤ 雄伟的红门把山挡住了。웅장한 붉은 문이 산을 가로 막았다.

    ⑥ 他把大门关上了。그는 대문을 닫았다.

    ⑦ 工人们把大桥修好了。일꾼들이 다리를 다 수리했다.

    ⑧ 我已把他找着了。나는 이미 그를 찾아냈다.

위의 예문을 살펴보면, 술어동사 뒤에 동태조사가 부가되어 있다. 예①의 '着'와 같이 지속태(진행태)를 나타내기도 하고 예②의 '过'와 같이 경험태를 나타내기도 하며, 예③의 '起来'와 같이 시작태를 나타내기도 한다. 또한 예④의 '下去'와 같이 계속태를 나타내기도 하고 예⑤~예⑧의 '住, 上, 好, 着'[6]와 같이 결과태를 나타내기도 한다. 이러한 문식의 동사는 대부분 이가동작동사이다.

4.2.3 동결식 把자문

동결식 把자문은 '把+명' 뒤에 동결식 동사보어구가 오는 문장으로 초래야기의 관계를 갖는 두 개의 동핵구조로 이루어지며 이중동핵문

---

[6] 경우에 따라 동사 뒤의 '好, 上, 住, 完, 着(zhao)' 등은 이미 문법화가 되어 '결과태'를 나타내는 동태조사로 쓰이기도 한다.

모에 속한다.

① 我们把敌人<u>打败</u>了。 우리는 적을 크게 물리쳤다.

② 他把电话<u>打通</u>了。 그는 전화 통화가 되었다.

③ 洪水把幼苗<u>淹死</u>了。 홍수로 새싹들이 물에 잠겨 죽었다.

④ 大火把天空和大地<u>照红</u>了。 큰 불이 하늘과 대지를 붉게 비추었다.

⑤ 我们把野菜<u>洗干净</u>了。 우리는 산나물을 깨끗하게 씻었다.

⑥ 李惠把爸爸<u>摇醒</u>了。 이혜는 아빠를 흔들어 깨웠다.

⑦ 这些话把我<u>听厌</u>了。 이런 말은 질리게 들었다.

⑧ 那些事把我的心都<u>搞乱</u>了。 그 일들은 내 마음을 어지럽게 만들었다.

동결식 把자문의 주요동사는 일반적으로 이가동작동사로 초래야기의미의 동작을 나타내고, 부차동사는 일반적으로 형용사와 상태동사로 초래한 결과를 나타낸다.

4.2.4 동추식 把자문

동추식 把자문은 '把+명' 뒤에 동추식 동사보어구가 오는 문장으로, 역시 초래야기관계를 갖는 두 개의 동핵구조로 이루어지며 이중동핵문모에 속한다.

① 他把儿子<u>带进来</u>了。 그는 아들을 데리고 들어왔다.

② 我把钱<u>送过去</u>了。 나는 돈을 보냈다.

③ 他们把羊群<u>放出去</u>了。 그들은 양떼를 풀어주었다.

④ 祥子把骆驼拉起来了。상자는 낙타를 끌기 시작했다.

⑤ 他把军衣脱下来了。그는 군복을 벗었다.

⑥ 我把水桶提上来了。나는 물통을 들어올렸다.

⑦ 她把手缩回去了。그녀는 손을 움츠렸다.

⑧ 母亲把我拉回来。어머니는 나를 끌고 돌아오셨다.

　　동추식 把자문의 주요동사는 이가 혹은 삼가동작동사로 초래야기 의미의 동작을 나타내고, 부차동사는 방향동사로 초래한 방향을 나타낸다. 경우에 따라 동추식 구 뒤에 목적어가 올 수 있는데, 예를 들면, '他们把粮食藏进仓库了 그들은 식량을 창고에 숨겼다'가 있다.

4.2.5 동개식 把자문

　　동개식 把자문은 '把+명' 뒤의 '동사개사구조('V给, V在, V到, V往, V向' 등)'가 다시 위사 목적어를 수반하는 문장으로, 하나의 동핵구조로 이루어지며 단일동핵문모에 속한다.

① 我把这任务交给您。나는 이 임무를 당신에게 맡기겠다.

② 我把我的鸽子送给你。나는 내 비둘기를 당신에게 주겠다.

③ 两位小姐把老太爷夹在中间。두 아가씨는 노인을 중간에 끼워 넣었다.

④ 他把书放在桌子上。그는 책을 책상 위에 놓았다.

⑤ 她把花插到花瓶里。그녀는 꽃을 꽃병에 꽂았다.

⑥ 他们把目光投向海外市场。그들은 눈을 해외시장으로 돌렸다.

⑦ 他把船划向湖心。 그는 배를 호수 가운데로 저어갔다.

⑧ 小王把汽车开往杭州。 소왕은 자동차를 몰아 항주로 향했다.

동개식 把자문 중 개사 앞의 동사는 대부분 이가동작동사이며 삼가 동작동사도 올 수 있다. 동사 뒤의 개사는 크게 두 가지로 구분할 수 있다. 첫째, 위치를 나타내는 '在, 到, 往, 向'이며 'V在, V到, V往, V向'은 이가동사에 해당한다. 둘째, 급여의미를 나타내는 '给'이며 'V给'는 삼 가동사에 해당한다.

4.2.6 동목식 把자문

동목식 把자문은 '把+명' 뒤에 동목구가 오는 문장으로, 하나의 동핵 구조로 이루어지며 단일동핵문모에 속한다.

① 他把老王的事迹写了篇报道。 그는 노왕의 사적을 기사로 썼다.

② 他把衣服包了个包袱。 그는 옷을 보자기로 쌌다.

③ 小山把济南围了个圈儿。 작은 산들이 제남을 둘러싸고 있다.

④ 他把这块地种了棉花。 그는 이 땅에 목화를 심었다.

⑤ 战士们把枪上了子弹。 전사들은 총에 총알을 장전했다.

⑥ 他把泥土捏了个泥人。 그는 진흙으로 진흙 인형을 빚었다.

⑦ 我把礼品给朋友了。 나는 선물을 친구에게 주었다.

⑧ 我把这好消息告诉了他。 나는 이 좋은 소식을 그에게 알렸다.

동목식 把자문의 술어중심어는 대부분 이가동작동사이며 삼가동작동사도 올 수 있다. 이가동사로 이루어진 문장은 예①예②와 같이 '把' 뒤에 수사나 성사가 오거나 예③예④와 같이 '把' 뒤에 장소나 재료가 오기도 하며 예⑤예⑥과 같이 '把' 뒤에 도구가 온다. 삼가동사로 이루어진 문장은 예⑦예⑧과 같이 '把' 뒤에 수사, 동사 뒤에는 여사가 온다.

4.2.7 動得식 把자문

動得식 把자문은 '把+명' 뒤에 '(동사+得)+보어'가 오는 문장으로, 대부분 초래야기의 관계를 갖는 두 개의 동핵구조로 이루어지며 이중 동핵문모에 속한다.

① 夕阳把草原映得光辉灿烂。 석양은 초원을 휘황찬란하게 비춘다.

② 发青的酥油草把牛羊养得圆滚滚的。 파릇파릇한 김의털은 소와 양을 통통하게 살찌웠다.

③ 他把房子打扫得干干净净。 그는 방을 깨끗하게 청소했다.

④ 劳动者的力量把大地改变得多美! 노동자의 힘이 대지를 얼마나 아름답게 변화시키는가!

⑤ 中药汤把他苦得直想呕吐。 한약은 그를 토하고 싶을 정도로 괴롭게 했다.

⑥ 他把这篇文章背得滚瓜烂熟。 그는 이 글을 줄줄 외웠다.

⑦ 老冯把大家团结得像一个人。 노풍은 모두를 한 마음으로 단결시켰다.

⑧ 他把我恨得要命。 그는 나를 죽이고 싶을 정도로 미워한다.

동得식 把자문의 술어중심어 V1은 일반적으로 이가동작동사(경우에 따라 예⑤의 '苦'와 예⑧의 '恨'과 같이 상태동사나 심리동사도 올 수 있음)가 오며 초래야기의미를 나타낸다. '得' 뒤의 보어는 대부분 동사성 성분으로 V1 동작(또는 성상)이 발생 후 야기된 상황을 나타낸다. 예⑧과 같이 하나의 동핵구조로 이루어진 경우가 소수 있으며 단일동핵문모에 속한다.

4.2.8 동량식 把자문

동량식 把자문은 '把+명' 뒤에 '동사+동량보어'가 오는 문장으로, 하나의 동핵구조로 이루어지며 단일동핵문모에 속한다.

① 你把衣袋翻一遍! 너는 호주머니를 한번 뒤져봐라!
② 他把钱数了几遍。 그는 돈을 몇 번이나 세어 보았다.
③ 你把我吓了一跳。 너는 나를 깜짝 놀라게 했다.
④ 这件事把他忙了一阵子。 이 일로 그는 한동안 바빴다.
⑤ 我们把这件事研究研究。 우리는 이 일을 좀 연구해보자.
⑥ 你把桌子擦擦! 너 책상을 좀 닦아라!
⑦ 我来把事情经过说一说。 내가 일의 경과를 좀 말해보겠다.
⑧ 你把这本书看一看! 이 책을 좀 봐라!

동량식은 크게 세 가지로 분류할 수 있다. 첫째, 'V(了)수량'식이며 예①~예④와 같이 동사 뒤에 동량구의 형식을 써서 동량을 나타낸다. 둘째, 'VV'식이며 예⑤예⑥과 같이 동사중첩 형식을 써서 동량을 나타낸다. 셋째, 'V—V'식이며 예⑦예⑧과 같이 동사중첩형 사이에 '—'를 넣어 동량을 나타낸다. 동량식 把자문의 술어중심어는 대부분 동작동사이며, 예③예④의 '吓, 忙'과 같이 성상동사가 출현하기도 한다.

4.2.9 동부식 把자문

동부식 把자문은 '把+명' 뒤에 '동사+부사'구조가 오는 문장으로, 하나의 동핵구조로 이루어지며 단일동핵문모에 속한다.

① 这件事把我急死了。이 일은 나를 초조하게 만들었다.

② 这样待我, 真把我气死了。나를 이렇게 대하다니, 정말 분해 죽겠다.

③ 这几天可把我忙死了。요 며칠 정말 바빠서 죽을 지경이다.

④ 你可把我想死了。당신이 보고 싶어 죽겠다.

⑤ 他把整个上海都跑遍了。그는 상해 전체를 구석구석 돌아다녔다.

⑥ 他把小英恨透了。그는 소영이를 몹시 미워한다.

동부식 把자문의 술어중심어는 대부분 '急, 气, 忙, 吓' 등과 같은 상태동사이며 '爱, 恨' 등과 같은 심리동사나 경험동사가 쓰이기도 한다. 그 밖에 개별적으로 '跑, 走' 등과 같은 동작동사가 쓰이기도 한다. 동사 뒤에 자주 오는 부사로는 '死, 透, 遍' 등이 있으며 주로 동작의 정도를 나타낸다.

4.2.10 부동식 把자문

부동식 把자문은 '把+명' 뒤에 '부사어+동사'구조가 오는 문장이다.

523

① 他就把书一放, 就放牛去了。 그는 책을 내려놓자마자 소를 치러 갔다.

② 他把腿一蹬, 就跨上马背了。 그는 다리를 들어올려서 말 등에 올라 탔다.

③ 我把抹布一擦, 污迹就去除了。 내가 걸레를 한번 닦자 얼룩이 지 워졌다.

④ 张三把心一横, 跟李四断交了。 장삼은 마음을 먹고 이사와 절교하 였다.

⑤ 老人把孙儿向自己身边拉。 노인은 손자를 자기 쪽으로 끌어 당겼다.

⑥ 他把钱往衣袋里塞。 그는 돈을 호주머니에 쑤셔 넣었다.

⑦ 他把刀在石头上砍。 그는 칼을 돌 위에 내리 쳤다.

⑧ 他把垃圾乱扔。 그는 쓰레기를 함부로 버린다.

부동식 把자문에서의 부사어는 모든 부사어를 가리키는 것은 아니 며 문장종결성분으로서의 부사어를 가리킨다. 이를테면, 예①~예④ 의 부사어 '一'는 신속하고 짧은 동작을 나타내며 이러한 把자문 뒤에 는 반드시 후속절이 와야 한다. 문장 내 술어중심어는 대부분 동작활 동을 나타내는 동작동사이고 예④의 '横과 같은 상태동사도 있다. '把' 뒤의 명사는 신체의 부분을 나타내기도 하고 구체적인 사물을 나타내 기도 한다. 예⑤~예⑦의 부사어는 개사구로 이루어졌으며 동작 발생 의 장소를 나타낸다. 이러한 부동식 把자문은 동개식 把자문으로 변환 할 수 있는데, 예를 들면, '他把刀在石头上砍→他把刀砍在石头上'이 다. 예⑧의 부사어는 형용사로 이루어져 동작의 상태를 나타낸다. 이 러한 把자문은 하나의 동핵구조로 이루어지며 단일동핵문모에 속한다. 문장의 술어중심어는 일반적으로 타동의 동작동사이다.

5. 제언

5.1 把자문의 화용의미

把자문의 '把+명'구조와 그 뒤에 오는 '동사' 간의 관계의미는 다음 두 가지가 있다. 첫째는 '사물의 처치를 나타내는 V'인 처치의미이다. 둘째는 '어떤 사물로 하여금 V하게 하는' 사동의미이다. 처치의미와 사동의미가 바로 실제적인 화용의미이다. 이를 근거로, 把자문은 처치문과 사동문으로 구분할 수 있다.

5.1.1 처치문

처치의 의미에 대해서는 여러 견해가 있다. 첫째, 처치는 의식적인 행위라는 견해로, 사람을 어떻게 배치하거나 부리거나 대하는 지, 또는 사물을 어떻게 처리하거나 일을 어떻게 진행시키는 지를 나타낸다.[7] 둘째, 처치는 "문장 내 술어동사의 동작이 '把'가 이끄는 성분에 적극적인 영향을 미침"을 나타낸다.[8] 본고가 말하는 처치는 주어가 지칭하는 사물이 '把+명사'가 지칭하는 사물에게 어떤 동작을 가하는 것을 나타낸다. 이런 동작은 의식적일 수도 있고 그렇지 않을 수도 있으며, 적극적으로 영향을 미칠 수도 있고 그렇지 않을 수도 있다. 처치의미

7　王力(1985)《中国现代语法》p.83, 商务印书馆.
8　宋玉柱(1991)《现代汉语特殊句式》p.15, 山西教育出版社.

把자문의 특징을 살펴보면, '把' 뒤의 명사는 일반적으로 수사이고 문장 내에서 '把'는 '使'로 변환할 수 없다. 처치문은 문장 내 동핵구조에 따라 다시 두 가지로 분류할 수 있다.

(1) 단일동핵 처치문

이 처치문은 하나의 동핵구조로 이루어지며 S는 O를 V(동작)로 처치한다는 단순한 처치의미를 나타낸다. 이 분류에 속하는 구문으로는 '你们别把入学标准降低 입학기준을 낮추지 마세요'와 같은 단일동사식 把자문, '战士们把敌人歼灭了 전사들은 적군을 섬멸하였다'와 같은 동태식 把자문, '我把那本书赠给小王了 나는 그 책을 소왕에게 주었다'와 같은 동개식 把자문, '我把这好消息告诉他了 나는 이 좋은 소식을 그에게 알렸다'와 같은 동목식 把자문, '他把钱数了几遍 그는 돈을 몇 번이나 세어 보았다'과 같은 동량식 把자문, '他把钱往衣袋里塞 그는 돈을 호주머니에 쑤셔 넣었다'와 같은 부동식 把자문이 있다.

(2) 이중동핵 처치문

이 처치문은 두 개의 동핵구조로 이루어지며 두 동핵구조 간에는 초래야기의 관계를 갖는다. 또한 S는 O를 V(동작)로 처치한다는 처치의미와 V1은 O로 하여금 V2(결과, 방향, 상태)를 야기시킨다는 의미를 나타낸다. 이 분류에 속하는 구문으로는 '我们把敌人打败了 우리는 적을 물리쳤다'와 같은 동결식 把자문, '他们把羊群放出去了 그들은 양떼를 풀어주었다'와 같은 동추식 把자문, '我们把敌人打得落花流水 우리는 적군을 여지없이 쳐부수었다'와 같은 동得식 把자문이 있다.

5.1.2 사동문

사동이란 주어가 '把+명'이 지칭하는 사물로 하여금 어떤 동작이나 상태가 되도록 하는 것이다. 사동 把자문의 특징을 살펴보면 '把' 뒤의 명사는 사사이고 문장 내에서 '把'는 '使'로 변환할 수 있다. 사동문은 문장 내 동핵구조에 따라 다시 두 가지로 분류할 수 있다.

(1) 단일동핵 사동문

이 사동문은 하나의 동핵구조로 이루어지며 S는 O로 하여금 V(어떤 상태나 동작)하게 한다는 단순한 사동의미를 나타낸다. 이 분류에 속하는 구문으로는 '你别把简单的事情复杂化 너는 이 일을 복잡하게 만들지 마라'와 같은 단일동사식 把자문, '这件事把他感动了 이 일은 그를 감동시켰다'와 같은 동태식 把자문, '你把我吓了一跳 너는 나를 깜짝 놀라게 했다'와 같은 동량식 把자문이 있다.

(2) 이중동핵 사동문

이 사동문은 두 개의 동핵구조로 이루어지며 두 동핵구조 간에는 초래야기의 관계를 갖는다. 또한 S는 O로 하여금 V1(상태나 동작)하게 한다는 사동의미와 V1은 O로 하여금 V2(결과나 상태)하게 야기시킨다는 의미를 나타낸다. 이 분류에 속하는 구문은 '这个咆哮的野兽把他吓昏了 이 포효하는 짐승은 그를 놀라 기절시켰다', '这些话把我听厌了 이런 말은 질리게 들었다'와 같은 동결식 把자문, '你把他气得说不出话来了 너는 그를 말을 할 수 없을 정도로 화나게 만들었다'와 같은 동得식 把자문이 있다.

5.2 把자문을 구성하는 동사의 조건

동사는 의미특징에 따라 각기 다른 把자문을 구성할 수 있다. 이를테면, '손실, 제거' 의미의 동사는 '把+명+V+了' 구조인 把자문을 구성한다. 이에 속하는 동사는 '丟, 卖, 退, 除'가 있으며 '把垃圾丟了 쓰레기를 버렸다, 把衣服卖了 옷을 팔았다, 把货物退了 상품을 반품했다, 把草除了 풀을 베었다'라고 할 수 있다. 반면 '증가, 첨가' 의미의 동사는 동태식 把자문을 구성할 수 없다. 이에 속하는 동사는 '捡, 拾, 买, 进'이 있으며 '把垃圾捡了, 把衣服买了, 把货物进了'라고 할 수 없다.

보어 위치에 출현하는 동사 V2의 의미지향은 把자문 성립에 영향을 미친다. 동사 '砍'이 동결식 把자문에 쓰인 예를 보면, '(把+명)+V1V2' 구조인 把자문을 구성할 수 있으며 구체적인 예를 들면, '把树砍倒了 나무를 베어 넘어 뜨렸다, 把刀砍折了 칼을 자르다가 부러뜨렸다, 把碗砍碎了 그릇을 내리쳐 깼다, 把人砍伤了 사람을 베어 다치게 했다, 把野兽砍死了 짐승을 베어 죽였다, 把绳子砍断了 밧줄을 베어 끊었다, 把桌子砍坏了 책상을 내리쳐 망가뜨렸다, 把我砍累了 나는 자르다가 지쳤다'와 같다. 이러한 把자문에서 '把' 뒤의 명사는 수사인 경우도 있고 시사인 경우도 있으며 도구인 경우도 있다. 수사일 때는 생명이 있는 사물일 수도 있고 무생물일 수도 있다. 이와 같이 '把' 뒤 명사의 의미역할과 지칭하는 사물의 성질 차이로 인해서 把자문 내 V2가 호환할 수 없게 된다. 만약 호환해서 '把树砍累了, 把刀砍倒了, 把绳子砍死了, 把桌子砍伤了, 把野兽砍碎了'라고 하면 문장이 성립하지 않는다. 다시 예를 들면, '我们打败了敌人 우리는 적을 크게 물리쳤다'은 把자문 '我们把敌人打败了'로 변환할 수 있다. 하지만 '我们打胜了敌人 우리는 적을 이겼다'은 '我们把敌人

打胜了'로 변환할 수 없는데, 이는 의미지향이 다르기 때문이다.

[참고문헌]

崔希亮(1995)《关于把字句的若干句法语义问题》,《世界汉语教学》第3期

范晓(1996)《三个平面的语法观》, 北京语言学院出版社

傅雨贤(1981)《把字句与"主谓宾"的转换及其条件》,《语言教学与研究》第2期

金立鑫(1997)《把字句的句法、语义、语境特征》,《中国语文》第6期

马真(1981)《简明实用汉语语法》, 北京大学出版社

吕叔湘(1955)《"把"字用法的研究》,《汉语语法论集》, 科学出版社

吕叔湘(1987)《句型和动词学术讨论会开幕词》,《句型和动词》, 语文出版社

吕文华(1994)《把字句的语义类型及其教学》,《对外汉语教学语法探索》, 语文出版社

饶长溶(1990)《把字句和被字句》,《教学语法丛书》, 人民教学出版社

沈阳(1997)《名词短语的多重移位形式及把字句的构造过程与语义解释》,《中国语文》第6期

宋玉柱(1991)《现代汉语特殊句式》, 山西教育出版社

王力(1943)《中国现代语法》, 商务印书馆, 1958年版

王还(1985)《把字句中"把"的宾语》,《中国语文》第1期

薛凤生(1987)《试论把字句的语义特征》,《语言教学与研究》第1期

薛凤生(1994)《把字句与被字句的结构意义》,《功能主义与汉语语法》, 北京语言学院出版社

张旺熹(1991)《"把"字结构的语义及其语用分析》,《语言教学与研究》第3期

郑定欧(1999)《实例分析:把字句》,《词汇语法理论与汉语句法研究》, 北京语言学院出版社

▌원문은《中国语文》2001年 第4期에 게재

저 자 약 력

范晓 중국 복단대 중문과 교수, 박사생 지도교수,
중국어문법수사연구실 주임, 중국언어학회 상무이사 역임

역 자 약 력

김난미 중국 복단대 중국언어학 박사
국립한밭대학교 중국어과 교수

김정은 중국 복단대 중국언어학 박사
고려사이버대학교 실용외국어학과 교수

서희명 중국 복단대 중국언어학 박사
한양여자대학교 실무중국어과 교수

중국어 삼차원문법론

초판 1쇄 인쇄   2025년 1월 31일
초판 1쇄 발행   2025년 1월 31일

저　　자 范晓
역　　자 김난미·김정은·서희명
발 행 인 윤석현
발 행 처 제이앤씨
책임편집 최인노
등록번호 제7-220호

우편주소 서울시 도봉구 우이천로 353
대표전화 02) 992 / 3253
전　　송 02) 991 / 1285
전자우편 jncbook@hanmail.net

ⓒ 김난미·김정은·서희명 2025 Printed in KOREA.

ISBN 979-11-5917-253-3 93720   정가 46,000원